陳加昌 著

行動黨與新加坡的崛起

國家建設者李光耀的
軍事與媒體戰略

從獨立建國到躋身國際，李光耀的執政紀實

南洋動盪局勢　臺海兩岸關係　國家改革發展

「我沒有主動參與政治，是他們把政治帶給我。」

新加坡獨立、兩岸關係、國際局勢、星光計畫⋯⋯
從資深記者的視角，看新加坡政壇巨人的執政生涯
──風雨六十年，李光耀的光輝歲月！

目 錄

前言
第一章　政治之路
- 018　日本把李光耀帶上政治之路
- 020　進入「昭南日本學園」
- 024　沒有永久的敵人
- 026　培育中堅官僚的「興亞訓練所」
- 028　「現學現教」的日文老師
- 030　因「朕」與「陳」同音而吃耳光
- 031　我13歲防空壕裡寫空襲日記
- 033　105架美機來空襲
- 033　「Nippon Go, American Come」

第二章　貴人蔡昭田和柯里頓
- 035　李進坤和蔡昭田的關係
- 037　答應資助李光耀兄弟留學
- 039　政府拘留蔡和安
- 040　李光耀的另一貴人柯里頓
- 042　建議勿逮捕李光耀
- 043　「哈利，會是你的總理」

目錄

第三章　建立政治基地

046　離參政路不遠
048　建立政治基地
049　第一次採訪李光耀
050　陳平：我們助李光耀組黨
051　成立人民行動黨

第四章　行動黨初試啼聲

053　照耀左翼陣營
055　李光耀穩坐「釣魚臺」
056　馬紹爾、陳才清冤家碰頭
057　一段小插曲
058　李光耀：進步黨是走狗、民主黨剝削人民
059　蒂凡那落選，李光耀登報鳴謝
061　李光耀放下心中大石
062　議會只能用英語發言

第五章　動盪歲月

065　奇特的現象
066　動亂日子出政權
067　頒布國民服役法令，學生暴動
068　六家報館被控
069　李光前掉淚勸誡罷課學生
070　福利巴士暴動

	071	要李光耀和林清祥表態
	072	法律管不到的校園
	074	學生李大林被槍殺
	076	美國合眾社記者被打死
	079	暴民喊「紅毛，打」，追打西曼士
	081	再度引發大暴動
	083	局勢惡化英軍緊急增援
	085	李光前、莊丕唐、歐星高

第六章　利用國民黨做假議題

	087	調查周瑞麒銀行存款案
	089	李光耀與惹耶勒南首次交鋒
	090	懷疑國民黨是幕後捐款人
	091	李光耀兩次問到莫理光
	093	轟動的消息無下文
	094	周瑞麒案另一版本
	096	給國民黨背黑鍋
	097	國民黨也在馬來亞背過黑鍋

第七章　決定國家往後的歷史進程

	100	憲制談判成功歸來
	101	馬紹爾、李光耀唇槍舌劍
	103	莫理光的追問難倒馬紹爾
	104	馬李性格和「瑜亮情結」

目錄

- 106 「李：I know you. 蕭：I know you also.」絕句
- 107 行動黨修改黨章
- 109 威脅李光耀地位的王永元
- 111 時代的悲劇人物
- 114 中情局滲透失敗，美向李光耀道歉
- 116 中李光耀的圈套
- 117 過程如 007 影片般刺激

第八章　獨立建國與親情

- 120 新馬合併的構想
- 122 浴室高歌促成新馬合併
- 123 參加大馬選舉慘敗
- 125 暴雨欲來只等流亡分家
- 126 新馬分家這一天
- 129 李光耀背後的兩個女人 —— 母與妻
- 131 李光耀對母與妻的懷念與追悼
- 131 幫助丈夫「把脈政情」
- 133 機要祕書的煩惱

第九章　李光耀與媒體

- 136 在「愛與恨」間
- 137 所有報紙都會是我們的！
- 138 為民族和諧祈福十天
- 140 就任總理後第一個生日宴
- 141 相隔 37 年的兩次演講

第十章　報紙風雲與黑色行動

- 144　《南洋商報》事件
- 144　聘用仝道章和李星可
- 146　描繪的「二毛子」
- 147　英文《東方日報》事件，中共建立間諜網功敗垂成
- 149　掩飾「顧問」入境
- 150　英文《新加坡先驅報》事件

第十一章　人物

- 155　黃金輝：從記者到總統
- 161　憶拉惹勒南外交部長
- 168　一個殖民地官員的典範，湯遜 —— 我念其人
- 175　李星可：罵李光耀的報人
- 181　高深莫測的王旭之
- 192　捲入政治風暴　被李光耀關禁17年的賽·扎哈利
- 209　李炯才 —— 沒有再上一層樓
- 221　蔣孝武來新
- 232　【附】我與革命實踐研究院

第十二章　突破建設國防困境

- 234　獨立之初李光耀不回家住
- 235　建設國防用盡苦心
- 237　想到臺灣願幫忙
- 237　尹景祥赴臺接洽

- 239　六十年前電臺讀稿諷臺灣
- 240　尹娶林麗為妻
- 241　吳慶瑞對日本大使說
- 242　邀杉田前來視察國防
- 244　贊顯龍是「出將入相」之才

第十三章　金門是新加坡國防的一面鏡子？

- 248　吳慶瑞李光耀訪問金門
- 250　名將剪影
- 254　間諜故事開始
- 255　黃德美的傳奇情節
- 257　金門人南來謀生「三部曲」
- 258　金門人很富有
- 259　附：採訪金門炮戰 60 年回憶

第十四章　星光計畫：建立空軍「種子部隊」

- 265　建立空軍計劃人 —— 陳鍾琇中將
- 267　臺灣空軍「舉世無雙」年代
- 269　建立空軍「種子部隊」
- 272　首任空軍司令劉景泉少將
- 273　來新十五年的傳教官
- 274　教官張建碩回憶往事
- 276　新臺二代空軍姻緣佳話
- 278　海軍司令邱永安

- 280　臺灣海軍一夜間成長
- 282　介紹邱永安給吳慶瑞
- 284　永遠的海軍上校
- 285　何謂「星光計畫」

第十五章　猶抱琵琶半遮面

- 289　初時訪臺「二低三不」
- 292　李光耀首次「正式」訪臺
- 293　俞國華報聘訪問
- 296　李光耀「獻策」？
- 297　李光耀未見到王永慶
- 298　險把「馮京當馬涼」
- 299　鄭威廉為駐臺代表
- 300　邵逸夫沒去成中國大陸
- 302　記憶中的二三事
- 304　以為你捲鋪蓋回臺灣了

第十六章　李光耀與李登輝鬧翻

- 308　二龍相會
- 310　來自臺灣的總統
- 311　令李登輝尷尬
- 313　二李翻臉與中國因素
- 316　「汪辜會談」，二李邀功？
- 317　「汪辜會談」場外

009

目錄

- 319 李光耀接見許信良談「三不」
- 320 鴻禧山莊最後的一席話
- 321 二李言語爭執
- 323 李光耀30年來白忙一場
- 325 李登輝過境樟宜機場
- 328 李不見李，視同陌路
- 329 化解二李心結落空
- 330 我和李光耀，誰比較獨裁？
- 331 利用李光耀聲望競選
- 332 李登輝情緒化發言
- 334 傅超賢看到的李登輝

第十七章　風雲寶島阿扁上臺

- 336 聽其言、觀其行
- 338 李光耀處處旋風
- 340 聽不進話的領導人
- 341 阿扁賭氣而「迷航」
- 343 峇淡島紅地毯迎阿扁
- 344 「過境」害死卡達菲

第十八章　李以「成敗」看蔣介石

- 345 蔣、李同一生肖
- 348 蔣介石照常接見外賓
- 349 頌毛澤東譏國民黨完了

350　　中國政局衝擊青年峇峇
　　352　　李光耀「成敗論英雄」
　　353　　在聯合國支持中國
　　354　　蔣介石關心新加坡近況
　　356　　李光耀問倒日本特使
　　357　　禁止放映田中訪中紀錄片
　　358　　蔣介石去世
　　358　　各國領袖紛致電哀悼
　　360　　蔣夫人不高興李光耀的一句話
　　361　　到慈湖瞻仰蔣介石遺容
　　362　　蔣介石與中正中學

第十九章　蔣經國去世

　　365　　李光耀潸然淚下
　　367　　李：我看到的蔣經國
　　368　　《圖片人生》中遺漏的照片
　　370　　失去「靶心」

第二十章　李光耀初次兩岸行

　　374　　（一）臺灣行
　　381　　（二）中國大陸行

第二十一章　鄧小平第一次訪新加坡

　　399　　鄧小平臨時稍改講稿

011

第二十二章　結語：李光耀的兩岸情

403　國家利益至上

405　永遠走在兩岸之前

後語

後記　五兄弟名字是「新加坡國戰」

前言

半個多世紀以前，我入行不久，寫了一篇特稿，評論一對男女藝人演戲的對白。這對藝人是有些名氣的，兩三天後，這對藝人到報社來看一位編輯朋友，順便看我。

這對藝人知道那篇沒有署名的特稿是我寫的。他對我說：「蔣介石若有一半人擁護他，另一半人反對他，就算是成功。」

在江湖世界打滾了十多年的這對藝人，分明是衝我而來，他知道我工作報社的立場。他揶揄我：（在歌臺演唱）只要有一半觀眾喜歡聽他唱歌、演戲，就夠了，另一半他管不了。男藝人已去世多年，女搭檔還健在，如今她已80歲出頭。

建國總理李光耀從政一個甲子，60年。他的生平事略與功過，說不盡也寫不完。他不是神，是人。他留給新加坡的不算「十全十美」。

我這本書的書名是《我所知道的李光耀》。我用簡單十個字來描繪他：「深受尊重，也深具爭議性」——這個人就是要永遠帶領新加坡走在人家前頭的建國總理李光耀。

深受尊重，因為雖然過失不算少，他在政權鞏固後，雖霸氣，還能按照體制，通過採納在他及他的內閣看來對國家最有利的政策，而使到面積不過718平方公里的新加坡島國，成為其他發展中國家的典範。

深具爭議性，不但由於他的專制治國手法，也由於新加坡在經濟開發上的成就，常被他驕傲地用來與一些國家進行對比。

執政初期，他訪問鄰國回來，在機場一開口就說「回到新加坡的感覺多麼美好，只有訪問過其他國家的新加坡公民，才會知道自己國家的

前言

條件多麼優越」。

很多年後，隨著年齡成長，他改變了許多，轉為厚重，更為世故、成熟。

很早之前，我就打算寫一本關於李光耀的書。2011年10月，我出版了《越南——我在現場》一書後，2013年開始寫本書。有朋友知道了很驚訝：「什麼？你要寫他，不要做傻瓜，你不怕？」也有朋友說我是神經病，就是要寫，也得再等些日子。我回答朋友，我要寫就現在寫，出版後要送一本給我認識60年的李先生指教和紀念。可是，我感到遺憾，現在已經來不及，李先生已經辭世了。這本書雖然延擱出版，內容並不修動。

朋友會有這樣的反應，或許是因為幾十年來，李先生自在野時期到上臺執政，在公眾面前的言論和態度，給人種下深刻的印象，在這方面，負面印象似乎多過正面，直到蓋棺後，他才有定論，扭轉了回來。

當有人知道我要寫《我所知道的李光耀》一書時，反應是極端不同的。一類想法是，你會把李光耀領導國家的政績、國際聲望，像捧神一樣捧上天。還有一類，就是猜測你會寫他「暴君」作風、獨裁專制治國方式。

我不曾學習用電腦寫稿。這本書二十餘萬字，是我一格一字爬格子式寫出來的，總共花了兩年數個月的時間。我半世紀來工作時留下的資料、筆記和珍貴照片，幫了很大忙，是我現成的草稿。

本書分為兩部分。

第一部分談李光耀自英國學成歸國，不久從政，一路走來雖然遇有阻礙，卻是驚而不險，這原本是任何一個政治人物應有的擔當。不過，李光耀卻有他過人的政治智慧與毅力。我敘述這些，像是老調重彈新加

坡建國故事。但是，這不是故事，這是一個和李光耀有近距離接觸的新聞記者在動盪歲月中見證李光耀的崛起、搞政治鬥爭、為獨立奮鬥、獻身建國大事業而書寫的真實歷史紀錄。

生活在這區域的人應記得，1965年3月8日，美國捲入越南戰爭。戰火很快蔓延整個中南半島，像是法屬印支時代的歷史重演。

1965年8月9日，新加坡加入馬來西亞僅僅兩年便脫離，宣布獨立建國。

1965年9月30日，新加坡建國不到兩個月，鄰國印尼共產黨發動了一場翻天覆地、慘重、慘痛及流血的政變。政變流產，猜想有近50萬人被殺害，也牽連到開國元勛，專制獨裁的終生總統蘇卡諾被軍人逼退，黯然下臺。

一連串的激盪，嚴重影響到本區域的地緣政治，使到原有的面貌和格局發生一百八十度急轉。

回望新加坡這個小島，建國不易。獨立之初，首先得面對的三大問題：敏感驚險的種族問題、國防力量薄弱、經濟停滯不前。這些問題，威脅到國家的生存。

到了1970年代，鞏固了國防，經濟建設欣欣向榮，新加坡躍上亞洲四小龍地位。民生安定，種族和諧，政府重整信心，才開始奠定立國的基礎。

建國之初的國際形勢，冷戰加劇，影響到本地區政局紛紛攘攘，但也給新加坡創造了一個有利的時空環境。建國第一代團隊在李光耀的帶領下善用良機，創造出半個世紀後欣欣向榮的經濟奇蹟，把新加坡拚上第一世界之列。當然，也不能忽略這期間的國民，在履行國民義務的同時，也付出了各種代價。

前言

　　本書的第二部分，談李光耀的「海峽兩岸情」。

　　我執筆之初，有一些猶豫，這裡敘述的事情曾經是過去年代認為極端敏感和祕密的。它涉及的內容有兩岸三地間蜜月期和不愉快的事。

　　閱讀本書時，讀者若回到當年時空背景或走進時間隧道，會很難相信許多發生過的往事，是我們當年難以想像和不敢相信的——即使到現在，已是半世紀舊事了，也難以置信。我在想，我現在寫出來，為的是什麼？

　　我生長在動盪的大時代，我經過日本統治大時代，回歸英國殖民地、加入馬來西亞時代。最後，沒幾年，又還原為新加坡。

　　半個多世紀來，我有著許多記者未曾有過的機會，在風雲變幻的本地區巡迴現場採訪，見證了歷史劇變。今天，我已經晚年了，還勉強能動筆，若我現在不將我所見、我所聞及我所經歷的歷史事件寫下，我就是白做了半個世紀的新聞記者了。而且，我並不是普通的地方記者，若不書寫歷史，算是枉生在這個時代。

　　我所書寫的不是揭露祕密或暴露內幕，它是歷史過程的事實紀錄，不是「深喉嚨」。認真來說，是「遲來的真實報導」，不是明日黃花般的歷史。

　　我希望讀者不要用文學的眼光讀這本書，它不是一般文學著作，不作任何文學加工。

　　常聽說「今天的新聞，是明天的歷史」，雖然新加坡已度過沒有虛度的半百，其現代建國史尚屬淺短，仍需後人記錄。而這本書出自一個從未參加任何政黨、不屬任何利益團體（僅是新聞職業團體）、始終保持著新聞記者身分的退休老記者之手，對新加坡建國史來說，是不乏其重要意義的。

最後，借用李顯龍總理說過的話：

「對中國歷史和過去發生的事情進行討論並沒有問題，人們可以撰寫回憶錄和自由地研究歷史。人們可以對歷史提出修正，另一些人可提出反駁，這是正常的學術討論。」（新加坡國立大學協會演講系列，2014年10月3日）。

陳加昌

第一章　政治之路

日本把李光耀帶上政治之路

新加坡共和國開國總理李光耀是在 1954 年組織人民行動黨直接參加政治的，但是，在這之前，他究竟是在什麼時候開始對政治產生興趣？一般人並不是很清楚。

李光耀曾說，第一次使他傾向問政的，是在日軍占領新加坡的三年半期間（1942－1945）的一場經歷。當時是新加坡淪陷時期，日本人把新加坡改名為「昭南島」。李光耀十八九歲的某一天，經歷了一場可能改變他一生命運，也可能改變新加坡歷史的「大檢證」。

李光耀回憶說：「日軍占領新加坡初期，有一天，我像其他數以千計的青年，在集中營受『檢證』。有一部分青年被送到另一邊，那是死路。我本能地覺得情形不對，於是要求看守的日本憲兵准許我回家拿一些個人的物件，非常幸運獲准。我從此一去不再回頭，『檢證』的事也就逃過去。」由此刻起，日軍開始統治新加坡三年六個月！

脫險之後，李光耀作了很多思考，這段期間，他打定主意要擺脫外國人的奴役與統治。這也是他後來在新加坡光復後決心打倒英國殖民地主義者，爭取獨立自主的原因。

用李光耀自己的話說：「日本人從來不會知道他們對象我這樣一代人所造成的影響，但是，他們卻確實造成我及和我同一代人的決心，致力於爭取自由，擺脫外國人的奴役與統治。」

他在回憶錄中說:「日本時期的三年零六個月是我一生中經歷最重要的階段,讓我有機會把握觀察人們的行為,把人類社會及人們的動機和衝動,看得一清二楚⋯⋯。這三年零六個月的日治時期讓我學到的東西,比任何大學所教的還多。」

李光耀說:「我沒有主動參與政治,是他們(日本)把政治帶給我。」

但是李光耀的實際政治傾向應該是戰後他去英國留學,進入劍橋大學後才嶄露。

和許多其他來自殖民地的學生一樣,李光耀參加了後來馬來亞聯合邦政府第一任首相東姑阿布都拉曼創立的「馬來亞論壇」,這是一個讓來自馬來亞及新加坡留學生討論政治的平臺。

李光耀這時已經擺出「學長」樣子,經常不厭倦地勸告其他留學生說,你們像我這樣有非常難得的機會出國深造,因此,回國後就得對國家肩負起更重大的責任。

論壇的成員中,突出人物有新加坡的開國元勳正副總理李光耀及吳慶瑞,有馬來亞(後來馬來西亞)的東姑首相和副首相敦拉薩克。也有幾十年來自始至終一直堅持自己的政治信念而不願屈服於當權派的左翼知識分子。

當時(1948年),馬來亞半島已經發生共產黨(馬共)發動的武裝叛亂,英國殖民地政府跟著宣布新馬兩地進入「緊急狀態」。李光耀這名年輕人公開表明不贊成他的國家由一個共產黨政權統治。但是,他也公開表明服膺於社會主義的思想傾向,其實這也是許多留學生的時尚思想。他口才好、學識豐富,被「馬來亞論壇」選派代表馬來亞出席在布達佩斯舉行的世界社會主義青年會議。馬來亞共產黨駐歐洲代表林鴻美(林豐美)當然也出席了。在倫敦留學的幾位同學包括李光耀的弟弟李金耀及吳慶瑞等人也去觀光。

第一章　政治之路

　　大會通過的議案中，包括一項爭取新加坡及馬來半島在內的馬來亞獨立，正如所預期的，李光耀和新馬的留學生們都支持這項議案。

　　在當時，共產黨及大部分國家都視馬來亞和新加坡是一體，他們不了解英國在戰後已將新馬兩地行政系統分開。

　　當布達佩斯的共產黨報紙刊登這則支持馬共為爭取國家獨立而抗爭的議決案的新聞時，把李光耀和其他出席人士的照片擺在一起。關注學生課外可能涉及「顛覆」殖民地政府活動的駐布達佩斯的英國大使館，即刻把有關剪報寄回倫敦。1950年8月，李光耀完成學業回來新加坡時，即刻被警方召喚到羅敏申路隸屬刑事調查局的「政治部」接受盤問，解釋為何他的照片會登在共產黨的黨報上。

　　新加坡治安當局如此緊張是很自然的事。當時的新加坡已進入緊急狀態，馬共製造社會混亂，另一面中共建政伊始，衝擊著當地的華人（僑）社會，朝鮮戰爭也已爆發，是燃燒歲月的開始。

　　李光耀此時福星高照，遇到了貴人，負責盤問他的是一位英籍政治部警官柯里頓。柯經過冷靜鄭重評估李光耀後，「網開一面」不逮捕他（在另一章節會有敘述）。

進入「昭南日本學園」

　　日軍完成全島島民「檢證」之後，開始以軍政統治新加坡。

　　社會治安逐漸恢復，市面交通如公共巴士及有線電車還受到川行路線和時間的限制，仍有不便，大部分市民和學生用腳踏車代步。

　　4月29日慶祝「天長節」日皇裕仁生日的第三天──5月1日，由軍政監部宣傳班創辦的第一所日本語文學校便正式開課，那是日軍占領新加坡兩個半月後的事。

進入「昭南日本學園」

據李光耀在回憶錄中說，考慮到「如果在往後幾年中，日本人將繼續留在新加坡成為我的主人，為了避免麻煩和便於謀生，不得不去學習他們的語文。於是，1942年5月2日（開課第二天）我到奎因街日本當局所辦的日本語學校報名，成為第一批學生。課程分三個月一學期，於7月參加畢業典禮。」

李光耀的回憶錄說學校是在奎因街，校長是神保（光太郎），但沒有提到校名。這裡我想補充一些學校的背景來協助理解征服者的教育政策。很巧的，我也是第一期的學生，那年，我未滿11歲。

小坡三馬路奎因街只有一所日本學校，叫「昭南日本學園」，位於舊公教中學及天主教堂隔鄰一棟兩層的白色洋樓。樓上樓下教室分別為「富士班」、「櫻花」、「南」及「日之丸」上下午班。1945年日本投降後，這棟洋樓被馬來亞共產黨星洲市委會使用，隨著當局1948年6月頒布緊急法令，馬共隨即轉入地下，空樓便改為史丹卜民眾聯絡所。現在已擴建為商用大樓。

日軍占領新加坡期間，李光耀曾在這所位於三馬路奎因街「昭南日本學園」念了三個月的書，他是「初級班」畢業生。
上圖：學生學唱日本歌。

第一章　政治之路

其中一班的同學和日本老師合拍第一期的畢業照。

　　幾十年來我不敢「冒昧」透露我曾經是李光耀戰時（1942年）「昭南日本學園」第一期同校不同班同學。我是樓下「櫻花」班學生，老師是矢崎浩。李光耀是在樓上的教室上課，我不清楚是哪一班，也不認識他，只記得樓上的教室掛有天皇的「神像」，樓下則沒有，也不可以掛，因為「神像」之上不能讓任何物件壓頂，更不允許任何人的腳底「踩踏」。書本第一章便已告訴我們：天皇是「神」，不是人。

　　1950年，李光耀從英國留學回來，多年後成了行動黨的立法議員，也擔任從事學潮與工潮者的法律顧問，直到就任總理。這時，我們都出來社會工作了。有一天，我的姐夫（我一個哥哥和兩個姐姐都在同一間日語學校念兩三年書）和我談起政壇上活躍的李光耀時，突然問起我知不知道他也曾在「昭南日本學園」唸過書。那時我還很小，單純得很，當然不知道。我不相信，以為姐夫認錯人，因為李光耀問政以來，只聽他說過日治時期曾在日本軍宣傳班工作一段短時期，從來沒有聽說他曾經在日本學校讀過書。

　　姐夫說，李光耀在班上給他深刻印象是因為李的英文講得很棒，口才很好，常在班上高談闊論，沒人能贏他。很明顯看出他鋒芒初露，超

群出眾，也讓同學以為他是在炫耀自己的才華。多年後，我在李光耀出版的回憶錄（1923－1965）讀到他曾在奎因街的一所日本學校讀過日文的事，我才相信姐夫沒有張冠李戴。

我記得還有一個也是同校不同班的同學吳信達。戰後他在一家華文中學教英文，後轉教育部，再受聘於華僑銀行任高職。他是著名（英文）小說家，國家圖書館還存有他的著作。

在回憶「昭南日本學園」時，李光耀提到「學生的年齡和學習能力各有不同。其中有來自中學，有些像我一樣來自學院，其他都是20多歲的年輕工人……」。「李同學」這段話也許記錯了，那時20歲左右的工人應該是很少有機會上學。

據「昭南日本學園」校長神保光太郎在他一年任滿回國後著寫的《昭南日本學園》書中記載，學校開學時報名的各籍各階層人士甚多，第一期有320人（過後逐期增加到二、三千人），年齡由12歲到52歲（男女同學中，年長和年少的混在一班），其中16歲到20歲的青少年以華族學生最多，占三分之一，華族女生也有32人，占全校女生半數以上，其次是印度籍、再來是馬來籍、歐亞籍及其他國籍學生。

因年齡差別，功課上年紀小的同學必定比不上學長姐，但是念起日本文來，在同一班上不分年齡大小，大家是初次接觸到日文，第一次觸及日文50音。我有小學的中文底，淺的文字可以看懂讀懂，也不一定比原讀英校的大同學吃虧。幸好學校一視同仁，大小混在一個班。入學之初，花了一些日子，先學會唱日本歌。

入學前，我的年齡只有11歲，比規定入學年齡少一歲，不能報名，但已經報名入學的大姐向校長求情（另有一兄一姐也入學），我也獲准入學，這樣一來，我家裡兄姐四人便進了「昭南日本學園」。還有一位吳卓英同學也是11歲，也由已入學的哥哥吳漢英向校長說情而獲得名額。戰

後，日本海運發展至世界各個港口，漢英在新加坡日本海員協會工作，又創辦日文夜校數十年，學以致用，直到退休為止。

我的兄姐都是適齡學生，大姐在萊佛士女校剛考完年底的劍橋高級文憑會考，太平洋戰爭即告爆發，當時擔心的是考卷由郵船運往英國途中，會被日機轟炸沉入海底。

沒有永久的敵人

由於我和兄姐都是求學年齡，當時又只有日本學校可讀書，父親便鼓勵我們說：「世上沒有永久的敵人，多學一種語言是沒有壞處的。」

「昭南日本學園」創辦三年換了四次校名。先是「昭南日本學園」，讀完第一期初等科後改名為「昭南軍政監部國語學校」，中等科修完後又改名為「馬來軍政監部國語學校」，這時是專修科。昭和19年（1944年）再次改名為「昭南特別市奎因街日本語教習所」，此時已是研究科班級。成績好的學生畢業時獲頒「成績優良證書」。三個月一學期也發給修業證書。

李光耀於1942年8月1日第一期修業離校後，任職日軍宣傳班。廣義說是「校友」回到「宣傳班」工作（學校是日軍宣傳班辦的）。

我染上瘧疾在家休息了半年。康復後再上學念日文，但已轉入特別市教育科創辦的一般學校，老師是本地人。到了後期，我到另一所日本學校，直至日本投降為止。

戰後，來訪的日本媒體或學者對「昭南日本學園」及第一學期後改名為「軍政監部國語學校」給予很高評價，評為與戰時日本內地的「國民學校」具有同一水準。幸好日本很快就戰敗投降，否則，新加坡必逃不了成為一個如同臺灣、朝鮮的新殖民地的命運吧！

日本占領新加坡初期，李光耀曾在這座當時是島上最高樓
──國泰大廈內的日本軍宣部工作了一個時期。

　　日本軍隊南侵南洋各地，如菲律賓、緬甸、印尼、馬來亞及新加坡，都有一支隨同或隨後到來的軍宣傳班跟著向占領地區的人民展開普及日本教育（語文）運動。由於各地區的環境條件不同，採用的授課內容也不一。但是，教學宗旨、精神教育是相同的，是為宣撫及為日本和日本文化作「公關」。換句話說是日本針對當地居民的「文化戰」。直接一點說，日本的「文化部隊」是一種殖民教育。「昭南日本學園」就是精心設計塑造而成的南方占領地區的一間「模範學校」。

　　為此，學園準備的師資早已在日軍南侵時徵募妥當。例如，學園校長神保光太郎於新加坡淪陷的第二天（2月17日）便由大阪登船南來新加坡。日本投降30年後的1985年，我到離東京車程一個小時半的鄉下他家裡探望這位快八十歲的老校長。這時老校長中風倒臥床上不肯見客，由他的太太接待。他太太是個開朗的現代（戰時）女性。她笑說「丈夫聽說日皇頒他文化勳章，一時興奮過度中風，幾乎癱瘓。」

　　她也說，「我們新婚沒幾天，丈夫就離開日本，丈夫沒告訴我是去新

加坡,只知道他是坐船到南方一個地方,我以為是仰光。」

神保光太郎是日本著名詩人,日本國內的課本都有採用他的詩篇。他戰前留學德國獲文學博士學位,來新前是東京大學文學部教授。學園的教員,早期有著名的中島健藏、井伏鱒二及其他優秀合格的師資。有一位叫國谷次夫的日文老師,軍階不過是上等兵,出身日本高級師範學校,是應征南來的,他是校中很受學生尊敬的老師。

培育中堅官僚的「興亞訓練所」

除「昭南日本學園」是教導日本語文的學校外,另有一所專為推行「皇民化教育」而設的「興亞訓練所」。

「興亞訓練所」,顧名思義,其性質和教學目的與「昭南日本學園」不同。興亞的學員是透過比較長時間的培訓,以日本語為主來接受「皇民化教育」的。「昭南日本學園」則是貫徹占領區「國民教育」政策的初步手段。

「興亞訓練所」在昭南島(新加坡)和馬六甲市兩地開設。新加坡的訓練所是在1942年(昭和17年)5月18日開課,馬六甲訓練所是第二年2月開設。到了1944年下半年,兩地結業的學員(17歲至25歲青年)共有650人。

學員是日本軍政當局由馬來半島各州縣鎮方面推選出來的。為建立日本教官和學生的互信關係,學員、講師、教官共住一個宿舍。

訓練生中百分之七十是馬來人,由軍政監部計劃建立一個以馬來人為軸心的中堅官僚體制。

當中一位很成功的學員,在獨立後的馬來西亞,由官僚轉而從政,後來在「國陣」政府中擔任過內政部長、外交部長幾個內閣職位。他便是

加沙里沙菲宜（Ghazali Safie）。

1975年，日本「赤軍」五人在馬來西亞首都吉隆坡占據設於友邦保險大廈內的美國和日本大使館。時任內政部長的加沙里沙菲宜親自與「赤軍」談判。加沙里在日本占領時期學到的日語，在這裡派上用場了。

由於新馬訓練所學員來自多種職業，因此分成多組。有警官訓練班、鐵道員訓練班、造船訓練、農業技術及一般行政訓練。

短期訓練結業的是六個月，長期是三年。學員受訓專業雖然不同，都以透過日本教育了解日本的精神文化。鍛鍊、軍事教育、體操都是一元化的。

學員的生活軍事化。每天定時一早6點鐘（東京時間）起床，早上必定東向「宮城遙拜」，升日本旗、體操、清理宿舍，於7時30分吃早餐，上課。下午休息1個半小時，午後作業，5點晚膳後降旗，夜裡複習功課，9時關燈入寢。受訓規則與日本國內士兵初入伍受訓一年的情形一樣嚴格。一週只准許外出一次。

訓練所有專任教官4人及補佐共10人合作。因馬來學員的宗教信仰，允許一天分五次祈禱，都在休息時間。印度學員也因宗教關係，不強制其修髮。

總教官毛利可信戰前出身自東京大學英文系，曾在偽滿洲政府中擔任過翻譯軍官，他在訓練所專為學生當翻譯。

新加坡的訓練所位於盒巴實龍崗路（實龍崗上段）7英哩大路旁的一棟白色兩層獨立洋樓，門前有寬廣草坪，戰時屋主人去樓空，日本軍政監部就占用了，是我每天和同學上學必經的地方，常好奇地從籬笆外向內望。

學員結業後外出時，穿日本軍裝，腰佩軍刀，講起日本話時神氣得很。但是，學員一經走進校門就如「侯門深似海」，不到修畢課程，是走

第一章　政治之路

不出校門的。

我知道有幾位在「興亞訓練所」結業的學員，獨立後在新加坡政府及各行業擔任極高級的行政官僚或主管，都很得政府倚重。他們是建國第一代的優秀菁英公務員。李光耀在其回憶錄（1965 – 2000）中對其中一位有此評語：「……他是新加坡常任祕書當中最精明的一個」。他便是沈基文，已去世多年。

「現學現教」的日文老師

日本統治三年半的日子，我從 11 歲至 14 歲，足足在日本語學校當了三年的學生。三年經歷了三所不同的學校，對我往後處事待人，相信有一定的影響。首先，我是 1942 年 5 月「昭南日本學園」的第一期生。三個月第一期修業後進入第二期不久，我染上瘧疾退學，康復後我回不了原校，只好轉到離家三四英哩外天主教會辦的英校日語班上課。每天往返學校步行共七、八英哩路。

小學畢業後，學校沒有中學日文班。由於年齡關係，只能輟學或到雜貨店當學徒或在市場擺攤子，但父母親要我繼續讀書。我原可以再回到天主教學校重讀五、六年級班，但對我來說，那是乏味和委屈的事，因為我先前在「昭南日本學園」是由日本「正統」老師教的，是日本直接派來的師資。而本地教育科創辦的一般日文學校，老師是本地人，他們上午到日本教師那裡讀日文，下午來學校教導當地小孩學生，或是下午去上學學日文，第二天一早來校教課，是「現學現教」的「本土教師」。

我覺得我在「昭南日本學園」學的日文讀法、寫法和講法都比本地老師教的更厲害。唯一讓我高興的是：學校是一般的小學，同學都是小學生，年齡相差不到一二歲，大家都天真得很，上課下課吵吵鬧鬧，又

有足球、乒乓、體育課。而讀「昭南日本學園」，學生年齡自 11 歲到 52 歲，相距甚大，性情格格不入，無法交流。

日本軍方配合小學畢業學期，開始招收（選擇）十二、三歲的兒童報名參加實里達的「少年海軍航空學校」，我有幾位小學同學報名參加。學員可獲得津貼，要剃光頭，穿上制服，戴上鴨舌帽，與日本國內的少年兵無異。

我則轉到姐姐擔任翻譯工作的岡第 10414 部隊附設的所謂「南方第一測量隊」去，再念回初級日文和測量課程。班上同學是第一次接觸日文，對我又是另一次委屈。我又從頭念起 50 音，重唱日本民謠和軍歌。三年在三所不同的學校求學，讀的是差不多相同的課本，唱的是同樣的日本歌。課文我都讀得滾瓜爛熟了。

測量班只有一班，約 40 人，華巫印及歐亞籍人都有。同學年齡最小 13 歲，最大 60 歲。被錄取的學生有津貼和少量糧食配給。班上同學華籍有 30 人左右，和我相同年齡的有兩三人。班上有一兩位「同學」中文書法寫得很好。我們的修業證書上寫的名字、籍貫、年齡，出自他們的手筆。可惜忘了他們的名字。

給我印象至深的一位同學是馮世保（瓊籍人）。他比我大三、四歲，好像是萊佛士英校生。數學、英文都很好，只是缺少日文中的漢字基礎，使他吃虧。但是，他的繪圖畫工優良，填補了漢語之缺點，為測量一課加了分。

馮世保常欺負比他小的同學，好表現自己很多小聰明。功課上我們有競爭，每月測驗，日文成績排名常輪流第一、二名。遇上「摔角」和「劍道」遊戲，我不是和他「過招」而是被「欺負」。他走路挺胸，兩眼朝天，「唯我獨尊」傲氣十足，我不是很喜歡他。

我們的測量學校是在丹戎巴葛路（一度是日報大廈）及林德金路的交

界，一座紅磚建造的五層樓大廈，聽說戰前是一家英國菸草公司所有。1944年2月24日，美B29機群空襲，同學全都躲在地下一層。空襲警報解除後走出地下室，西南不遠處火車站方向被炸的重油庫，冒出濃濃黑煙火焰。馮世保在火車站附近的住家正是策略物資倉庫，亦被波及。在老師的帶領下，班上同學聯合送他慰問金。

馮世保性格剛直，脾氣不是很好。做事態度堅強果斷，是他後來受李光耀賞識的原因。日治時期的紀律教育和精神思想，多少會讓一個初長成中的少年在耳濡目染的情況下受到一定的影響，我也是這樣。

1960年代，李光耀初任總理，馮世保隨身在側，受李光耀信任，當總理祕書7年之久。之後又得李總理倚重，轉任國防部常任祕書。正當新加坡獨立建軍伊始，國家求才殷切之際，傳來馮世保患上肝癌的消息，他僅再活半年，於49歲英年早逝。

李總理痛失良才，親蒞馮府哀悼弔喪，復致送唁文慰問遺孀子女，其悲傷程度不能以文字形容。他讚譽馮世保有才又苦幹，正有管理龐大的紀律部隊所需的重要素質，是國防部的有力支柱。

因「朕」與「陳」同音而吃耳光

測量學校有月俸，有講日語津貼，可以分配到有限量的菸米蔬菜木薯魚乾等等，確給家裡帶來很大幫助，減輕家長的負擔。

但是，對我來說，每月的「8」號（遇上不上課的星期日「8」號除外），是我「苦難」日子的到來。我付出被軍屬老師摑耳光的代價。不是我的功課不好，是我「原罪」的「陳」姓，Chin（客家音）與日本「朕」字（讀Chin）同音給了我「麻煩」。

情形是這樣的，為紀念1941年12月8日日皇向歐美宣布開戰，日

本國內及南洋占領區的學校，每月「8」號都會有紀念儀式。

我的校長也是部隊裡的司令，每月的 8 日早上 8 時（新加坡時間 6 點半），他必在校內草場領導學生員工朝向東方作「宮城遙拜」。這時，我心跳的時間到了，我開始提心吊膽，校長必定會朗讀「大詔奉戴日」詔書，每當我聽到「朕」字，便忍不住會笑出來，破壞了莊嚴的場面，一定會讓站在後頭的老師看到，待回到教室，一定吃耳光。

軍人校長朗讀詔書是代表部隊向日皇「感恩」的意思。我當時只十三四歲，怎會知道從沒讀過、聽過的「朕」字是中國古代皇帝專用的自稱，它也適用在日本天皇身上，老師也沒有解釋詔書的內容。後來我才知道「朕」字用法，比如「唯朕思及皇祖皇宗……」、「朕於茲向英美帝國宣戰……」

短短宣戰詔書出現 10 多次「朕「字，我在校快兩年，每個月給老師掌摑一次，總共也十多次了。待我終於明白古文詔書中「朕」字的意思時，日皇已宣布另一類詔書，是 8 月 15 日終戰詔書（投降詔書）。

8 月 15 日這一天，新加坡平靜如常，因為島上的人民還不知道日本已經在早上宣布投降了。有少部分人雖聞日本戰敗的風聲，也只是交頭接耳，沒人敢冒險散播這可以招來灌水殺頭後果的傳言。即使消息證實了，也沒人敢有所行動，因為全島還在日軍的手上。這一天，市面秩序和治安沒有異樣，大家如常過日子。

我 13 歲防空壕裡寫空襲日記

在此前一年（1944），日軍在太平洋的全面戰事每況愈下。

11 月 18 日，星期六下午，晴天，東京時間六點鐘（本地四點半），已被日軍占領兩年多的新加坡，第一次突然響起空襲警戒警報。英國轟

炸機出現在島的上空，飛來空襲。

星期一，我一早到學校，用線釘將課室裡丟棄的碎紙片，合訂成名片般大小、輕便又好藏的本子。從這天開始，每次遇有盟軍飛機來空襲，投傳單或偵察，我都把親眼看到、親耳聽到的情況用簡易的中、日文記下，例如警報聲、時間及地點、**轟炸機**架次、投彈與否、是否有空戰或飛機被擊落的情形等等。有好幾個下午，我在回家的電車上突聞空襲警報，急忙下車跟著其他乘客一起逃到路旁的水溝及可躲避的橋底下。第一次遇到盟軍飛機來襲，我大驚失色，不知如何是好，慌張得想哭。

這一年，我 13 歲。關於我的日記小本，天真的我想都沒想過一旦被日軍或老師發現，會有什麼嚴重的後果。我記錄盟軍飛機到來，覺得好玩之外，感覺也很刺激，別無其他目的。我日記的第一頁開始於昭和 19 年（1944）11 月 18 日，英軍轟炸機第一次到來，這第一頁日記是在學校的防空壕寫的，一直寫到翌年 8 月 4 日，盟軍最後一次來空襲為止，也是美國在廣島投下第一顆原子炸彈的前兩天。但是，飛來的盟軍飛機，其心戰意義要比投彈重要。老實說，此時的昭南島已經空虛，物資及戰鬥兵員很多已經被調遣到菲律賓或增援其他戰區了，島內有些地區的哨站，當時已經留給印尼的「兵輔」看守。

自 8 月 4 日起，盟軍飛機不再飛來，我也沒什麼可記。戰後第九年即 1954 年，我初到日本，順便查詢日本出版的戰時美機轟炸日本本土的紀錄。我發現自 1944 年至翌年 8 月，美國空襲日本本土的次數甚為頻繁，尤其自 1945 年 3 月日本投降約半年前（美機第一次轟炸東京市）。同時期裡，盟軍來襲昭南島（新加坡）的次數也多了起來。出動的機型是 B25 及 B29（空中堡壘及空中霸王），是最新式的**轟炸機**。

105 架美機來空襲

在我的日記中，昭南島有兩次受到盟軍最猛烈轟炸。一次是 2 月 10 日（星期四），雨後又晴，有 90 架 B29 型機向日軍的實里達據點投彈。由空襲警報開始到解除警報歷時共兩個小時。另一次是 2 月 24 日星期六，是最嚴重的一次轟炸，共有 105 架 B29「空中霸王」銀色編隊飛機在藍天白雲下，徐徐飛出雲層嚮明晰可見轟炸目標岌巴路火車站附近的倉庫和儲藏在岌巴碼頭的重油庫投下燃燒彈。也是兩個小時後，警報才解除。

盟軍飛機自 8 月 4 日以後不再空襲昭南島。如上文所說，我也不再寫日記。直到兩週後的 8 月 18 日星期六上午，東京時間 10 點（新加坡是上午 8 時 30 分），班主任日籍老師佐光義明到教室來，神情一如往常自然。他要同學列隊聽他講話。同學們猜不出有什麼事要發生。他講了十多分鐘話後，同學才知道是戰爭結束，日本投降了。這時同學中有失落的、有悲傷的。師生同學相處快兩年，也在食堂一起午餐，不會沒有感情。接著大家一聲聲再見，老師要我們珍重前程。

這一天是 8 月 18 日，在我的日記本上記下最後幾個字「昭和 20 年 (1945) 8 月 18 日（土），佐光先生說：『是終戰，不是敗戰』。同學們說再見。今天我們像是上最後一課！同學與老師相互鞠躬道別，從此沒有再見。」

滄海之變，如今我的日記本已經泛黃。[01]

「Nippon Go, American Come」

我和同學從日本老師那裡知道「終戰」消息的同一天，駐守昭南島的第七方面軍司令官板垣徵四郎大將（9 月 12 日代表因病臥倒西貢的南方

---

[01] 1984 年口述歷史館一位陳小姐與我訪談，將日記小本帶回館內影印。歸還時，我發現本子重新線釘時沒注意，將多頁日誌的次序倒置

軍司令寺內壽一元帥向英軍簽字投降）召集島上各部隊長及昭南特別市軍政監部科長以上官員，聽取他傳達天皇的詔書。之後，板垣司令官下令所有部隊及軍屬嚴守軍紀，留守在兵營不准移動，等待遣返令。

從此刻開始，日本正式結束統治新加坡。市面街道角落及一些商店住戶聞訊，雀躍歡呼，猶如選舉時，選舉官還未宣布某人已當選，領先的一方便迫不及待自行宣布當選。午後，有人發現某些地區掛起英國國旗及青天白日滿地紅旗。在勿拉士峇沙路邊，有日治時期鼓勵市民學習日文而豎起的英日文字書寫的巨大宣傳牌上面的英文字「Manabe tsukae Nippon-Go」，意思是「學習和使用日本語」。「語」字在此讀「Go」，有市民趁沒人注意時補上：「American Come」，句子變成「日本去，美國來」。日軍看了也無可奈何！

當晚，昭南特別市厚生科長篠崎護才代表民事政府宣布戰爭結束。

人民飽受三年半歲月的痛苦如今感到天亮了，心中充滿期待。新加坡陷入無政府狀態好幾天，還好社會不至於脫序。

第二章　貴人蔡昭田和柯里頓

李進坤和蔡昭田的關係

二次大戰結束隔年（1946 年）的年底，李光耀去英國留學，四年後學成歸來。

赴英之前及學成回來，李光耀前後有兩次的機遇，如果用命理語言來說，是遇到了「貴人」。

第一位「貴人」是戰後一位新加坡福建晉江人實業家蔡昭田。他雖然不曾給過李光耀任何直接的幫助，但對李光耀這一年能赴英深造，有極大的精神「助福」。

話說戰後，英國重返新加坡初期，島上還是英方軍政管理（British Military Administration - BMA）過渡時期。市區裡，英國人經營的有線電車公司（STC）之巴士，以及華人經營規模較小的中型巴士車輛還未完全恢復通車。

英方軍政管理為解決屬下單位工作人員上下班的交通問題，與私人經營的陸路羅厘運輸業商妥服務合約，每天在幾條固定路線與車站，由指定的羅厘公司專門接送軍政管理部職員上下班。

接送軍政管理單位工作人員的私人羅厘車輛，每天早上開到車站的時間，常比私人巴士車準時。有父兄在軍政部工作的學生，時常可以搭上順風羅厘上學。但是，每輛羅厘能接載的學生人數不會超過五人。當然，學生也不好意思厚著臉皮天天搭順風車。

第二章　貴人蔡昭田和柯里頓

戰前及戰後，蔡昭田在牛車水及登路一帶經營運輸行業，他與李光耀的父親結識。我不清楚蔡昭田與李光耀的母親蔡認娘的娘家是不是有親屬關係。我們都知道李光耀的父親李進坤（李振坤）戰前與戰後是在蜆殼（蜆標）石油公司工作。戰後復職擔任巴西班讓倉庫主管。

蔡昭田的陸路羅厘運輸隊此時所需的大量石油，便是由李進坤供應。兩人公私交情甚篤，無話不談。

據一位認識蔡昭田的同鄉前輩說，蔡昭田有一個兒子，在企業界很知名。

本文提到所謂「貴人」的故事在這裡有待著墨。陳國礎[02]是中國國民黨政府在大陸時期（1943年）的國民黨中央執行委員（僑選），1947年—1955年為國民黨創辦的新加坡中興日報社長，離開報社後從商。蔣介石政府於1949年撤退到臺灣，翌年，陳國礎及曾任國府僑選監察院委員、怡保的劉伯群兩人代表新馬反共華人專程到臺灣，贈送蔣介石一把金製短劍及呈上一份致敬書。致敬書由報人招宋雙抄錄。以後十多年再也沒去。

1960年代中，人民行動黨已執政，陳國礎多次向當局申請赴臺接洽商務，均不獲批准。當然，以陳國礎在大陸時期的背景[03]，對此時獨立建國還不到一年的新加坡來說，政局時局上都算是敏感。對此政治人物，除了李光耀一人可以批准之外，哪一個官員敢說「yes」？

一天，陳國礎和國民黨老同志蔡昭田無意中談起去臺灣的事。蔡昭田一向做事低調也好助人，陳國礎又曾是「陳中委」，蔡昭田像二十年前對李進坤一樣熱忱，自告奮勇對陳國礎說：「我來試試看。」就這樣揭露了在蔡昭田心中匿藏20年的一段祕辛——是給李家父子「暖送」了一個人情。雖然後來不必兌現，但是，李父當時極需要蔡昭田許下的承諾。

---
[02] 又名陳肇基，曾任南洋華僑籌賑祖國難民總會常務委員。
[03] 1946年曾任中國國民黨第6屆中委會執行委員、海外部副主任，也擔任國民黨創辦的中興日報社長職務。

答應資助李光耀兄弟留學

據陳國礎 1960 年代中透露，戰後李光耀去英國留學之前，蔡昭田有一天發覺李光耀的父親「無精打采」，與往日開朗的情形不同，猜想必有心事，於是問何故。李的父親也坦誠講出原因：「孩子要去英國留學，正為此頭痛。」蔡昭田以為什麼大事，聽後拍一拍胸膛說，不必擔心，不要說是一個孩子，就是三個都沒有問題。蔡昭田是講義氣的唐山老華僑。經此一說，李父一時心寬。雖然孩子後來出國留學沒有用到蔡昭田一分錢（據說有另一富商協助），但是蔡昭田承諾的人情，即使是「空人情」，已永遠銘記在李心。

陳國礎說，一天蔡昭田真的為了他（陳國礎）去臺灣的事，到政府大廈見李總理。據說，李總理用福建話很客氣地對蔡昭田說：「老先生，你知道嗎？他（陳國礎）是國民黨，他去臺灣回來會搞政治。」蔡昭田回話說：「我擔保，他不會搞政治。」

我想起差不多是同個時候，一天，一位郭姓男子突然到報社看我，之前，我在公眾場所見過他。他是政治部人員，這位仁兄很有意思，把我當成很熟的朋友，開門見山問我能不能告訴他一些陳國礎的近況。

我告訴他陳國礎是我約十年前工作報社的社長，他在這座大廈的 13 樓有間船務公司，你可以當面問他。這位仁兄當然不敢去看陳國礎。我告訴郭某，陳國礎的案卷政治部多的是，你回去問問看。這位仁兄，明顯是「業餘線人」。我告訴他，陳國礎很喜歡與人談「反攻大陸」，你可以去跟他談。

不久，陳國礎拿到回新加坡的簽證了。關於這件事，沒有幾個人知情。現在更無從查證。陳國礎於 1966 年到臺灣，也回祖籍金門鄉縣祖墳拜祭。

另有一說，1960 年代初期，蔡昭田有塊空地在政府徵用範圍，蔡昭

田曾經向高層陳情，要求手下留情。高層不能破例，依法徵用，另擇一地補還。

蔡昭田是本地運輸界鉅子，與陳六使、高德根、卓金山及邱德拔等多人曾是武吉班讓福建公會名譽主席。做事一向低調，待人隨和，是典型的「唐山阿伯」。

蔡昭田曾擔任多屆親國民黨中興俱樂部的主席（與中興日報沒有關係）。中興俱樂部於戰前1938年抗日戰爭期間，由一批愛國華僑為支持中國國內抗戰而成立。社址在絲絲街口一座外型半圓的六層高大廈的第四層樓內。頂層是「城市俱樂部」。1950年代是林文慶博士等友好中午愛去的場所。地面層是前廣東省銀行新加坡分行行址。這座大廈現改稱保誠大廈（Prudential Tower），是國家保留建築。

自戰後1945年到1954年，國民黨政府慶祝雙十國慶及3月29日青年節或臺灣各項盛會，都曾在禧街中華總商會舉行。1957年雙十節，竟有200多個華人（華僑）團體集會慶祝。

1959年行動黨執政，中華總商會不便借用，「中興俱樂部」便成為親國民黨人士公開舉行擁護及慶祝中華民國各節日活動的場所。室內懸掛青天白日滿紅旗和孫中山遺像。不過，遇到紀念孫中山先生的節日，必固定在亞美尼亞街的同德書報社舉行。同德書報社現已遷到廣東民路。

至於孫中山先生早年在星洲策動革命時停居處所晚晴園，很早前已交由中華總商會信託保管。

晚晴園是新加坡華人具有重大歷史意義的建築。新加坡國民黨人士尊重商會保管，未敢商借。晚晴園建築物雖一度荒蕪朽舊，亦隨時勢轉移，經風吹雨打，歷盡滄桑，仍屹立於大人路。新加坡國家年輕，沒什麼珍貴歷史建築物，如今它成為國家古蹟，受到政府重視，並耗資重修。

政府拘留蔡和安

上文提到的「中興俱樂部」，有一位資深會員蔡和安，在行動黨上臺不久即被政府援引刑事法臨時條款拘留。

李光耀在回憶錄（1923 — 1965）中說「東姑阿布都（拉曼）要我釋放蔡和安。蔡和安是島上最大的華人私會黨的頭子，我們援引刑事法臨時條款拘留他。」回憶錄也說，「蔡和安是林有福的主要支持者⋯⋯早些時候，我拒絕了東姑的要求，不肯釋放蔡和安⋯⋯過去在選舉期間，蔡和安組織過對付人民行動黨支部工作人員的暴力行動⋯⋯大馬成立後，東姑有權釋放像他那樣的歹徒，為此我擔心支部工作人員的人身安全。」[04]

我在中興日報外勤採訪新聞時，左右派、英派、美派、日系的政治新聞、政黨人物，我都採訪過，見證了那個動盪時代的許多風風雨雨。加入通訊社以後，工作重心也就移到區域方向，新、馬兩地此時也已經獨立建國。新聞採訪沒有英國殖民地時期靈活有彈性了。

因我的外勤採訪工作，我當然接觸過蔡昭田和蔡和安，他們把我當成後輩。

五十年代末期，「中興俱樂部」圈內傳聞俱樂部兩位支柱蔡昭田和蔡和安，原是忘年之交，有深厚交情的，不知何故變成冤家。為什麼會如此，真正原因沒有人知道，也沒人願說。

蔡和安自戰前闖蕩江湖，日軍攻占新加坡初期，芽籠一帶有一次發生一宗爆炸事件，他人剛好走過，被憲兵拘捕。過後由占領日軍警備司令部文官篠崎護保釋。兩人後來成莫逆之交。

篠崎護曾是太平洋戰爭爆發兩年前日本駐新加坡總領事館的新聞官。戰時被英方以間諜罪拘捕，關在樟宜監獄。日本軍隊占領新加坡當

---

[04] 林有福是人民行動黨執政前的勞工陣線政府首席部長，屬右翼政黨。

天,他被日本憲兵救出,當即應總司令山下奉文之命配屬於警備司令部。從他的履歷來看,他是戰前、戰時、戰後在新加坡最著名的一個日本人。

戰後,1970年代初期,篠崎偕夫人重來新加坡,與一名孫姓華商合作開設爆竹工廠失敗。蔡和安於巴西班讓「蝦塘之家」招待篠崎夫婦兩人。

蔡和安有江湖義氣,好管人家是非,卻常分辨不出是與非。五十年代的新加坡,馬共猖獗,他獲准帶槍,腰間常掛一支左輪。夜間他曾遇上馬共縱火燒車,單槍匹馬跳下車子追趕。

李光耀的另一貴人柯里頓

李光耀1950年學成歸來時遇到英國貴人柯里頓警監。

李光耀與妻子柯玉芝從英國學成回到新加坡是1950年8月1日上午。

這對新婚夫婦乘坐的是荷蘭豪華郵輪「威廉勒伊斯號」。這一天,沒有風浪,郵輪在炎日下徐徐開入丹戎巴葛海港岌巴二號閘碼頭(Keppel Harbour Gate II)。

郵輪靠岸後,李光耀原以為再過幾分鐘就可以下船,和岸上來接一對新人的親友握手道賀歡聚,萬萬想不到臨下船前,得先讓其他乘客一個接一個接受完防疫檢查和辦妥入境手續後,才輪到他與妻子上岸。通常頭等艙的乘客是優先辦手續離船的,這一天,李光耀卻被耽誤近兩個小時。

李光耀在船上原本是高高興興的，但是當一位上船來檢查乘客的英籍移民官走到他的面前說了幾句話後，他的心情立刻轉暗。

李光耀回憶那一刻：「……那位繫著領結親自上船來的移民官福克斯先生，卻要我安分和識趣，他讓我和芝一直等到最後，才檢視我的護照，然後莫測高深地說：『李先生，我想我們會多了解你的事。』我瞪他一眼，不睬他。他存心恐嚇我，我可不會被他嚇倒。」

這位移民官做夢也不會想到，船上這位曾受委屈的年輕夥子，在不到十年的光景，竟成為新加坡第一任民選總理，而且一當，就長達三十年。

丹戎巴葛二號碼頭，通常是海洋豪華郵輪、大型貨船停泊用港口。在那個年代，飛機還不是普遍的交通工具。對不必考慮時間因素的乘客，多喜愛選用海上交通。各國政府要人、使節、商賈、退任、度假或赴任的官員，很多選擇海上交通，海上可以在一望無際的汪洋中享受心曠神怡，悠哉閒哉地航行到目的地。

二號碼頭內有一所飛機庫型的扣留所，可以安置半百人，是用來暫時扣押簽證逾期回星的國人。待此人的證件補簽後，有太平局紳擔保和付上手續費用即可恢復自由。扣留所也用來暫時安置在浩瀚海洋中遇險被途經船隻救起的漁人或海員。這種情形時會有之。

1950年代是冷戰的開始，我曾多次到二號碼頭採訪要聞，由東往西或西往東的郵輪上很常可以「釣到大魚」（重大新聞）。現在看來沒什麼值得渲染，但在半世紀前的1950年代，你會在船上採訪到過境女作家謝冰心、中共高官、英國將領或是過境外交要員等等，還有那些潛逃偷渡入境的第三國政治犯和神神祕祕的人物，都會在二號碼頭出現。有撤僑的郵輪，荷蘭僑民和華僑都有。還有那選擇移民到印度的88名參加朝鮮戰爭被俘的「中國人民志願軍」。他們是在戰爭交換俘虜協定下乘坐印度遣送船經新到印度定居。

也有 1950 年被北京指控在天安門圖謀炸死毛澤東的義大利人哲里（V.Gerli），在北京關禁 5 年後釋放回國，他乘坐義大利輪「派多利亞」號，自香港啟程到新便是停泊在岌巴二號碼頭。凡在二號碼頭採訪的新聞，都有濃濃的政治味道，既神祕又刺激。

有位朋友符紅雨，戰後去中國大陸唸書。內戰末期，與一位同班的馬來同學馬芝（A.Majid），隨校（中央政治大學）撤退到臺灣，兩人中途輟學回來新加坡，符因護照逾期被扣留在二號碼頭，待人簽保。我因常到二號碼頭採訪，與那位李光耀在回憶錄中指說刁難他的英國移民廳官員福克斯熟絡，未經太多手續便把符紅雨保了出來。

第二年符紅雨加入益世報採訪部，成了我的同事，繼而中興日報，最後加入星洲日報跑外勤。行動黨登臺執政，他轉跑道擔任克明學校校長。60 年代他代表人民聯盟（馬華公會系）在大選時與行動黨的候選人打對臺但落選。

那位馬來同學馬芝，在大馬成立初期出任馬來西亞駐日本大使館新聞參事。駐東京期間常到文京區御茶一帶購買中國字畫。任滿後留在東姑的首相府做事。

建議勿逮捕李光耀

李光耀回新這一年，新加坡正值多事之秋。

政治方面，受西方教育的知識分子，尤其是在新加坡的反英同盟和共產黨外圍活動，方興未艾。像李光耀這一群外國讀書回來能創造出極多政治及思想波瀾的知識分子，正是殖民地政府更嚴厲防範的。難怪新加坡政府決定在李光耀一回到新加坡時，就將他扣捕。

李光耀遇到的第二位貴人── 柯里頓就此登場。

柯里頓全名是李察·貝恩·柯里頓。1908 年在當時還是英國殖民地的印度出生。長大後在駐印度的英軍中服役，軍階為少校。一路來在印度軍中負責處理軍警方面的政治安全及反顛覆活動工作，是這方面的專家。

1945 年，日本投降，柯里頓被派來馬來亞建立政治保全工作的先頭單位，這就是大家熟悉的「政治部」。

1948 年新馬實行緊急法令後不久，他被調到新加坡政治部。

1950 年，英國當局下令，在李光耀回到新加坡時立刻將他扣留，這工作落在柯里頓的手上。李光耀此刻遇到了貴人。

柯里頓翻看了許多李光耀在英國求學時的情資案卷，了解李光耀的照片為何會刊登在匈牙利首都布達佩斯黨報的原因。殖民地政府懷疑李光耀在 1949 年 8 月到布達佩斯參加世界青年節大會，而主辦者正是共產黨組織，偏偏當地黨報登了李的照片。

柯里頓比較了許多其他著名左派知識分子的政治情資，如蒂凡那、約翰·伊柏律師、沙末·伊斯邁及印度籍教師沙瑪等人（以上四人全被扣禁過）。他作了「適度評估」後去見輔政司，說服輔政司取消因李光耀在英國求學時有參與共產黨活動而下達的扣留令（這與李光耀 1923 － 1965 年回憶錄 155 頁所載內容顯然有出入）。

就這樣，李光耀不再受政治部注意，恢復了政治清白，過後走上政壇之路。除有自己擁有與生俱來的政治智慧，為他掃除初期「政治荊棘」，助他開關順暢通道的「隱祕貴人」，應是柯里頓！

「哈利，會是你的總理」

我有一位半個世紀以上的莫逆之交，曾在一家英文報社工作（隱其名），2013 年元旦那天他走了，年 83 歲。這位仁兄，1940 年代末，與馬

第二章　貴人蔡昭田和柯里頓

共「全權代表」方壯璧曾是聖安德烈英校戰後超齡的同班、同座的同學。

我知道他和柯里頓在 1950 年代時的私交很好。柯里頓從政治部調任反貪汙局副局長後，兩人仍常有往來。午飯時，這位朋友常到高等法院大廈內反貪局辦事處與他話家常。

這位朋友去世的三四個月前，我曾經和他飯敘聊天，談到他當年的好友柯里頓對李光耀的評語（1950 年代李還是執業律師時）：「我可以保證李光耀不是共產黨，也不會是共產黨。因為他受西方的影響，尤其他是在倫敦受教育。」

「Sunny，」柯里頓對這位朋友說，「這個哈利李（李光耀的英文名），有一天會成為你的總理，而且是在位很久的總理。」(I can guarantee that LKY is not a communist and will never be one, because of his western influence, especially his education in London.)

"(Corridon used to call me) Sunny, this man Harry Lee will become your Prime Minister, a P.M. for a long time.」(Lee was then a practicing lawyer)．"

柯里頓在 1952 — 1955 年由政治部調任反貪汙局副局長，不久再作馮婦調回政治部，時行動黨已執政，發生美國中央情報局試圖收買一個警官的事。柯里頓與這個警官合作將實情向總理報告，是為「1961 年中央情報局醜聞」。之後，1963 年，他被調到反貪汙局當局長。此時已是馬來西亞成立前夕。

柯里頓生前曾受封為新加坡太平局紳，也曾獲英國頒賜英帝國五等勳章，比抗日勝利後表揚陳平的英帝國四等勳章略為遜色。柯里頓在緊急法令實施期間，立下汗馬功勞，獲得政府多枚功勳。

柯里頓於 1968 年退休後返回英國。

1980 年，李光耀不忘柯里頓的恩情，他在《行動報》寫了一篇文字表達感激。

李光耀寫道：「1959 — 63 年的人民行動黨，是在輕易可以被顛覆的關鍵時刻，感謝你的忠心和不遺餘力的幫助」。（In gratitude for the loyal and unstinting help during the critical years 1959-63, when the PAP could so easily have been overwhelmed.）

柯里頓退休後回到已陌生的故鄉英國，晚年情況並不很好。當太太將他送進養老院的事為李光耀聞悉後，李光耀「謹慎」安排了幾個友人幫助柯里頓家屬。

柯里頓於 1993 年 85 歲病逝，遺下妻子及二男二女。李光耀向柯里頓太太發起唁電。

第三章　建立政治基地

離參政路不遠

李光耀完成學業回新加坡，是 1950 年的夏天。1920 年代初到大約 60 年代末，一般家庭鮮有子女出洋留學。學成歸來是件大事，是極體面的事。

翻開那時的中西報紙，如有戴方帽子及穿上學士袍子女的照片刊登在報上，會非常令人羨慕。

富商、「僑賢」或社會名流有子女留學回來，更視為光宗耀祖。講究的擺宴席，也有為子女完婚，雙喜臨門，錦上添花。門口燃放鞭炮，親友奔走相告或登報導賀，一片喜氣洋洋。

李光耀與愛妻柯玉芝的情形也不例外。一對年輕同學畢業自世界數一數二的劍橋大學法學院，又獲得雙料優異成績，中西各報以顯著版位競相登出這則新聞，也是必然的。

李光耀很快便被馬六甲街一家著名的「黎覺及王律師館」聘任為實習律師。

「黎覺及王律師館」的另一資深合夥人是「海峽華人公會」的會長王長輝，王算是土生華人「峇峇」的代表，與陳嘉庚等人的怡和軒俱樂部河水不犯井水。

「黎覺及王律師館」坐落在馬六甲街舊式兩層樓的店屋。這裡是新加坡開埠以來大家所熟悉的萊佛士坊商業區，也是「土庫」區。

李光耀的第一個律師老闆，也是他見習時期的恩師，是英國人律師約翰·黎覺。他是本地進步黨黨魁及立法議員。進步黨是戰後新加坡最早的政黨之一，是親英的資本主義思想政黨，黨名符合時代潮流，但黨性並不如此，而是保守的。

黎覺沒有一般洋人高大，身子肥肥胖胖，走起路來腳步沉重，說他外型像戰時與戰後出任英國首相的邱吉爾（Winston Churchill）一點也不誇張，不同的是黎覺的嘴裡不咬雪茄。

黎覺有女名黎覺·艾美。一說艾美是領養的。艾美生來小鳥依人，聰慧漂亮。1950年代初代表進步黨參選市議會議員當選，之後嫁給一位在國泰機構任職的英國人約翰·伊德。伊德不久也當選市議員。一對年輕夫婦議員在市議會婦唱夫隨，成為佳話。

前文提到「黎覺及王律師館」的另一合夥人是土生華人資深律師王長輝。王長輝個子中等，穿著講究認真，在海峽華人（峇峇娘惹）圈中是位很受尊敬的紳士名律師。

第二年（1951年），黎覺律師代表進步黨參加加東區立法委員選舉。黎覺要李光耀當選舉代理人。加東選區受洋文教育的居多，大部分選民是公務員及洋行職員，主流是峇峇，包括如切區一帶。此區迄今的政治生態似乎變化不大。

李光耀與候選人黎覺及所屬的進步黨並沒有共同的政治理念。但是老闆要你幫忙，不去也難。對這位有從政抱負的青年，這何嘗不是難得的實習機會。現在，無論如何，黎覺當選了，而這次參與助選的經驗，也拉近了李光耀他自己參與政治的日子。

當時，政界傳說李光耀有意加入進步黨，但不為進步黨內年輕幹部贊同。也有人說他對進步黨沒有興趣。最主要還是上文提到的政治理念不同，而李光耀的雄心比天還高。

第三章　建立政治基地

建立政治基地

1952年，李光耀受聘為新加坡郵電工友聯合會的法律顧問，協助工會向殖民地政府爭取更好的薪水及工作條件。這項勞資糾紛拖了兩年多沒有進展，逼使工會選擇罷工、威脅一途。如此一來，新加坡內外的郵電交通將會癱瘓，各項損失將難以估計。

1953年3月，殖民地總督列誥爵士在立法議會上警告：「郵電工友萬一罷工，將會非常嚴重影響行政商業，政府依然開著勞資談判之門。」接著經過多次勞資談判，決定交工業仲裁庭仲裁拖了兩年多的勞資糾紛。

仲裁庭不在法庭聆聽，是借安順路顏永成英校及維多利亞紀念堂會議廳來仲裁。

工會原先推舉「深孚眾望」的馬華公會總會長陳禎祿爵士出任仲裁庭主席，但是當接近開庭時，這位在馬來亞擔任過同性質仲裁委員會主席的陳禎祿的名字突然在委員名單上「失蹤」，改由李光耀留學英國時的同學楊邦孝主持仲裁。陳禎祿之「失蹤」，有一說是因他年邁不適宜奔波於新加坡與馬六甲的住家間。

郵電勞資糾紛於4月9日開庭仲裁。兩天後便宣布「以仲裁辦法圓滿解決」。工會爭取到新訂薪水制外，還追算之前27個月的差額，每人平均可得500新元。不單制服工友，連文員及女書記打字員都獲調薪及加薪。

久延的工潮圓滿解決，列誥總督鬆了口氣，工友皆大歡喜，而初戰告捷的法律顧問李光耀，看來已經在工人階級中建立了基礎。

第一次採訪李光耀

我認識李光耀（說是第一次採訪更為恰當）是在 1952 年初，我入行當記者快兩年之時。一天，到麥士威路一座白色四層樓的政府「關稅大廈」天臺，採訪郵電工友聯合會與政府就勞資薪水糾紛問題進行談判的新聞。還不到 30 歲的年輕律師李光耀是工會聘請的法律顧問。

大廈底層有交通警察局、郵政局及關稅局等等。樓上有政府辦公廳、電影檢查局也在內。

每次與我到那裡採訪新聞的有兩位同行好朋友，一是英文《虎報》歐亞籍記者喬治‧拉西亞，一是《馬來前鋒報》記者賽‧查哈里（又譯賽‧扎哈利）。喬治‧拉西亞不久離開《虎報》到砂拉越古晉市英國殖民地政府新聞部工作。賽‧扎哈利於 1950 年代中調吉隆坡任總編輯。1963 年初，他在新加坡內部安全法令的「冷藏行動」下和左派分子林清祥等百餘人被新加坡政府扣捕，未經審判被禁錮 17 年之久[05]。

我們三個記者跟在李光耀後頭從麥士威路政府大廈步行到馬六甲街他的律師事務所。讓我印象深刻的是，他走進辦公室，推開擺動的木製門扉，還未坐下便從辦公桌抽屜裡取出一瓶沒有冷凍的啤酒一口喝下。啤酒下肚一會兒後滿臉通紅，把我看愣了。

我知道大部分人飲喝的啤酒是經過冰凍的，尤其是在大熱天步行了十多分鐘。後來我聽說李先生習慣喝「暖啤」，以後當上總理，這個習慣還是沒有改變。

他愛飲丹麥出產的 Carlsberg 啤酒，喝的啤酒溫度規定在 X 度。人在國內，喝啤酒要保持一定的溫度不是問題，但是出國在外，尤其是半世紀前到比較落後的國家，要「如法炮製」，常給隨員或主人帶來不便。即

---

[05] 見第十一章〈人物〉。

使在下榻的飯店裡，房間的溫度也嚴格規定在25度。數十年皆是如此。

李光耀給我們的第一個印象是他充滿活力與蓬勃朝氣，動不動與人唇槍舌劍，好鬥和鋒芒逼人。坦白說，我們都不很習慣他的態度。他是得理不饒人的。

陳平：我們助李光耀組黨

馬來西亞華社研究中心2012年出版（陳劍主編）的《馬來亞共產黨新解——與陳平對話》中，馬共前書記長陳平透露，李光耀曾為1954年人民行動黨組黨的事要馬共派幹部去協助他。陳平也揭露，與李光耀接觸的是兩三名女學生代表。

陳平說：「……開始他從倫敦回來時，加入右派政黨進步黨，經過選舉後（1951年），他看到進步黨毫無出息，沒前途。過後，我想他嘗試向左轉。嘗試接近和協助我們的學生運動——學生的激進組織和工會，成為他們的律師，爭取到我們的信心。……他採取主動說：你們要成立新黨嗎？他叫我們派出幹部去協助他。那就是為什麼我們派了一些人，一些我們的員，一些跟我們黨很密切的人去幫他：沙末‧依斯邁和印度人蒂凡那。」

利昂‧康伯[06]1999年12月在澳洲國立大學南方華裔研究中心「與陳平對話工作營」上問陳平：「李光耀是怎樣跟馬共接觸以尋求黨派出幹部協助他成立人民行動黨的呢？」

陳平（回答）：「我不涉及那件事。當中學聯成立時，他（李光耀）是法律顧問。隨即（在1954年）學生派代表去見他，是兩三個女孩子，其中一個還活著，現在很老了。根據她說，李光耀問她們是否可以聯繫上黨

---

[06] LeonComber，女作家韓素音的前夫，馬來亞緊急法令時期他屬馬來亞政治部，是能講廣東話的高級警官。

（馬共）。李光耀應該是懷疑她們跟黨有某些關係，或可能就是黨員。」

陳平說：「當然她們問他為什麼要接觸黨。他要成立一個新黨，左翼政黨，他缺乏人手，更重要的是，他缺乏誠信。他企圖要跟左派合併（合作），他得改變自己的面孔，從右到左，他需要這一類掩護。」

成立人民行動黨

隨著郵電工友與政府間的勞資糾紛經仲裁圓滿解決，身為工會律師的李光耀被一個又一個職工會聘任為法律顧問。

李光耀引起公眾注目的日子不但到來，在他看來，他已經在工人階級之間建立了政治基地。

依他自己的說法，他的表現沒有嚇壞受英文教育的知識分子，「我和朋友們現在已深信，我們可以在工會中建立群眾基礎，並因此進一步獲得政治力量……我們找到了動員群眾支持的方法。」

隨著個人聲望直線上升，有政治野心和遠大抱負的他，下一步就是聚集一批具有同樣理念的人，其中包括一批和他一樣，都在英國受過教育的志同道合者，成立自己的政黨 —— 人民行動黨（PAP，People Action Party）。

1954年11月21日星期日上午10時，人民行動黨在維多利亞紀念堂在臨時主席李光耀主持下成立，該黨是由14名馬來亞公民所發起。其中有書記、教師、醫生、律師、新聞記者及職工領袖等等。

這一天參加成立大會的各族人士約有2,000人，以政府僱員占最多，華校學生參加的還是寥寥可數。

令各界跌眼鏡的是林清祥在成立大會上婉拒被選為黨中央委員，他另推薦第二號工運領袖，也是受華文教育的方水雙出任。林清祥既是黨

第三章 建立政治基地

的發起人之一而不願加入領導層,有人認為是馬共要他留在外圍,等候時機才行動。

行動黨建黨這一天,李光耀邀請了馬來亞的巫統主席東姑阿布都拉曼及馬華公會總會長陳禎祿爵士出席成立大會。

李光耀宣布人民行動黨成立時,很清楚黨裡有些成員和馬共有密切聯繫。李的論點是,在另一些殖民地國度裡的民族主義政黨裡面,也會有共產黨員加入他們為自由而戰的隊伍,因此,行動黨接受共產黨員,並不出奇。

李光耀在黨成立這一天,清楚讓人知道他不是共產黨,也為黨先打「防共免疫針」,好讓鄰近國家放心。

行動黨主席杜進才在祕書長李光耀宣布黨成立後主持會議,邀請東姑阿布都拉曼和陳禎祿致詞。東姑簡單說他到來參加成立大會並無政治目的,東姑說「行動黨是個實實在在的人民政治組織。為爭取馬來亞獨立,人民必須有自己的政黨。」陳禎祿說「爭取馬來亞獨立,必須要有良好的領袖。希望馬來亞各民族團結一致爭取馬來亞的獨立。」

成立大會在出席者情緒熱烈,高呼馬來亞獨立 ——「默迪卡」[07] 的口號聲中結束。

---

[07] Merdeka,馬來語,意即獨立。

第四章　行動黨初試啼聲

照耀左翼陣營

新加坡在1955年舉行的立法議會選舉，是戰後殖民地政府選舉史上規模最大和最後的一次，也是民主政治初次的試驗。這次選舉有六個政黨推出71位候選人及9位無黨派人士參選，總共80人角逐新立法議會的25議席。

全國合格選民共有30萬人，這一天的投票率是53%。

選舉可以說是給剛成立半年的人民行動黨初試啼聲，該黨派出四名候選人，開票結果，三人中選，行動黨初次出征就照耀了左翼陣營。

選舉成績出乎意料，以勞工階級為號召的「勞工陣線」脫穎而出，推出的17名候選人中，10人當選，成為多數黨，唯不足議會25席的半數，不能獨自組閣，須與占有三席的友黨「華巫聯盟」合作，勉強組成脆弱的「聯合政府」。

更震驚社會及殖民地政府的，是二次大戰後（1947年）不久成立的親英保守的「進步黨」的慘敗。它推出17位受英文教育，以律師居多的著名專業候選人之中，僅有4人當選。敗下陣的包括上屆議員黨魁陳才清大律師以及數名黨內高層，包括黎覺大律師、英華學校校長張讚美及原重量級市議員蘇義順。戰後一直當官委議員的蔡楊素梅女士第一次受邀代表進步黨在平民住宅區女皇鎮參選，但輸給勞工陣線原市議員李俊英。蔡楊素梅在受英文教育選民心中聲譽好，知名度高於許多候選人，是二戰保衛新加坡的抗日巾幗英雄，但她只得622票，慘敗給獲得2,792

第四章　行動黨初試啼聲

票的職工運動領袖李俊英。

選舉大挫後，歷史悠久、可以說是代表英國利益的進步黨及其親英的黨主腦們，事實上已經自政壇消失，那當選的四名議員在接下來的 1959 年大選前，便與友黨另組新政黨。

大選兩個月前匆匆成立的中華總商會卵翼下的「民主黨」，還未成型就已被形容為「百萬富翁黨」。雖然有雄厚的資金，有商會頭子陳六使、會長高德根等幾位富商「僑領」作後盾，卻缺乏基層支持，結局是慘敗。

這個新黨一口氣推出 20 名候選人，20 人都沒有參加過政治活動，也沒有群眾基礎，有的是競選經費。說白一些，就是天真得很，以為有錢就可跳進政治圈。黨裡有人雄心萬丈，期望在 30 萬選民中獲得過半甚至 17 萬張票，民主黨便可一夜間奪得天下。黨部一廂情願，算盤打得精明，可是哪會有 100% 選民出來投票？

投票日一早，中華總商會鉅子陳六使，身穿白色西裝，打上整潔領帶到投票站投下他剛獲得選民資格的神聖一票。會長高德根夫婦亦到經禧區首次投票。

投票日晚上，選舉局在維多利亞紀念堂設立計票總站，在場的中西巫印報記者已經有了「政治行情」，說民主黨已預先成立「夢幻內閣」。倘若民主黨得多數議席，而民主黨候選人藍天又能在丹戎巴葛集選區擊敗人民行動黨候選人李光耀，藍天便是屠龍勇士，肯定會是第一任民選政府首席部長。

1955年4月,人民行動黨第一次參加立法議會選舉,行動黨祕書長李光耀在丹戎巴葛集選區以八千多票壓倒性勝利擊垮對手藍天。幾位記者開票當晚在維多利亞紀念堂統計票站等候選舉結果。
左起:中興日報陳加昌(作者)、印度報西利哇斯、淡米爾報阿魯斯、星洲日報韓瑞元、公共關係部主任湯遜、英文虎報方瑋林及南洋商報莫理光。

李光耀穩坐「釣魚臺」

丹戎巴葛選區自提名日以來,表面看似選情緊張,甚至有人猜想各候選人所得選票會不相上下。選前的兩天,客屬總會(在丹戎巴葛區)突然議決聘請李光耀為法律顧問這一著棋,激勵了李光耀的士氣,無異拆掉了藍天的選臺。有學生組織替行動黨造勢,錦上添花。丹戎巴葛區選前的行情顯示李光耀已穩坐「釣魚臺」。

雖然如此,李光耀還是「善用策略」,不敢掉以輕心。他告訴選民「行動黨沒有錢備用車輛接送選民,不過,婆婆媽媽叔叔伯伯們投票日可以坐民主黨候選人備用的車子,到投票站去投行動黨和我一票,你們這麼做是不犯法的」。

第四章　行動黨初試啼聲

投票日當天，丹戎巴葛區果然選情劇烈。雖然投票過程順利，不過警方無線電巡邏車要比其他選區為多。

這一天，丹戎巴葛選區載送選民投票的專車可以說是民主黨占最多，但不少民主黨的專車卻是替敵對黨接送選民。李光耀的策略成功了。民主黨備用的車子，每輛車前都掛有雄獅標誌，整天在市區喧鬧往來，但卻讓民主黨候選人空歡喜。

開票之前，民主黨和支持者仍是充滿信心，很有把握可以勝出。藍天晚上九點和黨魁陳永裕牽著手走進計票場，以手勢表示他會當選。選舉結果深夜揭曉，李光耀原本有中學聯學生為他造勢，工人及共黨外圍組織給他實際支持，加上他年來建立起來的聲望、威望和理念，使他處於大優勢。開票結果，藍天以不到 800 票對李光耀的 6,029 票的巨大差距飲恨政壇。

民主黨 20 名候選人中，只有林子勤和陳威廉兩人當選。兩人是靠自己平時的努力和人緣關係而獲得選民的支持。諷刺的是，兩人在中華總商會中不是什麼有經濟實力或有地位的人物。平常開會或有宴席，兩人還是忝陪末座的。

馬紹爾、陳才清冤家碰頭

這一次選舉，丹戎巴葛區是因為「明日政治之星」李光耀第一次出馬角逐，而吸引各界的矚目。而 25 個選區中，有一個中層階級以上、受英文教育家庭居多的經禧選區，有一段沒有多少人知曉的政壇內幕。

1955 年，馬紹爾這位享譽國際法律界的刑事法律師，好好的律師不當，卻出來參選從政。為什麼？馬紹爾不是一個有政治抱負或野心的人。他脾氣暴躁，所以他坐首席部長（等同總理）的椅子不會很久，此次

參選為的是出一口氣！

離投票日（1955年4月2日）還有一個星期，我在當時工作的中興日報寫了一篇「立法議會競選呈白熱化」報導，提及馬紹爾從政內幕。現在重述如下：「幾年前（應是1951年）保守的進步黨中有人提名馬紹爾為該黨競選某一選區，馬紹爾本人也已同意，卻被黨魁陳才清否決。馬紹爾從此懷怨在心。」

這一次選舉，馬紹爾就決定投身與進步黨綱領相對的勞工陣線，特意挑選黨魁陳才清的地盤經禧區。有人認為陳才清還是可以輕易擊敗馬紹爾的，可是提名時卻來了程咬金——民主黨的候選人陳乾樞（黨祕書長陳翼樞胞弟）。民主黨和進步黨的競選黨綱相似處不少，致使支持的選民近乎重疊。開票結果，馬紹爾得3,305票勝出陳才清的2,530票，相差不到800票。民主黨陳乾樞成事不足，瓜分了陳才清的選票。

馬紹爾和陳才清兩人先後在英國唸法律，也算是同學。學成歸來後，除了在法庭相見，又在選舉時相逢，這對冤家之路也夠窄的了。

馬紹爾當選，將陳才清擠出政壇，出了一口怨氣。馬紹爾初入行，政治經驗全無，就拜命組織勞工陣線內閣，成為新加坡第一任首席部長。

法律界當時又傳說，李光耀在黎覺律師樓做見習律師時，一度想加入進步黨不成功，以後他自己組織人民行動黨，不出兩屆大選便榮登第一任總理，而且在位30年，成為新加坡建國之父。

一段小插曲

這裡穿插一段60年前丹戎巴葛選區行動黨候選人李光耀與同是客家人的民主黨候選人藍天劇烈角逐的一段往事。

競選活動期間和投票日，雙方競爭得很劇烈。競選活動進行得白熱化

時，藍天透過我工作的中興日報與李光耀爭辯。有所謂「一群華校生」在中興日報刊登質問「李光耀律師對華校生有什麼功勞可言？」的公開信。

根據星洲日報3月20日的報導，這「一群華校生」的公開信有下列一段：李光耀律師於三月十九日晚上七時半，在東方戲院後（恭錫街附近）草場召開群眾大會競選演講時曾經這麼說：「華校生受壓迫，我替他們說話，巴耶利峇工人罷工，我也跟他們在一起奮鬥，那個時候藍天和彼得林（進步黨）在哪裡？」

公開信中有一段可能會涉及司法訴訟的句子也照登出來。果然，中興日報收到傳票。我雖然負責採訪這屆選舉新聞，那封公開信怎麼寄到報社而又被登了出來，藍天和報社老闆陳振亞是如何溝通並處理這件事，我一點都不清楚。

李光耀緊急申請法庭傳票，要阻止有類似「公開信」再出現，也許是因為學生的「公開信」刊出之後會影響到他的形象，或者距離投票日只有48小時，不能再節外生枝。

從那個時候起，凡是在採訪場所或公共場所，當我遇見李光耀時，他總以「你是KMT（國民黨的中興報）」來揶揄我。

藍天在選舉中慘敗，中興日報是窮報館，李光耀在選後也沒有進一步起訴中興日報。據我所知，這是李光耀從政後第一次起訴報社中途便停了下來，是不是過後有第三方面從中調解我不清楚，因為當時我已離開了中興日報，加入泛亞通訊社。

李光耀：進步黨是走狗、民主黨剝削人民

李光耀個子高大，無時無刻不顯露出他咄咄逼人的強勢與霸氣，曾經有人稱他為「政治流氓」。而他似乎並不在乎這類政治稱呼。

1955年大選活動期間，李光耀抨擊前老闆黎覺律師的進步黨「是殖民地走狗」，也諷刺中華總商會的民主黨「是資本家和人民的剝削者」。選後李光耀澄清說，他（抨擊）的目標是白人。可是，一般人民的情緒一旦被李光耀尖銳的語言所激起，還會有智慧判斷出李光耀是在「指桑罵槐」嗎？誰都不能否定，這是他擊敗政敵的一種煽情語言。

他的言論，自然讓一部分人覺得刺耳反感，尤其是受英文教育的公務員，初期，這群人中不少對行動黨並無好感，認為其改革政綱過於極端。公務員受殖民地教育，做事安分守己，一生忠於職守，但求工作和生活安定，退休之後領得養老金，無牽無掛，安享後半生已滿足。有這種思想的公務員被行動黨視為不友好、沒有思考的一批殖民地政府「土庫人」。

1959年，行動黨上臺執政不久就公布將公務員薪水削減5%，這是一種懲罰，還是行動黨的下馬威？

蒂凡那落選，李光耀登報鳴謝

上述標題容易讓讀者感到驚訝和誤解。其實，它是兩件事。

1955年4月2日的立法議會選舉計票結果到翌日凌晨才全部揭曉。人民行動黨有很好的表現，推出四名候選人有三人當選，只是料想不到落選的人竟會是共黨重要分子蒂凡那。

當選的行動黨三人是穩健派的黨祕書長李光耀，他得票6,029，是全國25個選區中票數最高的一位。另兩名當選議員，一位也是穩健派的吳秋泉老先生，另一位是共產黨外圍激進派領袖林清祥。

林清祥集工運和中學生聯合會（中學聯）進步分子的人望於一身，風靡了那個年代，像是黎明前就有的光焰，照耀了左翼陣營（雖然真正活躍的學生外圍領袖是孫羅文）。林清祥這一年才22歲，是立法議會中年

第四章　行動黨初試啼聲

紀最輕的議員。

落選的蒂凡那是林清祥的親密夥伴，一起坐過牢。林清祥是密駝路新加坡「各業工廠商店職工聯合會」的祕書長，是全新實力最大的左翼工會的首要領袖。

蒂凡那算是行動黨內唯一以英文作為主要表達媒介的共產黨外圍強人，也是在共產黨支持下有能力挑戰李光耀的唯一強人。

選舉中蒂凡那獲得 2,219 票，以 366 票之差敗給勞工陣線的候選人。這位候選人與蒂凡那一樣出身工會。

蒂凡那恃才傲物，霸氣不遜早年的李光耀。我清楚記得 1955 年 4 月選舉之前，他是英人經營的電車公司工友聯合會的顧問。一次，蒂凡那在現在稱為「小印度」（前稱竹腳）的工會會所向工友演講，我的同事王振森到場採訪，我也陪著去看。

> 光耀此次競選立法議員，承蒙全星各界人士幫助珠多。復選之後，復承各會館、各工團、各界人士、同鄉親友、發報道賀，或來函致意，或設宴招待，或開會慶祝，隆情厚誼，不勝感激，祗以公務蝟集，不克登門道謝。今後當加奮勵，為人民服務，以答各界之雅意。謹借報端，藉申謝意，諸布原鑒。
>
> 一九五五年四月廿四日
>
> 李光耀鳴謝啟事
>
> 李光耀啟

1955 年 4 月李光耀初次參加立法議會選舉即以最高票當選，過後五、六十年一直連任。當選後的李光耀在報章刊登鳴謝啟事，成為國內選舉空前絕後之舉。

蒂凡那演講時發現記者席有中興日報（國民黨報）記者，他馬上轉身面向這名記者，在演講中臨時加插幾句馬來話：「蔣介石的弟兄和子子孫孫……」（dang Chiang Kai Shek punya abang adik anak anak dan cucu），真是莫名其妙。60 年代，蒂凡那作了一個大轉向，轉為支持李光耀政府，協助政府成功瓦解左翼工會，對新加坡往後的工運安定可以說是做了劃時代的貢獻。

那天，坐在講臺席上的一名工會領袖認識王振森，擔心蒂凡那的演講會煽動會場氣氛，鬧出事來，即刻匆匆走到記者席，將王請離會場。

　　1984年，李光耀總理推薦蒂凡那為國家第三任總統。蒂凡那任滿前因「健康」關係，黯然離開總統府。當年他受委為總統，接受西報記者訪問時，曾暢談（或炫耀）自己是如何如何「從樟宜監獄走到總統府」，聽說高層知道後不悅。

　　李光耀初次當選議員後的兩個星期，以客屬總會為主的二十多個會館、姓氏公會等，由總會會長、李光耀的老鄰居又同屬客家同鄉的張夢生，聯合百餘位僑賢在報上登賀詞，慶賀李光耀榮膺立法議員。同一天（17日）下午，茶陽同鄉也在會館舉行茶會。我看遍各報，不見有人為其他政黨的當選議員刊登賀詞，唯獨李光耀一人有此殊榮，體面極了。一星期後（4月24日），李光耀以個人名義在當地銷售極廣的南洋商報刊登鳴謝啟事，向選民和各界人士致謝。

　　李光耀的政治理念，使他不得不離開「黎覺及王律師館」，這時他的聲望已達高峰。選舉後四個月（1955年9月1日）李光耀另起爐灶，創立「李及李律師館」，直到1959年就任總理才退出。此後「李及李律師館」便由合夥人弟弟李金耀、夫人柯玉芝女士兩位律師接管。

李光耀放下心中大石

　　蒂凡那落選，使他失去在議會用英語闡述信念的機會，失去這把聲音，對左派是很大的挫折。雖然林清祥可以在議會替代他們說話，但是林清祥吃虧在他的英文不好。李光耀在回憶錄裡談到自己當時的心情：「蒂凡那輸了，我心中的一塊大石頭放了下來，因為沒有蒂凡那（在議會）的話，林清祥在純粹說英語的立法院裡就不可能有效地發揮作用，現

第四章　行動黨初試啼聲

在只好靠我了。」[08]

這裡可以看到的一個事實，就是行動黨的穩健派樂見黨極端派首領蒂凡那落選，而李光耀本人確為此事暗喜。

大選過後，立法議會揭幕。勞工陣線政府首席部長馬紹爾向議會報告一個月來的政治情勢，正好也是「福利」暴動後的一個月。

下午復會，馬紹爾開頭就痛批人民行動黨內的政客戴上職工運動假面具。

馬紹爾發言時，一手拿稿，厲聲指責，有如法官在庭上向犯人宣布罪狀的樣子。

馬紹爾使盡其抨擊人民行動黨的辯才，集中火力指責人民行動黨帶領工人罷工，是破壞大眾的福利，造成社會不安。馬紹爾強調他的政府有能力克服各種困難，取得民主勝利。

議會只能用英語發言

我清楚記得，議會旁聽席上的觀眾和記者這時都把注意力集中在反對黨座位的三名行動黨議員（吳秋泉、李光耀和林清祥）的身上，等著看他們的反應。令人「不解」的是具善辯口才、一向給人好鬥形象的人民行動黨祕書長李光耀卻不見起身答辯。他偶爾看似輕鬆地帶點微笑（冷笑？），身子倚靠椅背，一手執著鉛筆，在膝上放著的一張白紙上亂畫，面無表情似聆聽馬紹爾的抨擊。

有人認為是李光耀不願反擊馬紹爾的指責，任由他去抨擊肇事者。林清祥也靜坐在席位捱罵，沒有回答。

---

[08] 新加坡建國後的國會已採用中英巫印四種語文。早在 1954 年，新加坡還是殖民地時期，中華總商會曾致函總督建議立法議院採用多種語言制度。總督當時覆函商會，除說明有技術困難，也考慮到政治因素。函中說，在議會使用四種語言，不但困難也會造成種族區別。

議會只能用英語發言

　　看此時林清祥的表情，像受不了外來攻擊，不時用手摸著臉，時又雙手置於胸前，似不耐煩受罵，眼睛不斷傾視坐在他前排的李光耀。不見李光耀在這方面幫他解困，情景就似貌合神離。

　　身處採用英語發言的議會裡的林清祥，受限於表達能力，無法暢所欲言，遇有嚴肅和重大話題要發表談話或答辯，就不像他在議會門外、街頭廣場集會用母語或華語演講時那樣揮灑自如，即使是「孤掌」也能「大鳴」。在議事廳內，他沒有機會展示過人的魅力和發表充滿煽情的演講。

　　為補救林清祥英文方面的不利條件，蒂凡那在立法會期間，時常上下午都到議院，坐在觀眾席觀看議會進展情形，並悄悄寫下筆記。他利用中午休會時間為林清祥起草適合的講稿，復會時讓林清祥「讀」出來。

　　有一次，林清祥的講稿內容刺痛了馬紹爾，脾氣暴躁的馬紹爾大聲一喝，驚動會場。議長奧勒斯連聲「秩序、秩序」。林清祥一時愣住，到恢復念稿時，講稿次序已亂。這是議會中的小插曲。

1959年6月，李光耀在黨總部宣布組織自治邦政府，發表政綱。
（泛亞社）

063

第四章　行動黨初試啼聲

第五章　動盪歲月

奇特的現象

在動盪的歲月裡，每逢新加坡發生嚴重動亂事件時，李光耀總是不在國內。他多數會在馬來亞度假勝地金馬崙高原。當年跑政治新聞的記者和一些政治人物都覺得這是一個奇特的現象。

關於這點，我問過我半世紀的老朋友——新聞記者出身、後來在行動黨政府內擔任過總理公署高級政務部長兼外交部高級政務部長、並先後出使八國大使的李炯才先生。他這樣解釋：「李光耀對暴亂有他的一套看法，認為暴亂令他左右為難，一方面他（李光耀）想與共產黨合作反對殖民地主義，另一方面卻不滿共產黨主義訴諸暴力解決爭執⋯⋯人民行動黨不能對每一個黨員的行動負責⋯⋯」

無日無之的罷工及不安事件對新加坡經濟造成了打擊，李光耀當然不是幸災樂禍。可是，這種情況卻恰恰符合他要打擊勞工陣線政府的長遠策略，對他的長遠政治利益是有利的。

勞工陣線政府先是由馬紹爾領導，一年後辭職，由副手林有福接任。

這一年（1956年）私立華文中學的學生抗議「政府對華校實施歧視政策」，發動罷課及靜坐。為鎮壓抗議行動，警方闖進學校發射催淚彈驅散學生。同一時候，當局發現馬共在華校內吸收新成員，組成基層團體。剛接任首席部長的林有福宣稱「密駝路」派工運領袖們很明顯涉及這項學生靜坐及罷課行動，但是，逮捕了共黨外圍分子及他們的同路人後，政府的行動又再次導致廣泛動亂。

所有這些事件發生時，李光耀只是扮演一個「絲毫不積極的角色」。他在立法議會裡對勞工陣線政府作出針對局勢的一些指責，這些指責在左派極端分子看來是毫無幫助的。

但是，李光耀主要還是表現出他仍然和他的「激進夥伴」站在同一陣線上，以使他在講華語的年輕選民間所享有的聲望和支持不致消退。李光耀太有策略了！

但是，這些策略卻不能令黨內的第二線左派領袖滿意。他們對李光耀表現出的誠意態度有所保留。

動亂日子出政權

新加坡末代總督、自治邦政府成立後的第一任邦元首顧德爵士，在輔政司任內針對新加坡發生的社會動亂批評在野的人民行動黨：「人民行動黨及他們不露面的共產黨支持者及後座司機所要的是動亂、血腥和工業不安。我要把指責矛頭直指人民行動黨及學生！」

李光耀對顧德的指責不屑一顧，反指顧德「一派胡言」。

不管怎樣，1954 年 11 月 21 日成立的人民行動黨，在短短五年內，也就是在 1959 年 5 月 31 日的大選中以狂風掃落葉似的 43 席對 8 席壓倒性獲勝上臺執政。

人民行動黨憑的是什麼？

人民行動黨靠的不是名句「槍桿子裡出政權」[09]。

對人民行動黨來說，使它成為舉世罕有的未間斷執政超過半世紀的民選執政黨，不是靠槍桿，也不是靠武力，而是靠「亂」的政局以及敵對政黨（先是勞工陣線，後來是社陣）策略上嚴重失誤所造就的機會。

---

[09] 原出自蘇聯特洛斯基，他與史達林鬥爭敗下被暗殺。

李光耀的成功，極重要的兩大客觀因素是他得到英殖民地政府的間接扶持，以及新加坡左翼在鬥爭策略上犯下嚴重的錯誤。

　　還有一項因素是李光耀自己說的，他從（1957年）毛澤東一篇有關共產黨人如何摧毀敵人的文章〈關於正確處理人民內部矛盾的問題〉文中「……非對抗性矛盾是人民內部矛盾，對抗性矛盾是敵我矛盾」的辯證法樣本中得出感到不安的結論。一旦英國人離開新加坡，如果人民行動黨執政，我就會變成敵人。毛澤東說「對敵人不能仁慈」。看李光耀從政日子以來對付政敵，何時手軟過？

　　1950年代的新加坡，動亂連年，經常發生影響社會秩序的亂事，導致社會不安，學潮、工潮不斷，失學或失去謀生基本條件的人越來越多，人心惶惶，對政府不滿或失去信心的情緒日益強烈。在這種形勢下，人民行動黨和李光耀即使沒有直接引發或涉及連串的工潮或學潮，在動亂時亦置身事外，很自然成為選民的「另一個選擇」。動亂越多，工潮越多，人民的不滿越多，社會越亂，人民行動黨的聲望就越快水漲船高。

頒布國民服役法令，學生暴動

　　政府於1954年3月初頒布國民服役法令，規定所有18到20歲的男性公民必須履行國民服役，也就是強制當兵。適齡的青年必須在1954年4月8日至5月12日之間向政府登記。新加坡的華文中學生，因為不願意充當殖民地戰爭中的炮灰，反對殖民地政府制定的兵役法令。5月初，中正中學和華僑中學的學生向總督提呈請願書，要求免役，並且計劃在5月12日和平遊行至總督府，提交請願書要求豁免國民服役。政府雖然拒絕學生要求和平遊行的申請，但同意在次日，即5月13日下午3點鐘在總督府接見學生代表。

第五章　動盪歲月

　　到了5月13日，下午2點30分，約有千名來自中正中學、華僑中學、南華、育英、公教中學、中華女中及南洋女中的學生，在總督府外的福康寧山腳下集合，全副武裝的警察鎮暴隊分別手持警盾、警棍、來福槍嚴陣以待，以整齊的隊型阻止近1,000名學生靠近總督府。經警方兩度口頭告誡學生群體解散無效後，警方改用衝鋒鎮暴陣勢，揮舞警盾警棍向學生群體衝刺，以武力進一步逼迫學生解散，雙方因而發生扭打。衝突中有近60名學生受傷，48名學生遭警方逮捕。過後26名學生在暴動罪名下被提控，史稱「513事件」。

　　513事件後，55名學生組成一個由「中學聯」領袖孫羅文帶領的「豁免服役代表團」跟進學生服役的問題，要求中華總商會為學生爭取服役豁免權。學生也要求政府就暴力對付學生事件進行調查。政府明白強硬手段將會使衝突進一步惡化，於是宣布從5月22日開始，提前兩個星期放年中暑假，其實是變相關閉學校。5月23日，華文中學的近3,000名男女學生集中在中正中學總校靜坐，聲稱要一直坐到政府答應免役要求為止，誓不解散。警方封鎖學校，次日，學生在斷水斷糧的困境下，自動散去。6月2日，近八百名各校中學生又突然出現在華僑中學集會，繼續絕食請求緩役。

六家報館被控

　　這一事件造成新加坡第一次發生華英巫三種語文六家報章[10]負責人同時被律政司控告。控狀指這些報章在48名學生被控案判決前，就對513學警衝突事件發表評論，或譯載別報的社論，或刊登學生代表團宣言及讀者來函等等。此舉可能影響到該案之公平裁判，因此被控藐視法庭罪。案件於5月31日至6月1日一連兩天在高等法院第一庭聽審，由

---

[10] 中興日報、星洲日報、南方晚報、新報、英文虎報、馬來前鋒報

莫萊安斯利爵士大法官主審。

6月2日大法官宣判如下：中興日報罪名不成立，訴訟費由律政司付。其他五家報館負責人藐視法庭罪名成立。星洲日報免罰款唯須負責訴訟費；英文虎報發行人及主編各被罰款50元並負責訴訟費；馬來前鋒報主編及發行人各被罰款150元和負責訴訟費。南方晚報及主編各被罰款50元並負責訴訟費；新報報社及主編則各被罰款100元及承擔訴訟費。

在這起案件中，另外兩家報紙南洋商報和海峽時報未被提控。

李光前掉淚勸誡罷課學生

學潮引起各界尤其是董教人士和家長們的關注，董教人士穿梭在政府和學生之間尋求可行的解決方案。6月4日，各中學董事、校長、中華總商會董事、華校董教聯合會及校聯會理事祕密會商。鑒於事態嚴重，華校董教聯合會和中華總商會教育小組召開聯席會議，共商對策。

學潮發生時，華中董事長李光前人在國外，6月2日他從歐洲趕回新加坡，即刻聽取校長鄭安侖及校董報告學潮經過。李光前在6月5日的商會和董教聯席會議中指出新加坡華文教育已面臨存亡險境，他揮淚呼籲董教學生共同維護華教生命。第二天，李光前在怡和軒接見兩名學生代表，勉勵學生應以華教前途為重。6月7日，李光前以私人身分訪問華僑中學。但是，他的座車抵達圖書館前，就為雜物所阻，受到罷課學生無禮對待。他在禮堂外對數百名男女學生講話，告誡學生待人接物要有禮貌。他更語重心長地呼籲學生須盡快回家，不可加深華教危機，以及應信賴中華總商會。

三個星期後的6月24日，李光前突然接到教育部的嚴厲通告，限罷課學生於下午六時前必須解散，撤出校園，否則將宣布關閉華中。李光

前即刻轉告學生代表。罷課學生清楚事態嚴重，不可再鬧下去，隨即召開緊急大會。同學在校內用完最後一次晚餐後，分乘 22 輛租來的巴士回家，長達 22 天的學潮終於沒再生枝節，無事落幕。

福利巴士暴動

1954 年的 513 學潮引發島上第一次暴動，次年（1955）的福利巴士工潮暴動，很巧也發生在 5 月 13 日前夕。福利巴士工潮起因於勞資間的糾紛。福利巴士公司工友分別組成兩個對立的工會。1955 年 4 月 23 日，屬於方水雙帶領的左翼工會——巴士工友聯合會（巴聯）的工友，為爭取改善工作條件進行罷工。同時，他們也感受到公司可能會利用對立的福利巴士職工會來反擊巴聯的工業行動的威脅。

隔天，福利巴士公司開除 250 名左翼巴聯工友，並安排臨時員工接替工作。巴聯於是號召工友立即採取工業行動。他們在亞歷山大路的車廠門口，設立罷工工友糾察封鎖線，阻止福利巴士備用的臨時工將巴士駛出車廠。警方數次驅趕罷工工友失敗後，於 4 月 27 日清晨 6 時，鎮暴警察驅散罷工工友，造成 15 名工友受傷。福利工潮於是擴大，公眾人士和學生成群結隊聲援罷工工友。馬紹爾政府立即召集一個委員會調查有關事件，並嘗試透過仲裁調解勞資雙方的衝突。

5 月 5 日，馬紹爾的干預取得一些效果，暫時平息了紛爭中的衝突。調查委員會認為資方應該重新聘用被解僱的員工，給予有關員工賠償，並把巴士川行路線平等的分配給兩個工會的會員。可是，資方把復職員工看成是新員工，引起巴聯工友不滿。勞資糾紛頃刻間便快速惡化，最終釀成 5 月 12 日「黑色星期四」的大暴動事件。

5 月 11 日，巴聯開會後給於資方最後通牒，在 48 小時內解決工潮，否則將與各業工廠商店工友聯合會進行兩天大罷工。人數達 1,000 名的

工友與學生加入到福利巴士車廠門口的糾察封鎖線。情勢因此變得更為緊張。5月12日上午，鎮暴警察決定以更強硬的手段執行清場任務。結果在雙方衝突中，有四人（包括在現場採訪的合眾社美籍記者西曼士（Gene Symonds））不幸死亡、31人受傷。翌日，全市巴士工友罷工，政府也同時下令關閉中正總分校和華僑中學。5月14日，馬紹爾宣布福利巴士工潮的有關各造已達成協議停止對峙。三天之後，新加坡的局勢才恢復正常。至此，福利巴士工潮終於落幕。

要李光耀和林清祥表態

「福利」暴動對新加坡政局產生重大的影響，對李光耀的政治前途是個考驗。身為巴聯的法律顧問，他在立法議會的言論和表現所顯示的親共立場引起各界的關注，尤其在福利巴士工潮後更遭受國內外輿論的抨擊。他在立法議會針對總督於1955年4月22日宣布的政府施政演辭，指出新加坡人民所要的是集會、言論、出版及結社自由。他攻擊政府給予人民的不是完全自由，認為緊急法令應該完全廢除。5月5日，他對澳洲雪梨《每日鏡報》記者發表談話說：「吾人在馬來亞正坐在一火藥桶上，共產黨一定勝利，無人可以阻止，華人對中國感到自豪。」他又坦白地說：「設若他必須在殖民地主義與共產主義兩者之中有所抉擇，我寧可選擇共產主義，我相信絕大多數人亦將如此。」評論員吳紹在5月10日中興日報的一篇〈請李光耀認清事實〉的文章說：「請李光耀律師認清事實，馬來亞人民是反對殖民地主義，但同樣更拒絕受共產主義殘暴的統治……馬來亞要自由、要獨立、要民主，完全是馬來亞人自己的事，用不著一定要拉共產主義的新主人來。李氏所說的話實在有違馬來亞人民的意志。」李光耀的談話發表後，首席部長馬紹爾批評他是「一個急躁的青年」。

事實上,李光耀的「在殖民地主義與共產主義兩者之間,寧可選擇後者」的說法已是他的名句,他也在不同場合公開說過同樣的話。福利巴士工潮暴動血案之後,顧德(前輔政司,新加坡的末任總督)在立法議會特別會議上,將此次工潮歸咎於人民行動黨及其共產黨支持者。顧德在議會上要求李光耀及林清祥公開表明其政治立場是否共產黨或同情分子。要李林兩人說明5月12日福利巴士的工潮暴動,究竟有沒有採取謀求阻止暴動發生的步驟。

之後,海峽時報和虎報讀者也對李光耀與林清祥對罷工事件的態度紛紛抨擊和提出質問,追問他們到底是贊同共產主義還是民主主義。一位海峽時報讀者以「狙擊人」筆名說:「我們已開始相信人民行動黨正在領導他的黨員和馬來亞人民走上共產主義毀滅之道」。

福利巴士工潮引起全世界的注意。一般外國觀察家均認為是共產黨在幕後鼓動。臺灣和香港的右翼報章也一致認為福利巴士工潮引發的暴動是共產黨所為。臺北中央日報在5月16日暴動四天後的一篇社論批評新加坡共黨暴動事件是英國承認中共政權的惡果。社論認為要在東南亞防阻共產黨的滲透與發展,唯一的辦法是培養當地華僑社會中的反共力量。香港的《工商日報》5月14日的社論也持同樣看法:「星洲當局的最大失策,是在過去幾年都一直沒有注意到要在華僑社會中,培養起對抗共黨的力量」,並呼籲「星洲當局向香港學習對付共黨方法」。

法律管不到的校園

福利巴士工潮暴亂平息後,政府因學生參與罷工,下令關閉中正中學總分校和華僑中學,又引發新一波學潮,致使學生集結在校園不肯離去。

為解決學潮,由教育部長周瑞麒為主席組成的立法議會各政黨九人

委員會，多次開會調查華校狀況，向社會各界（包括校董和學生家長）呼籲以書面提出意見，供立法議會委員會討論及參考。

最後一次會議於5月22日召開。教育部長兼主席周瑞麒向委員會報告說，經過委員會聽取校方各界意見，華僑中學董事長李光前和中正中學董事部代表林樹彥又向委員會保證願予充分合作，調查委員會因此向政府建議接受委員會的報告，准許中正、華中兩校即日「無條件恢復常態」。

消息於下午五時先傳到中正中學總校。事先就有學生、各團體代表300多人集結在校內中正湖邊開會，首先議決結束一週的校園集會，同學解散回家。

中正中學總校校長莊竹林和行動黨立法議員林清祥，也出現在會場。

學生在草場開會，情緒激昂，宣布下列四項要求：

1. 連同家長要求董教保證今後不得接受當局不利同學之條件及危害華文教育的措施；
2. 組織家長聯誼會，由中正中學及華僑中學各三名家長組成；
3. 要求中華總商會迅速召開僑團大會（當年尚屬英殖民地，華人團體多是「僑團」身分），共商有關華文教育問題；
4. 全新家長簽名要求政府廢除緊急法令。

學生們宣布以上四項要求後，認為政府已向學生低頭，歡呼「勝利」。

華僑中學方面，學生亦通過九項議案。在解散前30分鐘，有男女學生數百人聚集在華中，他們先在校園內舉行「勝利大遊行」。學生手持小旗，高呼口號，更燃放爆竹。

華中學生通過的九項議案：

1. 全體同學通過即日解散集會，明日復課；
2. 組織學生自治會；

3. 要求當局承認學生正當的、民主的權利及保障學生的基本人權；
4. 警告政府不得開除或迫害任何同學，否則，必遭全新同學更猛烈的反擊；
5. 支持中正同學譴責宋卓英出賣華文教育及迫害學生的罪行；[11]
6. 要求中華總商會立即召開僑團大會，共商華文教育；
7. 復課期間，一切未解決問題，全權由學生代表團繼續處理；
8. 存款交由代表團負責；
9. 支持工人「五一勞動節」，決議「取消緊急法令」。

中正及華中學生在校中集結一週期間，兩校校園成了「法律管不到的特區」，也有人說是「法律不敢管的特區」。家長及校董們在學潮期間也被學生糾察隊擋在大門外，不准進入校門和子女、學生見面。

學生李大林被槍殺

1955年4月17日下午兩點鐘左右，經禧路32號的一幢兩層樓舊洋房（現已發展為高級公寓）的門前草坪，發生了駭人聽聞的謀殺事件。這是自1948年政府實施緊急法令以來第一宗學生被槍殺案件。消息傳出後震驚全島。事發時這幢洋房是租給「1953年畢業班藝術研究所」同學活動之用。

被害人是華僑中學高中二年級學生李大林，21歲，戰後超齡生。從報上及目擊者描述槍殺過程看，似是一宗「血海深仇」引發的冷血殘酷謀殺案。

這一週，我在印尼萬隆市採訪亞非會議。李大林被殺時是亞非會議揭幕前一天。

---

[11] 宋任總校訓育主任，思想反共)

學生李大林被槍殺

短短的三個星期內，我突然失去兩位朋友。一位是本文要談的李大林，他原住在我家附近。戰後，在後港新民學校讀小學，是我姐姐的學生；另一位是李大林事件一個月後採訪福利巴士暴動殉職的合眾社美籍記者西曼士。約半個月前我們還一起在萬隆採訪「亞非會議」新聞。下一篇我會提到他。

自印尼回來，我翻閱南洋商報（現《聯合早報》的半個前身）1955年4月18日的舊報。

南洋商報報導：「經禧路32號是一幢兩層樓舊洋房，樓上前半部是由「1953年度華文中學畢業班藝術研究所」租用。

「大約下午1時55分，藝術研究所的口琴隊正在進行每週例常練習。突然有兩個年約30歲陌生青年登樓要找李大林。李大林應聲說他就是，其中一人即請李大林到樓下。李大林隨後步出距離樓門數尺的草地，這時槍聲突響，李大林應聲倒下。當時樓上學生聽到槍聲，群眾聚集在窗口探望，至此發現李大林已撲倒一車旁。有同學趕緊將他扶上二樓，一邊召喚警車和救護車。這時候的李大林口含鮮血，不省人事，在運往中央醫院途中斃命。」

李大林遇害，警方隨即宣布懸賞二萬五千元緝拿凶手。警方宣告又說，馬共獲悉華文中學生已有反共活動，恫言欲加以毀滅。警方又說，由於一些華文中學生與警方合作，致令當局破獲150顆以上的手榴彈。

李大林4月17日被槍殺，是嚴重的政治事件。情況並不簡單。警方也破天荒於事發第二天就宣布確認李大林被殺是「馬共內部鬥爭所致」。警方是不是暗示李大林是與警方合作，治安當局的宣告為何出現矛盾？倘若李大林是馬共內鬥被殺，警方高興還來不及，為何還準備此鉅額的賞金？

槍殺手法，手段殘酷，往頭部左邊太陽穴一槍斃命，是馬共暗殺團做的事？

我是在戰後 1946 年，李大林進入剛創辦的後港新民學校念小學的時候認識他。第一任校長葉帆風及夫人是中國民主同盟幹部，後來為新加坡政府驅逐回中國大陸。

李大林個性沉靜，不算愛說話，他是戰後超齡的小學學生，是我姐姐英文班的學生。1958 年與李光耀密會的「馬共全權」代表方壯璧當時是新民學校的體育課老師，李大林也算是方的學生。

李大林被殺，距今近 60 年。誰是凶手？迄今還未水落石出。

美國合眾社記者被打死

萬隆亞非會議於 1955 年 4 月底圓滿閉幕。我在印尼多留幾天到處看看，到 5 月 13 日才回到新加坡。這一天是西洋人迷信的凶日──黑色星期五。我不信邪，偏選這一天搭機回家。

黃昏時刻，飛機到了加冷機場（現在的舊機場路），在機場接賓客室遇見日本駐新加坡領事松尾，他控制不了緊張心情跑前來告訴我，合眾社美籍記者西曼士昨晚（12 日）在採訪福利巴士暴動事件中遇難。

松尾是來機場歡迎前來參加第二屆亞洲電影節的日本影星代表團。日本影星中最惹人矚目的是山本富士子、岸惠子及京町子。電影節定於隔天由東南亞最高專員麥唐納主持揭幕。

臺灣由團長李葉帶領，顧問有中廣董事長魏景蒙（影后張艾嘉的外公），團員包括張仲文、穆虹等不少當紅明星。

我一下飛機就聽說西曼士在昨晚的暴動中遇難的噩耗，一時無法接受。還不到一個月前，我還和他在亞非會議會場內外日夜合作採訪。當時，西曼士是合眾社東南亞區主任。新馬地區經理是黃金輝（80 年代中期出任新加坡總統）。亞非會議開幕的一個星期前，黃金輝介紹西曼士給我認

識,希望我能在會場幫助他(合眾社)。其實,我還未加入泛亞社、在中興日報工作的前幾年,黃金輝常要我協助提供區域或國際性的軍政新聞給合眾社,並論「新聞分量」計算稿費。我對合眾社的新聞口味並不陌生。

合眾社雖然派了8位記者採訪亞非會議(包括駐當地的記者),但是沒有一個懂得中文,完全無法採訪周恩來率領的中國代表團及當地華僑(當時通稱 Overseas Chinese)的活動情況,以及僑社反應。

我想不到的是在4月16日,亞非會議開幕的兩天前,當我從新加坡飛到萬隆機場時,西曼士已經在那裡等著接我。我起初以為他是來接與我同機的中央社資深記者曾恩波。初次出外採訪國際大新聞,竟然有國際大新聞社的主任接機,確是意外大驚喜。西曼士為人和藹、謙虛,未婚,遇難時才29歲。亞非會議前四年(1951),他在朝鮮半島與鴨綠江邊槍林彈雨下戰地採訪,還能平安回來,如今卻在一個美麗、和平又文明的城市中,於暴民的「紅毛,打」喊聲中被毆致死。

西曼士遇難消息傳出後,舉世震驚。各地同業、國家首長、政治人物的唁電紛至沓來。菲律賓總統的特使羅慕洛將軍(Carlos Peña Romulo)(外長)出身新聞界,他在慰問電中說:「去年(1954年)東南亞公約國在馬尼拉開會時見過他,上月又在亞非會議場內接受他的訪問。」

美國總領事在他棺木上覆蓋美國國旗。美國僑民也在聖安德烈教堂為他舉行追悼會,然後將遺體運回美國安葬。

辦完西曼士的後事,新加坡政府得向世界交代西曼士在暴動中喪命的案情。驗屍庭於西曼士喪命三週後的6月6日至8日一連三天開審。

驗屍庭由法官亞歷山大主審,代表政府的是副檢查司里英斯頓。西曼士家屬及美國總領事館特聘薛曼德為代表律師。

開庭時,首先由副檢查司陳述西曼士被毆喪命案情經過。此案證人總共有29人。關鍵證人是事發當晚載送西曼士的馬來德士司機阿都敏阿

第五章　動盪歲月

里，以及當晚護送西曼士到中央醫院的兩名青年[12]。他也說，與此暴動案有牽連的共有 50 人，已被警方拘捕，等待被控。

由香港泛亞社派來採訪第二屆亞洲電影節活動的攝影記者潘盛德（Sunny Pan）正好碰上福利暴動，因為他曾在群眾中，也成了證人。證人還包括中央醫院病理醫生及警方人員。

旁聽席上有美國駐新加坡總領事人員、公共關係部主任湯遜、各報記者及幾位他國領館人員。

里英斯頓副檢查司指出暴動的起因，是因福利聯合巴士車公司勞資間糾紛所引起。由於該公司的罷工工友阻止公司另一批工友照常出動巴士，導致警方用水槍強行驅散圍堵公司大門的罷工工友。

到了 5 月 12 日，情況漸趨惡化。當天下午 2 時，約有 500 至 1,000 名群眾圍集在亞歷山大路一帶（距離福利巴士車廠不遠），警方首次以和平手段勸散群眾但無效，到來的群眾反而越來越多，間中也有助陣的學生。警方不得已，最終使用警棍和催淚彈，強行驅散群眾。

下午 3 時過後，群眾數度用石頭攻擊警察。有人自路口新房子三樓頂上往下投擲石塊，擊傷一名警長及一名警員。

到了晚上 8 時，聚集的群眾增至 2,000 至 3,000 人。半個鐘頭後，警方人員兩度受到石頭襲擊，至此，警方將附近道路封鎖。所有出勤的警察均由安德遜副總警察長指揮。之後，附近一輛警車（內有一名警長及四名探員）被群眾推翻並縱火焚燒。這四名警員其實是要前往別處調查案件，卻路經此地而遭殃。另一輛警車載有兩名特警，也被暴民用鋤頭砍傷，結果重傷致命。到了 9 時，警方調來一隊來福槍隊。10 時，警方無線電車隊駐紮立達路（Delta Road）交通圈一帶。11 時，所有出勤的警察都先後被群眾用石頭攻擊。

---

[12]　名字後來公布是林廷莊和林松春

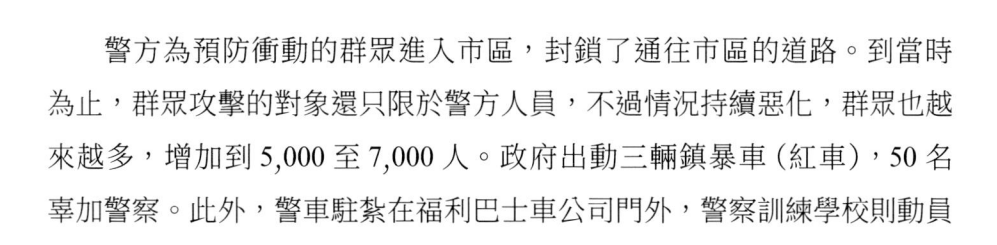

警方為預防衝動的群眾進入市區，封鎖了通往市區的道路。到當時為止，群眾攻擊的對象還只限於警方人員，不過情況持續惡化，群眾也越來越多，增加到 5,000 至 7,000 人。政府出動三輛鎮暴車（紅車），50 名辜加警察。此外，警車駐紮在福利巴士車公司門外，警察訓練學校則動員 100 名警員到場助陣，全島六個警區的警察均全面待命，各區如臨大敵。

　　警察總監莫里士和新加坡軍團司令深夜一起出來巡視，他們認為情勢還不需要調動軍隊出來協助警察維持秩序。

暴民喊「紅毛，打」，追打西曼士

　　話說回來，西曼士 12 日在史谷路美國俱樂部喝茶休憩，突聞福利巴士公司前可能有事變，便趕回下榻的飯店取相機，然後從飯店租一計程車趕至現場。當他的計程車到達東陵路口，便被駐守的警員攔住，車便轉到澤維士路（Jervois Road），又被一輛警車攔截，勸他勿再前去。警員也警告「此處一帶危險」。但是西曼士堅持前往，他自口袋掏出記者證時，告訴警方「發生任何意外危險時甘願自身負責」。

　　警員無奈放行。車走不遠，他下車徒步到群眾騷動地區。同時，他叫馬來計程車司機把車子停放在烈打路交通圈旁，交給他一張記者名片，附有地址，要司機萬一在騷亂時失去聯繫，第二天到合眾社補領車費。

　　西曼士手持相機向人群中走去，這時正好有七、八個群眾，抬著一名華籍學生的屍體（即張銓）向西曼士方向走來。人群中有人發現有白皮人，有人便用福建話高喊：「紅毛，打！」。西曼士此時見勢不妙，急忙轉頭走回車的方向，但不幸被群眾追上。約有 30 名暴民以石頭、汽水瓶及汽水箱猛烈攻擊西曼士，他受傷倒於路旁。此時，正好一名年約 23 歲

第五章　動盪歲月

的華籍學生，駕著一輛廣告貨車經過，偕同另一位年約25歲的華人青年將西曼士救起，急送往附近的中央醫院。

- 檢察司第一天的陳述至此結束。第二天由營救西曼士的兩位華人青年學生供證。

- 開庭前，副檢查司里英斯頓向庭上要求，基於證人的安全，勿將兩人的姓名照片公諸報上。法官隨即囑令各報記者，不得刊登兩位證人的名字。

- 第一位護送西曼士的華人青年回答副檢查司及死者家屬聘請的代表律師薛曼特的盤問時說：「我於5月12日夜10點多駕駛一輛小廣告貨車沿著里峇峇利路、烈打路、圓圈路走。我停下車與一名在路旁的荷蘭人交談，接著看到一群人抬著一具華籍學生的屍體自亞歷山大路往我們方向走。我馬上勸這位荷蘭人快逃。突見有約30名群眾以石塊、汽水瓶及木棍追趕攻擊一名白皮人（紅毛人的意思）即西曼士。這位白皮人逃到烈打路新加坡洗衣店門前（賽克玲洗衣店，為李國漢經營）被追上，受到群眾包圍攻擊約20分鐘。群眾散去後，我（第一證人）開了小貨車到西曼士身邊，見他受傷，本想即刻下車救他，但見該處尚有極多憤怒的群眾，不敢向前。再等約20分鐘，見有三名華人走近他的小貨車，又見一名馬來計程車司機走近，也看到一二輛警車走過。及後，得到另一位華人青年（第二位證人）的協助，將西曼士扶上我的小廣告貨車後駛往醫院，途中遇到兩名交通警察，由他們護送我的貨車到中央醫院。在醫院便向徐警長報案錄口供。

- 第一證人在接受死者家屬律師薛曼特的盤問時說，他看得很清楚，親眼看到西曼士被追趕毆傷後坐在洗衣店前的草地上，以手巾擦其臉部。他向前用英文問他是不是被人毆打，西曼士說是。當他將西

曼士扶上他的貨車，此時遇見西曼士的同事合眾社記者黃金輝（30年後任新加坡的總統）。
- 法官最後對這位證人在大暴動中營救西曼士的英勇表現加以讚揚。
- 第二天開審，庭方召喚第二名協助營救西曼士出事的華籍青年上庭作證：「他駕車經過西曼士出事地點時，見西曼士已倒於血泊中。他和另一名華人青年（第一證人）共同扶他上車送往中央醫院。」
- 檢察官對兩位青年褒獎，為了他們的安全，未將姓名公布。

證人說昨天有一份華文日報將他們的姓名登出來後，他們即刻接到恐嚇信。

到最後一天，也是第三天續審，因沒有證人能夠認出暴民身分，法官只能宣布「西曼士是為不明身分者毆打致死，宣布此案警方並無失職之處。」另一方面，在紐約的合眾社總社長勃杜洛麥要求國務院詳細調查此案。他指出西曼士是死於學生及巴士工友發動暴動及與警察衝突中，因此是警察失職，難辭其咎。

過後有人建議將西曼士敬業精神釀成的悲劇寫成小說或編為電影。

再度引發大暴動

內部安全問題成為1956年4月在倫敦舉行的新加坡自治憲制談判的焦點。英方對勞工陣線首席部長馬紹爾無法有效阻遏馬共勢力不斷的擴大和工潮及學潮的迭起感到非常憂慮。結果，倫敦憲制談判破裂，兩個月後馬紹爾引咎辭去首席部長一職，由勞工部長林有福出任新的首席部長。工會出身的林有福很清楚內部安全是憲制談判失敗的關鍵。他必須在第二輪憲制談判之前使政局安定下來，談判才有成功的希望。他上臺後不久，就採取強硬手段壓制左翼勢力。

第五章　動盪歲月

1956年9月19日，林有福政府援引團體註冊法令，解散親共的婦女聯合會（婦聯）及銅鑼合唱團，逮捕六名左翼工會領袖、教師和學生，包括各業工廠和商店職工聯合會（各業工聯）主席林振國、婦聯主席陳蒙鶴、小教聯誼會主席陳廣風等。9月24日吊銷新加坡華文中學學生聯合會（中學聯）註冊，「中學聯」前年（1954）發動學生抵制實施的國民服役法令與當局衝突而引起戰後島上第一次的大暴動。翌日，政府又進一步封禁華小教師聯誼會和全新華校家長聯誼會，有百多名師生受到警告、開除、逮捕以及驅逐出新加坡。10月1日，中學聯領袖孫羅文和工運人士謝奕田（同時也是人民行動黨中委）被捕。10月10日，3千名華僑中學和中正中學總校學生到校集中抗議，反對政府解散中學聯和逮捕工會和學生領袖的行動。11日巴士車工友聯合會（巴聯）會員到華中和中正慰問罷課學生，並送食物和日用品給學生，說是回報去年學生熱烈支持福利的工潮。政府的高壓行動促使了工運學運結合成一股強大勢力，展開一連串抗議及對峙政府行動。

現在，面對林有福政府一連串的所謂「逼害親共左翼及其外圍團體和學生組織的措施」，向來支持這些團體的人民行動黨已經不能再保持緘默了。

10月24日「中學聯」的註冊被吊銷後，人民行動黨當晚在武吉知馬路「美世界」舉行了一次情緒激昂的群眾大會。大會結束後，一部分群眾集結在丹絨加東的中正中學總校，華中校園外也如此，接著在黑夜中騷亂就開始了。

在此的前幾天，首席部長林有福、教育部長周瑞麒及首席部長辦公廳的漢學家李紹茂和首席部長新聞祕書葉瑞岩，下午在國會大廈內的首席部長二樓辦公廳會議室（現在的「藝術之家」）與中學生代表會面（林清如2014年著《我的黑白青春》第107頁有詳細敘述）。

會面情形開放給新聞界旁聽採訪。學生代表發言稱,「我們要求政府保障人權,我們要讀書」等等,口號與在大廈外掛上的黑字白布條所寫的差不多。

很多人以為首席部長林有福是第二代受英文教育的華人「峇峇」,不懂中文。其實,他說起原籍閩南話來非常順暢。他首先心平氣和勸學生代表們回校上課。林有福說,我不知道你們說什麼人權,我只知道孔子說的「尊師重道」,要你們尊敬老師。

有社會人士原本認為林有福性格「軟弱」,哪知他面對社會秩序治安問題時,表現的勇氣要比他的前任首席部長馬紹爾強出許多,要捉人就捉人,要封閉華校就封閉華校。

繼前一年爆發福利巴士暴動後,1956年10月25－26日,新加坡又爆發另一場學運工運的大暴動。

局勢惡化英軍緊急增援

10月25日夜,已經有約四千多名群眾遊行支援學生罷課,警方強行鎮壓,爆發警民衝突,拉開了1956年大暴動的序幕。當晚,我從中正中學總校暴動現場回到社裡,作了下述目擊報導:

「(10月25日晚上10時)突然發生的學生騷亂於今晚8時45分前後,同時在中正中學總校及華僑中學附近馬路上爆發。黑夜裡群眾向郵政局及來往的車輛投汽水瓶和石塊。騷動者的行動使警方感到意外,因為全新人民此時注意的焦點是「中正」及「華中」兩校園內學生的狀況……男女同學守在校內多日不肯回家,令家長和老師至為關心和憂慮。暴動於8時45分在兩個地點開始時,人數僅在四百人左右,一小時後突增至一千人左右。駐守在兩校周圍的警察見校外有騷動,於是大部分轉到出事的

第五章　動盪歲月

地點。暴動群眾事先在草叢中埋伏，遇有警察、巴士、計程車及任何車輛經過時，因過度緊張而紛用石塊及汽水瓶向警員攻擊。兩校附近的騷動如出一轍。」

警察為驅散暴民，被迫使用催淚彈。較早時，我在中正中學總校附近採訪，遭突如其來的群眾盲目襲擊。原來記者背後的溝渠及草叢中有警察埋伏，不久，警察及暴民便毆打了起來，造成無月黑夜更為混亂，等到警方發放催淚彈後，混雜的暴民和群眾四散。我乘的計程車亦遭群眾不分皂白襲擊，車窗玻璃粉碎，我被群眾叫出車外，計程車不准行駛。記者改乘公共汽車以為比較安全，亦被暴民圍攻。所有公共汽車當晚被迫停駛。有些搭客莫名其妙被拖下車，採訪暴動新聞的記者當晚均不敢用報社的車子，多改乘公共汽車或計程車，以策安全。

10月26日電：自昨夜9時發生的騷動，今晨發展至極為惡劣階段。政府今日實行的宵禁，說明它已無法應付局勢而須採取更嚴厲的措施。駐防在新加坡北方對岸柔佛州的一連英軍於政府宣布戒嚴後，開入增援當地的軍警力量，裝甲車隊均已準備出動。全市接近癱瘓狀態。公共汽車左翼工友為援助學生的行動亦加入騷動。學校已經全部停課，市面主要街道均有軍車來往巡邏，英軍噴射機亦在上空盤旋，另有直升機指揮地面軍警應付騷動群眾。參加暴動工人喊出：「去年福利巴士事件，有學生無條件支持我們，今年我們更應該支持學生。」

下午3時50分，再發生焚車事件。有19名華人青年今日被警方逮捕，立即在第五法庭控以昨夜參加暴動與放火焚車罪，法庭令押至下週再審。截至發電時止，有6輛車被焚。

下午4時巴耶禮峇國際機場附近的警局也遭到暴徒攻擊，另一軍車近黃昏時被群眾放火焚毀。全市騷動者猜想有五千人，全部為華人，大部分是學生。政府發言人警告說，參加暴動群眾已越來越多，以歐洲人

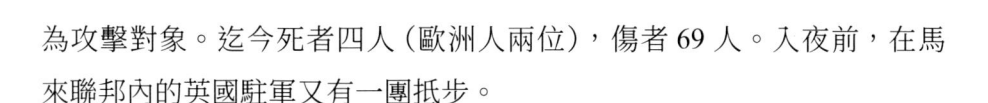

為攻擊對象。迄今死者四人（歐洲人兩位），傷者69人。入夜前，在馬來聯邦內的英國駐軍又有一團抵步。

接近夜晚，全島治安有繼續惡化的趨勢，政府下令自當晚起實施軍事「戒嚴」，代替早上實施的宵禁令。政府同時授權軍警可以向暴動群眾開槍，「格殺勿論」。

入夜，繁榮的小島在實施戒嚴令後，靜寂成一片死市，僅聞街上軍警車輛的行駛聲、鳴笛聲。全市的娛樂場所、商店與政府機關於下午起全部停止活動。在策略據點往來巡邏的軍隊槍頭已裝上刺刀。

暴動經過72個小時，到28日下午才平息下來，三天來有13人死（包括兩名歐洲人），約127人受傷和1,033人被捕，經濟損失一時無法猜想。

李光前、莊丕唐、歐星高

學潮期間，有一天早上10點鐘左右，我到武吉知馬路華僑中學觀察校內學生的動靜。

校門前有陣列學生糾察隊，校門外可以看到同學唱歌、打掃及進行各種活動。

園內的學生見有陌生面孔走近，情緒激動，嗆聲不停，學生那時心情緊張，神經特別敏感，把到訪記者當成便衣警探也是必然的事。

在校門口，華中校董主席李光前和另一位董事莊丕唐一早也到學校。這兩位老先生和我曾在其他採訪場合見過多次面。我還是向李光前表明我的記者身分。他問我是哪家（報館）？我此時已不在中興日報，年前加入了「泛亞社」，我說是「泛亞社」，李先生早上的心情好像不很好，揮手示意我走。他用福建話告訴莊丕唐：「是美國的通訊社……」（李先生錯了，泛亞社與美國毫無關係）。

第五章　動盪歲月

　　莊丕唐知道我認識他的長子莊亨中。我們於1954年同一條船自日本神戶港回來新加坡，也曾到過他在武吉知馬路的住家。

　　莊丕唐還記得三、四年前我到過他家採訪他的幼女和另一名華僑，即僑賢拿督黃樹芬的幼女及另數名同學逃奔到中國大陸的事。她們祕密坐上郵輪，由新加坡到香港，計劃從陸路轉進大陸。後因事跡敗露，被新加坡政治部派官員歐星高赴港攔截，押了回來。

　　兩名女生投奔大陸，是為了唸書或參加建設新中國（當時的口號）則不清楚，由於父親莊丕唐和拿督黃樹芬都是社會聞人，尤其是黃樹芬還是國民黨創辦的中興日報副董事長，這件事驚動華校和華人社會，負責處理華人事務的華民政務司鄭惠民及前136部隊副隊長莊惠泉上校與莊黃兩人都有深厚交情，在鄭惠民及莊惠泉的奔波下，政府不再追究這兩位女學生。

　　在這四年前朝鮮戰爭期間，聯合國宣布制裁新中國，禁止策略物資運往中國大陸，樹膠當然是在策略物資禁運名單之首。李光前是樹膠商發言人，他為此事在珠烈街華僑銀行大廈（舊時名為「華廈」）頂樓招待報界批評聯合國的禁運政策。

　　會後就地與記者們午膳，蕃薯稀粥、菜脯煎蛋、豆芽、鹹魚，簡單如此！

　　至於專程飛香港押回兩位女學生的政治部警官歐星高，於50年代末期退休後受聘於遠東金融機構。他與遠東機構創辦人黃廷芳同鄉。遠東幾年後往香港發展，歐星高便被派到香港為「管家」。

　　歐星高有一回告訴我，當他押著這兩位女生，登上飛來新加坡的國泰航空巴機時，他先登機檢查，然後向空姐要「安全」座位。空姐幽默地對他說，只要飛機不失事，每個座位都安全！他說這是他首次坐飛機出差押人。相隔不到15年，歐星高每月必有兩次乘飛機往來港新間，有如搭巴士。

第六章　利用國民黨做假議題

調查周瑞麒銀行存款案

　　周瑞麒接受美金醜聞是發生在 1957 年底的事。但是人民行動黨等到 1959 年大選前夕，才揭發林有福政府教育部長周瑞麒在紐約第一銀行存入鉅款一事，這是人民行動黨對執政黨的勞工陣線一槍奪命的殺手鐧。行動黨對整個事件，從揭發到調查委員會的設立及調查進展的表現，顯然是經過精心策劃的一流政治操作。

　　整個事情起因自周瑞麒在美國花旗銀行新加坡分行（First National City Bank of New York）的戶口裡，分別在 1957 年和 1958 存入兩筆總額近 70 萬元的款項。據周瑞麒和銀行總經理對調查委員會透露，1957 年 10 月 30 日紐約第一銀行新加坡分行收到紐約總行電匯單，命將 51 萬 9 千元存入周瑞麒戶口。1958 年 4 月 24 日，分行又接到紐約總行的航空郵匯，經由保羅化學工廠的余國華（音譯，Yu Kuo Hwa）匯款 18 萬 2 千元進入周瑞麒戶口。

　　行動黨說它的情報來自執政黨和政府高官兩方面。1957 年 10 月底或 11 月初，周瑞麒曾告訴時任勞工陣線執行祕書的狄古魯士（Gerald de Cruz）他為黨募到美金 7 萬元，但對交通及工程部長湯姆斯（Francis Thomas）卻說是美金 10 萬元。隨後狄古魯士於 1958 年初又得悉周瑞麒以 25 萬元在怡保投資錫礦場事，他將此事告訴湯姆斯。湯姆斯曾向林有福和周瑞麒求證不得要領，非常不滿，因氣憤而把周瑞麒收取政治禮物的消息透露給政敵李光耀。另一方面，行動黨中央執委前工商部常務次長（公

第六章 利用國民黨做假議題

務員）貝恩剛於1958年9月初從政府部門退休,加入李光耀的李及李律師館。一週後,他自稱在李光耀律師館辦公室接到一名自稱是史敦士歐籍人士（史是所得稅局代局長）的告密電話[13]說,他對所得稅局行政感到不滿,也對上司袒護權貴不齒,因而密告周瑞麒在銀行存入鉅款事。貝恩隨後將電話內容轉告李光耀和黨主席杜進才。行動黨如獲至寶,認定這些情報可作為重要的政治武器,便決定暫時按兵不動,不立刻揭露。

貝恩,歐亞裔,身材魁梧,1950年8月與李光耀同船自英國回來新加坡,他也是留英的法律系學生。自政府部門退休後,加入李光耀律師館為律師,被攬入李光耀領導的人民行動黨並被選為黨中央執行委員。行動黨1959年執政時,貝恩出任勞工、律政部長。1963年選舉時他被社陣議員巴尼擊敗。不久成為第一個移民外國的行動黨要員,令行動黨高層尷尬和不悅。

當1959年5月大選的步伐越來越近時,行動黨決定要給執政黨措手不及,由黨主席在1959年2月15日在芳林廣場舉行的群眾大會上發難,指周瑞麒有美金鉅款存入銀行,這是一記「閃電」劈擊。

緊接著三天後李光耀向立法議會呈上一項動議,要求設立調查委員會調查真相。但當動議於3月4日進行辯論時,周瑞麒已提早一日辭去教育部長職。辯論結果,議會透過設立調查委員會調查周瑞麒存款50萬元真相,由巴特羅士法官（Justice Buttrose）擔任主席。

周瑞麒自認收到的鉅款是政治禮物,即政治獻金。行動黨也將它定位為政治禮物。因此,身為杜進才和貝恩的代表律師,李光耀的策略是設法引導調查庭證明人民聯盟接受美國人的政治禮物。當時正處在冷戰高峰期,美國政府在世界各地大撒美金,收攏反共勢力,圍堵蘇聯為首

---

[13] 貝恩向調查庭和盤托出「自稱是史敦士的電話」時,史敦士已在一週前心臟病猝死。在庭上的史敦士夫人邊掉眼淚邊說丈夫沒有洩漏祕密,指出證人是把一些話放在死人的嘴裡。

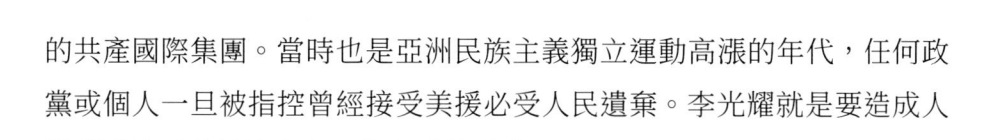

的共產國際集團。當時也是亞洲民族主義獨立運動高漲的年代,任何政黨或個人一旦被指控曾經接受美援必受人民遺棄。李光耀就是要造成人民聯盟接受美援的事實,使它政治破產。

調查委員會於4月6日開庭,杜進才在庭上說:「支持林有福和人民聯盟的幕後勢力,就是英國人和美國人。他們希望有一個妥協和軟弱集團上臺執政,好跟他們合作,進行反共大陰謀,而新加坡人民的利益,他們是置之不理的⋯⋯美國卻做得比較露骨,他們有的是錢,把這些錢分發給他們有意扶助的人,那是毫無困難的。杜進才又說:「最近有一個政府部長(周瑞麒)在紐約銀行的戶口,突然莫名其妙地多了50萬元,當所得稅人員要進行調查的時候,立刻接到上層指示,不得調查。這個事件,是公開的祕密。當然,這是一筆政治佣金,是絕對不能讓所得稅揭發的⋯⋯」

李光耀與惹耶勒南首次交鋒

調查庭也上演了李光耀和宿敵惹耶勒南(J.B.Jeyaretnam)對簿公堂的好戲,掀開了兩人經歷半個世紀的恩怨。當時惹耶勒南已是皇家律師,代表政府所得稅局出庭。李光耀雖然貴為杜進才和貝恩的代表律師,但他也是揭發50萬元事件的主角之一。他在開庭第一天下午供證,受各造律師盤問。惹耶勒南質問李光耀得到貝恩的情報後,為何未立刻在議會提出動議。李光耀回答說他要先確定情報才發難。

惹耶勒南:為何未向最高當局如律政部長或所得稅局提及這事件?

李光耀:我們定要徹底追究,以求水落石出。

惹耶勒南:你的意圖?

李光耀笑道:這位皇家律師如果閱讀過我在立法議院發表的演詞,那麼,他便會明白了。實際上,後來不是揭示了錫礦等事實嗎?

懷疑國民黨是幕後捐款人

這筆政治獻金捐款人的身分成為調查委員會的焦點。周瑞麒在庭上三度拒絕向主席供出美國捐款人的身分。他說：「我感到很遺憾，這些禮物，是屬於政治性質，捐贈者在餽贈時，曾要求我絕對要保守祕密，不能將其姓名洩漏。我感到我自己不能毀壞我的誓言，而洩漏捐贈者的姓名。」最後在主席保證不公開捐款人姓名的承諾後，周瑞麒才將兩次捐款人的姓名和地址寫在一張青色信紙上交給主席。捐款人是誰？至今仍是個謎。

李光耀企圖從政治獻金的流動去向找出捐款人的身分。他發現周瑞麒曾借 3 萬元給前益世報社長劉益之，以及投資 25 萬元購買吡吩礦務有限公司的股份，股東之一劉馴業（又名劉攻芸）是中國國民黨政府的前任財政部長，當時他是新加坡華僑保險公司董事經理。李光耀於是斷定劉益之、周瑞麒、劉攻芸三人有特殊的「三角關係」。便從這「三角關係」追查在美國的幕後捐款人的國民黨背景。

4 月 10 日，李光耀在調查庭上盤問劉攻芸時，確認劉攻芸認識身在紐約的于斌大主教後，激昂地指出于斌大主教目前在紐約，環遊世界各地，代表天主教勢力創辦益世報。在紐約的于保羅化學工廠屬於斌大主教，該工廠匯 18 萬元給周瑞麒。接著李光耀逼問劉攻芸：「你是這筆款項捐贈者——于斌主教的代理人。」劉攻芸氣憤地回答他不知于斌主教的個人活動，也不知周瑞麒這筆存款是來自于斌主教，更堅決否認他是捐款者代理人。

將近 40 年後，李光耀在他的（1923 年—1965 年）回憶錄「揭發一個祕密」（頁 335）文中，完全沒有提到他在調查委員會上很肯定國民黨南京大主教于斌曾涉及周瑞麒政治禮物的事。

劉攻芸戰後移居來新，由於早年在國府財政部長任內的清廉和能力，很得華僑銀主席李光前及銀行總管陳振傳的賞識，特聘他為華僑銀行屬下的華僑保險公司董事經理一職。他的後任是李光耀的連襟楊玉麟（李光耀太太的姐夫）。

李光耀兩次問到莫理光

在調查庭開庭前半個月，李光耀利用這個空隙到古晉市法庭為客戶打官司。

同個時候，2月下旬和3月上旬，新加坡有一個記者團，由公共關係部主任湯遜安排，偕同英女皇伊麗沙白二世的夫婿愛登堡公爵訪問砂拉越、汶萊及婆羅洲（現在的沙巴州）進行隨行採訪。愛登堡公爵是乘坐女皇的「大不列顛」號郵船，記者團得自費乘坐內陸的陸海空三方面交通。遇上到汶萊訪問，有記者選坐水陸兩棲飛艇。利用陸路交通時，車子就得在漫長海岸的沙灘上賓士。

記者一行十幾人，國外通訊社有路透社、法新社伊斯柯、比萊，合眾社黃金輝及泛亞社陳加昌（筆者）。國外記者有英國觀察人報駐新加坡特派員浦德華、倫敦泰晤士報特派記者卡美那達、英國廣播電臺的羅倫斯、基督教箴言報的史迪。以上幾位都是東南亞通訊社記者俱樂部時任理事。自歐洲到來採訪的媒體是以電視攝影記者為多。新加坡方面有海峽時報、英文虎報記者。中文報只有南洋商報記者莫理光及隨團來遊的李玉榮社長的長女，星洲日報可能有姐妹報英文「虎報」提供消息，不必再派記者。

愛登堡公爵留在古晉期間，記者也在古晉。一天中午午飯前，李光耀律師還穿著黑色律師袍匆匆走進記者團下榻的「歐羅拉」飯店酒廊，像

第六章　利用國民黨做假議題

有急事找人。十幾位外國記者正在喝啤酒休息聊天。大家對這位年輕的律師還不十分熟悉。李光耀這時還是在野的人民行動黨議員，知道他口才特強，也知道他有傲氣，與他沒什麼互動。大家對他是禮貌客氣。

李光耀看見我在記者群中走了過來，問我：「Have you seen Mok?」(你看見莫(理光)沒有？)

這句話使我想起兩年前一個下午，在新加坡立法議院大廈(現藝術之家)內公共關係部(新聞局)與李光耀見面的情形。那天是1957年人民行動黨第四屆黨員大會，選舉黨中央委員會，鬧出左右兩派分裂的事。那天李光耀見到我第一句話也是："Have you seen Jek?"(你見到易(潤堂)沒有？)

莫理光來古晉前應該告訴了李光耀，也知道李光耀為何來古晉。我回答李「沒有見到莫理光。他可能在樓上房間。」李光耀並不著急，或只是問問。莫理光是一位個性比較內向，不太與他人溝通的記者。1950年共產黨人辦的南僑日報被政府查封後，他轉到南洋商報採訪部。他沒有所謂思想問題，是位好好先生，人緣好，文章也寫得好。

李光耀執政前，莫理光曾短期為他補習中文。李光耀當了總理後，也許莫理光太熟悉李光耀，而忽略了總理的個性。在李光耀組閣的第三天(1959年6月7日)，莫理光在他任職的南洋商報寫了一篇介紹李光耀的特寫文章，題為〈我所認識的李光耀總理〉。文中有不少外人鮮知的事。了解這位「學生」的人讀了這篇特寫，直覺上相信「學生」看到後會不悅。這是官場忌諱的事。也許是巧合吧！不久，很少見到莫理光跑第一線的政治要聞。到1980年代，星洲日報與南洋商報奉命合併為聯合早報後，才又見莫理光活躍。這一次莫「復出」，擔任合併後的聯合早報的首任總編輯(另一總編輯是原星洲日報總編輯黎德源)。莫理光因早年一時「大意」而在編輯部「冬眠」了近二十年有為卻無從發揮的歲月。

轟動的消息無下文

在新加坡,我和李光耀偶爾會在採訪線上碰面,說話不多,一問一答,卻常在見面時,與他進行幼稚和無聊的爭議,彼此揶揄與挖苦,但卻不具惡意。後來自己成長懂得世故後驀然回首,覺得好笑!

李光耀揶揄、挖苦我,應是我早年在國民黨辦的中興日報工作之故。中興日報早期原對創立初時的行動黨期望很高。「社評」對李光耀個人讚許有加,寄予深厚的期望,曾說他是光芒萬丈燦爛奪目的一顆政治彗星(李光耀不一定領情,這時他並不喜歡蔣介石)。

1955 年,李光耀第一次參加立法議員選舉,在丹戎百葛區與民主黨候選人藍天對壘。他這時的政治論調開始走入務實時代潮流,右派人看來他有左傾媚共的傾向。中興日報於是開始抨擊他,尤其在議員選舉運動期間,總編輯因個人關係支持了藍天。當時幾乎惹出李光耀起訴中興日報「誹謗」的官司來。中興日報接著抨擊李光耀的政治名言,李光耀說:「在共產主義與殖民地主義兩者間,我會選擇前者。」

回到古晉歐羅拉飯店酒廊的一幕。李光耀問我有沒有見到莫理光,見我胸前掛有一架德國名牌的 LEICA M3 相機,笑我有本事用?我也不相讓,笑他身上穿的狀師袍。

李光耀突然聲音拉高,似乎很認真告訴我:「(周瑞麒)那 50 萬元不算是大事,你回來(新加坡),我告訴你比這更大(更轟動)的新聞,是前年(市議會)選舉前 KMT 給了勞工陣線候選人大筆錢。」

我回新加坡後,周瑞麒案進入調查程式。我沒有去找李光耀查明此事。我想他在古晉時不過是說說而已,而且此時的國民黨也不會有錢給勞工陣線的。國民黨要反攻大陸,不會反到新加坡來。那時國軍的軍餉每個人每月領不到 20 美元。全臺有 40 萬陸海空三軍,以 70 萬元折算正

第六章 利用國民黨做假議題

好是國軍總兵力一個月的軍餉。

調查委員會進入第二天，李光耀受三方面盤問時也「認為50萬元事件不轟動，更轟動的資料多著呢」。等到調查庭進入第五天尾聲，李光耀又揭露兩項驚人的消息。李光耀說（一）周瑞麒前此自美國取得的政治禮物是由中國大主教（按南京樞機主教）于斌捐贈的；（二）前國民黨政府財政部長劉攻芸博士就是于斌大主教的代理人（此說劉攻芸堅決否認，于斌也懶得回應）。

李光耀在調查庭說要揭露「更轟動」的消息，當地的中西各報都用大字標題報導了出來。之前他也在古晉和我說要揭露「更轟動」的消息，言之鑿鑿。40年後（1998年）在他出版的回憶錄書中，談到「揭發一個祕密」（周瑞麒事件）時隻字沒提到于斌大主教和劉攻芸的名字，也沒有揭露更轟動的消息。

周瑞麒案另一版本

七、八年前，一位60年前（1952）與我同在益世報（出版三個月因經濟拮据停刊）工作的同事，讀了聯合早報刊登1998年出版的《李光耀回憶錄（1923－1965）》書中第335頁「揭發一個祕密」（周瑞麒接受美金贈款案）一文後，給我來電話，問我是否還記得很多年前跟他茶聚時聊起他有周瑞麒案另一個「版本」的事？我告訴他我記得，曾把它筆錄下來。

我今天寫這所謂「另一個版本」之前，再一次向他求證。他的記憶力不減當年。這位朋友大我三、五歲，算是80過半。他的身體還好，中氣有力，聲音洪亮如舊，只是走起路來，步履蹣跚。他就是50年代活躍於報界的陳名宗。

我轉述這個「版本」前，先錄一段行動黨1954年4月15日黨報第四

版的一段話，很肯定的：

「贈款給周瑞麒的人就是于斌。劉攻芸就是于斌在新加坡負責和周瑞麒聯繫的代理人。劉攻芸對李光耀的指控矢口否認。」（上面的話也曾在調查庭上講過）。

行動黨報在同一篇報導的下段，有如此幾個簡單文字介紹于斌，強調：「于斌主教是被中華人民共和國列為戰爭罪犯的一個惡名昭彰的洋和尚……」行動報是過分許多。

現在記述名宗兄對我說的「版本」。

「老弟，你還記得嗎？益世報 1952 年剛剛出版時，有一位年輕的香港華商 David 徐，因葉世芙的關係，時常自他設在柏城街客屬總會大廈內的西藥公司到安順路口的益世報來[14]。我們見過他幾次面，晚上還到過歌臺聽歌。」

益世報出版三個月後停刊，葉世芙出任香港商人 David 徐創立的 Moris May 西藥公司經理。這是 1950 年代中期的事。「周瑞麒案」不久就要發生了！

據說，David 徐在香港及在美國紐約的家裡很富有，其叔父叫「Frank 徐」（周案調查庭曾音譯為曹和趙姓），在香港及美國設有西藥廠。在那個動盪年代，徐家要從香港及美國移民到新加坡來。舉家移民新加坡是殖民地政府後期沒有的先例，尤其是來自政治敏感區香港。

姪兒 David 徐於是託在新居住了多年的經理葉世芙幫忙想辦法。葉世芙當年在新加坡的關係網也不大，活動的圈子還很狹小，便去找他的前益世報經理劉益之想辦法。

劉益之在政府及社會的關係與葉世芙同樣是一張白紙。雖然如此，

---

[14] 地址即原敦那士大廈，1987 年改為艾柏士大廈

第六章　利用國民黨做假議題

劉益之找了他在益世報工作的一位得意門生陳布衣。他知道陳布衣能力很強且有辦法。但是在林有福政府中的關係不能算是第一線，只好找政府及黨中二線幹部的老友勞工陣線地方政府副部長陳廷章，再由陳廷章介紹劉益之給勞工陣線主席周瑞麒。陳布衣也就退出成為局外人。劉益之知道美金鉅款不是來自于斌主教，是來自急於想舉家移民來新加坡的華人藥商。陳布衣不相信那是一筆「有政治意義的禮物」，而是「賄賂」。此事後來卻演變成政客在選舉時用來打擊對手的天掉下來的至寶。

我曾問陳布衣為何調查庭當年盤詰此案時，他不「正氣凜然」出庭供證說出真相。陳布衣說，調查庭沒找我，也不會找到我，我沒義務管閒事。

無巧不成書。本段提到的葉世芙、劉益之、于斌主教及前國民黨財政部長劉攻芸都是認識的。

葉世芙在大陸變色前曾是于斌主教許多祕書中的一位。益世報一度在中國五大城市同時出版，是影響力極大的天主教日報，是和于斌有關係的報紙。自蔣介石政府撤退到臺灣，于斌與葉劉兩人的關係已經疏遠。大家分散在海外。于斌大部分時間留在紐約，偶而回臺灣。

于斌戰前1938年及戰後1948年兩次來過新馬。

這樣的一個關係、淵源，就陰差陽錯地被有心的政客巧妙炒作，讓國民黨背下黑鍋。

給國民黨背黑鍋

當週瑞麒案調查委員會繼續開庭（1959年4月10日），人民行動黨代表律師李光耀兩次和主席巴特羅士法官爭辯，起因自主席認為案中牽涉到屬於新加坡絲絲街吡叻礦務有限公司的檔案不需要呈堂。李光耀律師不服。李光耀說周瑞麒供證時說在本公司（礦務公司）投資50萬元，

可是調查會的揭示帳目卻沒有這個紀錄。主席說，這件事應該由所得稅局負責調查。

公開的資料顯示這家礦務有限公司有十四名股東，其中十一人空股，出資的有四人。新加坡人鍾良裕任董事經理，名商人張明添是董事主席，許鎮國及香港商人曹法蘭克（Frank, Wen King Tsao）也是股東。

李光耀還說，公司的簿冊裡根本沒有周瑞麒的存款，以及那筆款項的用法。法官主席依然不同意將檔案呈堂，認為這件事應由所得稅局去處理。但是，李光耀解釋說：「不，法官閣下，我有非常重要的情報可以使本調查庭達到目的。中國國民黨人的令人難解的謎團，可以難倒別人，可難不倒我，我打算提出（證據）……」，因而要盤問 25 萬元的聯繫（李先生似帶有下馬威意味）。調查庭記錄原句："I have the key to the Kuomintang Chinese puzzle and I in- tend to produce it"，調查庭主席巴特羅斯法官說「我對這個謎沒有興趣……」（I am not interested in the puzzle.）

但是有件相隔快 60 年的巧事：今天在全球都有商務聯繫的萬邦集團創始人丹斯裡曹文錦（Frank Wen King Tsao），上海人，是否就是當年吡叻礦務有限公司股東之一，當年調查庭上揭露的名字、籍貫、住所都相符合，而且在本文「另一版本篇」中也巧合提到一個「Frank 徐」。

礦務有限公司董事在「周案」被提及調查後無事，倒楣的卻是中國國民黨被牽入，背下黑鍋！

國民黨也在馬來亞背過黑鍋

周瑞麒美金案在新加坡給國民黨背了黑鍋，是假議題陰謀。

無獨有偶，也是 1957 年，馬來亞脫離英國殖民統治宣布獨立的兩個月前，吉隆坡也發生一宗「給國民黨背黑鍋」的假議題。指責華巫印聯盟

第六章　利用國民黨做假議題

（國陣前身）中主要成員之一的馬華公會雪蘭莪州分會內有國民黨死硬派「陰謀」推翻現任分會會長拿督翁毓麟。

翁毓麟是土生華裔，受英文教育，傾向於馬來人主流政治。他後來皈依伊斯蘭教。馬來亞獨立後先後出任福利部長、交通部長、駐聯合國大使，又駐美大使。馬華公會在馬來半島各州分會及支部，成立初期，從北馬檳城、吉打、玻璃士州，南到中馬、南馬再到新加坡的分會，由於歷史的偶然，成立之初都是由反共的華人社團領袖領導。

1957年馬來亞獨立以後，馬華內部歷次選舉，都會出現多個派系權力爭鬥，會出現一大批新會員在選前申請入會現象，亦有「幽靈黨員」怪事。

翁毓麟曾在聯盟政府中擔任交通部長。有一次黨選中，親翁毓麟一派，擔心會落敗，有人透過海峽時報放話說，中國國民黨中有「死硬派」在招兵買馬，陰謀推翻雪州分會會長翁毓麟。親翁毓麟派的人說，已有300新人申請加入雪州分會，目的在推翻他。在當時的政治環境利用KMT來做假議題，是最便宜和最快捷有效的宣傳手法，星馬政客都愛用[15]。

他們放出消息說，州選舉原定上月在吉隆坡舉行。為了反制國民黨死硬派因而宣布展期。這項「陰謀」很快傳到首席部長東姑拉曼（獨立後的首相）的耳裡。東姑大為光火，指責這些人一旦取得馬華的領導權後，必會將效忠馬來亞的華人「帶走」。

馬華總會宣傳主任陳修信[16]也指責馬華內部的國民黨「死硬派」「用無限度的金錢」和訴諸恐嚇手段，打算在未來幾個月的選舉中贏得馬華各分會的重要黨職。

星馬海峽時報（尚未分家）引述「消息靈通」人士說，國民黨死硬派

---

[15] 國民黨早在1948年宣布在星馬解散國民黨支部
[16] 陳禎祿的長子，後來出任財政部長

過去一年來在這方面花了五萬元。

陳修信說，執委會原定開會討論憲法白皮書條文，已因國民黨死硬派恐嚇「破壞」而改期。陳修信也說倘若如期舉行「白皮書」會議，他擔心死硬派會反對在憲法中寫明「保留特權給馬來人」條款。

馬華總會中央執委兼森美蘭分會代表陳世英則站在被指責是國民黨一派的馬華會員這一邊。他強烈要求總會會長敦陳禎祿爵士趕快出面要馬華高層中的出言不遜者公開道歉。

所謂國民黨死硬派「陰謀」推翻馬華高層，是惡毒的假議題。主流派利用它來打擊黨內政敵。國民黨早已不存在於星馬兩地，個別反共人士是有，但不能被指是國民黨死硬派。

此消息到了第三天已經沒有下文。

第七章　決定國家往後的歷史進程

I 憲制談判成功歸來

從許多方面來說，1957年對李光耀和新加坡都是意義深長的，可以說這一年決定新加坡往後的歷史進程。

先是三月，一個由勞工陣線政府首席部長林有福領導的各黨派代表，包括人民行動黨祕書長李光耀在內，赴英談判時成功爭取到全面自治（國防、財政及外交事務之外）。

一年前同樣由勞工陣線首席部長馬紹爾率領的各黨派憲制代表團到倫敦談判時卻遭遇失敗，導致馬紹爾內閣總辭。當時會場外，包括隨團記者在內，有傳言李光耀在這第一次會談扮演一個主要角色，使到馬紹爾談判的任務失敗。因為馬紹爾過於受李光耀的黨內頭號政敵林清祥所影響，林清祥正好也是多黨代表團的成員。

1957年在倫敦獲得成功的憲制談判中，有傳言說李光耀成功地在談成的憲制協中加入一個條款，即「禁止政治扣留犯參加來屆選舉」。李光耀這樣做很明顯是為防止林清祥及他的密駝路派（被扣留過的顛覆分子）同夥有機會參加1959年的選舉。李光耀當時已經很有把握行動黨會在來屆（1959年）第一次林德憲制下舉行的大選取得勝利並執政。選舉結果，行動黨在議會51席中贏得43席，取得壓倒性勝利，執政至今。

在談判過程中，李光耀的策略是盡量做到確保未來的憲制不會把大門開啟讓共產黨接管政府。

代表團自英國歸來後，於四月底在立法議會辯論倫敦達成協議的問題時，已是勞工陣線後座議員的前任首席部長馬紹爾質問人民行動黨在倫敦談判支持這項「顛覆條款」時「是不是黨的右派人士害怕黨內左派人士自獄中放出來（競選）時，他們便得從窗口跳出去？」他也譏諷他的接班人現任首席部長林有福帶領的代表團只爭取到所謂「三蘇古的默迪卡」（即「四分之三的獨立」），頗有「酸溜溜」的味道。

馬紹爾、李光耀唇槍舌劍

立法議會連續六天辯論這項由倫敦帶回來的「新憲法協議」時，前一年談判失敗辭去首席部長職的經禧區立法議員馬紹爾及人民行動黨祕書長丹戎巴葛區議員李光耀，橫生枝節起了爭執，兩人最初還能保持理智，最後演變到難以收拾的意氣之爭，下臺階竟是雙雙宣布辭去議員席位重新補選。

馬紹爾和李光耀兩人在司法界及政壇的聲望旗鼓相當，人民對兩人的期望很高。他們的一舉一動、議會裡的一言一行都受國人矚目。現在既已辭去議席，政治生態一夜間急遽變化，震撼國人自不在話下。兩人在立法議會中的舌戰釀成政海軒然大波，是新加坡殖民地議會史上所未見。議會進行時，議長也罕見地用錘敲桌連喊數聲「Order, Order」（「秩序，秩序」）提醒議員要自律。

憲制協議辯論進行到第二天，馬紹爾指責人民行動黨是獨裁政黨，李光耀是宗旨不一的人。

馬紹爾講到激動時，提高聲調說，我（首席部長任內）去年（在議會）提出（新加坡）獨立的動議，不但獲得李光耀附議，亦由本院 27 名民選議員一致贊成通過，其中三名官任議員及一名官委議員共四人棄權。

第七章 決定國家往後的歷史進程

可是今年換了首席部長，接任的是林有福，他今天提出的動議，也是同樣由丹戎巴葛議員（李光耀）附議（內容不同），可見人民行動黨的主張時時在變，或者他們認為去年是時髦的，今年已經是過時。也許有人以為凱撒之凱旋，已經為其好友布魯特斯從背後猛刺一刀而斃命。

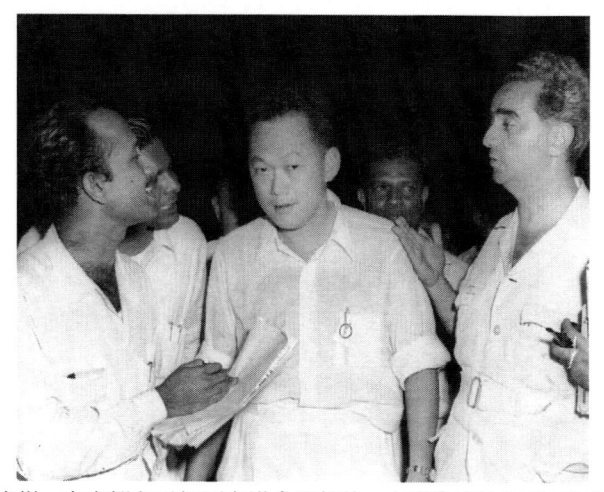

1957年政壇突變，李光耀和馬紹爾在議會罵架後，在議會廳被記者包圍時發表談話。兩人隨後正式宣布辭退議員席位。

李光耀反駁馬紹爾，並重申行動黨立場。李說，馬紹爾指行動黨及我欺騙人民，攻擊我及妻子（馬紹爾插嘴說，我有攻擊你的夫人嗎？），馬紹爾應該知道牛津字典裡妻子就是我家中的成員。但我在這裡申明的不是信口開河，也不會攻擊（馬紹爾）首席部長的私生活。我指摘他的是他日常所發表的談話，今日與明日又是互相衝突矛盾……我們不是偽善之徒，也不向人的背後猛刺一刀。我們也未欺騙人民……

至此，馬紹爾為李光耀的回話所刺，向李光耀挑戰。馬說，如果李光耀高興，我願與他在丹戎巴葛區重新競選，以決定民意之依歸。馬氏發言至此，議會陷入一片肅靜。李光耀沒有立即表態，到下午近五時議會休會，他和黨主席杜進才、財政王永元才鄭重其事在立法議會大廈內的新聞處舉行記者會宣布接受馬紹爾挑戰。

常說吵架不會有好話，議院中揶揄和譏諷，出自兩位雄辯名嘴之口，難為了紳士風度的歐亞裔議長奧勒斯。尤其是李光耀採用的是激將方法，使馬紹爾受不了李輕輕鬆鬆的挑撥，更是令馬紹爾火冒三丈。

李光耀原本是急性暴躁的人，也是個好鬥成性的青年律師。他刻意挖苦諷刺對方，只是對方忍不住氣，掉入陷阱。如此一譏一諷，火大脾氣的馬紹爾，平日在法庭打官司，後輩律師及法官都對他敬畏三分。今在議會給「狀師仔」揶揄讓他忍受不住。

議會一度出現比喻「三蘇古獨立」（半生不熟獨立），還有難聽的字眼如「Busok Merdeka」（臭獨立），議長連忙阻止。更甚的是唇槍舌劍中聽到有「X 種」字眼出現，而被損者也幽默地告訴議長：「議長先生，『X 種』在罵他人『X 種』」，把話送還給「X 種」。

議長多次提醒「尊敬的議員」要注意在議會中所用的語言。議長下令議會書記將議會辯論的 non-parliamentary language（非國會語言）全部刪除，不留紀錄。

這兩名律師真的不懂議會規定嗎[17]？

莫理光的追問難倒馬紹爾

議會辯論新憲制鬧出兩議員辭去席位的風波後，李光耀宣布回去原來選區參加補選問信於選民。馬紹爾如果也同樣回去原區競選，辭去議席之舉就將沒意義。兩人依舊可以穩坐其「釣魚臺」。

李光耀已經表明留在丹戎巴葛補選。而先前馬紹爾向他挑戰的選區競是自己的「敵區」，馬紹爾如果到那裡，必當炮灰無疑。這裡出現了

---

[17] 奧勒斯議長戰前在學校的成績優良，擊敗馬紹爾獲得英皇獎學金到倫敦唸法律。馬紹爾後來也去英國唸法律回來。馬紹爾是 19 世紀本地區著名的刑事案件律師。70 年代李光耀委任他駐法國大使多年。

第七章　決定國家往後的歷史進程

「莫理光因素」（南洋商報立法議會記者）。議會休會後，莫跑去問馬紹爾，是不是肯定到李光耀的選區龍虎相鬥？馬紹爾衝動之氣未消，面子也得要攔在適當地方，當然是說「丹戎巴葛」。這一下子馬紹爾上鉤了。議會記者都知道，莫理光與李光耀有一段私交，正為他補習中文。反過來如果莫理光是問李光耀敢不敢到經禧區與馬紹爾參加補選，情況又不同了！

當天我在場，「莫理光因素」使馬紹爾進退維谷，正好職工各界紛紛呼籲兩人不要對打，馬紹爾清楚若到丹戎巴葛選區必蒙受「輸給李光耀的恥辱」，也無顏回到自己的選區再見江東父老，只好「拂袖而去」，宣布「退出政壇」，反正現在自己一度帶領過的勞工陣線的夥伴對他已失去了信心，他成了黨中的孤雁、一顆政壇匆匆來匆匆去的悲劇巨星。

自馬紹爾退出政治，政壇已經失去一對辯才，剩下李光耀單獨一人在議會滔滔發言，或是聽他發表枯燥的政策演說。兩雄、三雄善辯議員從此不再出現，政府後座議員，也只跟隨執政黨鞭，寧可「無聲勝有聲」。這樣的情況下，李光耀再有口才，言詞再犀利也只能獨響和獨享，一掌擊不出聲音來。

▌馬李性格和「瑜亮情結」

上文說到馬紹爾及李光耀兩人，可以說是世紀罕見人物，司法上各有其作為，政治上各有抱負。兩人給人的印象與感覺是：

馬紹爾才華橫溢，辯才一流，外表凶猛，看起來令人生畏，性格反覆無常，讓人捉摸不定。他從政失敗是他心直口快、衝動，常意氣用事，衝動時，不分是非，容易受人刺激因而大發脾氣，少有政治智慧，與他處理司法訴訟時的冷靜很不相同。

馬李性格和「瑜亮情結」

既生瑜，何生亮 —— 政局混亂的 50 年代，
新加坡出現馬紹爾、李光耀「瑜亮情結」

　　李光耀傑出可怕，心高且傲，很有心機，有一口難應付的辯才。他還在野時，看他「死纏爛打」，從不陣前閃避，是個好鬥勇士。他豐富的法律理解和政治智慧常使對手被誘掉入陷阱。

　　可惜馬李兩人不能「共存」於政壇，令人想起古時中國常被拿出來作比喻的三國人物中的「瑜亮情結」。

　　兩人雖因政見對立，時常爭吵，其實私底下存在「相惜、相妒」，仰慕彼此的才華。只是「既生瑜何生亮」情結無法打開，最終總得有一人要敗走麥城。

　　自此時起，新加坡議會裡再也沒有「精彩的辯論」，看來這種精彩似已成絕響。直到 20 年後方出現另一個還算是李光耀對手的工人黨議員惹耶勒南。此人也是法律界知名人物。

　　在周瑞麒美金存款調查案中，惹耶勒南跟李光耀交鋒過，只是惹耶勒南在國會裡與所有執政黨議員似乎都有仇恨，也不知起自何時何故他與李光耀會結下那「不共戴天」的恩怨。

第七章　決定國家往後的歷史進程

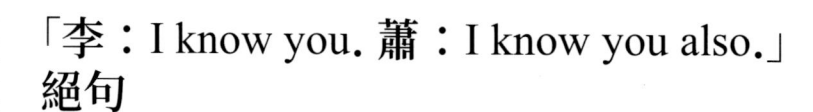

「李：I know you. 蕭：I know you also.」絕句

惹耶勒南以外，又有一位飽學的法律界名人，他是早期行動黨政府裡當過總檢察長的蕭添壽。他協助過李光耀政府打贏幾次官司，尤其在1963年中四學生罷考調查庭中的出色表現，令他名聲大噪。1972年他離開政府部門，重操律師行業。1986年當選為律師公會主席，後因政府剝奪律師公會對國會法案的議論權，與李光耀鬧翻。兩人原本水乳交融的關係最終發展到勢不兩立，不是你死就是我活。

1987年5月，當局以反政府馬克思陰謀活動罪名逮捕多名天主教的神職人員和天主教組織的社會工作者，包括著名女律師張素蘭。剛當上律師公會主席的蕭添壽是他們的辯護律師。這期間駐新加坡美國大使館一等祕書漢克‧亨立森（Hank Hendrick-son）頻頻和蕭添壽會面，了解政治動向。政府懷疑美國中央情報局在新加坡培植反對黨勢力，導致蕭添壽在一次以辯護律師身分到獄中探望拘留者時，遭內政部以內安法令拘押72天。蕭獲釋後決定參政，代表工人黨在1988年9月國會大選中競選友諾士集選區，得票49.11％，以微差落敗，但以最高票敗選資格成為非選區議員。不久，被政府以逃稅罪控上法庭，蕭添壽趁赴美醫療之際流亡美國。

蕭添壽和李光耀同是法律界名人，同時又是劍橋學生。若不是「特殊」原因逃亡到美國，他依舊留在司法界，依舊也在國會，那麼國會裡兩張名嘴相辯，當比馬李兩人更是精彩，可惜此景不再。

在蕭添壽亡命美國前，一次出席國會，這一天真是「冤家路窄」，在狹小的國會走廊，李蕭不期而遇。一對舊雨新仇怎麼打招呼呢？這時，李總理對突然出現在面前的蕭添壽說：「I know you」（我認識你）。蕭反

應也快,回說「I know you also」(彼此彼此!)。兩人交談總共短短七個字,蕭只多說了一個「also」,過去十數年的恩怨情仇就在這七個字裡含蓄地突顯出來。七個字言意雋永,只能意會,不易言傳,兩人相互挖苦揶揄,知道李蕭關係背景的人才能領會內中奧祕!

李光耀的「I know you」,蕭添壽的「I know you also」是絕句!

行動黨修改黨章

回到1957年8月人民行動黨舉行第四屆黨員大會並選出黨中央委員會時,左派領袖公然表示對李光耀不滿。黨內權力及路線的鬥爭已經表面化,公開攤牌決裂。

由黨祕書長李光耀推選的12位黨中委候選人名單,反對派沒有照單全收,僅收一半,即6位為反對派接受,另6位是反對派自行指定的候選人,形成在中委會裡支持李光耀及反李光耀的兩派勢力是50對50。李光耀在大會上算是受挫。李光耀和黨主席杜進才兩人雖然在中央委員中得票最高(1,212票及1,121票),但拒絕接受選舉結果。當選中委的反對派分子,個別得票都在1,000張以下。其中一位女黨員陳翠嫦(屬李光耀派)亦當選,其票數為李光耀的一半。陳翠嫦時年僅21歲,是中委名單中年紀最輕的一位,她華校出身,不久後嫁給黨組織祕書王邦文。

這場黨內鬥爭從8月鬧到10月,持續長達兩個月,直到林有福首席部長「順從」李光耀的要求,把左派領袖關了起來,黨內鬥爭事件才暫時平息。林有福後來私下宣稱是在李光耀書面要求下才作出逮捕行動。但是,林有福從來沒有拿出證據來證明自己的說法。當時的政治生態與氣氛,即使是流言也會使關心政治的國人及媒體人相信有這回事。這時,黨祕書長李光耀已看出黨內的大風雨即將到來。

第七章　決定國家往後的歷史進程

　　行動黨開大會這一天是星期六，約下午二點左右，我到諧街立法議會大廈（現藝術之家）樓下右側的新聞部拿新聞稿。這裡也是新聞記者常聚的地方。不遠是「Pola」西果咖啡室。大廈樓上前座是首席部長辦公室。李光耀剛從芽籠羽球館急匆匆來到新聞部[18]，一見到我就像擺出一種態勢，在我看來是他待一般人的態度，他什麼話都不說就問：「Did you see Jek ？」（你見到易沒有？）大家都知道 Jek 就是易潤堂[19]。

　　易潤堂這時是左翼新報的採訪主任。我回答：「No, didn't」（沒有）。我沒問他找易何事。我想他也不會告訴我。李光耀對我（以前）工作的中興日報，一直耿耿於懷，認為是與他的政見相左。

　　我猜想他有英文的宣告稿子要易潤堂幫忙譯成中文。我不清楚易潤堂此時是否已經加入行動黨。李光耀聽說易潤堂沒來過便匆匆離開新聞部。走前還停住腳步轉身問我："Whom you with now？"（意思是現在在哪裡工作）我回答："I'm with Pan Asia"（我在泛亞社）。李先生："Oh, I thought you are with Pan-American"（哦！我以為你是在「泛美」）。他的話時常話中有刺！十九五〇、六〇年代東西方冷戰奇寒，意識形態尖銳對立。醜化美國的書籍及電影出現影響到世人對美國的觀感。「醜化美國人」形象一時流行。地球上凡有「美」字，都有被政治醜化的含義。當時，世界著名的美國「泛美」航空公司（Pan-Am）最為典型，是意識形態作祟。此時世界也進入政治敏感年代。

　　行動黨中左派領袖給林有福政府逮捕後，李光耀絲毫不浪費時間，即刻進行修改人民行動黨的黨章。修改黨章顯然是從最近召開的第四屆黨員大會中得到了嚴峻教訓。他在與記者（當時）談起幹部（黨員）事情時說：「任何大會的議決案很容易在群眾情緒受煽動下通過，以致亂了會議

---

[18] 那時不叫新聞部，稱為「公共關係部」，主任是英人喬治‧湯遜。
[19] 行動黨執政後，易潤堂先後擔任過勞工部長、文化部長，最後出任駐英國最高專員，任滿後退休，是李光耀早年器重的黨中大員之一。

程序。這是不民主的。」為了鞏固對黨永遠的控制，黨祕書長開始修改黨章，規定只有幹部黨員才能參加年度的大會，黨中央委員會的改選由每年改為兩年一次。幹部是由黨領袖及組織祕書謹慎精挑細選後才被委任。這種決定，60年來不變。

這麼一來，重組後召開的代表特別會議上，李光耀的穩健派人選全部輕易地當選為中委。左派基於不想再暴露更多基層幹部，免得更多人被逮捕及扣留的原因而不露面，也不參加黨選。

威脅李光耀地位的王永元

李光耀上臺前夕，能夠直接挑戰和威脅到他總理位子的人，不是共產黨，不是蒂凡那，也不是林清祥，而是黨中同樣有實力的中央委員王永元。

1957年，新加坡舉行第一次全面民選市議會選舉。在新的議會中將產生市長。雖然人民行動黨在新的議會選舉中並不擁有絕對多數席位，可是在無黨派議員的支持下，成功地使行動黨提名的王永元被選為新加坡第一任、也是唯一的市長。

王永元是1950年代中至60年代中期國內政壇一顆閃亮的彗星，也是李光耀早期在行動黨裡最強勁的「非共派」勁敵。雖然他的政治理念是不喜歡共產黨，理應和李光耀派系較接近。

王永元是澳洲墨爾本大學畢業的合格會計師，人民行動黨籌組之初，他並不在籌組隊伍中，但是在該黨第一個中央執行委員會產生時，他即出任黨財政委員。

王永元是由記者出身的拉惹勒南（首任外交部長）介紹給黨主席杜進才，說是他有會計師資格，而當時籌組隊伍中，獨缺擁有這種資格的人才。

第七章　決定國家往後的歷史進程

對於王永元的政治理想是什麼？他是不是服膺於所謂「非共社會主義」概念或是中庸派等等，一般上都沒有進一步了解。可是他成為市長後，由於他有基層基礎，所以運用他的地位提高他在華裔選民之間的聲望，而且做得非常成功。他是華文教育出身，是位演講高手，在群眾大會上以福建話演講時，深具吸引力、煽動力，是人民行動黨初期的重要政策代言人。

當時，黨主席杜進才和祕書長李光耀、吳慶瑞及幾位非華裔領袖由於不能用華語或華人方言發言，難以在群眾大會上發揮，也無法在群眾間留下深刻印象。

對比之下，黨內的中文教育背景的領袖如林清祥等，在群眾大會上口若懸河又慷慨激昂的表現，把杜、李兩人壓了下去。為了平衡林清祥等人的影響力，杜、李這雙「非共派」一方面努力學習及提高華語水準，另一方面則積極培養王永元，讓他在群眾間代表「非共派」發言。

可是，在1959年立法議會選舉中，行動黨獲得壓倒性勝利，取得議會裡51席中的43席，即時上臺組織自治政府。

王永元性急，在他當上市長不到兩年的時間內，做了普通老百姓樂見的「政績」，他和支持他的黨內同人深深感覺到黨能在1959年的選舉中大勝，他市長任內的功績是不可抹殺的。因此，客主觀點造成他認為自己比任何人更有資格出任政府的最高領導人，也就是首席部長或總理。可是另一方面，李光耀一直認為黨在選舉中獲勝，他才是理所當然的政府首長人選。

行動黨12位中央委員，經過討論後，決定以投票決定誰任總理人選。投票結果，王永元和李光耀勢均力敵，得票相同，於是，主席杜進才就投下決定性的一票，支持李光耀為總理。

半個世紀後，2009年，一本英文書《白衣人》(*Man in White*) 中記載

了這歷史性的一刻。該書作者（海峽時報資深作家梁榮錦等人的集體作品）向當時行動黨黨主席杜進才和受薪組織祕書王邦文求證此事。他們異口同聲說確有杜進才一票定江山之事。可是，書中透露李光耀否認有中委會票選總理這回事。他說他不記得有這回事，也不明白為什麼杜進才及王邦文會如此說。根據書中記述，王邦文不能苟同李光耀的說法，他堅持有票選總理一事，他反問，「如果沒有票選，李如何能成為總理？」杜進才也清楚記得他那天投票給李光耀是因為他覺得王永元易變不穩定，所以他投下主席的一票讓李光耀成為總理。李王兩人是為「權力」而爭，不是因政治路線不合而結下恩怨。從以後的發展看來，李光耀擊敗王永元，決定了新加坡往後的歷史進程。

雖然王永元未能圓總理夢，在新政府裡，王永元所擔任的國家發展部長職在內閣裡排位第三，是很重要的職位。

在內閣裡，王永元和李光耀、杜進才等人的關係都沒有改善過。

時代的悲劇人物

王永元以國家發展部長的身分，展開討好基層國人政策所提出的一些措施，事先並未得到內閣同意。身為國家發展部長的他，甚至建議總統府應夷為平地，建些廉價住屋給人民。再者，他獨行獨斷，公開表明內閣的一些措施及決定與他無關。這成了王永元太過自負所惹來的「政治災難」。他和黨政高層之間的矛盾也越來越明顯及嚴重。

王永元的政治操作過於幼稚和缺乏手段，黨內林清祥極左的一派對他也沒有好感，靜觀李、王相鬥。杜進才巧妙地把王永元孤立起來，跟著李光耀對他展開激烈的政治爭辯，黨內基層一呼百應批判他。

李光耀領導的團隊花了差不多一年的時間，終於在1960年7月登臺

第七章　決定國家往後的歷史進程

執政剛滿一年所舉行的一項黨特別大會上,「暫時」停止王永元的黨權,理由是「言行反黨」。隨後另有兩名支持王永元的行動黨立法議員,榜鵝區的黃庭堅及阿裕尼區議員冷甘脫離行動黨,隨後原本朝氣勃勃的行動黨各區支部因黨內整肅王永元及兩名議員退黨而風聲鶴唳,氣勢轉弱。

討論王永元的特別大會當天,會場外四周氣氛緊張,出現不少便衣保全。

王永元過後組織人民統一黨,在自己過去的選區參選,四度皆當選。之前,1961年4月,王永元在他的芳林選區以獨立候選人身分參加補選。

我翻開1961年的筆記:王永元在芳林區補選對抗PAP的結果,並不是neck-to-neck finishing(不會以一頸之差得勝或落敗)。

筆記如此記載,雖然芳林區是王永元的選區,他是處在被動的保衛處境,但是他的競選機器一啟動,即向政敵,也是行動黨政府展開攻勢,反而使政府的候選人處於被動。

LKY(李光耀)是競選能手,也只能盡力向群眾解釋王永元對政府的各項指責。王永元在芳林區占有天時地利及人和的優勢。自1957年從市長選舉到立法議會總共四次的選舉中,王永元皆以高票當選。

距離投票日還有9天,政府一方面要為自己過去的政績辯護,一方面要向王永元反攻。到補選投票日只剩下兩天時,LKY集中火力,行動黨上下「傾巢而出」動用一切資源打擊王永元。

在群眾大會上,李光耀分析國內目前有三股政治勢力:即民主左翼、瘋狂左翼及投機右翼。

王永元譏諷LKY使出18頭牛4隻猛虎之力要摧毀他。

但是王永元信心十足,補選結果他以7,747高票打敗對手易潤堂的

2,820 票，勝出近 5,000 票。

事實上，當年的筆記是記下選舉時的趨勢，市面行情實已肯定選舉結果不會是 neck-to-neck，而是一面倒。

王永元事件後，PAP 改組，成立黨內「七局六區」。所謂七局是由易潤堂負責文化局；貝恩掌職工運動局；政治局交由拉惹勒南；組織、財政、行政及黨員局歸李光耀；杜進才看管鄉村福利局；依布拉欣負責馬來局；婦女局屬胡書珍女士。

行動黨六區有：東區 —— 鄺念慶醫生、市區中 —— 黃循文、市區西 —— 李紹祖醫生、市區東 —— 黃信芳、北區 —— 梁景盛、西區 —— 王清杉。

王永元雖然勝利，但是他在政治上已是遍體鱗傷。1965 年，新馬分家的兩個月前，王永元突然退出政壇，從此銷聲匿跡，與共患難妻子不再公開露面，謝絕媒體訪問。早年，他在行動黨內及市長、內閣部長任內時的公開紀錄和照片，似乎不易看到。

王永元有如在人間蒸發，成為一個不解的謎團。甚至他在 2008 年以享年 83 歲高齡逝世時，媒體也無報導。後來，民間開始流傳他已逝世的傳言，卻未有人證實或否定，到了年前，國內一本有關福建名人的書上才記載了他逝世的事實。

與王永元同一年代的人感嘆「王永元成也行動黨，敗也行動黨」。他是國家走向獨立途中的時代悲劇人物。

中情局滲透失敗，美向李光耀道歉

1965年8月30日，新加坡電視臺晚間新聞播放一則震驚社會的新聞；總理李光耀日前接受外國媒體記者訪問時揭露5年前（1960－61年間），政府查獲美國中央情報局人員企圖賄賂收買政治部一名警官的事情經過。

消息傳到華盛頓，美國國務院否認李光耀的指控。

李光耀總理對美國國務院否認宣告的事極度敏感，大為憤怒，「孰可忍，孰不可忍」，李總理馬上召開記者會，公開5年前「中情局」事發生不久，國務卿魯斯克於1961年4月15日致函李總理就「一些美國官員在新加坡涉及不當活動事件」作出道歉。為加強記者會上說話的信服力，總理公署還把國務卿魯斯克的道歉函件影印本分發給記者。

有關函件內容如下[20]：

親愛的總理先生：

我深感不幸地獲悉貴政府曾經查獲一些美國政府官員，曾在新加坡涉及不當的活動。

---

[20] 這封信發出兩天後，4月17日，美國中央情報局又在古巴「豬玀灣事件」中遇到挫敗。

我要讓閣下明白，我對這項損及兩國政府之間友好關係的不幸事件，深感遺憾。

新政府〔指剛上任的甘迺迪民主黨政權〕對此事非常重視，並準備採取紀律行動，檢討這些官員的活動。

魯斯克，

1961 年 4 月 15 日

美國中央情報局官員（1960 — 61 年間）所做的醜事，在魯斯克致函李光耀總理道歉認錯後，事情本告結束。四、五年後，怎麼又吹起波紋，舊事重提，再挖中情局舊疤？

記者會上，李光耀鄭重提醒美國：「如果繼續否認此事，我們將公布更多的細節。美國人真愚蠢，否認了不容否認的事件。」

「我這輩子從來沒有撒過謊。一件事情，如果不能披露，我會保持緘默。一旦選擇說出來，不管是『全權代表』（1957 年與馬共要員方壯璧會面）也好，中情局也好，我都會拿出證據來。」

經此警告，美國既尷尬又狼狽。國內權威的《華盛頓郵報》提醒自己的政府要能容忍。《郵報》說，「新加坡總理李光耀正奮力抓住老鷹的羽毛（美國的鷹徽）。總之，李光耀高聲責罵之際，吾人最好還是要忍住，別發脾氣！」

記者會上，總理為加強信服力，他說，曾透過「中間人」告知美國，如果肯付一億美元給新加坡政府作經濟發展之用，新加坡政府就會考慮釋放被逮捕的美國人，並將這件愚蠢事「壓下來，不公諸於眾」。

李總理又說，「美國表示願意給我本人和行動黨一千萬[21]美元『封口

---

[21] 文中提到的「中間人」，李光耀回憶錄（1965 — 2000 年）點名說是英國時任駐新最高專員薛爾克勛爵。只是回憶錄中指出美方提出願付給他與行動黨 100 萬美元，與李光耀 1965 年所透露的 1,000 萬元數字有出入。

費』[22]，我告訴他們，你們收起來吧！簡直是侮辱。」

關於美國願意提供給李光耀及行動黨 1,000 萬元的事，美國國務院官員立即宣告「絕無此事」。國務院批評新加坡發表這項言論是令人遺憾、痛心及不幸的，並且於事無補。宣告說，它可以輕易掉入印尼分化之計中。

這天的記者會，總理陳述事實真相，並對美國的態度頗有怨言，李總理說：「但是，我還得為甘迺迪（總統）說些話（一億美元的事），甘迺迪回應說『No』，告訴我如果要錢，他的政府可以公開給。」我記得當天記者會上李總理讚甘迺迪有 guts。脖子雖給我抓住，還說，可以，你寫收據來。」

此時，李光耀正與馬來亞談商新馬合併的事，如果（與美國）關係惡化，可能使到成立刻來西亞聯合邦的構想流產。成立自治邦剛一年多的新加坡，此時面對許多國內外的壓力，包括國內左傾勢力。

中李光耀的圈套

這裡簡略重述中情局企圖收買賄賂政治部一名警官的經過：

「（略）1961 年 4 月的一個晚上，我們抓到三個美國情報局官員，他們試圖滲透我們的政治情報局，透過賄賂，收買一名官員，以便向美國提供情報，因為美國情報局需要獲得有關新加坡方面的情報。」

李光耀說：「要收買一個新加坡官員！那本來是可以成功的，但我為這位官員感到驕傲。」

「中情局答應給這名官員非常優厚的薪酬，保證萬一他的行動（身分）暴露或者惹上麻煩，中情局會把他和家人送到美國去。」

---

[22] 當年美元對新元匯率是 1：3.33 新元

李光耀回憶錄（1965－2000）第502頁繼續說：「這位官員足足考慮了三天，才決定必須向上司柯里頓稟告。柯里頓馬上向我報告，我下令設圈套，他照我的話去做，結果把三名美國（情報員）逮捕歸案。」[23]

這位半世紀前拒絕美國中央情報局收買的政治部華人警官，今年近90歲。李光耀回憶錄中沒有公開他的身分。這名警官當年被「中情局」相中據說是由一位朋友介紹，這名「牽線人」於案發後不久移民海外。

這名退休警官曾撰文記述自己服務警界三、四十年，自戰後40年代末葉到70年代所遇過的各次重大案件。他總共用英文寫了數十篇，打算在適當的時候出版。記述中有一篇描寫作者自己與中情局人員接觸的經過，是為現身說法，乃珍貴難得。

李總理談到中情局人員落網的經過部分與這名警官描述的情形大致相同，同樣是中情局人員準備用測謊器測驗這名警官的忠誠度，但是擔心這名警官會有危險，在此千鈞一髮之際，事先埋伏好的警方陣勢立即行動，將中情局人員逮捕。

過程如007影片般刺激

事件結束後，李光耀形容事件經過「既驚人又怪誕」。

可以想像，自李總理下令設圈套到雙方接觸到準備測謊、跟蹤、埋伏，最後完成逮捕行動，當中緊張、刺激情節與細節，想必不遜於同年代風靡全球的《007》及《金手指》等間諜片，只是它沒有香艷鏡頭出現，只有枯燥和驚險。

但是，這件事被掀起時，已是事發後四、五年往事，而且案情已經

---

[23] 柯里頓便是李光耀1950年8月自英國留學歸來，向英國殖民地當局建議「網開一面」，不要捉李光耀的政治部官員。另見本書第二章〈貴人蔡昭田和柯里頓〉

第七章　決定國家往後的歷史進程

結束,那麼為什麼又被掀起?原因是:

(一)李光耀回憶錄(1965 － 2000 年)第 502 頁:「……我感到憤怒,情緒緊張,幾天後,在電視上接受外國通訊員的訪問時,我猛烈炮轟美國人,對美國政府不願意協助安排美國專科醫生到新加坡來為我至親的人提供治療,我表示不滿,並第一次公開披露四年前美國中央情報局怎麼派遣特務企圖賄賂收買新加坡政治部的一名官員。」

(二)本地區局勢自二次大戰結束,一直動盪。東西方陣營冷戰對峙。美國要在本地區建立情報網是自然的需求(共產國家亦不例外)。美英兩國向來有情報交換安排,當然若有直接管道更為理想。新加坡在區域地緣策略位置上至為重要,美國得依靠人家有限的情報交換,不如直接來得更理想!

(三)新加坡獨立建國伊始,極需要與許多國家建立友誼,尤其重視與新興獨立的阿拉伯和非洲第三世界國家的關係。而新加坡一向又被第三世界視為屬親西方陣營。

當時一個西方媒體這麼說:「當今亞洲國家的領導人要出位,基本上必須對美國 —— 亞洲的首號公敵表示憎恨。這方面,李先生不過是在搭順風車撿便宜。」

過程如 007 影片般刺激

1961年5月27日,馬來西亞首相東姑在新加坡「東南亞通訊記者」舉辦的午餐會上,倡議組織馬來西亞大聯邦的構想。坐在旁邊的是人民行動黨主席杜進才。(泛亞社)

第八章　獨立建國與親情

Ⅰ 新馬合併的構想

李光耀和馬來亞共產黨同樣都要新加坡和馬來亞重新合併，只是策略目標不同。李光耀在 1959 年大選勝利上臺後，開始力勸英殖民地政府和馬來亞首相東姑阿布都拉曼讓馬新合併，並指出合併是力挫共產黨的最好方法。

李光耀多次親自去吉隆坡與東姑阿布都拉曼打高爾夫球，建立互信，終於說服了東姑，使後者認同馬新合併的構思。實際上，李光耀原本更贊同英殖民地政府在 1948 年組成的馬來亞聯盟（Malayan Union）。該聯盟中的馬來亞是包括新加坡在內的，但是英國此舉受到巫統及馬來統治者（蘇丹）拒絕，構想最終被取消。

東姑認為單單是馬來亞和新加坡合併將會影響到國家人口結構，使華人占優勢。為了避免這種情況出現，東姑在 1961 年 5 月在英國同意下建議馬來亞、新加坡、砂拉越、沙巴（當時稱為英屬北婆羅洲）及盛產石油的汶萊一起建立大馬來西亞，便是今天的「馬來西亞」。

李光耀及自己派系的內閣同僚接受東姑這項建議，可是黨內林清祥及左派對李光耀的政策表示極度不滿。因此，導致人民行動黨內部分裂，徹底分裂。41 名人民行動黨立法議員中有 13 位退黨。這些人隨後組織國內最大的左翼反對黨「社會主義陣線」（社陣）。

共產黨一向要的是只包括馬來半島及新加坡在內的馬來亞，而把砂拉越、沙巴及汶萊拉進來有違他們的意願，因為共產黨計劃在這些地區另

建共和國。因此,他們極力反對這一個「馬來西亞」。不但如此,共產黨更不惜與印尼的蘇卡諾總統聯手誓言粉碎馬來西亞大聯邦構想。同時,這也牽連到北京與印尼站在同一陣線上,同聲以「東姑——李光耀反動集團」的政治語言來譴責。直到馬新分家,新加坡獨立建國,共產黨才棄用「東姑——李光耀反動集團」字眼,而北京也發來賀電視新加坡獨立。

在談判大馬計畫時,李光耀從東姑那裡獲得一些優惠,就是讓新加坡在教育、勞工、電臺電視廣播等事務上享有自主權,因為在二戰後被英殖民地政府分開的兩地,在這些領域的進展程度並不一致。

李光耀在新加坡鼓吹大馬構想,也到馬來半島、沙巴及砂拉越到處為大馬構想造勢。在新加坡,他舉行一項全民公投,要人民決定是否接受他和東姑所達致的協議,還是接受和其他半島州屬一樣所享有的條件,就是在教育及勞工等事務上不享有特別自主權。

大馬成立三個月後,東姑首相與印尼總統在東京舉行「和好」會談。會後兩人「握手言歡」。蘇卡諾離開東京,回抵國門前,對抗大馬戰火即起。(泛亞社)

在這之前,新馬還未進入電視機時代,李光耀便在電臺以「爭取合併的鬥爭」為總題進行一系列 13 場廣播,說服新加坡人民馬新兩地有合併的必要。

第八章　獨立建國與親情

新加坡立法議會針對此課題展開了馬拉松式的辯論，直到 1962 年 9 月公投正式舉行。投票時筆者正好人在雅加達採訪「第四屆亞洲運動會」，未能投票。

社陣雖然呼籲人民投空白票抗議合併，但李光耀的建議還是贏得 73% 壓倒性的支持。

公投大勝後，李光耀乘勢即刻宣布島內舉行立法議會選舉，希望人民行動黨能有更多代表進入馬來西亞國會。在 59 席中，人民行動黨贏得 37 席，而新加坡也在 1963 年 9 月 16 日透過加盟馬來西亞。應是巧合，9 月 16 日是李光耀的生日，合併這一天，正是李光耀（不惑年）生日的「政治禮物」。

浴室高歌促成新馬合併

一九八〇年代，有馬來西亞的報紙這麼報導：新加坡總理李光耀於 1961 年到 1963 年間，常到吉隆坡與東姑首相談商馬新合併的安排。為了安全及談事保密，東姑邀請他在家中留宿。就在李光耀洗澡時，東姑聽到李在淋浴間哼了一首當年風靡東南亞（尤其是印尼、新馬）的印尼名歌「一隻老鸚鵡」（Burung Kakak Tua）。歌詞說有一隻老鸚鵡累了，飛到窗口棲息，婆婆已經老了，只剩下牙齒兩顆。歌詞簡單幽默及押韻，曲調抑揚頓挫，旋律輕快，是一首通俗童謠，也是搖籃曲，各族人都能唱，扣人心弦。東姑在一篇回憶文章如此寫道：「李光耀來吉隆坡時，多住在首相官邸，一次，我聽見正在沐浴的李光耀唱起馬來亞國歌『Negara-ku』（我的國家）而深受感動，從那時起我也就接受合併的建議。」

1987 年 8 月，總理李光耀在慶祝國慶的酒會上透露了這一段鮮為人知的祕密。他說他唱的是「Burung Kakak Tua」而不是東姑所說的「Negara-ku」，據猜測可能當時是兩曲各雜唱一兩句，沒有唱完整首！

據李光耀說：「東姑告訴我，就是因為聽到我在淋浴間唱這首歌，使他有機會對我的性格和政治上的堅定信念作出評價。」李光耀再說：「在東姑的想法中，他認為我唱這首歌，說明我在政治上是安全的，確定我不是一個危險的人物。」（臺海兩岸「九二共識聲不住」，不妨試唱「你儂我儂……」浪漫一些！）

參加大馬選舉慘敗

大馬成立後，李光耀非常努力試圖使人民行動黨被接受為馬來西亞中央政府的一部分，以取代馬華公會的地位。雖然「華巫聯盟」（「國陣」前身）三成員對行動黨政治問鼎中央的雄心沒有一致的意見，但是在馬華極力反對下，李氏的政治版圖遂無法如願以償擴張到馬來半島。當時的馬華總會長陳修信是馬華和「聯盟」創辦人之一，政壇元老敦陳禎祿爵士的長子。尤其重要的是李光耀的政治野心也好，雄心也好，顯然是忽視了聯盟成員間自成立以來建立起的堅固倫理基礎。馬華公會和行動黨間關係從此每況愈下。另外，要特別一提的是：聯盟主流巫統內部，就存在著非常堅決反對李光耀的中堅分子。

1964 年，李光耀湊合了 9 位候選人參加大馬成立後第一屆半島國會選舉，結果蒙受慘敗，只有蒂凡那一人在原社陣議員 V‧大衛的選區以 800 票微差，將對方擊敗。其他候選人全部落選，有一些候選人甚至得票不足，失去了保證金。

李光耀失敗最大的原因可能是半島的華人選民性格保守，滿意現狀。他們只是久慕李光耀大名。其實前去觀看選舉群眾大會的群眾，很多是對越境過來參選的人民行動黨感到好奇。行動黨各次的群眾大會都有排山倒海之勢，它為行動黨帶來了美麗的幻覺，使行動黨樂觀地相信能在選舉中獲得 6 或 7 席。

第八章　獨立建國與親情

選舉運動期間，我與吉隆坡友人觀看數次行動黨舉行的群眾大會，出席群眾成千成萬，只是這些排山倒海的群眾沒有把選票投給行動黨。

4月26日晨開票結果，行動黨敗得狼狽，大受震驚的李光耀清楚人民行動黨在半島難有政治前途。這樣的選舉結果，使他有必要改變他的政治策略。

於是他展開一項反聯盟政府的宣傳運動，指責中央政府歧視新加坡及非馬來公民，把他們視為二等公民。

李光耀的口號是「馬來西亞人的馬來西亞」[24]。這個口號暗示來自新加坡、砂拉越、沙巴的公民在法律上未能享有有如馬來半島人民所獲得的待遇。在這項運動中，他拉攏了馬來西亞的其他反對黨（除泛馬回教黨）一起炮轟中央。

二次大戰太平洋戰爭進入尾聲，日本露敗戰預兆，緬甸獨立運動領袖翁山將軍（翁山蘇姬的父親）曾向國人喊出「緬甸是緬甸人的」口號。緬甸全國人民登高一呼水到渠成。而「馬來西亞人的馬來西亞」口號是用在對國內自己人身上，在當時的政治氣候中這種策略等於製造民族紛爭，是「政治自殺」，與戰時緬甸的翁山將軍呼喚人民團結一致對外抗日及反英殖截然不同。

李光耀對中央政府的訴求，導致馬來人和華裔大馬人和其他族群間衍生衝突及緊張氣氛。使情況變得更糟的是，他在1965年5月（馬新分裂前三個月）在新加坡召開一項包括所有馬來西亞反對黨在內（除伊斯蘭黨之外）的大會，成立了「馬來西亞人民團結總機構」。在巫統聯盟政府看來這是對中央的公開挑戰，這樣一來使原已微妙的關係加速惡化到爆炸點。而他這樣做，給人懷疑是無視一年前（1964）新加坡已發生過兩次

---

[24] 馬新分裂後不久，李光耀總理的新聞祕書李微塵有一天在他的辦公室和我談起李光耀「馬來西亞人的馬來西亞」口號，李微塵認為是李光耀策略的成功，手段的失敗。我則說是「策略與手段皆失敗」。

的「華巫騷亂」的事實。

在當時約半年前,剛發生美國甘迺迪總統在國內遇刺身亡的大事件。其實,在 1964 年發生暴動前的一次群眾大會,發生過李光耀在混亂中險被群眾推進水溝的事,還有反對他的馬來群眾焚燒他的芻像,人群中有人高喊「烤他、燒他」,皆是發生在這個敏感時期。當時,沒有報紙敢將火燒芻像的事件刊登出來。

暴雨欲來只等流亡分家

另一方面,馬來西亞國內以華裔為主的反對黨大聯合,使半島的馬來人感到戒心,害怕。他們認為,馬來人在馬來西亞所擁有的也只是政治權力,經濟實力還是操在華裔及外國人手上。他們要求給馬來人保留特權,並不過分。

1964 年發生華巫種族暴動,是因為有政客煽動。慶祝回教先知遊行時,有人焚燒李光耀芻像。(泛亞社)

有些馬來政治人物,包括後來出任首相 20 多年的馬哈地醫生、巫統祕書長翁嘉化等人均要中央政府逮捕李光耀及接管新加坡邦政府。

第八章　獨立建國與親情

　　東姑和他的溫和派同僚不同意採取激烈的行動，他們清楚倘若逮捕李光耀，其後果必定導致全國沒完沒了的種族流血事件。聯盟政府因此決定把新加坡「驅逐」[25]出馬來西亞。這是 1965 年 8 月 9 日的事，新加坡共和國在這一天誕生了。距離李光耀喊出「馬來西亞人的馬來西亞」的口號僅僅三、四個月，新馬合併在一起的日子，只不過七百多天。

　　雖然之前李光耀沒料到東姑和馬來半島的領袖會採取這麼激烈的行動，然而他已對可能到來的後果作了最壞的打算。

　　李光耀得到柬埔寨元首施亞努親王一口答應，一旦李氏本人被逮捕而中央政府又接管新加坡政府時，人民行動黨可以在柬埔寨首都金邊成立流亡政府。雖然還有一兩個國家也答應提供地點給新加坡成立流亡政府，只是地緣政治和人脈關係比不上柬埔寨方便，因此不予考慮。

　　這段期間，在任何時候，新加坡都會有一名內閣部長留在國外的「星球」繞行，只要中央政府一出手，能逃出的閣員即刻飛到金邊，宣布成立流亡政府。

　　流亡政府沒有成立，但馬新卻分家了。新加坡宣布獨立這一天，柬埔寨是第一個外交承認新加坡的國家。

▎新馬分家這一天

　　1965 年 8 月 9 日星期一上午 9 點鐘，我和往常一樣，已經到報社了。今天的天氣格外晴朗，陽光普照。9 點 10 分左右，南洋商報（現聯合早報前身）總編輯兼督印施祖賢打來電話告訴我，他剛剛經過市政府大廈，有幾部外交官的車子停放在大廈路旁，情況有異，問我能不能去了解一下。

---

[25] 對於新加坡口徑一致說是被「驅逐」或「踢出」的字眼，馬來西亞有人加以辯駁，認為中央政府是和新加坡邦政府的主要內閣成員在一項馬新分家的協議書上簽字，表示大家同意分家。而在分家之前的大約兩個月時間裡，吳慶瑞獲得李光耀授權代表新加坡和中央政府談商分家條件。因此，馬來西亞方面不同意新加坡所說是被「驅逐」。

市政府大廈裡頭有李光耀總理辦公室、外交部、文化部及新聞處。我沒有多作考慮，就告訴施祖賢我會趕去市政府大廈（底層）的文化部新聞處探問究竟。

原來這天早上9點鐘左右，外交使節團被召到總理辦公室出席簡報會。其實這幾天來，吉隆坡已經有傳說馬來西亞很快會發生憲制危機，修改憲法。更令人驚訝的傳說是：吉隆坡中央政府考慮逮捕新加坡李光耀總理，並由大馬財長陳修信的親戚新加坡副總理吳慶瑞接任總理職位。

前文已經提到新加坡政府很早就準備好建立「流亡政府」的計畫，李光耀斷不會成為甕中之鱉等待被捉。

新聞處有我的一位日本占領時期的同學「C」君，自從自治邦政府成立以來，他就在那裡工作，是一名高級新聞官。我走到他的辦公桌前想問他「upstairs」（總理辦公室）發生了什麼事，還未開口，他從自己的抽屜取出一份（1965年8月9日）10點後才解禁的「憲報號外」遞交給我，要我去廁所先看，然後馬上離去。

新聞處有七、八位同事，有先生及小姐，像平日工作，新聞處內沒有異樣的氣氛。也許他們還不知道幾分鐘後，新馬就要分家。

我拿到這分「憲報號外」時，有點激動，馬上到報社，在電動打字機上用簡單的（Flash）「警報」電文發給東京編輯部。香港方面，新聞競爭不像東京「分秒必爭」，一天內改十數版現象，所以我只用例常發訊方式發出消息。

給東京編輯部的電文是「新馬今早10時宣布分家」。東京的同事在電動打字機上看到簡單幾個字的驚人電訊後，馬上向駐東京的馬來西亞大使館詢問求證。電文到手時，距離正式公布時間還有幾分鐘，或者大使館裡有尚不知內情的館員，包括新聞參事在內，他在電話中回答東京

第八章　獨立建國與親情

的編輯說「在中國的憲法裡是沒有『分家』兩個字的」。電話放下後，我的同事馬上轉身扭開電視機，此時，英國路透社也自新加坡傳來了分家的消息。

「分家」新聞寫完，後續新聞便開始。南洋商報老闆施祖賢也從他報社的記者知道了「分家」的事。新馬分家的事，施祖賢或早已聞到一些味道，他在吉隆坡的權力中心，有他（馬華）的高層關係。

日本時事通訊社駐新加坡記者跑來看我，告訴我東京總社要他這幾天跟著我追訪新加坡獨立的後續新聞，也就是因為有這樣的「依賴」，時事社自那一年起搬進泛亞社，直到 1975 年才遷出，整整十年與泛亞社在同一個辦公室工作。

新馬突然分家，我除了心情激動之外，一時感到失落。想到一個國家，從建立構想、醞釀合併過程，各方花盡莫大的心血和犧牲，關禁了一大群的反合併顛覆分子，人民經過全民投票贊同合併的法律程序，不過是兩年，一個晴天霹靂，呵，一紙協議書就分家了！如今，事隔半個世紀，想起此事，真感嘆新馬兩地長遠關係，還真是「長痛不如短痛」！

中午前，牛車水一帶首先傳開新馬分家的消息。市民反應快速，管不了島上是否仍嚴禁燃放爆竹，有人就放起爆竹來，但見舞獅歡騰，鑼鼓喧天，熱鬧滾滾，街頭巷尾溢滿洋洋喜氣。

新加坡由加入大馬到分家，不過是短促的兩年，已面對國內和區域陣陣來襲的風風雨雨。

1990 年，新加坡慶祝國慶 25 週年，正是欣欣向榮時刻。新電視臺的國慶特備節目導播胡敬中訪問我，談新馬當年分家的感想。我坦白告訴他：「我對新加坡的前途沒抱多大信心！」

其實，當時與我有同樣想法的人也不少。

分家的那一天，開國總理李光耀哭泣不止一次。在馬來西亞首都吉隆坡，首相東姑阿布都拉曼感言說，「我希望把新加坡建造成馬來西亞的紐約的夢已經粉碎。現在我們只有分道揚鑣！」

李光耀背後的兩個女人 —— 母與妻

常聽說，成功男人的背後一定有一個女人。這裡要說的這個男人李光耀的背後卻有兩個女人。如果不談這兩個女人 —— 母親和妻子，正如李光耀自己所說，他會是一個很不同的人。

可以這麼說，李光耀從一個頑皮淘氣的小孩轉型成一個具有超傑出水準的法學界人及政治領袖，主要的背後推手是他的母親蔡認娘和夫人柯玉芝。

李母持家有道，教子有方，用母慈子孝來形容母子間的親情，再恰當不過。

妻子柯玉芝給予丈夫李光耀的是無盡無悔的支持，讓他在政壇有廣闊發揮空間，終至崛起成為一位活力充沛、幹勁十足的國家領袖、開國元勳。在母親及妻子的鼎力支持下，李光耀首先成為一名出類拔萃的律師，然後再成為在一個世代裡把新加坡從第三世界拉拔到第一世界的政治巨人。

李光耀的母親為人謙虛。她在新加坡出生，在當年土生華人社會中，頗有點名氣。她寫了一些有關土生華裔美食及糕點烹飪的書，因而成名。但是在她兒子出任總理時卻堅持保持低調，經常提醒新聞記者在寫她的時候，不要提起她是總理的母親。

李光耀能專心從政，是因為他無後顧之憂。對李及李律師事務所的發展和家庭事務，都不必操心。雖然他們已有三個孩子，他對夫人在處

第八章 獨立建國與親情

理這兩方面的能力，信心滿滿。

每當李光耀在政海中面對洶湧波濤時，玉芝都緊緊站（坐）在他身邊，平靜觀察四周，給他精神上的支持。一九五〇、六〇年代採訪過政壇風雲的記者，必定留意到她的冷靜、沉著。

童年的李光耀，也不是一帆風順。他的父親李進坤好賭，經常到中華游泳俱樂部玩幾手。與一般賭徒差不多，手氣不順時，回家後的脾氣就非常暴躁，要老婆拿出她私藏的珠寶來作賭本。李母總是站得很穩，堅拒所求。這些珠寶都是她父母給她的嫁妝。她也拒絕讓老公揮霍家財。於是，李光耀所形容的「可怕的爭吵」就發生了。

李光耀在回憶錄中，回憶他四歲時，有一次把父親一瓶價錢不菲的4711牌淺綠色芳香潤髮油弄得一塌糊塗，氣得父親暴跳如雷。回憶錄說「父親的脾氣一向很暴躁。那晚他怒氣沖天，一手抓住我的頸背，把我從屋子裡拉到井邊，然後抓住我的耳朵，把我的頭按在井欄上。我始終覺得奇怪，為什麼我的耳朵那麼柔韌，竟然沒被拉斷，而我也沒有掉落井裡。」

李光耀當總理這麼久以來，他的急性和暴躁脾氣始終不變，是因為有其父必有其子？李光耀也有過分完美癖好。這是他的性格，是大家知道的事。平常看到他因一些瑣事對屬下過於挑剔苛求，太太不想給屬下太難過，常會提醒丈夫：「哈利，不要過於計較（Don't be so fussy）。」有一次，在自己國家的新航客機上，值勤的空中小姐在飛機升空時提醒乘客綁好安全帶。她的華語說得不夠純正，李總理要知道是哪位空姐的廣播，叫她前來，此舉嚇壞小姐，差點哭出來。夫人坐在旁邊忙說「Harry, enough」。

李光耀有時默不出聲，有時也會反駁。與李光耀有過接觸的人或也可以感受到，這位成功的偉人，很多方面是難討好的。

李光耀對母與妻的懷念與追悼

　　李光耀的母親蔡認娘於 1980 年 8 月在中央醫院因心臟病逝世。之前有兩個星期是在加護病房接受急救。李光耀為母親致悼詞時流下傷心淚。

　　「母親生於富貴之家，幼時集寵愛於一身，在舊式媒妁之言、父母之命的安排下毫無準備嫁入另一個富有家庭。1930 年代經濟大蕭條，兩家都家道中落時，她慌然失措的情景，光耀歷久不忘。」

　　「她（母親）拚命工作賺錢幫補家計，我的父親當時任職店員。她的確是盡了相夫教子之責。為了家庭，她堅毅不拔，盡心盡力，義無反顧，什麼都肯做，只要孩子們有得吃，有得穿，有書讀。（略）」

　　「她一生經歷過各種甜酸苦辣。整體而言是充滿福報及圓融的。我感到心寬的一點是，她是在心臟病猝發下結束其一生，而不是在忍受連綿不絕的病痛及醫療之痛苦下走完人生。」

　　妻子柯玉芝在中風兩次（多年）後逝世時，李光耀在哀悼妻子的悼詞中，提起妻子堅毅不拔的性格及對家庭的無私奉獻。

　　「她教導我們的三個孩子行為端正，彬彬有禮，體貼入微，從不炫耀總理孩子的身分。」

　　「她看到我年輕時沒學好華語，結果必須付出的代價，決定把孩子們從幼稚園開始就送去華校，也確保他們在家裡掌握好英文及馬來文，使他們具備了在多元語文環境裡生活的條件。」

幫助丈夫「把脈政情」

　　「在政治方面，玉芝協助起草人民行動黨的黨章。她提醒我不能信任新認識的一些朋友，那些林清祥領導的左翼工運分子……她有一種能夠洞察人心的直覺，而後來都證明她的看法正確。」

第八章　獨立建國與親情

「我們加入馬來西亞時,她告訴我,我們不會成功的,因為『巫統』的馬來領袖們的生活方式和我們差別太大,而且他們的政治是以種族及宗教為本。我說我們只能努力使之行得通,因為已無更好的選擇。但是,她是對的,不到兩年,我們就被請離馬來西亞。」

脫離馬來西亞時有一些條約條文,比如關係到新加坡生命線的水供問題,李光耀也得請夫人想出一些辦法。李光耀自己說「因為夫人擅長辦理產權轉讓事務,律政部長巴克在這方面比較不熟手,結果由李夫人將條文草稿擬好,妥善整理後交我批准,再交給馬來西亞同意。」

在半個世紀的生涯中,李光耀經過在野在朝兩個階段,在國內國外遇上風風雨雨,皆得賢內助隨時作「政情把脈」輔佐幫忙。無論大事小事,即使無關緊要的事,夫人都會關懷備至。

舉一件我親身經歷的事。現任日本國明仁天皇的父親裕仁於 1989 年駕崩,一個月後舉行葬禮,世界各國的國家元首、政府首長及特使都前往參加。

日本有一份英文報紙刊登一則預售「裕仁天皇葬禮的圖片特輯」廣告。這則廣告登在不顯眼的版位。幾天之後,李總理夫人發覺這段廣告,便打電話給總理的新聞祕書傅超賢,說她在日本報上看到這麼一則廣告,而駐東京的大使館像是「看漏」了,問他是否有辦法買到一本。

總理的新聞祕書處問我是否知道有「特輯」一回事。在日本,什麼國內外大事,有持續新聞性的材料,日本的出版社自然會搶先出版畫冊,昭和天皇葬禮畫集當然也不例外。

很巧,總理祕書來電的這一天上午,我手上已經有了一本畫冊,是東京社裡在畫冊正式售賣前預先寄給我的。我翻開內頁,看到畫冊刊有世界各國許多位元首、政府首長及特使夫婦參加葬禮的照片,李光耀夫婦照片也在內。我告訴傅超賢我手裡已經有一本,我已翻看了,可以轉

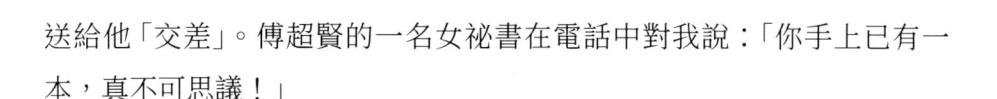

送給他「交差」。傅超賢的一名女祕書在電話中對我說：「你手上已有一本，真不可思議！」

我把這件事寫下來，不是說自己有辦法，實要突顯李夫人平常也是何等細心認真，不僅注意國內的家事、國事和瑣事，連看得懂的外國報紙都不放過。

「照片特輯」的小廣告，一般讀者是很容易看走眼的，而她對此都沒放過。說她隨時幫助丈夫「把脈政情」，實不為過。

有些小事，比如總統府內草地的花草枝葉，有些是總理特別喜愛的，有時在他出國前，交代園丁不要在他出國時修剪。一次他出國回來，發現花草枝葉被裁了，把園丁罵了一頓。夫人在旁：「Harry，不必為此事操心！」

在許多場合，李光耀曾公開讚美妻子賢慧淑德，才華比他高強。他對妻子有表達不盡的感激，如在悼詞中，他說：

「63年一起生活，許多珍貴記憶歷久不能忘。」

「沒有她，我會是另一個很不同的人。」

「她為我和孩子獻出一生。當我需要她的時候，她總是在身邊。她的生命是溫馨的，圓滿的，充滿意義。」

機要祕書的煩惱

李光耀總理習慣晚上辦公，通常一般人形容國家領導人政務繁忙，每天要處理許多重要事務為「日理萬機」，在這裡或可改為「夜理萬機」。

李光耀到了晚上精神奕奕，與一般人清晨朝氣蓬勃，做起事來格外精力充沛比較，正好相反。

夜裡辦事，有急事要即刻解決，總理會隨時依照情況召喚閣員部

第八章　獨立建國與親情

長，部門主管到（總統府）總理公署面授機宜或共商議題，是常有的事。

遇上總理須要口述筆錄，口述講稿，記錄口授或備忘信稿，都得有速寫文員、機要祕書在場。手機、電腦、傳真機早期還未問世，許多事做起來很不方便。

我有一位與我同是1950年代入行的記者朋友。他受的是英文教育，練得一手一分鐘能記下近百字英文句子的速寫。此時的社會，有這種才能的通常是律師樓、洋行裡有速寫技能的書記或祕書，而且多數是女性。即使是在英文報界裡，這位朋友當時也算是難得的速寫人才。

我不想公開這位朋友的名字，我給他取個假名「健平」。

健平擔任文職是很理想，做記者並不是很適合。以他溫和、斯文、彬彬有禮、說話細聲細氣的性格，雖然也算做了四、五年的記者，採訪的是社會犯罪新聞，他不只吃力，也受不了。

於是，他轉為採訪立法議會新聞，這才是他表現速記才能的工作。不久，他被攬入立法議會書記處工作。再隔三幾年，行動黨執政，國家獨立，健平被借調到總理公署工作，獲得總理的信任，成為一名機要祕書。

可是，這位機要祕書的「煩惱」在進入總理公署後開始了。

總理常夜裡辦公，批公文處理公事。總理性格急躁是眾人皆知的事，他吩咐下來的事，要看到的效率有如「立竿就要見影」，使得各部主管或官職大小的公務員，都感到戰戰兢兢。有和總理做過事的退休公務員形容這是「伴君如伴虎」，自古以來，天下皇朝，少有兩樣。

總理的這位機要祕書健平，自日軍占領新加坡以來，就住在市郊紅燈區一帶。遇到夜間總理有事召喚，總理公署必備有警車到健平住家接送。警車還未開到健平家門口就鳴起警號，那一帶的巷尾巷角及後巷，入夜便有成群流鶯徘徊，一聞警號，一時群鶯亂飛，逃的逃，避的避，以為肅娼人員到來。

連續遇到這樣的情形，健平煩不勝煩是一回事，但家住紅燈區也無可奈何。倒難為了經營醜業的老鴇。通常經營醜業的老鴇都有惡勢力背景，可是，「鴇公」為這件事，卻來和健平的父親低聲下氣商量。

經營醜業的老鴇戰前已在那一帶活動，彼此都是相熟的鄰居。業者表示一點都不怪怨健平，很理解這是他的工作。但是，每當總理公署有急事要辦時，一旦警車開到門口，四周的醜業就不必做生意了。

因此，業者很願意補送一筆可觀的搬遷費給健平家人。的確，當時也是健平要遷移他處成家的時候。後來，他是搬遷了，「醜業」迄今還在「運作」。

健平在總理公署工作多年後，因壓力越來越重而辭職。他重做馮婦，走回媒體老路。

也是四、五十年的舊事：有一位印度籍新聞官，工作後與朋友到酒吧喝酒，喝得半醉半醒。酒興正濃，突然總理公署派人來到這家酒吧，請他回新聞部（總理公署樓下）做些事。

這位新聞官是愛好杯中物出了名的。他酒瘋來了對來傳訊的「保全人員」發脾氣，指他破壞酒興。

他發牢騷向總理抗議怎麼知道他會在某一家酒吧。他說，「下班了，你竟會派人跟蹤我？」

這位新聞官不會不知道總理是個急性人。他有膽量或勇氣向總理「興師問罪」，不怕被「砍頭」，就是因為他知道總理是講法律原則，而且他與總理早在1954年行動黨成立之前已經是記者與政黨間的好朋友。自1950年來，這位新聞官與後來是行動黨政府中擔任文化部長、外交部長的拉惹勒南是在《英文虎報》曾經共事過的同事，彼此間沒有隔閡。

這位新聞官在李光耀還未執政前，對李光耀是直呼英文名「哈利」，可見兩人間的關係。

第九章　李光耀與媒體

在「愛與恨」間

　　李光耀與媒體報人的關係是交集在愛與恨之間？1960 年代初，他說過，頭腦好的人學醫，其次學法律，再來就是當新聞記者。當時有報人向他指出他的內閣裡就有五六位閣員是新聞記者出身的。李光耀沒有回答[26]。

　　李光耀登上總理高位之前與後，對言論自由及新聞自由所發表的公開談話，顯示他在這方面的立場，前後有極端的差別。而且，他後來對媒體報界應該在建國中所扮演的角色的期望，也和一般上人們認為媒體在一個自由民主國家所肩負的督促施政、反映民意的第四權的任務，大相逕庭（當然也有人忘了國情的不同），各種思想自由交流的構想也成了空談。

　　早一代的報人記得，1959 年上半年之前，人民行動黨尚未成為執政黨時，李光耀公開表明「言論自由是不應受限制的」，但是他也強調在行使這項自由時，不應違反法律。

　　1955 年 4 月，李光耀第一次當選立法議員後不久，身為反對黨議員，他曾多次主張政府不應該限制言論、出版等自由。當時馬共及左翼分子還在滋事，李光耀強力主張廢除「緊急法令」，鼓吹自由交流，百花齊放。

　　1959 年，僅僅四年後，人民行動黨成為執政黨後，李光耀對言論自由所持的觀點，就與過去還未上臺時的觀點有越來越大的距離。

　　在同年的 5 月 18 日，距離大選還有 12 天，他似乎已經肯定自那天以後他領導的人民行動黨會贏得政權。於是他說，他的政府「在 5 月 30

---

[26] 自 1965 年建國至 1986 年，就有兩位總統是新聞記者出身的。

日之後,任何報館如果破壞新加坡和馬來亞聯合邦的關係,包括合併取得獨立的政策,或者使兩岸關係緊張,將要面對顛覆罪。任何編輯、評論員或記者如果追隨這種媒體的路線,在政府維護公安法令條例下,我們將會扣留他和關禁他(We shall put him in and keep him in)」。

那一天,李光耀在紅燈碼頭舉行的行動黨中午競選群眾大會作如此之申明後,海峽時報歐亞裔總編輯霍夫曼立即作出激烈反駁。之後將近一個星期,海峽時報與李光耀口舌之戰不停,恐嚇、威脅、互相指責,高潮迭起。西歐方面,英國的每日鏡報指斥李光耀圖壓制新聞言論自由。霍夫曼更專程飛去柏林參加在那裡召開的國際新聞學會(IPI)大會,在會上指出人民行動黨在恫嚇他主持的報紙,使新加坡新聞自由感受威脅。霍夫曼也說即使1942年日本軍占領新加坡時,新加坡的報業都未嘗面對如此嚴重的威脅。

所有報紙都會是我們的!

在結束競選運動的兩天前,李光耀為自己的言論辯解。

自人民行動黨於1954年創黨以來,李光耀就發覺海峽時報已開始「仇視」行動黨。

我清楚記得,5月大選到來前幾天。一天中午,我走過新加坡河的加文納(Cavenagh Bridge)鐵橋,在橋中央,李光耀律師從皇后坊方向迎面走來,他應該是從高等法院步行回馬六甲街的律師館。我和他在狹小的橋中央不期而遇。這幾天來,李光耀正和海峽時報總編輯因「新聞自由」話題爭吵到面紅耳赤。

我趁此難遇的「一對一」機會問他:「若人民行動黨執政,會不會自己來辦一份報紙(現有的《行動報》不在內)?意氣風發的李光耀冷笑著說:「哈,哈!到時所有的報紙都會是我們的,我們不會蠢到自己來辦

報。」以李光耀的性格與霸氣,以及當時他與海峽時報總編輯在爭執的背景來看,他的話不可能是隨便講講,或是無意說說。李光耀不是一般不用腦子說話的人。[27]

為民族和諧祈福十天

投票的前一週(5月23日)起一連10天,島上的各民族和宗教團體 —— 佛教、基督教、天主教及伊斯蘭信徒,各在其教堂、寺廟內為新加坡的福祉、繁榮及民族和諧誦經念佛、祈禱。

祈福會是由各宗教團體聯合發起,待31日大選結果全部揭曉,新憲法生效的前夕才結束。

島上為什麼有如此重大的宗教動作?說開了是選舉之到來,而這一次的選舉跟歷來選舉的性質完全不同。經過此次選舉之後,新加坡算是走上自治邦之路,再下來是自殖民地統治者手中取得完整的獨立。

選舉運動已進入白熱化。距離投票日還不到兩個星期。

各政黨人馬,不分保守、激進或左或右都磨拳擦掌,各顯神通。無黨派人士明知他們的前途茫茫,也躍躍欲試,希望能在新議會博得一兩席。

在新加坡河河口,有所謂的「蘋果」樹下河畔一帶,行人熙熙攘攘。政黨領袖就選擇在這裡,尤其是眾多公務員中午飯後休閒之所,向他們宣傳,闡述政黨黨綱,爭取選票。第一任首席部長馬紹爾的政治魅力,就在這棵「蘋果」樹下生根。

各政黨候選人發表的言論,激烈火爆,煽情和人身攻擊語言不斷,有如一陣陣接踵而來的波瀾,高潮迭起,造成社會民心紊亂,無從分辨

---

[27] 到了一九七〇、八〇年代,李光耀對海峽時報還是耿耿於懷。兩次嘗試鼓勵國人另辦英文報。有數家銀行股東投下千萬元資本。新報紙還是不能達到理想,其中一份辦到中途被形容是「足球報」,總編輯也積勞成疾,抱病出國換心臟。直到80年代中,國內四種語文的報刊終於歸納在新加坡報業控股旗下,從此唯我獨尊。

是非，人民分裂。選舉之後看到的是接二連三的誹謗官司在法庭出現。

激烈的選舉運動，使到各政黨之間原有的友情、互相容忍的政治風度煙消雲散。換回的是懷恨、冷語嘲諷、惡言恐嚇，以及批評對方淺薄幼稚、是危險分子、投機分子、共產黨分子等激動的語言。馬來半島的「華巫印聯盟」內閣大員也跨過新柔海峽來支援他們，助陣打造聲勢，一時把選舉氣氛炒到火爆。

幾個月來，政黨為了爭奪自治政府政權，把新加坡帶進「戰國」選舉，席捲而來的政治氣流，給人有「風聲鶴唳，暴雨即來的恐懼」感覺。

過去多次發生過島內因學潮引起的暴動和工潮流血事件，都不曾使人民有如這次驚心。大家相信暴動、工潮頂多三五天後就會平息下來，是區域性的，而這次選舉是關係到國家社會命運，感受也就完全不同。

國人擔心，選舉結果揭曉之後，若是行動黨獲勝取得政權，會帶來什麼樣的新新加坡？國人會如此想，主要還是對行動黨信心不足。行動黨一路來的作風，充滿激進的鬥爭發言，讓選民投票之前還無法消除疑慮。

投票即將到來的十天八天前，政黨間短兵接觸，行動黨接二連三使出「連環計」為選舉製造聲勢，製造恐懼，製造敵對，放話敗選者即逃亡的心理戰術。

所謂「連環計」，是行動黨將勞工陣線多年來執政的弊病、貪汙無能、行政腐敗病症及社會病態等等，累積下來負面現象盡力揭露渲染，先要求成立調查庭調查某案真相，然後在調查庭借力使力打垮執政黨的聲譽（執政黨的聲譽原本就已低落），加上報紙每天連續用極大篇幅報導調查庭揭露的「真相」，都輕易引起人民的興趣和反響。

三個所謂的「連環計」如下：(1)用國民黨做假議題，調查周瑞麒存款案；(2)市議會總行政官與行動黨控制的市議會鬧矛盾[28]；(3)行動黨

---

[28] 以上兩項均發生在1957年，行動黨則「密封」至本次大選在即才加以揭發，成立調查庭調查，

第九章　李光耀與媒體

祕書長與海峽時報總編輯筆戰、舌戰，波及同業[29]。

平時不大愛說話的行動黨要員吳慶瑞提醒國人，5月30日是「黎明到來的新時代」。支持行動黨的工人學生興高采烈說這一天以後，「大家會睡得格外好」。

另一方面，市面也有人因投票日在即，心情不安。我認識幾位中西報的編輯、記者、學校校長、教師和平日對行動黨態度沒有好感的人，以及娛樂性質黃色報刊的媒體人，這一晚都準備好，只要選舉官一宣布行動黨勝利取得政權，便馬上越過新柔長堤，到馬來半島暫避或另謀出路。丹戎巴葛火車站這一晚也有三兩位黑道人物乘火車北上。

就任總理後第一個生日宴

1959年5月大選，行動黨大勝，李光耀登上自治邦總理大位。四個月後，駐新加坡的「東南亞外國通訊員俱樂部」首次邀請李光耀以總理身分出席特設的晚宴，並請總理發表演說。

總理公署回函接受邀請，建議日期延後到9月16日星期三晚上8點鐘開席。宴會設在國泰大廈內的國泰酒樓龍宮廳。餐費一桌10人新幣60元，也就是每客6元（當時市價）。

這一天正是新任總理，也是新加坡第一位總理李光耀的36歲生日。

由俱樂部義務祕書合眾社經理黃金輝（他後來成為新加坡第四任總統）負責辦理宴席。我們俱樂部8位理事每人負責訂下一桌。龍宮廳只能接待90人，座位一下子就被訂滿了。

但是，除特別邀請的貴賓，理事訂下的8桌賓客的人選，確實是個問

是行動黨高明的政治運作。

[29] 這是選舉運動中的突發案子，但也與上述兩案發生在同一選舉期，故稱「連環計」。投票日在即，這「三步連環計」對社會、選民衝擊甚大，對勞工陣線政府產生不利的「連鎖性」反應。

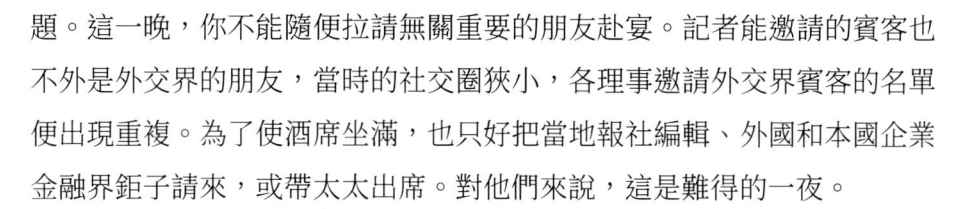

題。這一晚,你不能隨便拉請無關重要的朋友赴宴。記者能邀請的賓客也不外是外交界的朋友,當時的社交圈狹小,各理事邀請外交界賓客的名單便出現重複。為了使酒席坐滿,也只好把當地報社編輯、外國和本國企業金融界鉅子請來,或帶太太出席。對他們來說,這是難得的一夜。

一切新鮮!這一晚的氣氛格外愉快。一是總理第一次到會向外界見面演說,其次是適逢總理36歲華誕,他的夫人也受邀上座,樂也融融。

相隔37年的兩次演講

李總理這一晚的政策演說講題是「No News Is Good News」(沒有新聞就是好事),也是說給赴宴的外交官們聽。

他言詞滔滔地說「我要把新加坡造成一個『沒有新聞』的地方」。他指責通訊員喜歡混亂與危機,他們任性固執,故意歪曲事實或另有其他原因。

總理說,「我如果能夠減少新加坡島內的一些危機或一些不祥事情,那麼駐在本地的外國通訊員就會沒事可做了。對我們則是「沒有新聞就是好事」(No news is good news)。」

李光耀也對在場的外交使節說,他們都是國家派來的眼睛和耳朵,隨時關注這裡發生的事,如果這裡很多新聞,他們就很忙。

李光耀當晚先回顧周圍的環境和激盪的區域形勢,以此為背景,講越南危機、臺灣海峽緊張情勢和還未結束的一部分軍人及政客在蘇門答臘巴東聯合發動(1958年)推翻蘇卡諾總統的叛亂,這些「都是你們(記者)樂道的事」。

李光耀說,可是在新加坡,連遊客都覺得這是個沉悶枯燥的國家。

從那時起的三十多年,李光耀治理下的新加坡,常被遊客說是個乏味、沒有觀光景點、缺乏生氣的地方。國外來的新聞記者也認為新加坡

第九章　李光耀與媒體

是一口新聞枯井，沒有新聞泉源。

1990年，李光耀卸下總理職務。1996年6月，他以資政身分再次應東南亞外國通訊員俱樂部（聯合新加坡報業俱樂部）的邀請，參加晚宴和發表演說，這與他第一次應邀在該俱樂部演說已相隔37年。

1959年參與晚宴的賓客多已不在。當年的外國通訊員如今仍在的也僅剩三人，即黃金輝、浦德華和筆者。年邁的黃金輝自總統任滿退位後，就在家養病，沒有到會。

1996年的晚會是在萊佛士飯店舉行。我去參加了，席上年輕同業見滿頭白髮的我，紛紛笑問客從何處來。

令我感嘆的是俱樂部應屆主席諾登在當晚的開場白。他說：「新加坡最近有很多新聞，而且涉及的範圍很廣。有國會辯論，有李光耀做心臟手術，有大學生問題等等……」

風雲變幻，人事滄桑，主席的話即使是諷諫，實也無可奈何，它是事實。李光耀在位時已經成功完成了他半個世紀前的理想。他退休之後，「no news is good news」的日子已一去不復回。世上沒有永久的事物，就如時光不能倒流，你要留戀或傷痛往事，就悉從尊便好了！

報紙風雲與黑色行動 —— 李光耀總理於1971年6月間親自到赫爾辛基出席IPI國際新聞學會，為政府的立場辯護。（泛亞社）

第十章　報紙風雲與黑色行動

　　新加坡政府在 1971 年 5 月的「黑色行動」中，對媒體採取了一系列的「措施」，雖然使李光耀面對國際四面八方的負面評論，但他的立場非常堅定，因為他懂得控制媒體，並促使媒體扮演應扮演的角色。

　　在這方面，他有他的理論，誰都動搖不了他，這是他成功之處。

　　同年 6 月，於赫爾辛基 (Helsinki) 舉行的 (IPI) 國際新聞學會上，李光耀為新加坡媒體奠定了一個西方世界所不能接受的角色。他認為建國基礎已穩定的國家如美國和新獨立國家如新加坡，在媒體自由的課題上，是處於不同的局面。

　　因情況轉變，他管不了那些曾經熱誠並忠心地為他的政治鬥爭作圖文並茂報導的國內媒體人。那是他「極端的務實」！

　　1971 年 5 月 2 日，尚處昏暗黎明前的三點鐘左右，內部安全局人員分三四路，一組 6 人，對錶出動到南洋商報前總經理李茂成、總編輯三蘇汀・仝道章及主筆李星可的住宅搜查後捉人。

　　內安局人員入屋搜查三人時，他們的家人還在睡夢中。約一小時後，傳來報社另一位高級職員 —— 公共關係主任郭隆生也在內部安全法令下遭扣留的消息。郭隆生算是被押走的第四位職員。但是，政府的第一次文告沒有提到他。

　　突來一陣晴天霹靂，島上即刻吹起「五月風暴」。兩個星期後，又傳出一項令人震驚的消息，政府揭發星洲日報社長鬍蛟創辦的英文東方日報接受香港的中共情報機關 720 萬港元資助。「風暴」尚未吹過，一兩天後，政府復因與出版僅一年的英文新加坡先驅報之間有瓜葛，造成該報隨著停刊。

第十章　報紙風雲與黑色行動

這是新加坡建國後，報壇的一次「超級」地震。對政府來說，這是「預防」本地黑色行動滋長。

所謂「黑色行動」，政府的解釋是指「外國機構」在不同的時間利用本國的代理人開設或買下報館，目的不在賺錢，而是透過炮製公眾議論及社會觀感來發揮對當地的影響力，以達到他們的政治目的。

因此，李光耀和他的內閣同僚就得確保「外國機構」的意圖無法得逞。在這種情況下，報業出版的自由，新聞媒體的自由，就必須置於民選政府的需求之下。

《南洋商報》事件

先說政府文告中的南洋商報：「政府今日（5月2日）下令扣留李茂成以及南洋商報兩名高級職員。南洋商報是新加坡和馬來西亞同時出版的一家日報。」

文告說：「李茂成是該報最近以前的總經理。其他兩名是三蘇汀・仝道章[30]和主筆李星可。」

文告說：「南洋商報是由已故李玉榮的家族所擁有和控制。李茂成曾在吉隆坡居住數年。1969年5月吉隆坡暴動後，他返回新加坡，出任該報經理。數月後，他升任總經理，包攬該報一切大權，舉凡日常一切，都由他主持。他受英文教育，並不通曉華文。」

聘用仝道章和李星可

文告又說：「1970年3月，李茂成任用三蘇汀・仝道章為該報編輯主任。三蘇汀・仝道章是一名華族回教徒。他的岳父馬天英是前國民黨駐

---

[30] 三蘇汀是他的伊斯蘭教名。

馬來亞領事（按駐怡保）。很多年來，身為一位新聞從業員，三蘇汀·仝道章曾在新加坡和馬來西亞的報紙上寫過很強烈的反共文字。他也曾得到美國新聞處的幫助，獲得獎學金到美國的一所大學進修。除了擔任新聞記者外，他曾從事政治活動。這是他享有的權利。」

「他曾擔任新加坡人民聯盟副主席。1963年，他成為人民聯盟的候選人，參加大選，但被擊敗。後來，他移居到吉隆坡，開設了一間穆斯林餐廳，稍後，又開了一家由臺灣資金支持的百貨公司。」

文告上說：「自1965年起，他一直在吉隆坡任事，直到1970年3月才回到新加坡出任南洋商報編輯主任。數月後，他升任為總編輯。」

文告說：「在三蘇汀·仝道章主持之下，南洋商報的方針就逐漸轉變，一方面炫耀著共產主義，同時又藉著語文和文化問題鼓動種族和沙文主義情緒。」

「在他主持之下，在1971年2月，李星可被引進來加強南洋商報的新方針[31]。他與三蘇汀·仝道章一樣，本來也是有強烈國民黨背景的。他是國民黨支持下的中央通訊社駐越南的主任，隨後轉移到新加坡。1952年，他擔任益世報總編輯，益世報是天主教的一間反共報紙。（略）」

政府說：「在新加坡現階段歷史，任何對共產主義生活方式的誇耀，都是有害的，特別是由三蘇汀·仝道章和李星可兩位具有國民黨和反共背景的新聞從業員來作出這種誇耀，那更顯得陰險和耐人尋味。」

文告繼續說：「把過去六個月來南洋商報的新加坡和馬來西亞版加以研究，就可以看出該報對新加坡版的編輯方針，是經過一番精心盤算後才故意制定下來的。該報的馬來西亞版並沒有渲染共產的成就，也沒有為著華文及華文教育問題鼓動種族主義的情緒。」

---

[31] 李星可加入南洋商報前是在星洲日報擔任主筆。

第十章　報紙風雲與黑色行動

文告說：「最值得注意的，是南洋商報新加坡版所刊載有關鼓動對華文語文和教育的恐懼的社論，都沒有在馬來西亞版刊登。」

政府文告說，南洋商報宣傳上的轉變，是在1970年最後三個月中，早在最近源源而來有關中國與美國乒乓隊於今年四月訪問的新聞數月前，就已開始了。文告也指出有外國勢力的支持，但沒有說是哪一個「外國組織」。

政府文告有段充滿情緒的文字：「李茂成可能以為，他的家族財雄勢大，可以不受一切束縛，逍遙法外。這些人也可能有一種幻覺，以為他們以華文教育戰士自居，就可以使政府不敢採取行動，制止他們的作惡行為。」

描繪的「二毛子」

「新加坡政府必須，也將一定繼續採取行動，來對付那些願意為國外勢力所利用而加害於新加坡的人們。政府絕不會因為他們有財有勢，有專門學識，有社會或政治地位，或得到新加坡以外有力集團的掩護，而有所畏縮。」

「政府已經採取行動制止這些假借保衛華文華教為藉口，而煽動種族、語文和文化情緒，藉以引起尖銳衝突的人們。」

南洋商報編輯部的兩位要員及前總經理李茂成被扣留後的第二天，社長李有成即在報上發表社長宣告，否認對被扣留的該報四位高級人員所加的指責，並宣告他從未允許內在或外來任何集團或組織來影響報社的立場。社長這時來發表宣告已是多餘。

仝道章及李星可被關禁了一年多，於1973年1月26日獲釋放（李茂成則於同年10月13日獲釋）。他們在記者招待會上發表宣告說「報社

146

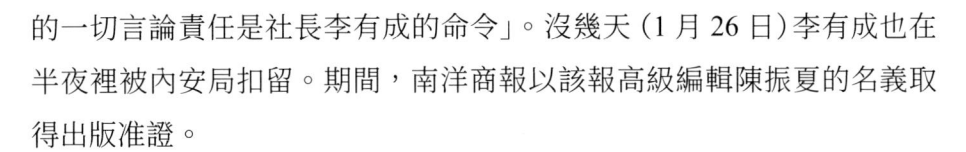

的一切言論責任是社長李有成的命令」。沒幾天（1月26日）李有成也在半夜裡被內安局扣留。期間，南洋商報以該報高級編輯陳振夏的名義取得出版准證。

40年後回顧南洋商報事件，政府在冗長文告中列舉的各項理由，並沒有提出具體的證據。宣告內容，多處露出情緒。

這一事件在《李光耀回憶錄（1965 — 2000）》第172頁中說得直接，貼切明瞭，如下：

……接近1970年底，華文大報南洋商報轉向瘋狂親共和親華族語言與文化的立場，它譴責政府試圖壓制華族語言、教育和文化。把我描繪為『數典忘祖的二毛子』的政府裡的壓迫者，我們不得不逮捕該報總經理李茂成，總編輯三蘇汀．仝道章和高級社論委員李星可，因為他們宣揚共產主義……（略）

行動黨另一名要員、擔任過高級政務部長及出使8個國家的李炯才，也是新聞記者前輩。他退休後在其著作《追尋自己的國家 —— 一個南洋華人的心路歷程》第248頁中說：「報紙的評論開始攻擊人民行動黨政府的華文教育政策，指責政府企圖把華文學校英國化，並指出目前的教育政策將使華文在新加坡完全消失。」

「評論形容政府很多官員是『二毛子』，不是華人，目的是描繪高層滑稽形象。南洋商報又宣揚共產黨在中國大陸的光榮成就。」

英文《東方日報》事件，中共建立間諜網功敗垂成

南洋商報事件發生約兩個星期後，政府又發表一份文告，宣布破獲一宗香港共產黨計劃在新加坡建立間諜網，結果功敗垂成的事件。

第十章　報紙風雲與黑色行動

文告追溯自 1964 年，新加坡還是馬來西亞聯合邦一部分時，共產黨在香港的情報機關，便已透過新加坡星洲日報社長胡蛟剛創辦的一份英文東方日報的關係，掩護其間諜進來。

據說，這件情報來自香港殖民地政府。港府原本計劃與新政府合作誘出「大魚」來，經過六七年久待，據說李光耀另有「政治議程」配合，即所謂「黑色行動」。

政府文告沒有指明是中共在香港的情報機關。不過，以當時的時代背景，任何注意亞洲局勢的人都會知道，香港有一座米色建築物，其樓房牆背被鐵絲網密密圍住，戒備森嚴。在香港回歸中國之前，這座樓房曾經令西方在香港的情報人員感到興趣。它的外表看來與一般辦公樓沒特別不同，實則帶有神祕色彩，被公認是中共在香港的最具權勢的「地下大使館」（XX 社），乃其情報中心。

新加坡當局粉碎這項陰謀的詳情經過見於 1971 年 5 月 15 日的政府文告，如下：

「1964 年開始，經過祕密接洽之後，胡蛟先生曾與駐香港的共產情報機關高級人員相見。他們給胡蛟港幣 300 萬元的貸款，作為在新加坡創辦一份英文日報的用途。這份報紙隨後被命名為《東方日報》。」

「這筆貸款的利息低得難以令人置信，即年利零點一巴仙，而清還日期在五年後開始。交換的條件是胡蛟同意使東方日報遵從共產情報機關高級人員所定下的三項基本原則。這三項原則包括：

（甲）大事不反 —— 即不反對共產情報機關所代表的國家；

（乙）小事中立 —— 即在小的問題上，採取中立的態度；

（丙）主持公道 —— 即在社論及新聞報導方面公平。」

「在 1965 年 9 月間，胡蛟又在同樣的條件下，得到第二批為數 300

萬港幣貸款。這第二批貸款是在 1965 年 9 月 28 日至 1965 年 12 月 24 日的期間，付入崇僑銀行香港分行胡蛟戶口名下。胡蛟是該行的董事之一。」

「東方日報在 1966 年 7 月 17 日創刊後就虧大本。從 1967 年 1 月至 1968 年 3 月間，胡蛟曾與香港方面的共產機關人員多次見面，結果再得到 120 萬港幣的補助金。」

掩飾「顧問」入境

「這次共產機關方面對胡蛟指示，有一位在他們控制下的華人工作人員將滲透入新加坡。這位被指定的人員將身為東方日報的顧問，並代表他們的情報機關，執行不宣布的任務。胡蛟則須在他的報館組織裡給這位華人一個職位，作為掩護。」

「共產黨要員表明他們的代表將把他們所選擇的新聞供給星系報業集團屬下的各報紙。」

「胡蛟在 1968 年中回返新加坡，就著手為指定的人員申請進入新加坡的准證，可是他的企圖失敗。」

「胡蛟利用他自己的私人祕書及曾任星洲日報副編輯的葉世芙，作為和設在香港的共產情報機關進行接觸與聯繫的中間人。葉世芙在 1971 年 2 月 25 日在內部安全法令下被逮捕和扣留，並於同年 3 月 24 日在受盤問後獲得釋放。」

「有幾股外國的勢力，儘管目標互異，彼此沒有聯繫的在工作，都在企圖控制和運用本地的報紙，認為這是影響輿論和製造有利於它們利益的政治局勢的最有效辦法。東方日報獲准採取溫和的言論方針，以期贏取人們的重視，把該報當作一份有責任感的報紙。」

「東方日報編輯部職員當中，很可能不會有任何一位跟這種『黑色行

動』發生關係,也不會知道他們的初步任務是什麼。「任何人——無論他的社會、專業或政治地位如何,都不應該相信外國的贊助能給它發展到超出保全管制的範圍的時候,就一定採取行動。」(1971 年 5 月 15 日文告)

英文《新加坡先驅報》事件

英文新加坡先驅報於 1970 年 7 月 8 日創刊,翌年 5 月 28 日夭折。準確一點說,總共出版 11 個月又 20 天。停刊,是政治原因。這份報紙出版的最後一天,在其第一版的版面上出現一幅極具諷諫的政治漫畫,描繪躺在墳場的新加坡先驅報是被「閃電」所劈,死於行動黨政府的手裡。漫畫中的「閃電」,對映的分明是行動黨的黨徽。

新加坡先驅報是由海峽時報的三名前編輯部人員策劃出版。三人都是新加坡公民,算是發起人,其中一位發起人諾曼‧西貝爾(歐亞裔),將辦報意願告訴以前的海峽時報同事,時任外交部長的拉惹勒南。拉惹贊同多辦一份英文報。

拉惹出任外交部長之前是文化部長。文化部管轄報刊出版事業。轉任外交部長留下的文化部遺缺,由華文報記者出身的易潤堂接任。

籌備辦報的第四人是韓國人韓箕錫,擔任報館的董事經理。韓箕錫原在路透社新加坡分社當經理。

新報紙出版不久就和政府產生矛盾,終導致被逼停刊。當中經過很複雜,牽涉到美國銀行貸款給報社的問題,香港虎報老闆胡仙參股,沙巴州「報人政治家」史蒂芬投資等等問題。矛盾關係,發展到要總理李光耀親自出面召開記者會,「嚴重情況」可想而知。報社命運「未卜生,先卜死」!

1971年5月28日,《先驅報》出版最後一天,第一版出現一幅諷刺漫畫,有酷似李光耀的素描。雲層中的「閃電」亦似行動黨的黨徽。下是墳墓,碑文志明報紙的生死年月日。

我在此想談一談這四位報人朋友的一些零星生平。

這四人是1950年代開始一起跑新聞的同輩,彼此的年紀相差三四歲,都在二十多歲左右,大家互相關心照應。四人中,三人已中年早逝,只有許大華一人還健在。他目前已是年過八十的白髮老人,偶爾還和我電話敘舊。

(一) 黃子芹 (Francis Wong,英年早逝)

五十年代,我有一回在採訪華人(華僑)團體的反共集會上碰到他,他一句中文都不懂,要我幫他解釋會中情形。

他告訴我,他黃家祖父輩曾是孫中山先生領導辛亥革命時的一分子,與張永福、陳楚楠、周瑞獻等老人家曾是同盟會的老同志。

日本軍南侵,新加坡淪陷前夕,他未滿10歲,隨父母家人避難到澳洲度過童年歲月,在那裡他打下很好的英文基礎。戰後,在澳洲繼續完

第十章　報紙風雲與黑色行動

成學業,他說他修好英文,卻失去華文,只會寫自己的中文名字。

他隨家人回來新加坡後,不久加入海峽時報當記者兼負責海峽時報星期日刊,每週有一篇政治評論。黃子芹是社會主義信仰者,他支持行動黨。他和李光耀的關係算不錯,但不知何故,後來與李光耀的關係便漸行漸遠。

黃子芹應是傾向於中間偏右,可從他主持新加坡先驅報編輯部之初,致李光耀總理信中闡明的主要編輯方針看出來。他說:「(一)新加坡本身只能在資本主義的法律範圍內加強效率,極左的立場已不現實;(二)馬來西亞的種族問題,由於各族之投機分子而惡化。它很可能發生麻煩,也可能氾濫到新加坡來。因此,我們應適當地使新加坡人了解情況;(三)應消除在馬來西亞的敵對分子,不要讓他們以為新加坡可以被推來推去。但新加坡願盡一份力量,在平等與互惠的原則上與馬來西亞建立合作關係。」

黃子芹擔任總編輯不久便辭職了。報館方面當時說,是他要儘早離開先驅報,好使他幫助改善該報與政府之間的關係。

(二) 許大華 (Ambrose Koh,健在,84歲)

黃子芹辭卸總編輯職務後,由許大華接任。許大華是英校兼職老師,也不懂中文。50年代初我認識他時,看他寫自己的中文名字,寫得很吃力。如果說要許大華主持的新加坡先驅報編輯部做出顛覆政府的行動是不可能的。青年報人血氣方剛,發發牢騷是很正常的,但不能列為反政府。許大華說話斯文,嗓子不曾放大,是知識分子性情,是有自尊心的報人。

我記得他在1951年結婚時,從記者的記事本撕下一頁紙,用打字機打了幾行字,作為結婚請帖,請我出席他在咖啡店舉行的「婚禮」。新婚

太太不在場，咖啡烏油麵包，少了雞蛋，就是「酒席」，算是給當記者的知己友好交代，至為滑稽。

到了 80 年代，先驅報關閉近十年後，海峽時報進入全面電腦時代，委任他全權負責電腦系統。他何時成了電腦系統專家，我「無從查起」。

（三）諾曼・西貝爾（Norman Sibel，歐亞裔）

諾曼・西貝爾是 50 年代海峽時報的體育編輯。1958 年，日本航空開闢東京 —— 新加坡航線，邀請當地中西報界、學者、政府官員、旅行社代表遊玩日本一週。報界方面有合眾社黃金輝（新加坡第四任總統）、法新社伊柯士、泛亞社陳加昌（筆者）、星洲日報黃思、南洋商報林品、海峽時報諾曼・西貝爾及虎報肯・佳里等七人。受招待的各界人士六七十人。

1950 年代初期，連海峽時報編輯部有時也會人手不夠，調不出記者來採訪例常的警方新聞。諾曼・西貝爾有時候就「客串」出席刑事調查局內政治部的定時記者彙報會。在這幾次「客串」採訪中，他成功追求了在政治部工作的一名同是混亞籍的女書記，不久就結婚了。

諾曼也是一位待人處世溫文有禮的君子，他和拉惹勒南在海峽時報共事時私交甚篤。如前所述，要另辦一份英文報的念頭便是諾曼・西貝爾反映給拉惹的。天不假年，諾曼在報紙創刊前去世，至是遺憾！

如果由他參與報社政策，從任何方面來看，沒有人相信新報紙會傾向反政府。

（四）韓國人韓箕錫（Jimmy Han，英年早逝）

韓箕錫在路透社新加坡分社工作，不久升任東南亞區經理，是位活躍的新聞記者。50 年代中期，他從香港路透社調到新加坡來。

1950 年韓戰爆發，韓箕錫失去雙親，成為孤兒，由教會撫養長大，

第十章　報紙風雲與黑色行動

留學美國。學成後回國依然保留他的韓國國民身分，不願入籍美國。

1955年，他趁採訪馬紹爾首席部長辦公廳新聞的方便，和一些外國記者一樣，時常出入馬紹爾的辦公廳。他還贏得辦公廳一位歐亞裔祕書小姐的芳心，兩人不久後結婚。

由於他在通訊社工作，業務上需要在東南亞一帶走動，接觸的人不是政治人物便是報界高層人士，因此認識了香港星系報主人胡仙女士。星系報旗下在東南亞至少有五份中英文報。他也認識了正在崛起的沙巴州土著政治紅人拿督唐納・史蒂芬。史蒂芬本人在沙巴州有兩份中英文報紙，報名都用《沙巴時報》。

史蒂芬的父親是澳洲人，母親是北婆羅州（沙巴）卡達山族。史蒂芬是位成功商人，60年代初，東姑倡議組馬來西亞聯合邦，邀請史蒂芬參加。史蒂芬得到母系族人全力支持組黨參加政治活動，一時聲勢如日中天。卡達山族為了保護族人及沙巴州的利益，一度極力反對加入馬來西亞。

後來東姑與史蒂芬達致一項「政治交易」，答應大馬成立之後保證給史蒂芬沙巴州首席部長職位。可是自1963年9月至1964年中，只當了9個月的首席部長，他便被東姑委任出使澳洲，擔任最高專員職務。

1971年自澳洲回來後，他對與新加坡報人合作創辦一份英文報極感興趣，也得到當時的文化部長拉惹勒南贊同（拉惹不久調任外交部長，由易潤堂接任文化部長），而香港星系報東主胡仙也加入。

此時新加坡正發生所謂「黑色行動」時期，外國資本加入當地報業一概列入「黑色行動」之嫌。史蒂芬與新政府鬧得不愉快，無他選擇，只好打消投資。

1976年4月，他二度出任沙巴州首席部長，6月6日乘坐的私人飛機自吉隆坡飛回沙巴，飛機快到首府時墜落海面，四名沙巴部長、史蒂芬本人及兒子全部罹難。第二度擔任首席部長時，在位僅53天。

第十一章 人物

黃金輝：從記者到總統

黃金輝（1916 — 2005）

二戰後，加入美國合眾通訊社

1959 年，人民行動黨登臺，加入新加坡《海峽時報》

1973 年，出任駐馬來西亞最高專員

1980 年，出任日本及韓國大使

1984 年，新加坡廣播局主席

1985 年，新加坡共和國第四任總統

李光耀推薦黃金輝當總統

1985 年 8 月的最後一個星期，聯合早報一位高級記者楊保安來看我，與我談黃金輝軼事，順便向我借了幾張黃金輝的照片。

黃金輝的名字突然被提起，是因前任總統蒂凡那因「個人原因」任滿前倉促辭職，總統職位懸空已經半年。幾天來，大眾揣測新加坡的總統人選，也盛傳新聞界出身的外交官黃金輝將是新總統。

黃金輝人緣好，性情仁慈謙和，溫文爾雅，不卑不亢。

第十一章　人物

　　楊保安來看我和談話的內容，可以肯定總統已非黃金輝莫屬了，雖然也有好幾個人的名字被提到，這些名字都是猜測的。

　　兩天後，8月30日，新加坡國會臨時會議討論總統提名。上午11點左右，我掛電話到新加坡廣播電臺給老朋友黃金輝，恭喜他再過半小時就是國家的新元首。電話裡他謙虛慎重的回答：「還不知道，要等國會12點鐘開會之後。」

　　我說，「不會有錯的，新加坡的『官僚政治』，任何事情尚無定局，報館絕對不敢搶先訪問你。國會既有總理要動議總統人選，已是定局了吧？」

　　黃金輝心裡不但有數，他是「主角」，早已準備好了，還是不願意透露。「你等12點過後」。這是他一貫慎重的地方。

　　黃金輝把話題換了，說了不少話，大概知道以後不方便，也不會有機會可以聊天。

　　他說，「我（後半生）很幸運，進了海峽時報，原打算退休後，在你的通訊社裡擺張桌子寫寫稿子。不久，政府召我出任駐馬來西亞最高專員，任滿之後又調到日本同時兼駐韓國大使，總共十年。任滿回來後，原計劃到你辦公室借張桌子寫回憶錄，沒有想到，接了黃望青駐日本兼韓國全權大使職務回來，政府又要我接任新加坡廣播局主席職位，前任主席又是黃望青，算是有緣。」

　　中午12點正，國會通過李光耀總理推薦黃金輝為總統的動議。我再掛電話到電臺，黃的直線電話已經切斷。我試打到他的家裡，同樣，他家裡的電話線也被切斷。

　　1978年底，黃金輝還在駐馬來西亞最高專員任內。中國副總理鄧小平出訪東南亞泰、馬及新加坡三個國家[32]。吉隆坡是鄧小平訪問的第二站。我從新加坡飛去採訪，在梳邦國際機場遇見黃金輝，他和駐馬的各

---

[32]　當時中國還不打算承認有亞細安[東盟]組織。

國使節齊到機場歡迎。

歡迎儀式過後,他回安邦路官邸,順路送我回飯店。車內,他謙虛地說:「我已向外交部申請在吉隆坡任期屆滿之後調去巴黎,那裡我不會很忙,有時間休息,把身體調養好。外交部常任祕書納丹也批准了。」

黃金輝最終沒去法國,倒是前任首席部長馬紹爾去了。當時有傳說是法國示意要馬紹爾。馬紹爾出使巴黎,一呆就是 15 年。

黃金輝去不成法國,改到日本及韓國。

黃金輝人緣好,性情仁慈謙和,溫文爾雅,不卑不亢。當了總統之後同樣平易近人,人人譽他為平民總統。

當了總統之後,他凡在公眾場所見到我社裡的年輕記者時,必定要他們向我問好,與他們聊上幾句話,令記者們喜出望外,尤其是年輕的日本記者小姐,回到社裡,在同事的面前,把見到總統的經過娓娓道來,炫耀和總統說過話,被總統的親和態度感動。

加入《海峽時報》改變黃金輝一生

1957 到 1959 年,我們曾一起到馬來亞、砂拉越、婆羅洲採訪新聞。1958 年,日本航空公司開闢東京－新加坡航線,邀請報界代表、旅遊界人士及官員部長參加首航。我們又一起遊日一星期。

1956 年,黃金輝和新加坡的馬華巫印文各報記者 13 人,應臺灣行政院新聞局邀請訪問臺灣。黃金輝任團長,那時他還在合眾社工作。訪問團在臺北受蔣介石總統接見,並且合照留念。30 年後,黃金輝出任新加坡第四任總統,那張合照相片展示在陽明書屋。

70 年代中期,黃金輝和新加坡記者組團到中國大陸觀光,他的姓氏是用漢語拼音的 Huang 字,和護照用的閩南音 Wee 字有出入,結果在香

第十一章　人物

港未能獲准進入羅湖，只好失望回新，以後也沒機會再去。

黃金輝一生的運勢是在人民行動黨執政初期有了大轉折，經此一折，改變了他的後半生，由報界轉入仕途，從此一帆風順。

行動黨執政前與海峽時報總編輯歐亞裔霍夫曼發生嚴重的語言衝突，喊捉、喊關。1959年大選，行動黨大勝當晚，海峽時報的主要成員幾乎全部撤退到吉隆坡，新加坡的編輯部出現真空狀況。行動黨上臺執政後，畢竟不能永遠與報章斷絕溝通，尤其是一百年來代表英國利益的海峽時報。於是，由當時撤退到吉隆坡的霍夫曼和文化部長拉惹勒南溝通，拉惹和霍夫曼曾在海峽時報共事過，一切都好談。兩人於是贊同邀請黃金輝加入海峽時報，用黃誠懇待人的作風重開報界與政府間的溝通管道。

黃知道不易，但欣然接受。他加入海峽時報擔任副總編輯，全權負責新加坡編輯部的工作。起初一切不很順利，編輯部有人對他冷眼，冷嘲熱諷說他是政府「派來的人」。黃金輝心裡坦蕩，這期間忍氣吞聲，任重道遠，以誠懇謙遜對待編輯部同人。不久，他創組新加坡報業俱樂部，身居幕後，由向來在新加坡報社領導對抗他的新聞編輯主任邱廷順擔任俱樂部主席，邀請李總理及外國來訪首相、政要演講。黃的作風逐漸被接受，改變了報社同人原先對他的不友善和不信任態度，這正是他做人成功之處，也說明當初反對他的人不了解他。黃金輝做人正直純樸謙虛，他對報人、非報人都平易近人，對屬下員工未有過分嚴厲語氣，和他一起的人都感到很自在。

黃金輝加入海峽時報後，有一回和我說，他加入海峽時報感到最滿足的是能在東陵區買自己的房子，因為報館有貸款給員工買房子的計畫。他進入海峽時報時，報社給他優厚的待遇，如果他繼續留在合眾社，一輩子都恐難有自己的房子。

出使日本遇障礙

　　黃望青出使日本和韓國 7 年歸來時，黃金輝也正好結束他駐馬最高專員的職務，剛好也是 7 年。黃望青留下的東京空缺，由黃金輝接任。後者吉隆坡的空位便由海峽時報董事主席納丹補上。事有巧合，之後黃金輝和納丹兩人先後當了新加坡共和國的第四任和第六、七任總統。多年前的 1959 年，黃金輝經政府示意進入海峽時報。1980 年，納丹在同樣的情況下離開外交部，出任海峽時報集團執行主席的職務。是新加坡國小人才少，安排人事不易或巧合？但是，有件令人不解的事，黃金輝擔任總統期間，沒有看過他以官方或非官方方式出過國門，報聘訪問也沒有。在他之前之後的在職總統並不如此！

　　任命黃金輝出使日本時，日本方面出了一些問題，使他赴任的日子延遲了一些。

　　一天，我認識的一位大使館參事官，他跑來看我，神情有點不自然低聲對我說，（新加坡）政府內定黃金輝接任黃望青大使之缺，內定大使的學歷有些問題（沒有大學文憑）。我知道，大學教育在日本很普及，日本就是一味重視高等學歷的國家。

　　這位中年參事官在日本外務省是一位優秀的官僚，他知道我和黃金輝是認識很久的好朋友，看他的表情是不願傷到我的感情。我不轉彎抹角，直接告訴他，黃金輝人緣很好，日本歷任駐新大使和他都有良好的往來，我說 1953 年日本恢復在新設立領事館時，黃金輝與首任總領事二宮謙的關係很好。我說他駐馬來西亞最高專員 7 年回來，促進新馬兩國關係。任內不見出過狀況，實不容易。

　　參事官清楚我說的一切，也清楚黃金輝的人品，只是日本國內有自己死板的機制，不易破例。我告訴這位參事官，迄今為止，新加坡除黃

第十一章　人物

望青與日本有戰時的淵源，當了 7 年大使，在他之前的兩位駐日大使都有大學學歷，博士教授頭銜，可是他們當起外交官來也不一定很順手、成功。

參事官聽後很無奈地告訴我：「好，我回去報告。」

差不多同一個時期，是我沒有聯想的事。有一天，副總理（吳慶瑞）前財政部屬下的一位好朋友[33]給我電話，要我幫忙取得日本大使館的一份包括大使在內及所有歷任外交官的學歷紀錄。要拿這些資料並不困難，資料也不是祕密的，外交部要的話，自己也可辦到。

一個多月後，這位參事官再來看我，還是失望的樣子：「我的政府還沒有點頭。」我把前次說給他聽的例子再補上看法。我說，不應只看學歷，要從政治外交層面看。黃金輝能在吉隆坡坐穩七年最高專員的位子，那時兩國複雜的關係，不是容易處理的，他能勝任，實不簡單。他還擔任過吉隆坡外交團領袖（doyen）。他先後在海峽時報、合眾社工作過，閱歷豐富，尤其他是李光耀總理同意的人選，若是拒絕這項任命就是看不起新加坡，也是不給總理面子，懷疑 LKY 的智慧。參事官可能被說服了，但是他沒有決定權。

他走出我辦公室門時，我重複剛才說的話。他說完「也許問題不大」就走。

約半個月後，這位參事官再來看我，總共來了四次，終於他的政府 OK 了。此事我始終沒有告訴黃大使或任何人。30 年後我寫出來，目的是為了向讀者說明，學歷文憑不很重要，它是其次，要多學習的是怎麼「修身做人」。我做這件事，在公，做不必本錢的「國民外交」；在私，在背後為老朋友做件好事。

---

[33] 他後來加入外交部，1950 年代是西報記者。

修身齊家留典範

黃金輝一生明哲保身。

黃出身峇峇，念英校，自己的閩南話說得不流利。太太許淑香卻是戰前華校「南洋女中」學生。

修身：他從新聞記者、外交官到榮任總統，一生做人正直純樸。長久來與他有過往來或接觸過的人，對他平民友善的作風都給很高評價。他一生清廉自守，善與人打交道外，雖高踞尊貴官位依然姿態低調。

黃金輝出任總統不亢不卑，他沒有政治背景，他以自己出身平凡洞悉民之所欲。他沒有特殊的優越條件，不因官位之高，環境再好而追逐生活（甚至家人）沉淪，這些，都應是後人學習的規範。

齊家：即使當了總統，生活依然勤儉。前半生當記者年代，為子女忙碌奔波。這裡不能忘提的是他有一位賢慧淑德、相夫教子的妻子，對子女善養善教，子女不因父親是國家元首而追逐奢侈生活，為國人留下良好的楷模[34]。

憶拉惹勒南外交部長

他當記者時說：「I write as I please.」

當了文化部長時他說：「Now, you write as I please.」

熟人直呼他「拉惹」

1954 年，拉惹勒南還在英文虎報工作，每逢星期三他會有一篇專欄時評，欄目叫「I write as I please」（我寫我高興寫的）。之後，他離開虎報加入海峽時報編輯部，直到 1959 年大選前辭去海峽時報的工作。之前，

---

[34] 為紀念黃金輝生前對傳播事業的貢獻，南洋理工大學特設立黃金輝傳播與信息學院。

第十一章　人物

他參與創組人民行動黨，1959年參加立法議會選舉，從此在政壇上平步青雲。

大選結果，人民行動黨大勝，拉惹當選，李光耀組閣。拉惹勒南有在媒體工作的資歷和經驗，順理成章，在新內閣中掌管文化部。文化部的職責範圍包括國內外新聞媒體、文化及廣播電視事業。

拉惹勒南掌管文化部之初，有一天，幾位舊友同事到政府大廈（現將改建為國家畫廊）部長辦公室看他，與他閒聊。談起新聞記者時期及當官

拉惹勒南有在媒體工作的資歷和經驗，順理成章，在新內閣中掌管文化部。

的感想，有一位曾與他共事多年的（印度籍）同事問部長是否記得自己在虎報工作時闢有一個叫「I write as I please」的專欄？拉惹對這位比他還資深同事提醒的話不覺得來得唐突，他輕快回答：「Now, you write as I please.」（現在，你得寫我喜歡的）。

拉惹的話似是幽默，也給「多心」的記者覺得部長是話中有話，語帶雙關！

1965年，新加坡脫離馬來西亞獨立建國，拉惹卸下文化部長職務，轉任外交部長，文化部長職由易潤堂接任。拉惹擔任外交部長長達15年，沒有中斷，到1980年出任副總理（主管外交）。1988年與數位第一代的行動黨元老同時宣布退休，告別政壇，時年73歲。

拉惹出生於1915年，於2006年去世，享年91歲。

拉惹勒南的英文名是S.Rajaratnam，他自幼隨父母從斯里蘭卡（錫蘭）移民到馬來半島森美蘭州芙蓉市。中學時在新加坡萊佛士書院唸書，

後來在倫敦貴族皇家學院深造。

熟人直呼他「拉惹」（Raja）而不叫全名。

1951年，我進入報界近一年，適逢本地中英巫印四種語文報館的編輯部同人發起組織「新加坡記者聯誼會」（Singa- pore Union of Journal- ists–SNUJ）。除英文報外，其他語文報各僅派一名代表出席籌備會，英文虎報、海峽時報及廣播電臺各至少有五人出席。中文報三名代表是星洲日報總編輯黃思、南洋商報記者林仕藩及我本人代表中興日報編輯部。虎報五六位代表中，拉惹是其中之一，我是在這裡認識他的。

五六年後，我加入泛亞社，才聽總社的同事說，拉惹在50年代初曾為泛亞社客串寫過通訊特稿，替補原特約客串撰稿人馮國禎（Paul Feng）。馮國禎當時是英文虎報副總編輯，1950年，與虎報社長胡好同乘坐自己報紙的專機時發生空難喪命。馮國禎向來不敢坐飛機，他從香港應徵來新加坡虎報工作時，也是乘郵輪。他告訴友人，除非飛機可以在空中停下修理，否則不會坐飛機。來到新加坡工作之後的1950年，胡好社長邀他同坐報館的載報飛機飛往北馬視察業務，焉料飛機即失事，他與社長皆罹難。這是他第一次坐飛機，卻沒有到達目的地。

當虎報在新加坡籌備出版時，胡好社長（原兼香港星系報主人）自香港借了兩位資深報人過來協助，一位是泛亞社社長宋德和（Norman Soong），另一位是總編輯吳嘉棠（Wu Kyatang），兩人戰前一起在美國密蘇里大學上新聞碩士班。二次大戰前，宋德和在新加坡馬來論壇報任新聞編輯，拉惹在同一處工作過，兩人有此淵源。抗戰軍興，宋加入中央社。

提攜多名報人從政

拉惹個性沉默溫文，不善言詞，不了解他的人以為他恃才傲物，其實他博學機智，有新聞界的背景和磨練過的思維。他的「我寫我高興寫

的」專欄，犀利優美，被視為那個年代罕有的筆桿。在人民行動黨中，他是思想理論家，也是堅強的社會主義信仰者。

曾經有個笑話，說李光耀早年主持內閣會議，會議經常在很短的時間裡結束。什麼原因呢？因為拉惹和另一位同僚律政部長巴克的菸癮很大，忍不住長時間嘴上無香菸，李光耀總理又是聞煙過敏，拉惹和巴克兩人於是在內閣會議討論議題時，不時走出會議室外吸上一兩口，或凡事都點頭，盡快結束，好到外頭抽菸。

有多位報人走入政壇，相信是受到拉惹的提攜。最明顯的一位是後來出任新加坡第四任總統的黃金輝（參考前文黃金輝），其次是與拉惹同在報社共事過的李炯才。李炯才後來一直是拉惹的左右手，他從文化部政務部長轉到外交體系，追隨拉惹，從旁輔佐。

另一位接補拉惹文化部長位子之缺的易潤堂，他是華文報記者出身，相信行動黨創黨之初他已幫黨祕書長李光耀處理許多中文新聞稿件，受到李光耀的器重。易是行動黨第一代政府閣員中唯一受華文教育的內閣部長。

還有多名馬來報的記者與編輯，如早期的奧斯曼渥、尤索夫總統的弟弟拉欣・伊薩、很早去世的議員巴哈魯汀，皆是被攬入行動黨的馬來報界分子。新加坡第一任元首，嗣後出任首任總統的尤索夫也是報人出身。他是總理李光耀圈定的國家元首。

此後數十年來的歷屆國會大選，幾乎每屆都會有三兩名報人被邀請加入行動黨陣營參加大選，這種情況似乎已成為行動黨的傳統。

撰寫「國民誓約」

1965 年 8 月，新加坡獨立建國之初，國家內憂外患，一切千頭萬緒。新政府眼前的考驗和挑戰是如何立即消除國際上，尤其是周圍國家

此時深切關心這個新誕生國家會不會是「第三中國」化身的疑慮。在一個 200 萬人口的國家，華人占 75％，總理又是一位華人，對不了解新加坡國情和背景的人來說，對它存有「第三中國」的觀念是自然的事，但卻給新加坡建國加深一層陰影。

想起脫離英國殖民地百多年的統治，及與馬來西亞合併不到兩年就分裂而獨立建國。多元種族背景的國民心目中的國家意識和國家觀念等，還有待認同和確立。

我想起獨立這一年的年底，我的社長宋德和來新加坡視察業務時和我談到國情時，要我認真考慮一門新的「商機」，比方邀請幾位有經驗的教師，趁新加坡建國之初的迫切需求，編寫灌輸國家意識和觀念的公民課本，介紹給學校，先從小學生做起。

宋社長也說，可以試試與教育部談。正如中華民國建立之初，書本有「漢滿蒙回藏」五族共和公約公民課。每天學校上課前有升旗儀式，師長訓話。國家觀念先從學校打好基礎。

宋社長說可以先用中英兩種文字印成小冊，在學校或書店出售。宋社長建議我在這方面下點功夫，不妨考慮。他也說和拉惹勒南略提過「國民公約」這件事。這時，我的興趣是採訪越南戰爭。

翌年，拉惹勒南撰寫「國家、民族、宗教、團結國民誓約」，也就成了立國之本。我記得我曾經將這個概念對我新聞界的老朋友，時任社會福利部長的奧斯曼渥提了一下。之後，我就跑去越南採訪了。

誰說小國無外交？

此時的新加坡，缺人，缺錢。國家還沒有能力制定一套全盤外交政策，還是在「因勢」表態階段。

新加坡首先亮出的是什麼？是表現出它有「看得深遠」的智慧和策略

第十一章　人物

眼光。在外交事務上，避免任命華裔掌管外交。這是生活在 21 世紀的人不容易理解的事，也不會相信在任命一名外交部長的人選方面，政府需要費如此大的心機。

政府不考慮用華人出任外交部長，是不願給周圍國家產生誤解。政府希望人選問題可以在區域的逆流惡局中「迎刃而解」，繼而創造平穩的外交局面，為國家開創平坦的道路。

經過近 25 年的歲月，新加坡的外交態度才在世人面前確立，歷經兩位印度族同胞拉惹勒南和丹那巴南擔任外交部長後，時機才成熟。第三任外長人選才由華族部長黃根成接手。這時，國家的外交政策、外交格局已經建立。

建國初期，歷次在外交前線，無論遇上風雨還是晴天，拉惹皆單槍匹馬赴會。1967 年，東南亞五國外長（泰、馬、菲、印尼及新加坡）在曼谷發起組織亞細安機構籌備會，拉惹與東道國主人他納·科曼因誤解引起爭辯舌戰。拉惹堅強挺拔，但他的「不卑不亢折衝樽俎」，引起其他四國資深外長[35]對他另目相待。誰說小國無外交？

亞細安初期不重視自己

雖然如此，亞細安成立初期，五個發起成員國之間，依然存在相互猜疑，尤其是國與國雙邊存在的矛盾與微妙歷史關係。若不是因 1975 年印支三國（統稱越南戰爭）像「骨牌論」般相繼變天成了共產國家，亞細安能否存在到今天，成為東南亞強大的政治集團亦不可知。

亞細安與五個成員國自機構成立 10 年後，才因本地區均勢失衡而驚醒，匆促在印尼峇厘召開第一次極峰會議，翌年又在吉隆坡舉行第二次極峰會議，議決今後每三年召開一次極峰會議，外長會議則每年召開。

---

[35] 馬來西亞副首相敦拉薩、泰國外長他納·科曼、菲律賓外長羅慕洛及印尼外長馬力克。

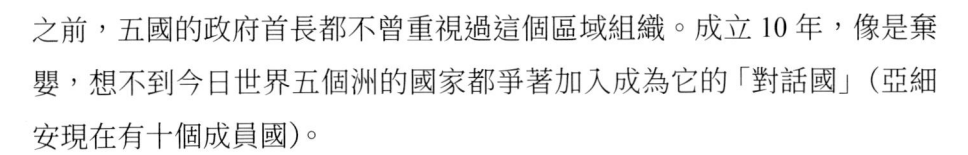

之前，五國的政府首長都不曾重視過這個區域組織。成立10年，像是棄嬰，想不到今日世界五個洲的國家都爭著加入成為它的「對話國」（亞細安現在有十個成員國）。

拉惹擔任外長期間，亞洲的報人並沒有忘記他曾經是報人。1970年初，亞洲報業基金會在馬尼拉主辦「一個亞洲論壇」常會，拉惹以外長兼前報人身分應邀演講。馬可斯總統、聯合國祕書長宇丹均列席。新加坡方面有海峽時報英籍編輯狄威遜，路透社東南亞區主任麥多蔓和筆者四人參加。拉惹演講之後，突然一位來自新加坡的英籍社會學者沙麗柯頓起身向拉惹發問尷尬的問題，旨在挖窘新加坡對付社會主義分子的態度，會場氣氛頓時緊張起來。拉惹從容不迫，四兩撥千斤回答，使到這位女士在數百聽眾之前自討沒趣，會場給拉惹一陣掌聲。

不到一年，因為英文報章新加坡先驅報事件，引起設在馬尼拉總部的亞洲報業基金會及菲律賓兩家大報閥抗議新加坡政府的做法，與拉惹的關係鬧翻。

1981年3月初，拉惹尚是主管外交的副總理。一天，他透過李光耀總理的新聞祕書傅超賢轉來一個塗有紅漆的黃皮紙信封，信封的一角蓋有英文「密」字，約我翌日上午到外交部晤談。此後兩個星期，我和拉惹一共見面三次，對當時本區域動盪時局的策略和策略交換意見，協助促成柬埔寨「抗越三派」大廠在新召開「極峰會議」。出席的是西哈諾王子、右派抗越領袖宋山（雙）及紅高棉的喬森藩。翌年，「抗越聯合政府」在吉隆坡成立。由於先天不足，後天失調，聯合政府內部又枝節橫生。此時，形勢確比人強，拉惹也已退居「背後」，由外交部長丹那巴南與時任外交部常任祕書納丹[36]承續作業。對我來說，身為一個記者，能涉入區域的政治外交舞臺，也算是盡了一次「國民外交」棉力。

---

[36] 後來成為新加坡第六及第七任總統

第十一章　人物

　　拉惹在外交風雲中折衝30年，於1988年坦然退出第一代領導人圈，轉任「東南亞研究所」高級顧問，「仕而優則學」繼續學術研究。翌年夫人病逝，他頓失恩愛老伴，精神深受打擊，從此憂鬱寡歡又患上嚴重的失憶症。一次，包括李光耀資政、林金山前部長、國會前議長楊錦成等人在內的行動黨第一代同僚探望他時，驚覺拉惹一生所有記憶全失，令人悲傷鼻酸。過去風采已不再！愴然晚景，無言以對。

　　為紀念拉惹勒南的外交功績，南洋理工大學特設拉惹勒南國際關係學院。

一個殖民地官員的典範，湯遜
—— 我念其人

為新加坡貢獻一生的
喬治·湯遜。

　　1959年6月5日，人民行動黨第一次組織自治邦政府。一天前，即6月4日，黨祕書長李光耀在黨總部舉行記者會，向國內外記者闡述行動黨政府今後的施政方針。

　　記者會定上午10點鐘開始。半小時前，已經有五六十名的國內外記者到場等候。會場樓下入門處有行動黨財政王永元（市長）的一位親信黃晉華把關，檢查出席記者的證件。

　　這個時候的行動黨還沒有一個像樣的黨所總部。租借來的是位於大坡大馬路（今橋南路）一排四層樓店屋頂層的一個單位，與其相隔三四間店鋪的是梁介福（驅風油）大樓。

　　這一帶的排屋，很少有電梯設備，上下樓走階梯是平常事。李光耀記者會開始的幾分鐘前，記者差不多都已到齊，位子已經坐滿。資深的

中央社記者英倚泉和我最遲上樓。雖然我們與黃晉華認識多年，認識時他與行動黨還沒有搭上關係。

黃晉華對我們也沒有特例，照樣要我們出示記者證。

所有記者都已經上樓。站在我們後頭的是新聞處主任湯遜。他要確定所有記者都順利上樓後他才上樓。

黃晉華要湯遜出示記者證。湯遜肯定是沒有記者證。誰都知道，全新加坡記者的證件，包括短期來新加坡的國外記者所領取的臨時採訪證皆是他親手簽發的。說到這點，1949 年 12 月我入行領取的第一張記者證，也是經由他以「公共關係部」主任的身分蓋章簽發的，通用全島。

以黃晉華的背景和閱歷，絕對不會不曉得湯遜在殖民地政府中的身分和地位。湯遜沒有記者證被擋駕於入門處，吃了閉門羹，分明是黃晉華有意刁難，給他難堪。

我注意看湯遜的反應，他一句話也沒說，也不爭論，轉頭就走。此時，我的眼前像是發生了一宗刺殺事件，眼巴巴看著可以避免的事竟然發生了。

黃晉華讓持有湯遜簽發證件的記者過關，卻不承認湯遜的個人身分，樓上主持記者會的李祕書長是不會知情的！

湯遜表現他英國紳士的風度！

這裡必須交代清楚這位氣焰囂張、態度傲慢的行動黨幹部黃晉華是何許人。

黃晉華（Gary Wong）當年 30 歲出頭，聰慧，風度瀟灑。王永元於 1957 年出任市議會市長時推動議會也使用中文。黃晉華為王永元賞識，受邀為議會進行中英文同步翻譯，這是市議會的創舉，很得市民支持。黃晉華在議會的表現轟動一時，是難得的人才。在那個年代，確實是如此。

第十一章　人物

行動黨執政後不久廢除市議會，市長王永元後來被開除黨籍。而黃晉華的出現，也只限於市議會場合，今市議會已不存在，潮州才子黃晉華亦如曇花一現。

黃晉華在馬來亞出生，抗戰時在昆明西南聯大唸書，曾在國民政府董顯光領導的國際宣傳處工作，中英文基礎在那時打好，跟他一起在董顯光那裡工作的幹部，個個均是中英文兼優人才。

湯遜是一個怎樣的人？

《李光耀回憶錄（1923 — 1965）》第373頁談到湯遜的一段話：「在（行動黨）上臺之前，吳慶瑞、貝恩和我曾經決定成立一個政治研究所[37]，引導高級公務員了解共產黨的威脅，讓他們看清我們的社會和經濟問題……我們必須贏得他們的信心，說服他們相信我們不是在給他們洗腦。」

李光耀在回憶錄中說：「我們選中新聞部主任湯遜主持研究所。湯遜當時40開外，腦筋靈活，博覽群書，說起話來很認真，帶濃厚的蘇格蘭腔。他當過歷史講師，擅長教課，無論教什麼都滿懷熱情，他了解我們的需求，很快就領會自己必須扮演怎樣的角色……」

1950年代泛亞社出版過兩集英文版的《亞洲紳士錄》。湯遜提供的個人履歷，全名是George Grey Thomson（喬治·湯遜），1912年6月14日在蘇格蘭郡出生，21歲畢業於愛登堡大學（碩士）、牛津大學。1933年獲得愛登堡大學獎學金專攻歷史。1933年至1935年留在牛津大學母校，教授政治科學和國際關係。1940年至1941年因二次大戰入伍，軍階至中校，退役後受委擔任英國出版及印刷副總管、英國文化協會副監督。

---

[37] 上述政治研究所與1949年蔣介石撤出中國大陸後在陽明山創辦的「革命實踐研究院」似屬同性質。蔣自任革命「實踐研究院院長」，後因時代所需改為「國家發展研究院」。

1945年秋天，日軍投降，他隨同英國軍政（BMA）單位到馬來亞工作，1946年轉來新加坡擔任公共關係官（副主任是李金泉）。

　　之後，新加坡成為自治邦，公共關係部取消，他改任新聞處主任、政治研究所所長、外交部副祕書，直至退休。

　　1946年，新加坡殖民地光復不久，百廢待興，湯遜前來負責公共關係部工作。復員初期，他的主要任務是站在政府政策的前頭替政府打樁開道。對國內宣揚政策，對外塑造國家的形象，對政府來說他是發言人。湯遜的職權很大，殖民地政府高官的政策演說很多由他代寫。他一路來任勞任怨，忠於職守，一點官僚氣息都沒有。

　　1953年左右，政府以加冷機場面積不足應付日益繁忙的空中交通，計劃在巴耶利峇一帶興建更大的機場，受到那裡的村民請願反對，馬華公會總會長陳禎祿爵士也過來為人民請命。新加坡的報紙輿論亦同情百姓的處境。

　　為了新加坡的發展，湯遜一邊召集中西各報編輯在社論上協助溝通民意，闡明建機場的重要性，也說明政府自然會給村民合理的賠償。公共關係部攝影宣傳組，不停出勤安撫村民，讓村民了解情況。最終民意轉為贊同政府的政策，決定建新機場。1956年，巴耶利峇機場遂告啟用。我記得，1956年初我出差到西貢時由加冷機場登機，半年多後回來，飛機已經在巴耶利峇機場降落。

　　湯遜是一個能寬恕人和修養高深的殖民地長官。

　　1953年，新加坡實行國民服役法令的前一年，我寫了一篇觀點與政府政策有悖的特稿。湯遜當天讀了英文譯本後，吩咐他的祕書約我翌日下午到公共關係部、他的辦公室見他。

　　我去公共關係部之前，心裡有些緊張，心想不知為何事要見我，八成是要被訓話了，我想。

第十一章　人物

我到他辦公室時，新聞官只說：「Mr. Thomson is expecting you.」

這位新聞官是歐亞裔 Roy Feroar，原是海峽時報的高級記者，他的速寫速度特快。1950 年底，新加坡發生「荷蘭瑪麗亞爭女案」引發一場有史以來規模空前的種族暴動，死傷者多為歐洲人。Roy 和我是同樣在中央醫院急診處採訪死傷情形的新聞時認識的。

我很熟悉這位新聞官，他沒有為我引見，是我自己推門進去。湯遜見到我，態度友善如常，要我先坐下。

我還未開口，他先說話：「我要你來不是要你補寫那篇有誤的稿子。我也不是要你明天在報上更正。我要告訴你一個事實，讓你了解」。他那濃厚的蘇格蘭腔，低沉的鼻音，經他指點後，只覺慚愧。湯遜短短兩三句話和態度，對我往後幾十年的記者生涯，產生極大影響。

湯遜不愧是首屈一指的政府發言人，可為楷模！

親自交「宵禁證件」給我的工友

1964 年 7 月 21 日，新加坡島內發生種族暴動。這一天是伊斯蘭教先知穆罕默德誕辰紀念日，是公共假期。當天有盛大的慶祝遊行，到了下午 5 時左右，島上發生可怕的華巫種族暴動。這是新加坡與馬來西亞聯邦合併後僅有的一次穆斯林遊行。

突來的暴動令我聯想起一年前那記憶猶新、南越佛教徒在順化市遊行紀念佛祖釋迦牟尼誕辰時發生的暴動。

兩件事情的背後意義雖不盡相同，但是其暴動火線和暴動目的顯然同樣是要推翻政府。

雖然新加坡也不是沒有能力掌控局面，可是聯邦中央政府卻調派馬來皇家兵團和鎮暴隊前來協助維持治安，島上也就逐漸恢復常態。每天

只有短時間放寬的戒嚴令,也延續了一週。

這一次暴動,有一位近 30 歲的印度族西報記者朋友蘇巴斯丟失性命。那一天早上,他沿著新加坡河畔步行,要來絲絲街的報館上班。途中,還在河口便不明不白遭暴徒毆打重傷,送院後不治。

7 月 22 日中午,全新加坡的記者才自新聞部領到警方發給的宵禁通行證。

我的一名工友在回家吃午飯時,還不知道市區已宣布宵禁。中飯過後,像平日騎了腳踏車輕輕鬆鬆從住家芽籠沿美芝路方向而來。他在美芝路警察局門口被警察攔了下來。二十歲左右的青年,暴動期間在街邊行走,就是警方的目標。

我的工友從警局門口被押進警局,身上沒有警方發給的「不受警察限制的戒嚴通行證」。

我自己先前已經取得宵禁證件,我趕到警察局向警局請求放人。警局來了兩位助理警監,一位是歐亞裔,另一位是印度族。印度族警官我略略認得,他有一名家人是律師,曾經是立法議員。他沒說什麼。

該名歐亞裔警官見我宵禁期間走入警局向他要人,火冒三丈說他可以用「擅自進入警察局」為由拘留我。

我初入報界,採訪路線是警察局和政治部。警察總監和政治部主任辦公室的門是常開著,很少須要經過傳報,只要敲門,人在辦公室且沒有旁人,你就可以自由出入,不受限制。這是「無冕皇帝」在當時殖民地時代見官高一級的真「特權」,我沒有把這警官看在眼裡。我要借警局的電話打給湯遜,警局不答應,說電話只用內線。我只好到警局對面的美芳飯店借電話,將情況告訴新聞處主任湯遜。

湯遜開他的車子,從諧街新聞部(今藝術之家)不到 10 分鐘來到警

第十一章　人物

局，當著兩位警官面前簽發宵禁通行證給我這名工友。工友有了宵禁通行證後，繼續騎他的腳踏車回報社工作。

在這個混亂不明朗的忙碌時刻，湯遜用車子先送我回社。一切平靜之後，我在他祕書的打字機旁發現這一天他替警察總監草擬廣播講稿。

為新加坡貢獻一生

喬治・湯遜是英國人，自1945年33歲隨同英軍來到光復後的新加坡和馬來亞，服務於英國軍事行政（BMA）單位。

我不清楚當他在新加坡獨立建國後，受聘於新加坡政治研究所和最後進入外交部時，是否已加入新加坡國籍。

在我看來，這不是很重要的事。新加坡並不是沒有出現過做了部長轉籍他國和移民他國的事情！

湯遜自殖民地時期的新加坡到自治邦，到與馬來亞合併而又分家。實際上，他和新加坡人沒有分別。

他和新加坡不僅有過很深的淵源，更是一位具有雙重（英國及新加坡）歷史的傳奇人物，有許多寫不完的點點滴滴。

我不曾見他發脾氣，他對部屬也是如此，做事待人穩健。當行動黨還是萌芽初期，議會只有三幾席議員時，他常受到行動黨支持者的諷諫，在公共場合也聽過行動黨祕書長揶揄他，他總是沉住氣若無其事，一直到集會結束才離場。從未見過他受人揶揄時中途離去。他的修養確實到家。

在殖民地政府時期，他常以公共關係官身分，應邀主持新華籃球總會盃開球比賽儀式，或是球賽閉幕時為優勝球隊頒獎。

如今湯遜蓋棺已30多年，他與新加坡這段香火緣，使他和上一代國家政要領袖和公務員很是稔熟。

湯遜一生對新加坡的貢獻甚大，他為新加坡奉獻一生，30多年如一日。一點私心都沒有，只知道他克盡厥職，忠心職守，對部屬謙誠，對世事博古通今，是個文武德才兼備、甚罕有的好殖民地官員。晚年退休時，他兩袖清風，過得不很理想，時而為生活忙碌奔波，作學術講演與著述。

　　湯遜早年有一女兒自幼患上小兒麻痺症，妻子病故，有一兒子安東尼現於英國廣播公司工作，1990年代被派駐新加坡採訪東南亞新聞。

　　湯遜1979年出國出席學術會議回來，因心臟病突發，倒臥在機場，緊急送院不治，這是他的宿命。他要走，也選擇在新加坡才安心。他大半生和新加坡的緣分，就在新加坡土地上結束。湯遜死時年67歲，還是大有作為之年，實是新加坡人和國家的損失。之前30多年，他一直居於新加坡，新加坡早已是他的家鄉。

　　總結湯遜一生在新加坡的功績，我送他兩句話：「鞠躬盡瘁，死而後已」。

　　湯遜的典範將永留在國人心中。

李星可：罵李光耀的報人

　　名報人李星可於1970年2月，以星洲日報社論主筆身分轉到南洋商報，同樣撰寫社論，薪俸比任職於星洲日報時多出許多。

　　李星可加入南洋商報不久，寫了一篇社論，將向來對輿論極為敏感的李光耀總理描繪成「數典忘祖的二毛子的政府的壓迫者」（見李光耀回憶錄1965－2000年，頁172）。

　　李總理讀到這篇社論，震怒是很自然的。在這「強人政治」的日子，李星可寫這類

廣義說，李星可的社論湧上的暗流，終形成20年後南洋商報及星洲日報合併的命運，兩報併合改名為今日的聯合早報。

第十一章　人物

敏感的話題，膽子也實在是夠大。有人對這篇社論起了共鳴，也有人為李星可捏一把汗，認為他在找麻煩，只是李星可自己沒覺得有什麼不對。報社上頭也沒有人可以改動他的稿子。文章登了出來，而且是社論。

社論是報社的意見與態度，還是個人的意見與態度，或許是許多華人心中想法形成的「公意」，沒有人可以說。

當時的社會環境絕對不容出現這類言論，而這類言論竟然出現在發行數字龐大的報紙。

廣義說，這篇社論湧上的暗流，終形成20年後南洋商報及星洲日報合併的命運，兩報併合改名為今日的聯合早報。

李星可寫的這篇社論發表後不久，政府展開取締「黑色行動」。南洋商報主筆李星可和報社另三位高級職員在政府的內安法令下受逮捕。四人未經審判坐了一年多牢。（見第十章〈報紙風雲與黑色行動〉）。

政府拘捕南洋商報的高級職員，李光耀總理事前或許不曾想到報社事後會作出激烈的反應，連串的社論像打雷聲音般，要求政府即刻釋放報社四人，或者至少將他們送上法庭公開審訊。

南洋商報原是陳嘉庚於1923年所創辦報紙，1933年改組，成為商人李玉榮的家族事業。哥哥李光前是眾人所知的東南亞大慈善家及大富豪，不必在此多作介紹。偏偏在南洋商報事件發生後，有西方報紙不厭其煩地將李光前的名字與被拘四人中職位最高的總經理李茂成的名字牽連在一起，詳盡分析其家世背景，說李茂成與李光前兩人是姪伯輩分。

李星可出獄・李總理召見

當時，社會上未曾感覺到李光前家族曾有任何表示，只有南洋商報主人，李玉榮的家族，尤其是哥哥李有成向政府提出嚴厲抗議，要求政府立即無條件釋放四人（李有成後來也被拘禁一個短時期）。一時竟有西

方媒體將南洋商報李玉榮家人向政府的抗議，視為兩方李氏「面子及榮譽之爭」。

這一年，鋪蓋整個中國大陸的文化大革命如火如荼繼續蔓延。對華人及受華文教育人口占多數的新加坡來說，當地華人的情緒是最容易受到刺激和衝擊的，也是李光耀建國途上最關心之事。

新加坡最先受到波及的應該是中國銀行新加坡分行與新加坡政府間的紛爭。中國銀行將本身違反銀行條例（未能維持規定的流動金比率）的事件炒作為「政治議題」，指責政府迫害中國銀行。經此一鬧，影響到不少銀行客戶擔心寄放的存款會有風險，而紛紛搶著提款。

也有精神上支持銀行的華人蜂擁到商業中心區的中國銀行總行，搶著開新戶口，戶口雖多，只是金額很小，三、五塊一戶口的不少，這些小市民別無他意，就是一味支持，卻累壞銀行職員要超時工作，小存戶越多，職員越忙，銀行只有呼籲支持該行的華人市民停止開新戶口，向他們保證中國銀行的資產和流動金充足得很，可以放心。鬧了一段時期，中國銀行向當地司法屈服，接受罰款息事，一切才恢復正常。

從某種意義講，新加坡國內展開的「黑色行動」，多少是直接或間接受到中國大陸發生的文化大革命所牽連與影響。它給政府機會為媒體打上「疫苗」，幫助政府加速削弱國內當時有擴大趨向的反政府聲音，也堵住了更多要說難聽話的口。

現在的年代來看，很難想像當年李光耀帶領的新加坡，如他所說正面對致命的「沙文主義」的傳染，而且有加重的趨勢，這帶給他的壓力毫無疑問是到了政府不能再忍受、而需要即刻阻止的時候。知道其背景後，也就可以了解一連串的「五月黑色行動」相繼發生或是提前被揭發出來的必要，政府終於成功遏止了「沙文主義」和共產主義在國內的擴散。

第十一章 人物

經過一年的拘禁，四名南洋商報高級職員全被釋放。四人中，李光耀總理唯獨召見曾經在社論中罵過他的主筆李星可。

說來也巧，1953年初，李星可介紹一位自香港過來工作的上海籍朋友王旭之給我認識，20年（1973）後，這位朋友王旭之竟陪同李星可到總統府晉見李光耀總理。王旭之當時已是內安局副局長（下文會談王旭之）。

王旭之也是處理拘禁南洋商報四名高級職員案件的高級警官之一。

中國銀行擠提——1960年代末，中國內部文化大革命未有結束跡象，在新加坡的中國銀行分行觸犯當地銀行條規被罰，一度引起客戶退款，銀行門前秩序混亂，得交警出面維持秩序。（泛亞社）

據說，「二李會面」前，李光耀總理準備好他的「心理攻防」。李總理很介意與李星可見面時，用華語交談還是用英語好。若用華語，可以表明自己是重視華文，支持華文，可是又擔心講華語必定不是李星可的「對手」。李總理最後還是用英語自在得多。

「二李」經此一見即已「泯了恩仇」，還是總理示出「鐵漢柔情」一面？而李星可到了此時，往日傲氣不再，溫和了許多。此時，他對李光耀的看法，顯然已經改變。有一次他告訴我，「李光耀治理國家有他一套」。

政治犯經釋放後受李光耀總理個別召見而未宣布的人，不只李星可一人，林清如也是其中一位。

推薦我進《聯邦日報》

李星可與我同時於1952年6月加入益世報。李是總編輯，我是外勤記者。益世報出版僅三個月，因經濟拮据，先天不足後天失調而停刊。

同年八九月間，怡保建國日報社長梁偉華正好在吉隆坡籌辦聯邦日報。他到新加坡來招募一批編輯部人員，託李星可為他介紹幾位前益世報的同事。李星可當時推薦兩人，一位是前益世報主筆張冰子出任總編輯，另一位是我，要我在新辦的報紙負責採訪部工作。

吉隆坡方面，原星洲日報採訪主任陳見辛將擔任新聞編輯。原星洲日報主筆之一的江錦帆加入聯邦日報寫社論，另有一位是中國報編輯轉換軌道加入新報館。四處招兵買馬的編輯部人事都已大致安排好了。

李星可推薦我進聯邦日報，替我接下這份工作，事先我一點都不知道。因為這時我人不在新加坡，我還在砂拉越及北婆羅洲（沙巴州）隨行採訪肯德公爵夫人巡訪東南亞殖民地的新聞。結束砂婆之行回到新加坡，才從張冰子那裡聽說李星可為我安排了一份新工作，要我準備北上。

聯邦日報社長梁偉華在怡保辦的建國日報，是當地獨一的中文報紙。發行量雖不大，因是地方報紙，當地廣告收入特好。

1950年我加入新加坡中興日報不久便受聘為吉隆坡中國報、怡保建國日報特約駐新兼任記者。兩年後又多兼任檳城光華日報駐新記者。在馬來亞緊急法令時期，這三家報紙的編輯政策都是反共的。

我在火車站被《中國報》「劫走」

數日後我搭乘火車北上吉隆坡，那時候很少有人坐火車，害怕馬共破壞鐵軌。我到吉隆坡時，見中國報經理伍漢源與記者葉幼才兩人出現在火車站，是我不曾想到的事，原來兩人是來接（劫）我到中國報見董事經理陳濟謀老先生。陳濟謀在報社和我談了半個鐘頭，不停地勸說我加入中國報，答應給我比聯邦日報更高的薪水和津貼。薪水津貼對我不很重要。但是，我已不想三番兩回到窮報館工作。中興日報發不出薪水，益世報出版三個月即因經濟原因停刊。聯邦日報還未創刊，外間已經有各種對它

第十一章　人物

經濟不穩的傳言。其次，我也考慮到我當時才 22 歲，到新報館負責採訪部是我不自量。還有，我對吉隆坡也是人地兩生，社會環境和新加坡完全不同，我做不到什麼，也學不到什麼，更會辜負梁偉華社長和李星可的期望，我於是決定加入中國報，那是抗戰勝利後（1945 年）創辦的報紙。我可以在前輩之前學到許多，這是我「臨陣」未加入聯邦日報的原因。

聯邦日報社長梁偉華，中國報董事經理陳濟謀和我這個後輩，很巧都是梅縣同鄉，很多事情都好談。

我在中國報工作了三個月，正好新加坡中興日報改組，社長以下原有編輯部人員都曾是同事，要我回來負責採訪部。梁偉華也在聯邦日報停刊後到來新加坡探望朋友。此時，李星可忙著籌備設立法新社新加坡分社。

有一次，我們三人共進午餐。梁偉華有說有笑「提醒」李星可說：「陳加昌不到 35 歲，不要與他做朋友。」

李星可嘆：我已蒼老了

李星可經 1973 年自「文字獄」釋放後，1974 年王旭之問我能否設法在日本找間大學給他授課。這是不簡單的安排，我沒有辦法辦到。由於李星可的法文造詣很深，不久便被安排到駐法國大使館幫助馬紹爾大使翻譯法文工作，多年後回來新加坡，不久移居澳洲。

晚年在澳洲居住的他，隔三兩年，便回來東南亞和去改革開放後的中國觀光。在經過新加坡的短暫時間除和子孫享天倫之樂，也探望老朋友和舊同事，常三句不離本行，與我「談」去澳洲辦報。

李星可，1913 年在北京出生。在北京大學和中法大學深造，留學歐洲時，攻讀中國、法國文學，研究中古哲學和中古歷史，精通法文。

1940 年中國兵荒馬亂，他加入中央社。戰後出任中央社印支分社主

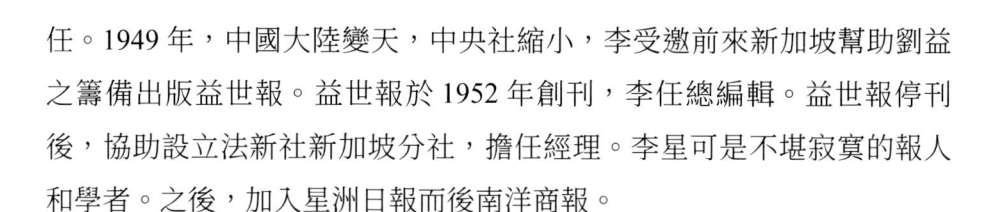

任。1949 年，中國大陸變天，中央社縮小，李受邀前來新加坡幫助劉益之籌備出版益世報。益世報於 1952 年創刊，李任總編輯。益世報停刊後，協助設立法新社新加坡分社，擔任經理。李星可是不堪寂寞的報人和學者。之後，加入星洲日報而後南洋商報。

晚年的李星可，在澳洲過其安靜閒適日子，往日的恃才傲物不再，把一切看得恬淡。80 歲以後身體已大不如前，走動不方便，有兩次回新探望老朋友時，就曾跌倒在我社裡的電梯口。之後他一直留在澳洲，不再出門，連寫信都懶。

我最後一次收到他的信是他去世前兩三年，有一段：「近來因為風溼嚴重，右臂疼痛，連字都不能打了，何況捉筆，這皆因來澳洲，生活比較清閒吃得太多，所以肚子大了，忽然人懶起來，停止練瑜珈，所以舊病復發。幸而這兩天又恢復練瑜珈了，所以好多一點。你近來如何？……澳洲地大物博，大有可為，可惜我已蒼老了……」

每一封來信，他都要我問候前益世報採訪主任趙世洵。趙在 1960 年代擔任過南洋商報資料室主任，也曾在中正中學總校執教。

李星可的太太是滿洲旗人，是京劇名票。

李星可於 1991 年曾出版一本回憶錄，書名是《亂世滄桑 —— 一位傳奇人物的自述》(新加坡文獻館)。1996 年 2 月病逝於澳洲，享年 83 歲。

高深莫測的王旭之

上文談李星可時，提到王旭之的名字。這裡就談他。

1950 年中國大陸變政，王旭之和許多中國青年一樣出走大陸來到香港。當時的情勢與環境，王旭之算是「難民」，這時他的年齡不過二十五、六。

第十一章　人物

據他說，來到香港是無業難民，一天，在九龍彌敦道路上遇見他在中山大學唸書時的英文老師，老師知道他沒有工作，給他介紹到香港殖民地政府做事。

兩年後，1952年底，王調來新加坡英國駐東南亞最高專員公署工作。當時的最高專員是一位很平民化的資深外交官馬康·麥唐納。

60年代初，王旭之轉入新加坡自治邦政府工作，新加坡獨立後調到國防部，期間調駐東京大使館。70年代轉任內部安全局（內安局）副局長職，幾年後，申請提早退休。

王旭之退休後先攜帶妻兒遷居英國，待三個女兒相繼學成才回到新加坡居住，那已是快10年後的事，而王本人於1990年代決定「落葉歸根」回到他的原籍地上海。

上海與新加坡的距離遠比倫敦與新加坡近許多，比較容易及方便來新與家人享受天倫之樂，也順便體檢。90年代後半葉，王旭之來新加坡的次數時而從每年一次變為兩次，主要是來檢查身體。王享有退休公務員的醫療優待，而且新加坡的醫院設備要比中國現代化。王每次來新都覺得身體一年不如一年，此時他已露出多愁善感之容。

2012年他來新加坡檢查身體，心臟病及肺炎齊來，在新旅遊去世，享年86歲。

這回是他最後一次來新加坡。他去世的一個星期前，我與他內安局時期的前局長上司翁兆華，到西海岸他三名女兒特別租來給他養病的私人公寓看他。王旭之躺在床上與我談話，感嘆說：「加昌，我們認識60年，如今一回見面一回少……我大概不會好……」一週後，言猶在耳，他走了！

王旭之原籍上海，年長我五六歲。李星可給我們介紹時，我們的年紀還不到30歲，日月如梭，我今已登上快80過半耄耋之年。

1953年初,李星可介紹王旭之給我時告訴我王旭之剛從香港來到新加坡,人地兩生,在本地沒有親友,希望我和他做朋友。王旭之此時已在專員公署工作。

最高專員公署是英國在蘇弈士以東(20世紀慣用的地理名詞)的最高軍政及外交事務機關,也代表英國殖民部。取名「鳳凰園」,特選在東陵區一帶四周綠樹成蔭,清靜幽美,景色宜人的小山坡上,另一邊是英國駐遠東陸軍總部及殖民地官員的豪華住區,馬路對面是植物園。

最高專員麥唐納的官邸不在新加坡,它位於柔佛州新山市郊武吉西嶺(Bukit Serene)。

1952年底,麥唐納遷入新加坡花拉路(Farrer Road)一座19世紀建造稱為「馬勒宮」(Mallaig Mansion)的古式矮房。這裡四周清靜,鳥語花香,綠意盎然。「馬勒宮」是東南亞富豪、國泰大廈及國泰電影機構主人陸運濤原有的別墅。麥唐納到任後,主人陸運濤讓出,免租金給麥氏作官邸之用。

當年英國在遠東地區的軍政首要,新、港、馬、砂、婆各地總督(包括大主教)等近20人,遇有重要會議,常選在這間官邸舉行。

為省去每天辦公時往返新柔間耗去的陸路交通時間,直升機成了麥唐納日理萬機的交通工具。

王旭之沒有告訴我他在專員公署的工作性質,我也沒有問他,我知道那是敏感的場所。

專員公署設有中文部,一位高級職員葉瑞岩是我在中興日報工作時的前輩。他在專員公署的職位是中文部主任。葉的學問很好,出身協和大學,中英文造詣深厚。1956年,葉瑞岩轉到勞工陣線政府首席部長林有福那裡當新聞祕書。

1959年,行動黨上臺,組織自治邦政府。葉瑞岩應馬華公會總會特

第十一章　人物

聘為總會執行祕書。大馬成立後，葉回返新加坡居住。

益世報於 1952 年 6 月創刊後兩個月，葉瑞岩向麥唐納推薦接受益世報記者的訪問。麥唐納答允。由益世報三人組，副總編輯劉問渠、採訪主任趙世洵及記者陳加昌往鳳凰園麥氏辦公室會見。

前往鳳凰園前，副總叮囑我訪談時不要「冷場」，這是我以後在記者生涯裡訪問新聞人物時常記在心中的話。以前在中興日報工作時，我和麥唐納有過數面之緣。見面時彼此似曾相識自然得很。麥唐納贊益世報有美國基督教箴言報的風格。

1952 年，英國駐東南亞最高專員麥唐納在專員公署接見益世報的訪問。左起採訪主任趙世洵、記者陳加昌、麥唐納及總編輯劉向渠。（泛亞社）

陳嘉庚思想被檢舉

話題回到王旭之。認識他那天，談話中我們談到新加坡「僑社」當時至為關心的事是南洋僑領陳嘉庚在中國遭到「思想清算」的傳說。之後，我將談話內容寫下，題目是〈陳嘉庚的思想被清算〉，刊在 1953 年 5 月

20日中興日報第一版下角的一個專欄，全文約二千字。以下摘錄當年特寫稿內容：

（當時我沒有直寫是王旭之說的）中國大陸解放，因他過去思想左傾，在上海認識不少中共華東局文化組的幹部。從他們那裡聽說陳嘉庚思想被批鬥的消息。思想被批鬥起因是1950年5月20日，陳嘉庚著《新中國觀感集》一書內容所引起。陳著在新加坡交南僑日報出版，每本在當地售賣8角。數月後，陳嘉庚再訪問中國，在上海將書再版，60萬精裝本，免費贈送中國大陸各中學教師與學生。

1951年，陳嘉庚由北京回新，不久再回北京，過後不再回來。圖為他接見記者與親友的場面。陳嘉庚的左邊是其女婿李光前。（泛亞社）

1951年，陳嘉庚從北京回來，與他的幹部合影留念。（泛亞社）

第十一章　人物

不久，朝鮮戰事爆發，志願軍蒙受慘重損失。

「1951年冬，華東局文教委員會主任夏衍發覺陳嘉庚寫的這本書內容含有『毒素』和太過濃厚的『帝國主義思想』，存有封建殘餘思想，犯上根本性的嚴重錯誤，向北平最高當局告密。」

「夏衍曾是陳嘉庚的智囊之一，是1950年南僑日報主筆之一。南僑日報同年被英政府查封，之前，他們聞到風聲，預先返回中國，出任華東局文教會負責人，他是中共的重要幹部。」

「由於陳嘉庚名氣之大，建國伊始，當局指定由劉少奇、宋慶齡及何香凝（廖承志的母親）三人會商及研究處理。終決定將事嚴守祕密，不讓陳嘉庚本人知道，另行通知全國各地政治局，將書收回，集體由華東局負責焚書。」

謝冰心談陳嘉庚

1953年底，中國文化部長丁西林，以中印文化友好協會會長名義帶領5人代表團訪問印度及錫蘭（斯里蘭卡）後，乘坐「新地亞」號郵輪迴國途中於1954年1月25日經過新加坡。

郵船停泊在丹戎巴葛二號碼頭。中國代表團5人除團長丁西林，有華東局文化組長夏衍、著名女作家謝冰心、代表團祕書黃金祺及一名28歲年輕女翻譯岳虹。夏衍1926年加入國民黨，翌年轉為共產黨。

郵船停泊在碼頭，船上5人皆不准上岸，亦不獲准見客，除非經當局批准，岸上的人上船時先受盤問。二號碼頭及郵輪四周皆有政治部人員看守。

我當年是反共報章中興日報的外勤記者，我向坐鎮在船長室餐廳的英籍政治部主任布烈斯請准登船採訪謝冰心。令我意料之外他竟一口答應，但附帶條件是訪談後，得告訴他我們談了些什麼。

同樣令我驚喜的是，謝冰心也一口答應我的訪談。團長丁西林在我與謝冰心談話那45分鐘，自始至終與祕書黃金祺留在船艙咖啡廳，讓我們單獨談，沒有過來。謝冰心談吐率直，有誠意，談話氣氛還是有些沉悶。片刻，代表團女祕書岳虹走過來站在謝冰心的側旁，我和謝冰心的談話是不用翻譯的，顯然女祕書是想知道我們談些什麼，因為冰心在海外華人的心中，尤其閱聽人多學生尊敬和崇拜。

我和謝冰心談話時，這位祕書有時會搶先回話。我注意謝冰心，看不出她臉上有無奈的表情，我想，也許她習慣了！

團員只有夏衍一人留在客艙沒有出來。也許因為他曾是被封的共產黨報南僑日報的主筆，回國出任華東局文化組長後即檢舉陳嘉庚著的《新中國觀感集》事件而不便在此露面？

在我訪問謝冰心之前，中國銀行新加坡分行經理盧壽澂及檳城分行經理獲准上船會見代表團一行。這兩位銀行經理原屬國民政府（蔣介石）中國銀行所屬。中共建政後，轉向宣布效忠北京政府，銀行資產全部歸給北京。

訪談謝冰心，我不清楚她以前抽不抽香菸。我觀察到她似有心事。她取出香菸，我隨即為她點菸，冰心說，這是我第一次抽菸。這位女祕書站在她的身邊，冰心回話時總得先望祕書一眼，說話似乎期期艾艾。

她很高興聽說她的《寄小讀者通訊》成為新馬中文學校學生的愛讀課本。謝冰心說，我不是共產黨員，這一次沒有參加北京舉行的「人協」選舉。

我問她陳嘉庚的近況，女祕書搶先回答，還拿出陳嘉庚的照片集給我看，看來，祕書是「有備而來」。祕書說，陳嘉庚很不錯。他人在廈門。他是僑領。我問祕書（陳嘉庚）怎麼不錯？祕書回答：在國內總比在海外好。我又問冰心陳嘉庚這一次會不會被圈上「政協」名單？女祕書沒有回答，冰心說了一句「很有可能，他很受國內外的尊敬，特別在教育

第十一章　人物

方面。」我問冰心是不是還繼續寫作？她望一望祕書，片刻說，「我已老了，沒東西寫。」關於老舍，她說，「也有同感。」謝冰心這一年年過半百。她說，「我 22 歲的女兒已在北京輟學，沒事做。」看到她此時的無奈！（摘自 1954 年 1 月 26 日作者刊載於中興日報的部分報導內容）

結識王旭之後，我們好久不再見面。再見面時，我已經離開中興日報加入泛亞通訊社，去了南越，這已是兩年後的事。再見面時我們也沒有什麼話題，他僅說，你訪金門（1954）寫的幾篇通訊稿和採訪萬隆會議的特稿都看了，給他很深的印象，他說：「不曾想到你寫得出來。」

這幾年來，雖然少見面，只知道他換工作地方，性質依舊是嚴肅敏感的。

1969 年，新加坡獨立已經四年，一天，王打電話給我邀我吃中飯，告訴我他要學日本話，我問他此時學日本話所為何事？他說不久會調到駐東京大使館工作。這時的駐日本大使原是「新大」教授洪國平。他的工作性質突然轉「跑道」？

我原本就因工作或度假，一年中必去日本一或兩趟。王旭之在東京期間，除非是星期日，否則也難得見面。

夜邀遊銀座高雅酒廊

有一年，是他被調回新加坡前的一個晚上，我知道他東京不熟，駐外兩三年，連夜東京都不很清楚。我知道這個年代的新加坡官員，出差也好，駐外的也好，對夜裡繁盛鬧市多裹足不前，有所顧忌。

我在異地相遇故知，知道他不曾逛過夜銀座，我既對這裡熟悉，覺得他須知道世界上的不夜城之一的銀座，是外國人所不能不「到此一遊」之地。[38] 這晚，我和他從銀座四丁目走到銀座七丁目一間我同事姐姐經

---

[38] 我第一次來日本是 1954 年，到東京那天夜晚，當飛機繞過上空，乘客都俯瞰機下燦爛閃閃的

營的酒廊「L'Espoir」（法文「希望」的意思），看看銀座的夜晚是那麼有氣勢、聲色和誘惑，各方面都反映日本經濟欣欣向榮。這家酒廊氣質高雅，創業於日本戰敗後的第三年。「L'Espoir」經營了 41 年，老闆娘於 1989 年 71 歲高齡病故，老酒廊遂告熄燈。

日本還有一家可以在同一年代與 L'Espoir 媲美的酒廊是大阪的「葡萄屋」。老闆娘早年出身自「L'Espoir」。

這裡的顧客，政界方面有國會議員、部長，隨便點三五位，他們中有吉田茂、岸信介、池田勇人、宮澤喜一，這四人均擔任過國家首相。說這裡皆是「醉臥美人膝，醒握天下權」政要談論國事之地也不過分。也有人形容這裡是「夜裡的議員會館」，各樣政治人物都有。

財經方面，到來的人客均是工商會會長、大企業家、社長、董事長，早年如永野重雄、今裡廣紀及小林忠等人。文人藝人方面，井上靖、小林秀雄、吉川英治及三鬼陽之助等等，稱為「夜間文壇」。小說家川口松太郎以「L'Espoir」題材寫了一部《夜裡的蝴蝶》小說拍成電影，由全國一流影星山本富士子及京町子合作演出，山本富士子飾老闆娘川邊。老闆娘本尊來自秋田縣，她有「秋田美女」之稱。

「L'Espoir」是一般外交官和商人來不起的

在酒廊工作的女郎，是經過精挑細選訓練出來的，個個是美女。蘇卡諾的日本籍太太黛薇夫人最早出身這裡，後來轉到赤坂一舞廳工作才認識蘇卡諾。

我來日本，會到酒廊看看老朋友和美女，經理笑對我說：「你當回家來就是。你不必擔心付帳的事，我會將你那份帳單記在其他人客的身上。」這便是日本夜生活裡經營的竅門？

夜東京，我隔一座位的美國商人問我是誰打勝太平洋戰爭？

第十一章　人物

　　經理金森幸男二戰時年 18 歲屬日本海軍。1944 年他的運輸船在新加坡海峽與馬六甲海峽間水域被美軍潛水艇擊沉，被救起後，留在新加坡一個時期。戰後，曾和幾個同時被救起的海軍同袍，幾次來到新加坡聖淘沙島上朝西邊馬六甲海峽拜謝「救命之海峽」。也因此，他們對新加坡特別有好感。

　　日本經濟蓬勃之年，有學者、財經政界人士建議日本政府東京不僅白天有市長，夜裡也須增加一位女市長來，因為銀座夜裡的經濟活動要比白天的銀座多彩多姿、璀璨奪目得多。

　　這一晚，旭之告訴我，不久要回新加坡，我問他是不是重回國防部？他說，會調到內安局。回新加坡後，我聽說他出任內部安全局副局長一職。他的上司，局長翁兆華便是 1960 年代初美國中央情報局用盡辦法要賄賂收買的那位政治情報官員。

一回見面一回少

　　1960 年代，中國與蘇聯路線之爭如火如荼展開，導致了兩國的關係極度惡劣，影響到馬來半島森林馬共內部整肅廝殺，也波及新加坡政治牢房裡的不和。傳說牢房中發生過毆鬥事件，沸沸揚揚不知是真是假。有說林清祥因此受傷，精神深受打擊而決定放棄政治。昔日鬥士，今日對理想絕望，自獄中發表宣告，辭去一切政治工作，不再堅持一路來參與「憲制」抗爭的理想，終決定自我放逐到英國尋求醫藥治療。1969 年，林清祥「孤雁西飛」到英國，航程 8,000 里路，由王旭之一路陪同，兩人從此成為好朋友。

　　1974 年 1 月 31 日，一早新島晴天霹靂，有兩個日本赤軍派恐怖分子及兩名「巴解」分子共四人自紅燈碼頭租用一隻小舢板船，以釣魚為名出海，中途威逼船伕把船駛靠毛廣島，登上蜆標石油儲藏庫，然後引火

爆炸。恐怖分子失手後，順手劫持停泊在島上小碼頭的一艘「拉裕號」渡輪，這便是轟動一時的所謂「拉裕」事件。

事件轟動各地，尤其驚動日本自不在話下。

蜆標油公司的公關主任是我的好朋友，他曾經是英文虎報的記者。事件發生約半小時後，他很快給我電話，告訴我這宗「從未在各地發生過的恐怖暴行」事件。

我先將消息傳遞至東京編輯部，東京也即刻回電引述外務省的評論，指出是惡名昭彰的日本赤軍所為。之前，沒有人知道是赤軍及「巴解」犯下的罪行。

現在既已知道是日本赤軍所為，政治和恐怖的意義也就濃厚了。

下午一點左右，當時已是內安局副局長的王旭之給我電話，他請我下午兩點半左右到羅敏申路（現在的 Capital Tower）內安局看他，看我能不能幫忙與「拉裕」渡輪上的日本赤軍「講話」。

接到王的電話，我很興奮，似乎等不及兩點半。當時，我感覺一分一秒都過得很慢。王告訴我，過些年後，你可以將事情的經過寫進回憶錄。

我準時出現在內安局一進門邊的會客室。王旭之與兩名便衣人員不久出來看我。王旭之對我說一句：「謝謝你來。你可以回去，用不著了，日本大使館已經參與接觸。」我有些失望。以後也沒再提這件事。

十幾年後，一次，王旭之來新加坡探望親人，我好奇問他「拉裕」事件為何突然喊卡？他的解釋不無道理：（一）當時日本大使館已經插手與赤軍接觸，（二）赤軍身上有手榴彈和槍支，我們不清楚他們的動機，萬一你參與其間發生擦槍走火意外事件，就很麻煩了，因為你不是公務員，麻煩太大了。

「拉裕」事件經三十多年後，納丹總統在他 2011 年出版的回憶錄《一個沒有預期的路程》中提到當時他當國防部情報局長時，為順利解決這

第十一章 人物

宗事件的技術問題曾與內安局長翁兆華有些爭執,後來國防部長吳慶瑞站在納丹一邊。

1980年代初,王旭之退休當天約我吃中飯,講了一句肺腑之言,他說:「幹我們這行的人,不會有朋友。」我驀然想起1952年他從香港初來新加坡,李星可告訴我「他在新加坡沒有朋友」,是我可以理解的。如今在新30年後依然感嘆沒有交到朋友,確實替他感到無奈!

他與我從不談工作的事,他也不會談。只知他在莫測高深性質的地方工作。但是王為人性格柔和,講情理,只是性急點,有時急躁,尤其看他打麻將的時候。但另一面,也看出他公私間界線分得很清楚。

王退休之後幾乎每年來新加坡一或兩次,探望親人和朋友,順便檢查身體。我發覺到,他與以前的同事,有緣往來敘舊的也只有三兩人,反而,那些過去經他處理過的政治案中的知名人物,知他到來,競相邀約,安排時間「敘舊」、餐敘、喝茶問好聊天,溫暖呈現其中。局外人看來帶有諷諫,對他們來說,卻是誠意的交往。

擱筆前,我重複王旭之去世一週前對我和摯友翁兆華說的一句無奈亦感傷的話:「加昌,一甲子摯友,如今已一回見面一回少,我大概不會好了……」難道是他辭別之兆?[39]

捲入政治風暴
被李光耀關禁17年的賽·扎哈利

要救他反而害了他

我這裡要談的是一位在六七十年代裡被李光耀總理「嚴加關禁」17年的馬來文報新聞記者,是我60年來的好朋友賽·扎哈利(Said Zahari)。

---

[39] 據說,65年前,大陸變政不久,他寫了一篇短篇小說叫〈淮河兩岸的春天〉,不久便到香港,可惜無人讀過。

賽，認識他的人都這樣親切地呼他。李光耀總理也曾這麼叫他。賽和我自 50 年代以來稱呼彼此「Chiraka Luu」（你這傢伙）。

作者陳加昌和太太（左）到吉隆坡探訪老朋友賽‧扎哈利夫婦。

我為什麼說是李光耀總理關禁他而不說是內部安全局？拘禁賽確是內部安全局的行動，給的罪名是顛覆政府。經過 17 年滄桑之變，最終決定捉放賽‧扎哈利的人還是李光耀總理。

先回溯新馬合併的七個月前，1963 年 2 月 2 日，星期六凌晨，島上著名的左翼工運領袖林清祥、方水雙等 115 人在政府「冷藏」行動下以顛覆罪遭逮捕。名單中赫然出現一位與工會，左翼團體陌生的馬來人名字賽‧扎哈利——我的好朋友。

當局為預防風聲走漏，事先將近 400 名的保全人員編成 60 多個分隊集中在海峽對岸柔佛州內的幾個警局待命。結果，當局沒能將所有 169 人逮到。總共有 115 人被捕，漏網的雖多達三分之一共 54 人，也不能說少。據李光耀在他（1923－1965）回憶錄第 531 頁解釋：「……其餘都不在他們預料能被找到的地點。追捕共產黨人總會遇到這個問題。他們知道自己處境危險，不斷改變過夜的地方。」

第十一章　人物

要捉的人雖然沒有悉數落網，但不能否認，這是政府歷年來最大規模的一次逮捕行動。

首先，想猜測政府為什麼選擇在星期六行動？雖然星期六不是政府必定或必然宣布重大事件或政策的週末。

從過去的事實觀察，甚至到幾十年後的今天（與法定星期六舉行大選或突發事件不同），政府凡遇有重大決策事情多數選在週末公布。據說目的使國人在星期日一整天可以在家有時間詳細閱讀報紙，用意是讓政策廣泛有效傳達。即使政策會導致鼓譟，也有星期日這一天來「沖淡」和「緩衝」。

被拘留的 115 名「政治犯」中有醫生、律師、記者、工運和學運領袖、反英同盟或共產黨分子。他們這一次被拘留好像沒有引起外界太大關注，也許他們中有人是不止一次出入拘留所的政治犯，這已不稀奇！

被逮捕的 115 人中，唯獨一位平常從外表看不出有政治色彩的馬來籍新聞記者賽，以及此次被逮捕人數之多最令人矚目，很快引起國際極大的反響。

也許賽是新聞記者，是馬來亞少有的年輕知識分子，未到 30 歲已是馬來亞唯一爪夷文前鋒報的新聞編輯。他被拘留之前因與馬來亞首相東姑發生矛盾，不准他再進入馬來亞。約一年後，李光耀總理指責他曾涉及汶萊內部的一場武裝叛亂，因此他很受到外間的注意，並不意外。

李不吃國際壓力這一套

賽被拘留期間，有國際大赦機構、國際筆友會、國際紅十字會、國際人權人道組織等等先後向政府表示關切，甚至出面干涉，要求法庭審判，要求釋放賽。連時任美國總統卡特也特地派遣代表團，由主管人權

及人道事務的助理國務卿,到新加坡來要會晤關在樟宜監獄的賽‧扎哈利、林福壽、謝太寶等人,但都被李光耀拒絕。李光耀才不吃這一套。

七十年代,日本國內也有左翼知識分子和社會主義者集合在日本三里塚、沖繩島,一方面抗議美國在國內設有軍事基地,一方面聲援賽,釋出賽的詩文日譯本。有一名外國媒體僱用的新加坡華人記者也參加日本的「AMPO」(安保)季刊,指責新加坡政府的逮捕行動。這位青年現在是中國學術界及國際企業界的聞人 —— 何光平。[40]

何光平家世很好,弟妹均受高等教育,可以說自幼捧著金飯碗吃飯的。未到20歲已為香港權威的英文「遠東經濟論壇」週刊撰寫政治經濟報導。1970年代中,與另一位印族同事阿倫在內安法令下被扣留,罪名是「唱衰」政府。80年代中獲「平反」為當局重用,受委為國家經濟委員會委員。母親李廉鳳是著名的雙語文專欄作家。她性格倔強,吳慶瑞和王鼎昌在1980年代中推動的「儒家學說」問題上得禮讓她三分。父親何日華曾任駐泰國大使及比利時(共同市場)的(無薪)大使。

70年代中當內安局逮捕少年的何光平時,母親四處奔跑營救,只要兒子不被關禁,罰金多少都可。據說她曾在高層那裡想辦法,失敗後,何母「飛電」丈夫辭去大使職務回新。之前,政府曾頒賜何大使「對國家社會優異表現」勳章。

光平出獄前,在政府(或電視臺)安排下與一記者及一官員在電視臺談論馬克思主義理論,對話內容精彩。光平的見解令高層折服。出獄後,光平進入新大(國大前身)完成學業。此前留學臺灣東吳大學及美國史丹佛大學。他自認是菁英中之菁英,以人本主義自居。

七八十年代間,甚至有認識他的人認為,他若有機緣參政,將是閣

---

[40] 關於何光平,這裡有一段鮮為人知的插曲:文中點到的何光平,是悅榕集團的創始人,太太張齊娥是集團的總監。悅榕集團在全世界擁有30家飯店,員工約12萬人。

第十一章 人物

揆人選，才幹不遜於第二及第三代領導人。年前，怡和軒出版的刊物中曾介紹何光平。

光平對自己早年的一段經歷似很得意。刊物中刊登他的話說：「西方媒體稱他是『出身牢房的富豪』，妻子形容他是『資本主義於財，社會主義於心』，而他總以『人本主義』自居。」（自我解嘲？）

國際組織的聲援原本要營救賽，反而越幫越忙，害他加長獄中歲月。國際組織完全不了解李光耀的性格是軟硬都不吃。多年來對李光耀的觀察，可以發現，凡是外來對他的壓力，百分之九十九（有一分他會）他是不會低頭，也未曾低過頭，不論是來自華盛頓，或北京。

李光耀有難以捉摸的性格。你若以強硬的態度對他，他會表現出比你更強硬。你若軟弱，他視你沒有脊椎，看不起你。只有向他投降一條路，宣布效忠。他一生中，對付政敵，誰看他手軟過？有人因此笑說他的掌心看不出有感情線。

有一些政治犯釋放前被安排在電視機前宣布徹底放棄共產主義或顛覆政府的行為，這是被釋放前的條件。你要轉向出獄，就得接受，算是對過去思想行為的一種公開懺悔。出現在電視機上被形容是簽下「電視明星」合約，賽說是政府的「釋放開價」。

有一些政治犯在獄中中途簽下「電視明星」合約，經在電視機前亮相後才獲准出獄。賽自始至終不接受這份「明星」合約，是為了尊嚴和信念？他在監牢過的日子，鍛鍊成他日益倔強不畏風雨，是外柔內剛的漢子。

所謂「電視明星」合約（也戲稱為「好萊塢明星」合約），是李光耀在60年代定下的規則，80年代後，似乎不曾再用到。

國際拯救賽案成了「案中案」，人權、人道問題雖使李光耀的一些

形象受到「干擾」外，並沒有壓力，反而帶給賽更大的困擾。對李光耀來說，外來壓力對他越大，他的抗拒力會更大。李光耀一生的個性是好「戰鬥」，有人向他挑戰，是正中他下懷，是越鬥越勇。對賽來說，他又一次失去每三個月檢討他出獄的機會。

賽於 1979 年出獄後，一次與我談心。他指出：過去好幾次，內部安全局認為他對國家已經沒有了「安全的威脅」，當局正考慮放他，又碰上國際人權和國際大赦組織出面向政府干涉。政府不能因壓力放人，他出獄的事於是又一次泡湯。

他再搞政治就砍下你的頭

到了後期，許多人都相信，賽與李兩人已是在鬥氣。

誰都知道，「賽案」自始至終都由李光耀親自處理。部長、總統都不好過問。

70 年代末期，賽已經被關了近 17 年，內安局檢討「賽案」，肯定賽對國家已經沒有安全威脅，向總理建議放人。雖然最後是放了人，事前卻有過一段插曲。

事情是這樣的：

賽出獄之後，一位內安局的多年朋友一天約我吃中飯，想了解賽出獄後的一些情形。

這位朋友轉述內安局長的話。

「賽對社會安全已沒有威脅，經檢討後局長向總理建議放人。現在賽已自由了，但總理關心賽會不會再參加政治活動。

「釋放賽前，總理曾提醒局長說，賽出獄後要是再搞政治，『我便砍下你的頭』。局長於是仍耿耿於懷，放心不下。想從你這裡了解一些。」

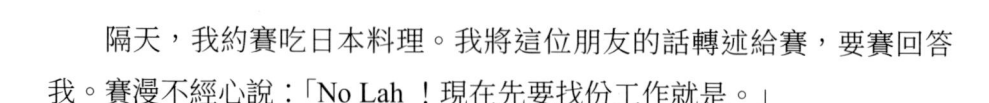

隔天，我約賽吃日本料理。我將這位朋友的話轉述給賽，要賽回答我。賽漫不經心說：「No Lah！現在先要找份工作就是。」

我曉得這位局長的名字，但迄今沒有見過他。我內安局這位朋友現在退休已有十多年。

賽被釋放的前幾年，有幾位西報記者朋友關心他在獄中關了這麼久，知道我和他的交情很好，要我向政府那裡設法去探監，試看能不能勸服賽放棄他的「信念」從而早日出獄。凡是認識賽的人都知道他是個溫和、忠厚好人，不忍看他與林清祥、方水雙、普都遮里、兀哈爾等激進帳子關在一起太久。我知道這些人（西報記者）有意思要我出面試試看。

我雖然樂意去做，但是，沒有人來找我，我也不便主動。直待賽出獄，我才聽到一些零星的聲音。當時相關方面非正式談過邀我入獄去「勸說」賽。有一「派」認為可試試看，另一「派」認為「陳」某不大可能同意。且因賽案自始至終直關總理公署，這事就此沒有下文。

拒絕李光耀邀請入黨

我和賽是在 1952 年採訪李光耀律師代表郵電工友聯合會與政府談商勞資問題的場合上認識的，我和賽也是一起與李光耀相識。距今已經 63 年。

賽出生於 1928 年，在著名的「哥打拉惹」馬來學校唸書，離校後於 1952 年加入當地一份馬來爪夷文前鋒報為外勤記者。我們的年紀相差三兩歲。當時的社會圈狹小單純。我們初入社會相互合作關照，成為莫逆之交。

1954 年，賽被調往吉隆坡前鋒報工作。1955 年，我們一起驅車北上吉打州，採訪歷史上有名的馬來亞首相東姑拉曼與馬共總書記陳平舉行的「華玲和談」。這時我已加入泛亞通訊社。我們在那裡合作採訪。賽當

時純是以新聞記者的眼光看問題,看時局,沒有政治立場。但是,在他出獄之後(2001年)寫的第一本回憶錄《人間正道》書中,所作的表述,卻與當年迥然而異。賽是以目前的感覺回顧當年?

翌年1956年,我被派駐西貢,賽在報社也升為總編輯。這個時候,新加坡的工運、學運,風風雨雨。林清祥第一次到吉隆坡,這也是他生平僅有的一次機會去吉隆坡。賽見了林清祥,一見如故。賽是性情中人,開朗、爽快。自此念念不忘林清祥曾到他吉隆坡住家作客的事。這有如九十年代初馬共解散之後,賽有一次到曼谷會見陳平,與陳平便有「相見恨晚」之感。

遺憾的是,賽出獄之後一直沒有機會與馬共「全權代表」方壯璧見過面。不然,他對方壯璧與李光耀的祕密會談,可能會產生另一觀點也說不一定,不致對方壯璧有太深的誤會。

有一次,賽告訴我,1950年代中期,李光耀和拉惹勒南認為,他是馬來族群中少有的知識分子,打算把他爭取過來。正如行動黨成立之初很需要有馬來知識分子來「平衡」。行動黨拉不走高級馬來公務員,只有在文化界中動腦筋。

1959年第一次憲制大選前,行動黨大力拉攏馬來前鋒報編輯部內的人才,當中包括行動黨發起人之一的沙末・伊斯邁,沙末後來與祕書長李光耀的思想南轅北轍,退出了行動黨。

行動黨執政後,李光耀總理向國會推薦馬來前鋒報社長尤索夫為第一任元首(接著出任總統)。現在市面流通的貨幣,是當今世界上信用安穩度最高貨幣之一,上面印的肖像就是尤索夫。

尤索夫的弟弟阿芝,曾是吉隆坡巫統要員。1950年後期至1960年代初當過馬來西亞農業部長,後來因印尼對抗馬來西亞時,涉及「叛國」罪入獄,總統的另一個弟弟拉欣・伊薩擔任過新加坡外交部高級政務部長,

第十一章　人物

亦是報界出身。總統一家出了「政壇三傑」。

前鋒報中另有資深記者奧斯曼渥當了社會福利部長。最初也有一位記者巴哈魯汀被攬入立法議院，未滿一屆英年早逝，時年未到30，至為可惜。

唯有賽・扎哈利「不識抬舉」，不接受李光耀的邀請加入行動黨。幾年後，李政府發現賽正在「玩火」，於是當年的邀請、勸告和忠告，最後演變成警告。這是1961年至1962年之事，隨之到來的，就是賽被拘禁17年漫長歲月。

從賽出獄後的情況看來，賽入獄之前已經加入了與政府作對的陣營，聽說還高居領導層，只是他從未在我面前提到這些事，莫非他瞞了我50年！

改變一生的命運

1957年8月31日馬來亞獨立前，賽已經是國內唯一爪夷文馬來前鋒報的總編輯。前鋒報在馬來亞的馬來族群中有很大的影響力，算是國家的主流報紙。

首相東姑拉曼，副首相敦拉薩對這份報紙極為重視。馬來青年知識分子對該報總編輯賽的待人做事恭謙有禮留下很好的印象。

馬來亞獨立後，前鋒報和巫統高層間從此的路線由矛盾醞成對立，報紙甚至譏笑東姑拉曼和幾位巫統高層人士的國語（馬來語）說得不比英文好，讀起英文報來要比翻開爪夷文馬來報順暢，寫方面更不用說了。

在這個仍然極為封建保守的蘇丹制國家，雖是君主立憲，可是開罪侮辱了此時聲勢如日中天，連蘇丹都得讓步的巫統，這位年少得志的賽總編輯在走到新聞事業的頂峰時，居然挖苦巫統，賽的麻煩要來了。

賽應該比任何人都曉得，巫統（UMNO）的英文簡寫是什麼意思。1953年，我和賽曾經到新山採訪巫統爭取馬來亞獨立的群眾大會。會議由東姑拉曼主持。會議議決案不為柔佛州老蘇丹伊布拉欣爵士贊同，即刻引起巫統領袖當晚抵制出席蘇丹的招待宴會，禮節上他們管不了身在新山，也無視伊布拉欣是半島9個蘇丹中最資深的一位州統治者。

那時，馬來亞政壇有一句取自巫統黨名的英文簡寫「UMNO」[41]的詞句，「You must not oppose」（「你不能反對」）。賽顯然犯了大忌而不自知。

報紙和東姑首相間之矛盾不僅路線尖銳對立，惡劣的關係發展到巫統非接管或收購前鋒報不可的地步。作為執政的華巫印聯盟（國陣的前身），巫統實也不能沒有自己的喉舌。殖民地時期，單獨在馬來半島就有四家華文報紙，加上兩份每日由新加坡運到的南洋商報和星洲日報，便是六份中文報。

世界古今中外，任何權威和獨裁的國家，凡媒體的立場不符合當權者的口味，結果不是被嚴厲制裁，就是被收買或接管。

這時，賽信心滿滿趕回新加坡前鋒報報社，希望爭取到同事支持他阻止巫統接管報紙。

巫統沒有用很大的力氣就成功接管了報社，賽可說是出師未捷身先死。賽進入新加坡沒數日，東姑一記殺手鐧宣布禁止他再入境馬來亞。賽不但回不了吉隆坡，總編輯的位子很快就給人取代，他是失業了。

現在他連新加坡報社的大門都進不了。門外騎樓雖出現一些支持者，也只是十個八個左翼工會分子。林清祥等人為他聲援是「雪中送

---

[41] 自馬來亞建國之初，華、巫、印聯盟，是由代表馬華公會、巫統及印度國大黨三大族群聯合組成，今國陣之前身。黨名的英文簡稱是 UMNO-MCA-MICAlliance。有人調侃各政黨的性格如 UMNO（你不能反對），MCA（MoneyComeAssociation）及 MIC（MayICome）。雖然不是反對黨發明的「短語」，也正好諷刺當時的政治現實

第十一章　人物

炭」，新加坡當局當然不能坐視情勢的發展。東姑一紙禁令，改變了賽下半生的命運

我記得1959年某個晚上，賽來吉隆坡火車站對面我下榻的Majestic飯店看我。他告訴我，東姑有意思派他去非洲國家當大使，但他不想去。他說這是東姑一夥人有意將他調開前鋒報。我說如果臺灣和馬來亞有外交關係，臺灣你去不去？賽回答：「不壞啊，你去過嘛！」

捲入政治風暴

賽於1961年被逼離開前鋒報不久，和幾位也遭報社（南洋商報，海峽時報）解僱的記者合作，在舊跑馬埔開設一間翻譯社。這些人中有幾位是我的好朋友。

這期間，賽告訴我清祥給他不少幫助。我與賽雖不「志同道合」，關係依然很好，能無所不談。我也盡力介紹認識的廣告商家給賽的公司。他那裡有時也幫泛亞社翻譯一些時事的稿件。

我確曾多次勸告賽疏遠林清祥，「因為你為他正走上危險又不會成功的反政府（新馬合併）道路。」賽回答：「你知道我不是共產黨，林清祥給我很大的幫忙，我不能在此時辜負他（Let him down）。」我對他直言相諫，他亦坦誠相對。我發覺賽此時已是「人在江湖」。

多年後，獄裡發生「事故」，林清祥宣布退出政治鬥爭路線。「孤雁西飛」自我放逐到倫敦。但是，賽仍堅持並繼續留在獄裡。

賽與我理念雖不同，我仍然認為他是個大好人，忠厚，人緣又好，可靠，是可深交的朋友。他入獄不久，據說，一度有意「轉向」，太太有一次探監，對他說一句話：「你若認為迄今所做的事是對的，你就堅持下去」。這句話使他繼續留在獄中，也使他性格變成倔強，犧牲家庭，斷送燦爛年華。

一些人可能視他是傻瓜，因為他原不是有強烈政治信念的報人，與那些極少數為信念而生、為信念準備死的先後被拘禁者比較，意義截然不同。

林清祥的生前好友，獄中伙伴十多人於2001年用英文集體寫作數篇文章出版一本追憶林清祥一生為信念抗爭的單行冊子 *Comet in Our Sky*（《長空的一顆彗星》），當中一篇是賽的文章，提到我勸說他疏遠林清祥。

書中各篇追念文對清祥有無限思念之痛是可以理解的。

意識形態不去提它，清祥是一位一九五〇、六〇年代極有魔力和魅力的青年，只是他選了不同的政治道路！

知道汶萊會爆發叛亂

1962年10月底，有一天賽從他的翻譯社打電話給我，說一兩天要去汶萊。我問他所為何事？他說要去那裡開一間翻譯分店。我多年前去過兩次汶萊，多少有些了解。我直接說他在騙我，因為汶萊人口不及20萬人，文化水準不是很高，又無國際商業活動，如當地有檔案要翻譯，可寄來新加坡，汶萊不需要翻譯公司，養不活一間翻譯公司。賽沒有多回答。但是，我從不懷疑他此行是「政治之旅」，是有動機的。他只笑笑說兩個星期後回來見。

賽過了兩個星期沒有回來，他多留一個星期。回來後，他來看我，告訴我醞釀中的馬來西亞大聯邦是不會成功的，因為汶萊不會加入。我說，因為你反對大馬所以說馬來西亞聯邦不會成功。

賽說：「你等兩個星期就曉得。」我沒有將他的話放在腦裡。

兩個星期後的1962年12月8日，星期六，晴天霹靂。

第十一章　人物

21年前這一天，日本偷襲珍珠港，同時在馬來半島北部哥打峇魯登陸，啟開了太平洋戰爭。現在，有些人記得這一天，有些人忘了這一天。

寧靜、受英國保護的石油小王國汶萊，果然傳來爆發武裝叛亂的驚人消息。第二天（星期日）消息刊登在各報第一版顯眼版面上。見報後，我馬上想到賽半個月前對我說的「你等兩個星期就曉得」。

發動汶萊政變，要推翻小王國的人物是汶萊人民黨領袖阿扎哈利（Azahari）。他的名字與本文主角賽·扎哈利只是「阿」和「賽」一個字之別[42]。

阿扎哈利在汶萊很得新思想年輕人的支持。據事後當局公布，賽與阿扎哈利及林清祥在汶萊政變發生前有過接觸，牽涉到的案情複雜且廣。帶頭對抗馬來西亞的印尼蘇卡諾總統，雖然自己國內窮困，也在金錢軍火上支持阿扎哈利。聽說這時賽是阿扎哈利的政治顧問，深涉叛亂。我曾問賽為何事先知道汶萊會有變數，是不是參與策劃？賽說「No Lah」。

報紙刊出汶萊政變當天，我跑去舊跑馬埔路賽的翻譯社找他，他不在公司。他的法國「標緻403」轎車停在門口。我在他車子的擋風鏡前留下一張字條，約他下午4時在巴爺禮峇消防局側對面的新加坡飯店的咖啡廳見面（現在的獅城大廈旁的公園）。

賽應約到來，我請教他汶萊叛亂和建立共和國的構想。雖然他有看法，我發覺他所說的內容，有很大的宣傳味。

根據治安當局透露，拘拿賽的三個月前治安當局已經嚴密監視他的行蹤。而我向來與他頗有往來，治安當局卻不曾在逮捕賽之前與後向我偵訊，使我覺得有點奇怪！

---

[42] 人民黨的黨徽是「牛頭」，又叫牛頭黨，是左傾政黨。

賽被扣前夕兩次來看我

　　1963年2月1日下午四點左右,是賽被逮捕的幾個小時前。賽到泛亞社找我,我們轉到大廈地下一樓(亞洲保險大廈)的咖啡廳,聊了約一個鐘頭。

　　他說這幾天急著找我,那時我人還在東京。我回來看到他,擔心他越走越近左翼的圈子,也關心他繼續失業的問題。

　　賽出獄後,於2001年出版的第一本回憶錄《人間正道》第176頁寫到此事,那是他被逮捕前一天,他來看我,交給我印尼大使館(時是總領事館)支付他一張票面$250元的現金支票,要我幫他兌換現款。銀行這個時候已經關門,我先兌換給他。

　　這張支票是印尼總領事館購買賽寫的一本《西伊利安》詩集的付款。當時,蘇卡諾總統正在國內和世界各地展開「收回」西伊利安領土宣傳運動。

　　賽離去約三個小時後,已是晚上7點鐘,我在社還未回家。他再給我電話說$250恐怕不夠,另要$300,留下家用。正好我方便。

　　不久,他再到社來。我把他要的現款準備好,與他開玩笑:「你和海峽時報記者馬哈迪哇明天可能去不了雅加達參加亞非新聞從業員的會議,因為你們可能被捕。」

　　事實上,當時島上的政治氣氛確很緊張。稍為關注當時政局的人都感覺到國內風雨臨頭,況且冷戰當年凡用「亞非」時髦名詞主辦的各種活動被都視為跟左翼有關或親社會主義陣營,而事實也是如此。

　　賽卻輕鬆拿出他的機票和護照給我看,自信滿滿說明天可以沒事出國。沒料到,數小時後他便被扣留。

　　第二天一早賽果然被扣,我也不再把這張印尼總領事館開給賽的支

第十一章 人物

票送進銀行兌現，今隔半個世紀，早已失落。

賽在回憶錄中說當我聽說他被扣留時「著實嚇了一跳」。說實在話，我對他在「冷藏」行動下被拘禁的事一點不感到意外，只是沒想到一關就是 17 年。

迷上「今天（我）不回家」歌曲

賽在 1979 年獲釋的前一年，從烏敏島給我電話，說是翻電話簿找到我的電話，說他現在已被遷送到烏敏離島「政治過濾」（軟禁）。說他在那裡生活孤單，之後又來信邀我去島上「野餐」（Picnic）。

這通電話讓我意識到賽被關的日子已經快要結束。他從樟宜監獄移送到烏敏「孤」島時，心情比較輕鬆，此時他若對十多年來的獄中生活留有一絲「懷念」，或許就是他在獄中學到喜愛唱的歌曲：1970 年代林竹君唱紅的那首〈今天不回家〉[43] 時代流行歌曲。

賽在他的第二本回憶錄《萬千夢魘》（頁 112 − 4，2007 年出版）談到「監獄播放的歌曲，從最初感到憤怒，後來也就學唱起來，裝得是『喜歡』聽那些歌來了」。以後，賽對〈今天不回家〉這首歌，縈繞於耳，有了好感，成了知音。

賽說他和受華文教育的獄卒也有說有笑，成了朋友。獄卒也多播放〈今天不回家〉這首歌，自己喜愛，也和賽分享。賽本人懂得一些華文，是他 60 年代自獄中學來的。賽幽默，他在「今天不回家」的歌詞加添三個字，唱出「今天（我當然）不回家」。回憶錄中寫道，那位獄卒聽了，就無奈大笑。「可憐你呀，賽！他（獄卒）反過來捉弄我，一面搖頭擺腦的。其他戰友都笑了！」賽在原歌詞加上「我當然」三個字，是自我解嘲！

---

[43] 〈今天不回家〉這首 1970 年代流行歌曲的原唱者是臺灣名歌星姚蘇蓉。同一時期另一首名曲是臺灣歌星紫薇唱的〈綠島小夜曲〉。兩首歌同出自臺灣，同樣風靡東南亞各地及港澳地區的華人社會。可是在尚處「戒嚴」的臺灣卻是「禁歌」。

1963年2月2日，在政府的「冷藏行動」中被捕的賽扎哈利，
在監獄中自製賀年卡給作者陳加昌。

「遺憾」的是他在烏敏「孤」島一年期間沒有朋友播放〈綠島小夜曲〉給他聽，我相信賽會喜歡的。賽的戰友看到我這段文字時，必會不舒適，覺得是對老友輕佻，不夠嚴肅、尊重。如果是，請諸位戰友諒解。我寫這句話，腦海中不斷浮想與賽半個世紀多前同跑新聞，同蹲在騎樓喝茶互換新聞時的珍貴情景。

賽重回吉隆坡團聚

賽出獄之後，我們很常見面，每週至少一次或兩次。我從旁觀察，發覺他出獄後，看到新加坡處處高樓，一派繁華景象，對現實生活和人際交往，一時似乎不太能適應，甚至有些失落。對外界17年的變化，人事滄桑，朋友已疏遠，過去的政治犯不少跑回馬來半島定居。他也感觸到轉向的前政治犯，有些已居於不同地位，生活過得平穩。賽對這些人沒有羨慕也沒有閒言。人生觀已變，抱著既來之則安之的態度。他很快也就適應一切，重回正常生活，腦子清醒，處事更為開朗。

他先在新加坡海峽時報[44]集團屬下的英文亞洲研究刊物擔任編審。

---

[44] 執行董事主席是納丹，後來出任新加坡總統，之前是情報局和外交部的高官。

第十一章　人物

這份刊物不久停刊。我請他到泛亞社編輯部幫忙。工作僅一年，正好馬來西亞恢復准他入境，他便搬到吉隆坡和子女團聚，安享天倫之樂。

他出獄之後，常和我談到寫回憶錄的計畫，要我幫他回憶發生過的事，交換意見。我將他獄中17年來寄給我的信件、賀年卡，他描述獄中生活的漫畫和表達心境的詩句送還給他留念。還有50年代他當記者時給我的一些私人信件（不過他不要原件，要我各複印一分給他）。[45]

他移居吉隆坡後，我每到吉隆坡必準備飯店專車（有時是他的女婿）接送他到我下榻的飯店，看他手挂枴杖拖著中風後未完全康復的身體、邁著緩慢搖擺的腳步到來，令我又高興又內疚。我們可以從中餐時間聊到吃晚飯。

第一任外交部長拉惹勒南及外交部政務部長李炯才
第一次（1975）訪中歸來舉行記者招待會。（泛亞社）

---

[45]　一部由本地自由電影工作者施忠明執導、拍攝、剪輯的紀錄短片《賽扎哈利的17年》，內容雖是50年前舊事，迄今尚列本地禁映紀錄片名單內。又一可惜的事，賽出獄之後，從他多部的回憶錄來看，他沒有放下對李光耀個人的舊恨。

李炯才 —— 沒有再上一層樓

出使埃及

知道我認識李炯才的朋友，也有媒體的朋友，很常問我一個老問題，這個問題可以說是關心，也可以說是好奇。李炯才在李光耀擔任國家總理的長時間裡，為什麼沒有被攬入政府內閣？我反問他們：「你問我，我問誰？」

李炯才 80 年代末從政壇退休以來，朋友的問題會偶爾浮現在我的腦中，因為我和他正確點說自從在新聞界認識已有 64 年了。身為朋友，我當然關心也很好奇。我和李炯才這幾年來比較常見面，我問過他為什麼不曾在長達 30 年的李光耀政府中擔任過部長？

我說，以你在人民行動黨中的第一代元老資格及在外交工作上的豐富經驗，沒有人能比開國總理更清楚你，他也公開讚揚你、肯定你。在黨中及公務員中找不到你如此完整的履歷。你的官運就停步於高級政務部長，不能再上一層樓，是缺乏什麼「東風」？你如今回想過去能夠無憾？

如上面所說，我和炯才兄相識 60 多年，可以無話不談，但他也不是「有話必說」的。

李炯才，熟朋友及官場慣稱他的英文名字縮寫 KC。他早年在新聞圈中的情形這裡暫時擱在一邊。自 1959 年開始走入政壇到 1988 年退休，凡 30 年，先是文化部政務次長，經歷教育部政務次長，又文化部政務部長，又外交部高級政務部長，最後結束於總理公署高級政務部長，與政府第一代內閣元老多人先後退休，告別政壇。

1968 年 4 月，新加坡舉行建國後第一次國會選舉，親共政黨社會主

第十一章　人物

義陣線主張「街頭國會」，杯葛選舉，給了行動黨全掃國會 58 席的機會，以後連續幾屆皆如此。

選後不久的一個早上，外交部長拉惹勒南召喚李炯才到部長辦公室，表示要外放他當大使，拉惹先提到開羅。關心時局的人略會知道，那個時候正有一小組以色列軍事顧問在此為新加坡訓練軍隊。埃及此時正是阿拉伯世界的政治中心，與以色列斷斷續續發生戰事，局面詭異得很。

拉惹向李炯才解釋為什麼選上他去做「安撫」阿拉伯人的工作。

其實，李炯才這一天到部長辦公室時，心裡想大選之後政府可能給他主管文化事務，即文化部長。這個職位是他有興趣的。李失望之餘，婉辭了赴埃及這門差事，說外交不是他興趣所在。

之後，李光耀總理召見他，再次解釋他出使開羅的重要性。

李炯才有一次告訴我，總理叫他到辦公廳說：「我要你去開羅當大使，因為我們現在與以色列的關係，會引起阿拉伯國家的不滿。」我對總理說：「I am a politician; I've no wish to be- come a diplomat.」（我是政治人物，沒有意願當外交官）。總理說：「That's the end of your political life.」（這將是你政治生涯的終點）。

李炯才出使開羅的事，他在《追尋自己的國家》回憶錄中提到。但是李光耀「提醒」他的那段話，回憶錄（p.364）並無記載。

李炯才最後接受了這份差事，以開羅為他的駐任大使館也兼任駐南斯拉夫、巴斯基坦、伊索比亞及黎巴嫩大使。一身兼任五國大使，當時國家獨立初期沒錢，沒人才！三年後，李炯才回到東方出任駐印尼大使，旋駐日本兼韓國大使。這就是他歷任八國大使的外交服務紀錄。

李炯才第一次出使外國就是到一個國情微妙複雜的國家——埃及。

身負的使命自然重大。這個時候，新加坡與以色列已有往來，而且是屬於軍事訓練新加坡的武裝部隊。差不多同一個時候，新加坡委任一位歐亞裔軍人駐以色列，這件事給當地英文海峽時報記者獲悉。記者趕到這位軍人家中採訪，逼得這位軍人外交官連夜跑到報館喊「多隆」（求饒），手下留情，不好把消息洩漏，不然新聞在第二天見報，就必「見光死」。

李炯才當年在印尼采訪萬隆會議時必見過個子魁偉的埃及總統納塞。納塞於 1955 年出席萬隆會議，兩年後宣布蘇伊士運河國有化，招來英法聯軍（以色列單獨行動）攻打。他的政敵看他是梟雄，埃及的國人看他是「巨人」，阿拉伯世界看他是「強人」，他是李光耀總理 40 年代末期留英時的同學卻少人知道。

李炯才新聞記者出身背景，雖然他的手腕沒有一般熟練外交官圓滑，但他做事認真、誠懇和執著，融洽於外交圈，與同行間周旋是不會有太大困難的，雖然他所代表的國家是極其微小。

在埃及，他很快使到阿拉伯世界了解剛建國的新加坡為何需要有自己的軍隊。因為這些國家曾有過類似經歷。

李光耀到印尼「修補」籬笆

1960 年代的 10 年裡，新加坡和印尼之間存著一些歷史恩怨情仇，正等著妥善解決。

繼阿拉伯國家，尤其曾與以色列交戰過且失去一片國土的埃及，今不因新加坡與以色列建立關係覺得不舒服。在開羅三年任期中至少沒有出過狀況，李炯才算是沒有辜負高層的期望。政府接著派他南下到地理位置一水之隔的印尼，著手修補一段不愉快的過去。

所謂新加坡與印尼有一段恩怨情仇始於 1962 年，印尼開國總統蘇卡

第十一章　人物

諾宣布他「粉碎馬來西亞」的政策。1965年3月，新馬分裂半年前，蘇卡諾派遣一隊海軍陸戰隊潛入新加坡，在鬧市區烏節路滙豐銀行大廈側門引爆炸彈，導致三名國人喪生。當局後來逮捕的兩名印尼陸戰隊員，經過審訊又上訴多年，法院維持死刑原判。1968年，執行絞刑前，印尼蘇哈多總統派特使前來要求新加坡大赦兩名死囚，未得圓滿回覆。行刑當天，島上及海面有國人組成的自衛團徹夜巡邏，防止陸戰隊同袍會有行動。印尼在新加坡的大使館周圍亦有保全戒備。「風聲鶴唳」的氣氛很濃。這一天在雅加達的新加坡大使館的部分建築物被印尼群眾縱火，館內部辦公桌亦被破壞。

1970年7月在開羅使館任滿歸來的李炯才再調印尼。兩國關係雖然已經解凍，但加溫緩慢。李光耀2000年9月16日77歲生日那天出版的回憶錄中讚揚李炯才到印尼履任是「下足苦功，成功地與蘇哈多最接近的印尼高級將領打交道……慢慢地他和這些將領建立了個人之間的了解和信任」。

李光耀說「他為我1973年5月去印尼訪問『鋪平了道路』。」李炯才告訴我，李光耀問他「要怎樣才能使蘇哈多喜歡我（們）」？

形勢比人強，印尼這個時候對外和國內的各種情況逐漸恢復常態。前些日子主張國家推行「新秩序」的反共及反蘇卡諾舊體制的右派學生聯盟團體（KAMI及KAPI）的成員已先後回到校園上課。學生這項運動，幕後是前任國防部長陸軍強人納素頓將軍所策動。國內共產勢力已完全消滅，蘇哈多政權已穩。

現在，在新、印關係方面，妨礙兩國外交之路順暢往來的最後一塊落石有待移開。萬事已具備，只欠東風，就是等待李光耀官方訪問時到國家英雄塚前獻花。

凡是有國家元首或貴賓到印尼訪問，常會被安排這個「禮節」。「卡

利巴達國家英雄塚」位於首都雅加達郊外，被視為神聖之地，早年為國家爭取獨立的烈士均埋葬於此。

1973年，李光耀感覺到新、印復交後的關係改善依然緩慢，於是決定親自訪問印尼。在雅加達，他由外交部長拉惹勒南，駐印尼大使李炯才及印尼方面數位將領陪同，在國家英雄塚向1965年9月30日印共發動政變時被殺害的六名反共高級將領獻花圈致悼，一方面也在那裡附近向被處死的兩名陸戰隊員墓地撒下花瓣。[46]

經過半個世紀，新印兩國建立了鞏固和密切的關係。

我在印尼的同事桑惹多（與阿當·馬立克在報界共事過），這一天在場，據他的報導說：「李光耀不驚不餒，看他心裡早有所備，雖神情繃緊，撒下花瓣剎那，賓主鬆了口氣。」

兩國從此順利開拓新的外交。一些印尼知識分子將李光耀到來的三天官方訪問，第一天行程便安排到國家英雄塚，形容這與其說純粹是外交禮節，不如說是表示「贖罪」。也有一部分印尼人認為陸戰隊員在新加坡被處絞刑，是李光耀所為，是他拒絕蘇哈多總統要求赦免兩軍人。

但是，一份椰加達報紙對李光耀在英雄塚撒下花瓣，翌日在報上評論說：「（李光耀）僅僅的十五分鐘所為，對改善兩國關係，比雙方須經多次談商要有功效。」

李光耀結束三天行程回國時，有評論員說，李光耀到來「修補」印尼的籬笆。也有印尼政治觀察家發現李光耀和蘇哈多兩位政治領袖的互動

---

[46] 2014年2月初，印尼當局突然宣布以1965年在新（因犯下恐怖行為）被捕處死的兩名陸戰隊員、25歲的奧斯曼阿里及21歲的哈倫賽的名字為一艘護衛艦命名。消息傳到新加坡，即刻掀起官民兩方強烈關注。副總理兼國家安全統籌部長張志賢、國防部長黃永宏及外交兼律政部長尚穆根分別致電印尼有關當局，表示「會重新揭開舊傷口」，希望印尼考慮更名。印尼當局表示會記錄新加坡的關注，但不會改變命名決定。印尼外長馬蒂對新加坡的反應感到意外。他強調印尼海軍護衛艦的命名並無不良動機，沒有惡意，也沒有包藏禍心。新加坡最後的決定是，撤回印尼軍方代表參加2014年航空展的邀請，並宣布新當局禁止這艘軍艦駛進新加坡水域和實施各種抵制措施。

第十一章　人物

接觸，印象是，前者李光耀受過良好教育，有素養，是有磨練過的法律人，是位可怕又直率的對手。相對，蘇哈多雖是職業軍人出身，但給人有父輩、慎重溫文的形象。兩人做事方式和風格縱使不相同，大體上都能合作。

有天時地利人和大使命

出使中東之後，李炯才這一次轉到印尼，他的外交官運可算是順遂。

在印尼，他有「天時、地利與人和」作陪。印尼的「天時」，經過一陣巨大的政治暴風變了天後，如今換來藍天碧海，風和日麗，現在（政治）氣候也已穩定。「地利」方面，新加坡與印尼一水相隔，兩國增強關係比任何國家的距離要「近水樓臺」。前文說李光耀到印尼去走了一趟「英雄塚」，重新建立兩國經濟、政治與外交關係，比任何國家都要「捷足先登」，有水到渠成優勢。

至於「人和」，再和諧不過。李炯才在印尼常常要互動的重要人物是外交部長阿當‧馬立克。這位外長與李炯才同是新聞記者出身，都有密密的記者細胞「相輸」。兩人也就會有許多共同點。交談起來，公或私會產生一種「化學」反應，一見如故也是正常的。

此外，1955年在萬隆舉行的「亞非會議」，是印尼第一次主辦的第三世界（29個國家）的國際政治會議，也一直是印尼上下引以為傲、經常回味和炫耀的歷史大盛事。李炯才採訪過是次會議。他在印尼與馬立克外長會面時，從記者時代的共同點談起，扯到萬隆會議是很自然的話題，兩人的情感心理更會因此拉近。以後，來去印尼外交部，就像看老朋友。

這點「人和」，已使李炯才的工作產生事半功倍之效，加上蘇哈多將軍（總統）身邊幾個主要將領（情報、國防公共及經濟）同樣主張早日與馬

來西亞和新加坡加強關係。外長馬立克接著也是創立「亞細安」機構的五國推手之一。整個區域的氣候環境已很明朗。

蘇哈多於 1966 年登臺組織軍人政府，在位 30 多年。初時，組成的內閣核心幾乎清一色是軍人，唯一文人馬立克則手握國際及區域發展關係的外交重任大權，歷時 11 年之久（1966 − 1977）。當中主要原因之一是印共發動流血政變失敗後，馬立克展現出他的膽識和魄力，在茂物蘇卡諾的「獨立宮」裡向蘇卡諾逼宮，要他對國事放下政權。

以蘇哈多為首的數位擁有實權的將領，沒有一人敢出來冒犯蘇卡諾，個個恭恭敬敬。最後，還是由馬立克，一位手無寸鐵的文人、前新聞記者，膽敢在軍人之前演「宮廷政變」的關鍵角色。當時，政情所逼，形勢和聲勢都比人強時，印尼獨立國父，就此黯然下臺，憂鬱不樂，不久去世。

蘇哈多能建立「新秩序」體制，馬立克可算居功至偉。他在位時厥盡外交工作本分，蘇哈多不曾多心過，不擔心這位膽敢直闖蘇卡諾的文人會有政治野心。

馬立克於 1917 年在北蘇門答臘一個縣鎮出生。20 歲入行當新聞記者。後來創立安打拉通訊社。印尼獨立後，安打拉通訊社被收為國營機構。

1950 年代以後，他想打進國會推行國會民主，被當時的極端派總理封殺，進不了國會。1963 年冷戰時期，蘇卡諾總統推行他的「指導民主原則」政府，派他出任駐莫斯科大使，在那裡三年，他對蘇聯的社會主義體制大失所望，對共產主義亦幻滅。

1966 至 1977 年，當完 11 年外交部長職務後，短時期擔任「印尼人民政治協商會」（國會）議長。不到一年，當選印尼副總統。1984 年病逝，享年 67 歲。

第十一章　人物

赴開羅前約我喝茶

　　李炯才出使埃及約三個星期前，突然打來電話約我當天下午在諧街一間叫 Pola 西果店咖啡室喝下午茶，看來似很急迫。

　　Pola 咖啡室離政府衙門區很近，新聞記者常到這裡歇腳喝茶聊天和交換新聞。從市政府大廈總理公署，李炯才辦公的外交部步行三兩分鐘即可到達。

　　在咖啡室，李炯才告訴我不久要去開羅當首任駐埃及大使，約我見面談談中東的情勢。

　　我坦誠說我對阿拉伯的情形，知道的僅是外表，不會太了解。不過，我提醒他中國對那裡有很大影響，應是 1955 年因萬隆「亞非會議」舉行後的事。

　　我說，你去開羅會碰到中國駐埃及的大使黃華（王汝梅），他是位資深外交官。朝鮮戰爭停火談判，日內瓦會議及萬隆「亞非會議」，他都是中國代表團主要成員。早年出身於燕京大學，英文流暢。還有一位駐法國大使黃鎮，他在「亞非會議」期間是駐印尼大使，兩人都是周恩來嫡系。此時中國大陸如火如荼展開的文革，不少駐外大使先後被召回，黃華、黃鎮及陳家康這些出席過「亞非會議」的代表沒有被文革狂潮波及，也是受到周恩來的庇護。

　　李炯才對黃華的名字比較陌生，想多了解。兩人同是在埃及，代表的國家還有「敵意」，見面還是處於不能正面溝通的階段。李炯才到任後，給我來信，要多了解黃華。

　　我對黃華此人有興趣，因為在亞非會議閉幕的一個酒會上，我問他（主人）一個問題（「高崗事件」，見拙作《越南：我在現場》，頁 32）令他不悅。之後，我加入泛亞社，知道社長宋德和、總編輯李宜培曾是他燕大時

代的同學，尤其是社長宋德和，在板門市、日內瓦及萬隆國際會議上都與黃華碰過面，只是雙方不打招呼。從他們那裡，我對黃華略知多少。

我跟 KC 說，中國外交在中東、非洲一帶很活躍，好像都在意識形態上，在坦尚尼亞幫助建造鐵路，自己國內卻民不聊生，餓殍到處。另一方面，臺灣在非洲的影響力也不能忽視，說到這裡 KC 有些驚愕好奇問我，非洲有臺灣勢力？我說臺灣在非洲有很成功的農耕隊幫他們耕種，有位在那裡活躍的楊西崑大使，非洲人感謝他的貢獻，稱譽他為「Mr.Africa」和農耕大使。

戰戰兢兢北京行

1975 年 2 月過了農曆新年的某一天，KC 掛電話約我中午在哥倫坡坊大廈「仙宮樓」中菜館吃點心。我應約。當時，他駐印尼大使任滿，已經回國擔任外交部政務部長。我上次與 KC 碰面喝茶已是 7 年前的事，是他出使埃及之前。以後很少見面，我多數時間在中南半島。

哥倫坡坊大廈內一部分樓層是用來做外交部別館，也有律師樓和政府其他部門，頂層是「仙宮樓」。這座大廈年前改建為最高法院。外交部本部是在市政府大廈內三樓，與別館僅一條後巷之隔。

KC 告訴我他和外交部長拉惹勒南不久後（三月間）會率領一個代表團訪問中國，要和我談談一些事。KC 多次對我謙虛坦率，令我愧當不起。

一行人有外交部長拉惹、政務部長李炯才、港務局暨星發展銀行主席侯永昌、經濟發展局副主席唐義方及隨行祕書。五人中了解中國的應該是唐義方，他在中國出生，戰後，國民政府派他在聯合國機構下擔任顧問，旋被調來協助制定新加坡的工商規劃總藍圖。之後，決定留在新加坡成為公民。

我聽說新加坡即將派代表團訪問中國，一時感到驚愕，但我沒有把

第十一章 人物

感覺反應在 KC 面前。訪中國的消息，有如兩年前（1973）我在友人那裡聽說李光耀一星期後要訪問臺灣同樣愕然。我當時以李總理過去對臺灣的態度，不敢相信訪臺會是事實。如今兩年之後，代表團訪問中國。從當年的環境、政局來看，都是不可想像的事。

此時的外交部，了解中國事務和懂得中文的官員好像沒幾個。當中有外交經歷的政務官除 KC 外好像找不到第二人。在市政府大廈內的公務員，懂中文的也沒幾人。

新加坡的政治教育自殖民地政府時期實施緊急法令至行動黨登臺執政到 20 世紀末，對華校學生的意識思想控制很嚴，凡共產思想書籍均視為不良刊物列為禁書，兩地人民往來亦有年齡限制。新加坡當局對與中國大陸往來嚴格控制這點，自是未可厚非，事屬必要，但也造成一代人對中國大陸政治的了解斷了層，這是必然要付出的代價──利與弊！

我們談了一些，揣測會見到對方的什麼人，談些什麼？

當時最使外間關注的是中、新建交問題。李炯才認為這還是遙遠的事，表示如果對方提出這個問題，也只能重申會是亞細安中最後一個與中國大陸建交的國家。

此時中國內部還因文化大革命帶給外間許多負面感受，四人幫還在，雖然文革已經進入尾聲，但是國情依舊激盪未明朗。

KC 說，此行可說是「戰戰兢兢心情」。KC 及拉惹一行代表新加坡作「破冰之旅」也好，初次官方接觸也好，雖不致「如履薄冰」，但我感覺到 KC 的心情是既緊張興奮亦沉重。

千里迢迢趕來看哥哥 30 分鐘

大陸之行回來後，KC 同樣約我再在「仙宮樓」吃午飯，談他的心得。KC 談及代表團由北京啟程回來前 30 分鐘才能在機場見到弟弟。弟

弟坐了兩日夜的火車老遠從新疆趕來看哥哥。兩兄弟一別25載見面時相哭擁抱。弟弟是50年代時回國升學，因英文底子好，當局指派他念俄文。等到反蘇修時代，弟弟便被放逐到新疆。過後哥哥想盡辦法，都不能將弟弟帶回新加坡來。

同樣，唐義方和侯永昌在大陸的親人也在他們登機的半小時前，老遠從內陸及廣東趕到北京機場見面，一行人感覺這是刻意安排，不讓親人有充裕時間向他們訴實情。

李炯才在外交前線，好像都是為微妙國情的方向開路，先是開羅，繼印尼，最後是中國大陸。以後出使日本及韓國，新加坡的外交機制已經建立，職業外交官已經出籠。KC一生喜愛政治，但因國家需要，只得轉換跑道走上外交之路，直到退休。

關於他不能再上一層樓被攬入政府內閣中，KC說李總理很早就提出三個內閣職務給他任選一個。但不知何故，部長職位總是和他擦肩而過。

早年，李光耀總理有一次任命三個政務部長，總理公署依序排名，耶谷、李炯才及另一人。

當晚的電臺新聞廣播，將李炯才的名字排列在耶谷之前。李光耀聽了廣播，甚為冒火，立即打電話到電臺詢問一位值班編輯：「Who is the clever fool who changed the listing？（是哪個聰明的笨蛋將名字順序顛倒），你應該知道耶谷在黨中比KC的資歷要深。」

這位編輯可能考慮到KC是新聞記者出身，也是看管媒體的（文化部）政務部長之故。

熊抱換來捱罵

1978年，南北越南統一後的第三年，與亞細安國家的關係依然停留在意識形態上，但是它在摸索改善中。當然是從傳統貿易開始。

第十一章　人物

這年夏天,河內派外交部次長范賢到東南亞國家(越南不肯承認亞細安組織)試探促進貿易的可能。

范賢到達新加坡那天,由外交部高級政務部長李炯才到巴耶利峇機場接機。范賢下機見來接機的李炯才,張開雙手向主人作個「親熱」的熊抱。「熊抱」在共產國家和社會主義國家裡是一種慣例,較少像西方的握手致禮。

兩位外交高官「親熱」的熊抱姿勢照片第二天見報,李光耀總理不以為然,批評自己人說,這種照片容易給人傳遞一種錯誤的訊號。李總理對這類事情很敏感。

為李光耀化解尷尬

1980年11月9日,李光耀第二次到中國訪問,停留約兩個星期,與第一次訪問相隔已經四年,文革已經結束,改革伊始。

兩星期的訪問總共遊覽七個地方。在北京,李總理的對手是趙紫陽總理,兩人的會談當時傳說不會太融洽,問題卡在新方提出(一)中國放棄支持亞細安國家內的共產黨分子;(二)未來的柬埔寨應該是中立,不受蘇聯和越南,也不是中國支配的柬埔寨。

原本宴會上兩國總理都得講話,經東道國的要求,認為這類課題不宜公開發表,兩國總理於是取消在宴會上演說。

隔天,李光耀一行人,同遊承德避暑山莊。那裡的黨書記事先準備好筆墨,請總理題字留念。隨行的李炯才事後回憶說,「李光耀這時有點緊張,因為他此生從來沒有握過毛筆。他呼喊『KC你在哪裡?』我回答:『就在你背後。』總理告訴我『做點事,不然他們以為我們是未開化的人(barbarians)。』我拿起毛筆,揮毫前想了一下寫些什麼,這時正好是秋天,便寫下『秋到山莊心愉快』。題字前總理夫人也說『KC,不要

丟國家的臉。』之後,總理很高興,謝我之外,說『你替我做了件好事』(……for saving my life)。自此以後,凡有人送總理『文房四寶』,總理都會叫他的侍衛送到我家來。」

認識兩李的人均知道,兩人同是客家人,而客家人性格通常以「硬頸」的多。

1980年,李光耀總理第二次訪問中國。一行人遊承德避暑山莊時,當地黨書記請總理題字留念,總理吩咐隨行的李炯才代筆,寫了「秋到山莊心愉快」。(李炯才提供照片)

李炯才退休後,心情輕輕鬆鬆還我「記者本色」。這幾年來總共出版十二三本中英文著作。在新加坡,半世紀政海浮沉人事中,除了李光耀能有許多資源,而在他晚年完成的多本鉅著,可譽為現世「資治通鑑」之外,其次著作最豐的應該是李炯才。

蔣孝武來新

1986年3、4月間,蔣孝武到來就任臺灣駐新加坡商務代表處副代表職不到一個月,代表處的新聞組組長羅由中打來電話說副代表要請我吃飯,並且已定好時間和地點。2013年羅由中出任駐吉隆坡臺北代表處代表。

第十一章　人物

　　蔣孝武是何許人，這裡不必特別介紹。簡單說，他是故蔣介石總統的愛孫，蔣經國總統的次子。

　　羅由中為了我們的方便安排在羅敏申路傳信大樓地下半樓一家新開的西餐廳。這裡離珊頓道聯合工業大廈內代表處及我在亞洲大廈（現改為高級公寓）辦事地點都很近，各步行 5 至 10 分鐘就可以到。

　　這間西餐廳內的陳設，在 80 年代算是最好的一間，有清雅和古典氣氛。西餐廳取名「1819」，應是紀念英商萊佛士登陸新加坡的那一年。它屬馬可波羅飯店集團所有，於 90 年代結束營業。

蔣孝武很清楚他在新加坡的「一舉一動，一言一行」格外受到外界注意。

　　順便介紹羅敏申路。羅敏申路是戰前新加坡的商業中心。路的中段是「老巴剎」，對面文達街口是外匯大廈。外匯大廈變成今日的面貌前，這條珊頓道只是一排三四層樓高的商店及辦公樓。這裡曾是戰前填海地，英國殖民政府嚴格限制造樓的高度。科技發達的今日，那裡早已可以建上四五十層高的摩天大廈。

　　1969 年，臺灣商務代表處初期的地址是在此處工商銀行大廈二樓內。其左旁舊式建築物原是英國海外電報局大樓 C&W（Cable and Wireless）。

　　這座電報局百年來，自戰前、戰時（日軍占領時）到戰後冷戰期間，往來世界各角落的重大政治、軍事，經濟通商、人事、善報、惡報都必須經過這座電報局收發，將消息傳達到相關機構或人士的手上。國際通

訊社和本地報社收發的新聞及新聞傳真照片更需要它常年扮演日夜不休的角色。

這段路也曾被稱是新加坡的「艦隊街」(fleet street)，仿倫敦一「艦隊街」名，曾是多家報社所在地的原因。到 60 年代，這狹小直徑半公里的面積範圍（包括絲絲街），就有 8 家國際通訊社（6 家設在電報局大廈內）。更早時，有本地南洋商報、星洲日報、海峽時報、馬來前鋒報、自由西報、中興日報（停刊）、南僑日報（被封）及邵氏電影辦的電影娛樂刊物、粉紅色三日刊等等總共近 20 家。

我自入行新聞界，在羅敏申路一帶日夜走動了 50 多年（1950 年－2006 年），幾乎占我一生歲月。對這裡有情感一串串，如今懷舊雜憶，珍貴珍惜豈可無書！

叫蔣孝武太沉重

回到蔣孝武的餐桌。蔣與我還有羅由中共三人。羅很年輕，頂多是三十出頭。餐廳入門處，另備有兩個人的餐桌。一位是給蔣的司機，另一位相信是新加坡派出的保全人員。

雖然和蔣孝武初次見面，看他溫文的舉止言談持平，很有紳士風度，到底自小是受過官邸教育？不像外間說他是急躁和暴跳如雷的性格。至少我的印象是如此，我們的談話也不因他是外交官和赫赫的家庭背景有所拘謹，倒是輕鬆自在。

他開啟話匣子，問我工作的情形，去過臺灣沒有？他說，他很羨慕媒體人的工作，他說自己也是媒體人，很喜歡這工作，來新前是「中廣」的董事長，希望有一天回到原來工作（媒體）的職位去。

我說，我剛從臺北回來，我帶得意告訴他我今天見到代表（孝武），已可以說是極少數見過蔣家（蔣介石老闆統及經國行政院長父子）三代人

第十一章　人物

的海外華人之一。我也說我的幼妹真愛與你的大嫂蔣徐鼐錦是 1962 年臺大外交系畢業的同班同學。他只聽不回應。

桌上，蔣孝武酒不沾口，我要了一杯「看巴黎蘇打」，只見他餐前餐後服了幾顆藥丸。我之前已聽說過他的健康情形，這裡不便問他。

蔣孝武很清楚他在新加坡的「一舉一動，一言一行」格外受到外界注意。旁人不僅看他是代表國家，也代表父親蔣經國，更是不能給蔣家世代無光。到來新加坡扛起的重任，對他是沉重的。

我問他胡炘代表有你在此做他的助手會不會覺得不自在？蔣回答「不會，胡將軍一路來是在官邸，看著我們長大，是我們的叔輩，是一家人，一切都很自然。」

後來，從代表處一位胡顧問那裡聽說蔣孝武到任後很快要約我吃飯是看了（1986 年）2 月 28 日我在聯合早報寫的一篇令他感動的評論，那篇評論談的是〈和中國打經濟交道所不能不想到的事〉。

評論提到蔣孝武 2 月 18 日抵新當天，中國國務委員谷牧正好到來訪問。敏感的日本記者朋友從香港及東京打來越洋電話，向我求證新加坡是不是安排一個平臺給蔣谷兩人為兩岸問題接觸。我說這是不可能，一個是到來赴任，另一個是訪問，兩人應該沒有關聯。胡顧問告訴我說，初到任時，看到這篇評論，他很激動說沒有想到新加坡還有人要寫文章評論兩岸的事。

蔣經國用心良苦

一年後，胡炘任滿回國，蔣孝武升為代表，設在珊頓道聯合工業大廈內的代表處不敷應用，正好新政府在阿歷山大新建的海港局大廈落成，蔣代表於是將代表處遷移到大廈的 24 樓，由故王鼎昌總統夫人的建築設計公司布置。不久，蔣經國總統去世，哀痛的追悼會在代表處肅穆舉行。

蔣孝武初時被父親派來新加坡，據說本人並不很喜歡這份差事。來新原因傳說是因與1984年10月15日美國發生《蔣經國傳》作者劉宜良被國民黨特務越洋槍殺的江南命案（江南是劉宜良的筆名）有牽連，隱隱約約以蔣孝武為影射中心，又經過內外的刊物繪聲繪影，渲染報導，加上他本人身世背景，一時彷彿成為江南命案的關鍵人物。此時，情勢所逼，使他不得不暫時離開臺灣，成為江南命案犧牲的第一人。

臺灣島上複雜的政務，民粹和黨外（民進黨前身）問題已經夠使健康欠佳的蔣經國煩惱，今又製造出江南命案，加上命案竟是發生在美國境內，這已經不是美國關注的事而已，而是要直接干涉到臺灣的內政了。

蔣經國決定派孝武為駐新副代表。一方面有過去侍從室的長官胡炘「看管」，又可以避開臺北的鋒頭。其次可以遠離臺北的政治是非圈。很多新加坡人在推測，孝武可以在此一邊與新加坡未來總理李顯龍促進感情，又可將他交給李光耀協助「看管」。什麼傳說都有。蔣經國雖多病纏身，依然看出其用心十分良苦，脫不了父子骨肉親情。

李登輝繼蔣經國遺缺，就任總統。李登輝於1990年2月調蔣孝武出使日本，擔任「亞東關係協會」代表（相同於大使）。

1月19日，我安排駐在本地的十多位日本記者在 Carlton Hotel 華樂飯店與蔣孝武餐敘。一方面給蔣壯壯行色，另一方面介紹即將去日本赴任的臺灣「大使」給日本記者見面，亮相戰後日本的恩人、蔣介石的孫兒。

邀請這些日本記者時，我請他們免提江南命案。但是餐桌上還是有共同社記者小林幹夫問蔣。我正要提醒他我們先前說好的「約法三章」，沒想到蔣孝武搶著說，沒有關係，儘管問好了。結果只有他一個人問，也問不出什麼新的話來。

隔天，蔣孝武的祕書陳忠到我社裡來，堅持還我昨日午餐的錢。祕書說，代表堅持由他請客。陳忠在蔣調駐東京不久也被調去汶萊。

第十一章　人物

這幾年來，有三位駐日本的新加坡大使好友赴日本就職行前，我都邀請駐新的日本記者及大使館新聞參事聚餐，為候任大使壯行，也介紹記者們與新大使認識。70年代初有黃望青大使。當時，日本駐新記者還不到5人，在海皇歌劇院中午點心。黃金輝（後來的總統）及李炯才出使日本是在80年代，正好新加坡經濟快速成長，也是日本經濟奇蹟巔峰日子，新馬都急著向「日本學習」。這時，日本駐新報紙、通訊社及電視臺記者多達十四、五人，成了外國駐新媒體中的最大族群，西歐國家媒體已日落西山，不能同日而語！

沒有買成百麗宮

1989年有一天，報界前輩薛殘白來看我，告訴我說，南洋商報老闆李友成已經準備將烏節路一塊家族地產「百麗宮」脫手，問我能不能幫忙在日本找到買主，這塊產業現在已屬新加坡報業集團所有。

我知道這塊地是當地聞名地標之一，有很大的發展潛能。好幾年來，經過南洋商報與行動黨政府間發生摩擦，有不愉快事情之後，政府又將南洋商報和星洲日報合併為一，也就是目前的聯合早報，李友成家族對新加坡已經灰心，要遠走他鄉。

薛殘白自南洋商報退休後的幾年，一直努力說服李友成將這塊地標放手，李家總是三心兩意。

薛殘白說，李家這一次（1989年）是真的了。已經開出價錢，有三億新幣就放。我告訴薛老，日本關係和企業界是有朋友，只是要達致成交，對方決定前有多樣多層的工作，須要很長時間；而且日本似有法律規定個人及企業不准在海外置產。我在薛老熱忱的頭上澆了冷水。

但是，我也給他一線新的希望，結果又落空！

我想起試探臺灣駐新商務代表處，向蔣孝武提出構想，他或者會有

興趣。而且一旦決定，成交會很快，這宗「買賣」，可能一個人就可以「決定」。

我為什麼這樣想？1974、5 年以後，亞細安國家對中國大陸軍事政治的戒心，大致已「鬆懈」不少。有幾個亞細安國家先後與中國建立了邦交。

新加坡自 1965 年獨立建國以來就已多次向世界申明它會是最後一個與中國建立邦交的亞細安成員國。

現在，一度受中國創傷（1965 年 9 月 30 日）極重的印尼共和國，經過 20 年風雲滄桑，都已開始與中國談復交的技術問題──如解凍封冰的邦交，那麼新加坡和中國建交之路已經不遠了。

我告訴薛殘白我試試看。我的意思是，如能買下百麗宮，略加設計修改，目前在海港局大廈的商務代表處，可以搬遷出來。比方，中華航空、第一商業銀行、臺灣酒樓餐廳、旅行社、書局、百貨商場、展場（有如 70 年代牛車水那裡的「大星」百貨）、臺商會、留臺校友會等等，多姿多樣都融在那商業區中心一個大屋簷下，配合烏節路一帶的熱鬧，24 小時不關燈，是再理想不過。

這個時候，臺灣李登輝總統的椅子還沒坐穩，李對蔣孝武多少還得讓幾分的。

一天，蔣孝武的一位 X 顧問過來看我，反映蔣孝武的意見。大意說：「臺灣要買這座大廈（百麗宮）並不困難，錢沒有問題，蔣代表也喜歡這個構想。問題是，若買了下來，臺灣的媒體必會用各種角度來看，必有雜音，你想臺灣媒體會傳出什麼難聽的話來，醜聞指向代表。」

構想是好，但在他任內他不考慮。百麗宮後來經過幾次轉手，那三兩年後地價竟高達六億元，先賣給了日本大企業，幾年之後再轉手到目前的主人。

第十一章　人物

江南命案和解背後

　　蔣孝武自 1990 年 2 月轉赴日本就任中華民國「亞東關係協會」代表職（相等大使）到第二年 6 月，上任不到一年半因健康原因辭職返臺灣就醫。沒幾天孝武猝死噩耗傳來。英年早逝，令人惋痛，時年 47 歲。

　　在日本兩年期間，蔣孝武有兩件鮮為人知的事。第一，對釣魚島主權事與日本弄得不愉快。第二，他多年前被指涉及江南命案，經過六年紛吵，終獲「和平解決」是好事。我曾「因緣巧遇」江南太太崔蓉芝，這裡補添一點「祕辛」[47]。

　　1988 年 6 月 18 日，星期六中午，聯合早報總編輯黎德源在舊總理公署對面大草場旁的殖民地式曲球俱樂部設午宴，招待來訪的名記者陸鏗和他的「黃昏之戀」伴侶崔蓉芝女士。除主人和客人陸鏗及崔蓉芝，作陪的有李光耀總理的新聞祕書傅超賢、前英文報記者當時是大華銀行董事主席黃祖耀的私人助理馮清蓮小姐和我（筆者）共六人。

　　午飯後，我們移到客廳喝茶聊天。這裡的桌椅、茶具，連坐的籐椅子及服務生的神態還殘守殖民地時期的風格。

　　崔蓉芝坐在我的左邊，她的左邊是馮清蓮小姐，馮的左邊是傅超賢，其左邊是陸鏗，再左邊是黎德源，接著是我，形成一個寬大的圓形坐位。

　　飯後茶話又適逢週末，大家心情格外輕鬆沒有工作壓力。陸鏗跟傅超賢談起訪問李光耀總理的可能，這是無備，是臨時起意的。陸自我介紹一番，談到他寫的文章與評論在國外很受重視。陸鏗還創辦了《百姓》

---

[47] 首先，我引用前輩名報人陸鏗 1997 年撰寫的《陸鏗回憶錄與懺悔錄》第 585 頁一段文。陸鏗寫道：「當崔蓉芝和國府的官司獲得和解後，不知從哪裡吹來一股風，說我是居中斡旋最力的人士。因為與事實不符，我當然作了否認。我對江南案，除了接受訪問談了看法，是盡可能避免捲入、插手的。但崔蓉芝因跟我『墜入愛河』，可能心境有所變化而願意接受調解，這只能說是一種推斷。

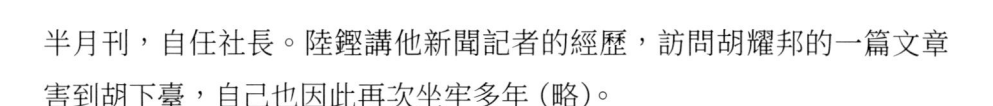

半月刊,自任社長。陸鏗講他新聞記者的經歷,訪問胡耀邦的一篇文章害到胡下臺,自己也因此再次坐牢多年(略)。

傅超賢擔任李光耀總理的新聞祕書長達 21 年,一直到退休,做事向來穩重,未曾出過狀況,很受李光耀賞識。陸鏗要訪問總理的事,與他所熟悉的臺灣官僚文化不同,只要有關係,馬上可以辦到。

傅超賢沒有當面婉拒陸鏗,只是時間迫促,陸鏗不能久等,三兩天後就回香港。

我和崔蓉芝談江南命案

圓桌的一角,我捉住難得的機會和坐在身旁的崔蓉芝談江南命案。反正她在黎德源、傅超賢、陸鏗或馮清蓮之間沒有什麼話題可以插入。

雖然我們是初次見面,我主動向她提江南命案。崔蓉芝的神情和語氣馬上露出憤恨的樣子。她說:「我一定要在海外控告蔣孝武。」崔知道蔣孝武此時人在新加坡,是臺灣駐新加坡商務代表。

我說,江南命案已在各地掀起許多流言,也許因為蔣孝武和臺灣情治系統的關係,一方面又說他周圍的人與黑道分子有關,這樣江南在美國被殺害,隱隱約約就免不了影射到蔣孝武身上。我問崔,你以為他會親自叫人下手殺你丈夫劉宜良嗎?

我勸她「既不能肯定,『(國)家醜』就不必傳揚到海外」,我說這本《蔣經國傳》的內容,心照就好。我和崔講話的聲音,同座的人一定聽到,或不清楚是怎麼回事。但是陸鏗不可能心中無數,只是這位閱盡歷史滄桑的江湖老報人對此若無其事,也許因身分「特殊」不便插話,又何必惹來「羊羶」味[48]。兩人為旅行伴侶,當時已惹來一些話。

---

[48] 陸、崔兩人生肖皆是「羊」。陸大她 24 歲。

第十一章　人物

崔問我看過《蔣經國傳》沒有，我說這本書全文兩個月前剛在新加坡的聯合晚報轉載完畢，我看了。

我告訴她這本書的最後章節有你丈夫江南詛咒蔣經國，希望他遭災受禍的一段話，我說誰看了都會反感，光火，得口誅筆伐。

崔問我哪一段這麼寫的？我說，大意是，蔣經國的命運會像于豪章……[49]

崔聽了，聲調轉軟說，我沒有看過這一段。我說，我是從當地報紙轉載的全文中看到。您去看看，對其內容誰都會反感。我還是那句話，不要把國內發生的醜事帶來海外鬧笑話，丟中國人的臉。

我勸她不要打官司，是花錢，花氣力和時間，我說你們可以在國外尋求和解。我是沒有立場做調停人。蔣孝武目前人在新加坡，你要打官司不外是為賠償。和崔蓉芝雖是初次見面，我的話倒很直接。

整個下午，陸鏗對江南的名字始終不提，在座主人和其他人客也不談《蔣經國傳》一書。

三點左右，大家分手，我回社，陸鏗和崔蓉芝回史谷路（良木飯店對街側面）下榻的亞洲花園飯店休息。約四點左右，沒有想到崔蓉芝會給我電話。這時我意識到來電話的用意，是改變主意可以「和解」。我不以為與她初次見面，講了三兩句話就能說服她。她此時琵琶已別抱，也該務實，都會是贏家！我給她代表處的直接電話號碼。事後不久，閒聊中，我把和崔蓉芝談話的概要告訴蔣孝武的一位親信。以後情形怎麼發展，我不清楚，關於這件事除蔣的一位親信，再沒有第二人知道。

兩年後，蔣孝武調到東京，一次這位親信到日本度假，帶回蔣孝武託他的口信說：「看見陳ＸＸ時，謝謝他的那件事，已經解決了。」蔣孝

---

[49] 于豪章是那個時候的陸軍司令，一次乘坐直升機視察某地時機件故障墜機致半身殘廢，從此須坐輪椅。

武雖然沒有說明是什麼事，帶口信的人知道是什麼事，我心中當然也知道是什麼，彼此「心照不宣」。我也沒當它什麼，一聲「哦！」

就這麼的「因緣巧遇」所促成？蔣孝武去世後，我在網上看到一則消息「……江南案 1990 年在美國『和平解決』，付了 145 萬美金」。

此「鏗」非彼「鏗」

關於陸鏗（號大聲），他是 20 世紀的一位傳奇、神奇報人。要寫他的軼事實在是寫不完。善事、壞事、怪事都有。他的「黃昏之戀」是娶了《蔣經國傳》作者劉宜江南命案的妻子海倫‧崔蓉芝。時陸鏗年過 80 歲，大蓉芝 24 歲。

1950 年，我進入報界，「陸鏗」的名字已經出現在我工作的報館，不過此「陸鏗」非那「陸鏗」。報館有一位前輩陸炳霖，筆名陸鏗，常在報上用本名和筆名輪流發表專欄特寫。

一天，中興日報一位董事王吉士老先生來社，談話中問起陳國礎社長那位經常在報上寫專題特稿的「陸鏗」，是不是當年（抗戰時）在重慶和昆明一帶活躍的中央日報記者？陳社長回答說不是。不過本報社裡有一位記者陸鏗（陸炳霖），也曾經在抗戰期間，國民政府「十萬青年十萬軍」的號召下棄學從戎到昆明。抗戰勝利後自國軍裝甲連副復員回到新加坡。

在我的腦海中，當時我已知道重慶的陸鏗（大聲）是另一個人。我新加坡的同事陸鏗又是另一個。陸鏗（大聲）年紀要比新加坡的陸炳霖（陸鏗）大五六歲。

第十一章　人物

【附】我與革命實踐研究院

　　1954年，我從日本回來不久，中興日報陳國礎社長保送我到臺灣「革命實踐研究院」。這個時候的新加坡還是英國殖民地，華裔的身分是華僑。革命實踐研究院院長是蔣介石。本院設在陽明山莊，分院是在木柵「中興山莊」。中興山莊與我工作的中興日報沒有關係。革命實踐研究院簡稱「革實院」，是「國發院」的前身，是培訓各業的菁英。

　　這時的「革實院」正是在蔣介石——陳誠時代，多年後，研究院交給蔣經國主持，可以說是「革實院」的全盛時代。

　　臺灣總統馬英九的父親馬鶴齡於1950年初從香港返回臺灣。當時的港澳區華人（中國人）是持華僑身分，他於1953年比我早一年進入木柵分院。馬老先生是第一期，我是第六期。

　　「革實院」結業當天，蔣介石及全體院生拍照留念。是我第一次看到帶領中國抗日戰爭勝利，受國人擁戴的「蔣委員長」。第二次在陽明山他向本、分院全體院生講話。他有段「感性幽默」的演說。第三次是他在總統府召見各地到來的院生代表，經個別談話後在總統府陽臺合照留念。

　　想起四五年前（1954），國民黨敗勢如山倒，丟了中國大陸，退到臺灣，再退已是葬身到太平洋海底。此時，政府在蔣介石復行視事再領導下，黨政軍民一條心，痛定思痛，在孤島勵精圖治，終於將中華民國從狂風暴雨中堅定扶立起來。回顧往事，其間成就是沒有半點僥倖的。

　　我有機會在臺北見到蔣介石，不久前他還被世人誇讚是「民族救星」的現在，有機會和蔣總統講話拍照留念，是光榮的事，不是每一個人想見都能見到的。正如殖民地時期的新加坡「海峽華人」能有機會在西敏寺見到英皇喬治六世或伊麗沙白女皇二世彎腰鞠躬，那是他們「三生有幸」一樣。

蔣介石一生給人的印象是威嚴，專橫跋扈。這一天在總統府零距離見到並和他談話，他年近 70，依舊是容光奮發，顯出的是一副慈祥老人的臉容。

是晴天深秋，蔣院長在陽明山莊向數百名本、分院生講話。他推崇王陽明學說。據說他青年時已經讀熟《王陽明全集》，受王陽明思想哲學影響至深，將「知行合一」當是他的典範。

這一天，蔣院長沒有講稿，沒有八股內容，略述王陽明學說。

我清楚記得老人家心情輕鬆，講一段感性的話。他說（大意）：小學生怎麼都剃了光頭？孩童的頭髮是用來保護大腦的，學校怎麼讓小學生把頭髮剃光？是不是因為我自己光頭，學校便要小學生和我一樣？我並沒有下令要學校做呀（全場鬨堂）。第二天學校接到教育部的通知，小學生不必剃光頭。這已是 61 年前的事！

第十二章　突破建設國防困境

獨立之初李光耀不回家住

1965年8月9日，新加坡獨立。

李光耀總理在記者會宣布新馬分家消息時有很深感觸，哽咽了好幾次。

那一代的國人經歷過新加坡加入馬來西亞前與後僅僅兩年的風風雨雨，如今走到分裂這一步，茫茫前途未卜。

據李光耀總理早年的助手馮仲漢病故前透露：「新加坡獨立建國後的第一個星期，李總理親自體驗到了個人安全受威脅。由於負責保全的高層擔心極端分子會因不滿新馬分家轉而威脅李光耀的個人安全，他一家曾搬遷到樟宜尾海邊的政府度假房屋辦公和休息，因為那裡是英國駐軍基地，戒備森嚴。」

又有一說，說他也曾跑到登加英國空軍基地辦公及小住多日。換句話說，李光耀當了一國總理的第一週，不回家住。

獨立之初，李光耀總理不回家住，暫時轉移到樟宜尾一座政府度假屋辦公和休息。
（前文化部攝影記者文佐成攝）

李光耀向來所憂慮的，也是他以前多次公開說過的：「不能像1946年緬甸民族英雄翁山將軍那樣，開會時發生整個內閣成員都被射殺的事情。」(翁山將軍是翁山蘇姬的父親)。

　　新加坡獨立後差不多一個半月，印尼發生蘇卡諾總統的侍衛長溫東上校引發的一場「9.30」印共政變，一夜間有六名極高級反共將領遭受殺害。

　　向來對個人安全很敏感的李光耀，一聞印尼總統的貼身守衛長做出這種事情，立即對自己和重要閣僚的安全加倍戒備。他即刻更換住家的衛隊，改由辜加兵看守，迄今半個世紀。新加坡的主要策略據點，現在還有辜加兵的蹤影。

建設國防用盡苦心

　　現在先談國防建設的話題。

　　國防是新加坡獨立後的最大憂慮。李光耀痛感新加坡在國防上不能「獨善其身」，擔心莫過於是來自周圍國家的威脅。

　　據說當時新加坡的國防構想，不大願意接受英國傳統的軍事取向，擔心以後會過於依賴他們。另一方面，也有一個說法：英國不大願意訓練新加坡的軍隊，因為英國在大馬的經濟利益遠比新加坡要大，開罪大馬是極不明智的。第二個說法可能性較大。

　　新加坡此時不會去求美國。美國當時正為越南戰爭困住多年，獨立之初又發生李光耀拆穿美國中央情報局企圖收買新加坡一名警官的隔洋外交風波。而且，有家裡親人就醫問題，李光耀也譏笑過美國文化沒有深度，認為美國現實得很。

　　新加坡也試探澳洲、印度、泰國，連中東的埃及也在名單內。但這些國家有自己的政策，雖表示同情，實際上態度是冰冷的。

第十二章　突破建設國防困境

在沒有國家可以幫忙的情形下，李光耀考慮到以色列。一位上校顧問及一組軍事專家來了一陣子。經過政府深一層考慮，發覺不是辦法，因為周圍大多是伊斯蘭教國家，很反以色列。長遠來說，這對新加坡的外交政治皆不是上策。

以色列在極度機密下還是來到新加坡，為新加坡提供專家和設備。雖是一組龐大的專家到來，但地理環境不同，效果不十分理想。他們是猶太人，處處著眼於生意經，斤斤計較，能否經得起考驗仍是個疑問，其可靠性受到懷疑。

至於以後，以色列有各種高科技的軍事配備與武器，透過新加坡港口與第三國的互動，算是商業行為，這又是另一回事。

這個時候，新加坡想到另一個反共國家大韓民國，在韓國訓練國軍的話，對中國來說，其敏感度會比較低。韓國也樂意提供地點訓練新加坡的軍隊。經過評估，有幾點需要認真考慮：

一、氣候方面不適合南方長大的孩子，秋冬天季節與新加坡氣候可以相差 40 度；

二、地形也不適合；

三、政治上，朝鮮的局勢一直在動盪，朝鮮和南韓軍事尖銳對立，捉摸不準朝鮮的動向；

四、軍事上，萬一朝鮮對南方發動軍事行動，在那裡受訓的國民服役新兵的安全是政府的最大憂慮。

那個年代，朝鮮領導人金日成（現領導人金正恩的爺爺）對南方虎視眈眈，七十年代，幾度派遣突擊敢死隊滲透進首都漢城（首爾）暗殺總統朴正熙（前總統朴槿惠之父）未遂。

1974 年，因為日本赤軍派在新加坡鬧事（拉裕渡輪事件），李光耀總

理曾致電金日成，請求協助。朝鮮當局回電說金日成主席不在平壤，聯繫不上，回絕李光耀的電報。

想到臺灣願幫忙

建設國防走投無路，於是想到臺灣、考慮臺灣、轉向臺灣。臺灣華人眾多，又是反共國家，對新加坡不會有野心。地形、語言、文化、氣候、生活習慣，各種條件樣樣符合，說它是新加坡的天時、地利、人和，加上相同血脈，真是上天所賜！

失去聯合國會員國身分後不久，臺灣一下子失去30多個友邦，頗感孤立，差不多是同一時候，正如李光耀在他的回憶錄中說，「臺灣早年因為孤立而渴望和新加坡建立關係，我們這方面則急於避免軍事訓練上完全依賴以色列，初步討論從1967年開始，臺灣委派一個高層代表來……」

這項安排是「你情我願」，新加坡最終達到目的——「星光計畫」。李光耀的回憶說：臺灣曾多次暗示要新加坡在外交上給予臺灣某種形式的承認作為回報。但是在這問題上新加坡不能讓步。

在差不多同個時候，聯合國提出投票接受中華人民共和國為會員國的議決案時，臺灣要求新加坡若不能支持臺灣，也棄權不投中國的票。結果，新加坡投票支持中國入會。不過在驅逐臺灣的議案時，新加坡棄權。這已經沒有多大意義了。

儘管如此，新臺關係是往肯定的方向前進。

尹景祥赴臺接洽

據了解當時情形的人說，臺灣樂於幫助新加坡訓練軍隊，給新加坡打了一支強心劑。總理李光耀及國防部長吳慶瑞於是選派抗日時期在重

第十二章　突破建設國防困境

慶與國民政府略有淵源,目前在國防部負責研究小組,為李總理所信任的尹景祥去臺北接洽。相信尹景祥是第一位到臺灣去的新加坡國防部代表。

在這之前的 1960 年代初期,新加坡還是自治邦政府時,已經有臺灣的經濟部長李國鼎等人與新加坡經濟發展局主席韓瑞生、唐義方、溫華想先建立互動,在經貿、工業合作方面訂有默契。新臺關係全面往正面的方向發展,1969 年臺灣便在新加坡設立「中華民國商務代表辦事處」,由駐曼谷大使館公使張彼得為首任代表。

獨立建國初時的一張珍貴照片。李光耀總理與尹景祥。

六十年前電臺讀稿諷臺灣

1955 年初,我和尹有過一次「遭遇」。我從臺北回來不久,一天早上 10 點鐘左右,我在報社,偶然聽到馬來亞廣播電臺(尚無電視臺時代)中文節目一段時事評論,談到臺灣的情況。

評論大意是:「臺灣島上的人民覺得,一群豬被趕走後,現在來了一群狗」。這篇評論明顯是有所指。這個時候,倫敦和北京已經建交,只是還沒有互換大使。我回新加坡的簽證還得到設在淡水的英國領事館領取。

聽過評論,我很光火,隨即掛電話到電臺找這位讀稿的先生,當時的氣氛不是親共或反共的意識問題,是非常侮辱中國人的事。

我向對方表明我是中興日報的 Chin Kah Chong(陳加昌)(剛聽到電臺「豬與狗」的評論,我們用英語講話),他說他是 Wan King Cheong(尹景祥)。我若聽錯他的名字是不要緊的,但是,他肯定是聽錯了我的名,以為我是 Chen Kok Chor(陳國礎),堂堂的國民黨中央委員及黨報中興日報的社長。

張冠李戴,陰差陽錯,他有點緊張。電話之談我也不知道他把我當成「陳國礎」。他約我見面,要作解釋。第二天我依約到電臺看他。尹出來接我,穿的是白色襯衫、短白褲和長襪,像典型的英殖民地官員。看我不是陳國礎,是一名年輕小夥子,他愕然,我也不好意思。他以為國民黨中委要來看他。其實陳國礎對此事一點都不知情,不巧,電臺的那篇評論是給我聽到。

我們都很客氣。我開口說,我剛從臺灣回來,知道那裡的氣氛,你廣播的稿子很不恰當,很下流。

尹景祥並不辯解,他說稿子是英國人寫的,譯成中文由他讀。他盡

第十二章　突破建設國防困境

力向我解釋他的戰時經歷。告訴我抗戰時期，他在重慶如何如何，說曾在陸軍部長陳誠將軍那裡做過事（也有人說是跟張群做過事），要擺脫他有不滿「國民政府」的意思。

我沒想到尹景祥讀稿罵臺灣的十年後，即 1966 年，便以新加坡官員身分奉命到臺北與臺灣軍方接觸。

尹娶林麗為妻

誰是尹景祥？

尹景祥，廣東人，1919 年在吉隆坡一個小康家庭出生。從他戰時戰後經歷，可以看出他是位傳奇人物，可惜年正過半百，大有作為時，英年早逝。

二戰時，他隨同南僑機工回國。因為他的英文很好，在重慶加入中美空軍合作單位為翻譯官。當時美國空軍大批過來，缺少英文翻譯，尹是來自南洋的難得人才。戰爭結束之後，他與中國空軍的關係依然很好。據他的朋友說，他的法文造詣也很好。抗戰勝利，在重慶廣播電臺用法語宣讀勝利宣言的人便是他。

他在重慶娶了國民政府戰後最後一任行政院長翁文灝的長媳婦周勁培女士。丈夫翁心翰是空軍出身，抗日時殉職（桂林與日機作戰，曾打下三架日機）。周勁培戰後嫁給尹景祥，同來新加坡居住，不久因歌唱家林麗介入，尹周仳離，尹娶林麗。

尹心裡頭和重慶時期的國民黨特務有段恩怨，極為痛恨。抗戰時的重慶，氣氛詭異，諜影幢幢，在不知情下，他與周恩來派在重慶的地下代表王炳南（後來當大使）的女祕書搞上。尹過後被國民黨的特務拘捕、拷問，問不出什麼來。尹被釋放後，才知道這位與他談情說愛的女子，

其實是共黨潛伏在重慶要員王炳南身邊的漂亮女祕書。

1963年國會關鍵性選舉時，尹景祥曾為行動黨立下汗馬功勞。李光耀那幾年一連串下鄉訪問人民，據內部人說，是由尹景祥一手策劃的。

尹景祥於1964年赴英（林麗也在倫敦）寫博士論文。據說，李光耀總理在那一年底也到倫敦，曾催他早回（新加坡）。當時，新馬還未分家。尹沒有告訴朋友什麼原因，只說「李希望我1965年回去。除非我能夠及時寫完博士論文，總共要寫五章，現在才寫完一章」。他給友人的信就寫這些。幾個月後，新加坡退出馬來西亞聯合邦，他也回來了。

尹景祥去世第二年（1970年），政府追封他有功勛章，由尤索夫總統頒發，尹的兒子代領。同一年獲頒國慶功勳者共有90人之多，當中一位是何光平的父親，前駐泰國大使何日華。

頒賜功勳給尹景祥時，政府的文告說「國防部於1965年設立一個研究組的艱辛重任，落在尹景祥的肩上。在職期間儘管健康每況愈下，他依舊以典型的任勞任怨精神繼續站穩自己的職位。他於1969年去世，無論對他的家庭和國防部都是一項損失。」

尹去世時，年剛半百（1919 — 1969）。

吳慶瑞對日本大使說

新加坡獨立建國不久，原日本駐新加坡的總領事上田常光，隨著總領事館升格為大使館，也跟著連升三級成為大使。

烏節路邵氏大廈七樓內的日本外交官、領事、副領事也搖身一變調升為大使館一或二等祕書。館內的「新貴」一時皆大歡喜，尤其是上田常光。

獨立後不久，有一天，上田大使與新任內閣國防部長吳慶瑞在島嶼俱樂部打高爾夫球。兩人談到獨立建國，提到國防。

第十二章　突破建設國防困境

　　吳慶瑞告訴上田大使說，新加坡如果一天有事，「還是臺灣靠得住」。沒有其他國家幫得上忙和靠得住的。英國也不例外，因為她在馬來西亞的經濟利益遠遠超過在新加坡所有。

　　上田大使對吳慶瑞的話感到驚異（吳慶瑞說這話的時候，新加坡是不是已經搭上了臺灣軍訓這條線則不得而知）。事後，上田大使向一位駐新多年的日本資深特派員（共同社記者土肥良造）進一步了解。想知道吳慶瑞說話的分量和他在行動黨的地位。

　　上田大使和我熟悉，他當然不便來向我了解。這位日本記者土肥良造與我常在本地區採訪新聞時見面，尤其在發生戰事的西貢和金邊。新馬分家那天，他在新加坡參加李總理的記者會，報導他見證李總理哽咽擦眼淚動人的瞬間場面。

　　有一天，土肥良造問我怎麼看上田大使問他的問題。我告訴土肥，吳慶瑞在黨政中都很重要，是李總理的另一隻手，很有分量。

　　但是我對上田引述吳慶瑞說的「還是臺灣靠得住」這句話有些意外。雖然吳慶瑞自1959年從政以來，沒有說過國際間微妙的話。那個年代，只有李光耀久不久會製造出一些爭議性的話題來。

　　「臺灣」的名字，在新加坡獨立初期，在不少人的心中，能不提它就不提！

邀杉田前來視察國防

　　1975年，一位日本駐新記者告訴我，新加坡政府最近邀請二戰時參與攻打新加坡的第25軍山下奉文司令部的參謀到來訪問，視察國防，向新政府高層及軍方回憶他們當年攻進新加坡的情形。

　　這位記者說，他猜想新加坡有意聘請日本軍事專家前來擔任國防顧問。

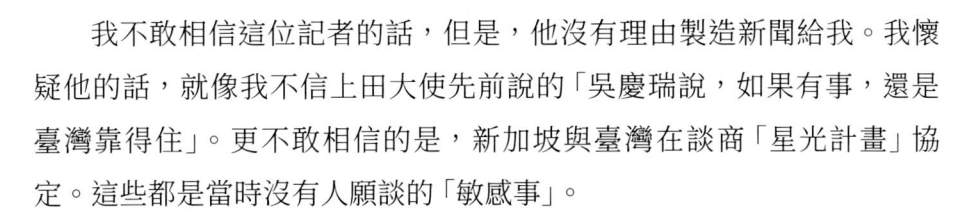

我不敢相信這位記者的話，但是，他沒有理由製造新聞給我。我懷疑他的話，就像我不信上田大使先前說的「吳慶瑞說，如果有事，還是臺灣靠得住」。更不敢相信的是，新加坡與臺灣在談商「星光計畫」協定。這些都是當時沒有人願談的「敏感事」。

　　現在已明白，政府高層當年東奔西跑，到處找尋友邦來幫助訓練軍隊的事，甚至到了「鋌而走險（政治）」的地步，向日本請教他們當年是如何打進新加坡來的。從這裡可以看出新加坡已是極度渴望儘早建立自己的堅固國防。

　　1985年初，在日本友人安排下，我在東京見到山下奉文當年帶領攻打新加坡的第25軍的18名參謀之一杉田一次。進攻新馬時，杉田年37歲，是中佐（中校）情報參謀。當年向英軍招降的英文傳單出自他的手筆。

　　記得1942年2月15日英軍宣布投降，帶領守將白思華及另幾名手持白旗與英國旗幟的將領，走向武吉知馬福特汽車廠籤降書時的那張具歷史意義的照片中，有一名身佩軍刀、有「八」字撇鬍鬚的年輕軍官嗎？他就是杉田一次。

　　戰後，杉田出任防衛廳四星上將幕僚長（參謀總長），退役後倡組「日本世界策略會議」，連任多屆主席。杉田一次（1904－1993）於89歲去世。

　　1985年初我訪問他，是想進一步了解爭議了40年的山下奉文與白思華兩人談判「降和」時幾點遺漏的歷史。我沒有與他多談「檢證」的事，因為當新加坡淪陷後沒兩天，他們即南下進軍印尼。島內的事交給警備司令部和憲兵輔助隊及一部分守軍。這是杉田自己說的。

　　訪談中，杉田透露曾多次應邀來過獨立後的新加坡，視察新加坡國防，分享心得。他和幾位戰時的同袍受邀登上直升機巡視海峽上空，彙

第十二章　突破建設國防困境

報當年進攻新島的情況。這些當時視為敏感也是「機密」的談話，在二戰史書上都有詳細記載。

到了2000年，李光耀總理在回憶錄（1965－2000）第572頁有一段這方面的記載。我引述：

「……當年，一手協助山下奉文策劃攻占馬來亞的杉田一次中佐（中校）就在這一個內閣會議室裡，針對自己在第二次世界大戰時期的所作所為向我致歉。1974和75年，他率領倖存的夥伴重返新加坡，向我們的武裝部隊軍人彙報當年日本進軍馬來亞的情況，以及怎麼一舉攻下新加坡……如今是人事幾番新，我告訴他，我們不能老是受歷史牽絆，必須往前看，消除雙方的疑慮……」

贊顯龍是「出將入相」之才

杉田和我談到「明日之星」李顯龍。杉田說，他在新加坡見了一些年輕軍官。「1970年代中（也就是李光耀回憶錄中提到杉田受邀來新的時候）在國防部見到李顯龍，當時他還是陸軍上尉。那個時候，李顯龍給我的印象是具備政治家的素質。他有軍事知識，雖然沒有指揮過野戰部隊，但有志向走上政治這條路的人，必須要備有軍事知識。這方面，李顯龍就有充分資格。今日的日本，便缺乏這方面的政治家，實在遺憾。」（日文刊於新加坡《泛亞時報》，1985年11月29日）

陸軍上尉時期的李顯龍。（泛亞時報）

贊顯龍是「出將入相」之才

他說他初次見到李顯龍時，小李是 30 歲，最後一次再見到他是三年前（1982 年）。

我說，現在國內的人都認為他會是國家「出將入相」之才。杉田笑笑！

我第二次在東京見杉田一次是 1991 年，這時，李顯龍已經「出將入閣」（準將退役轉入內閣）。

這一年，新加坡廣播電視臺計劃製作一部「日本進攻新加坡 50 週年」的歷史紀錄片。這項差事交由主播朱亮亮女士負責。一天，朱亮亮和我聯繫，談到這項計劃，要我給些意見。正好我要去日本，我配合她的行程與日期，用我在日本的關係為她安排在日本多見幾位在戰時與攻占新加坡有關係的日本官員。

不僅是杉田一次，還有一位山下的作戰少佐參謀武國輝人（當年 44 歲）及多位日本文官。遺憾的是，戰時一位極重要的日本文官篠崎護沒有見到，我們慢了一步，他於月前去世。喪事期間，只能到他府上向夫人致意。

另外，也到東京廣播（TBS）及日本廣播協會（NHK）觀看和取得一些和戰事相關的日軍活動紀錄片。

除了見到山下奉文的 18 名參謀中的杉田，作了冗長訪問，還到另一名作戰參謀武國輝人的家裡。武國已年逾 90，身體還很健碩。攻打新加坡時是作戰參謀主管，軍階少佐（少校）。1941 年日軍入侵馬來亞之前，大本營曾派他到新加坡來探取情報。

訪談中，武國很高興給我們翻閱他在 1942 年 12 月 8 日，日軍從北馬哥打峇魯登陸日至攻占新加坡時寫下的日記。日記記下了他自己的感想。

第十三章
金門是新加坡國防的一面鏡子？

1967年，新加坡獨立快兩年，一組臺灣高層軍事專家來訪，由曾經負責防衛金門的少將師長汪奉曾與國家安全局海外行動處處長朱國勳少將[50]為首。他們是來與李光耀總理及吳慶瑞國防部長會面，談商協助新加坡建設國防——一個切實可行的「防務計劃」。

之前，已經有一組以色列軍事專家協助訓練新加坡軍隊。同一年年底，新臺達致協定，新加坡結束了以色列的軍事關係。

此時，新加坡的防務在一些軍事專家眼裡，包括以色列教官在內，是脆弱的。甚至連在1942年太平洋戰爭時參與攻占新加坡的日本舊參謀人員，應邀來新視察國防情況之後，也不願正面評論新加坡一旦有緊急事故時是否有能力防衛自己。

據說，臺灣的專家在草擬的計畫中認為新加坡有可守的防務，建議新加坡建立一支有效的空軍。據說，報告書像為新加坡高層打了一支強心劑，他們對建議內容讚譽有加，與其他國家的看法有異。新加坡的國防有望了。

我並非軍事專家。從一般時事知識、經驗與觀察，可以回顧自1949年「金門血浴」之役到1958年「823」炮戰整整十年裡，金門島內的歷史背景時空形式和格局、金門的防禦工事、地下坑道狀況，還有金門周邊臺灣海峽上空及海面無常的風雲，以及發生過許多大小規模的軍事衝突，臺灣可以提供這些防禦經驗給新加坡，讓從「零」起步的新加坡國防

---

[50] 兩人來新加坡時據說已經是中將軍階，汪奉曾亦已調派安全局

建設作為寶貴的借鑑！[51]

以此為例：

（一）1958 年 8 月 23 日的戰役，一般稱它「823」炮戰，金門對岸共軍一連向金門猛烈發炮 44 天，總共發炮 47 萬 5 千枚，真是彈如雨下。在這 174 平方公里的土地上，幾乎每平方公尺就捱上四枚砲彈。但是，那攻不破、摧不毀的防禦工事依然固若金湯，官兵士氣依舊高昂。世人稱是金門防務奇蹟。

（二）在海上，主要責任能控制「海權」。1954 年 11 月 14 日，距離中國大陸浙江省 15 海里，離臺北 200 海里，發生國民黨軍撤守到臺灣後，雙方第一次海上交手，結果，國軍「太平艦」被六隻魚雷快艇圍住擊沉。這期間，我人在臺北，晚上新聞局專員朱正明電話告訴我這個消息，我先在臺北後來到南部採訪太平艦續聞。太平艦被擊沉，說明當時的制海權不在臺灣海軍手上，而且太平艦這一天清早執行巡邏任務，深入浙江海，兵力懸殊，自然吃虧。

1958 年，共軍向金門展開瘋狂的「823」炮戰，引發頻頻的大小「閩海」之役。之後，雙方艦艇部隊均有精進，閩海反而風靜浪平下來，各方無能力片面控制閩海或海峽的海權，或封鎖對方的港口，除非有強大的空軍實力。

（三）新加坡國土狹小，沒有什麼領空權，得靠鄰國同意才能使用。比方，新加坡的飛機一升空，便進入鄰國的航空領域，商用民航機也不例外。所以對新加坡空中交通通暢及防務尤為重要的，便是制空權。

在新加坡國防看來，根據臺灣多年在臺灣海峽上空控制領空的事實經驗，制空權對一個國家的生存是何其重要。

---

[51] 地緣政治，意識對立，新柔和金廈情況相差不遠。

第十三章　金門是新加坡國防的一面鏡子？

據說，臺灣給新加坡的國防報告，對有限的海島陸海空空間，建議首先建立空軍。

約半個世紀前就有人說，只要新加坡能夠將周圍控制六個小時，新加坡就會得救。因為臺灣的空軍可以在六小時內以便裝飛來新加坡，再換上當地軍服，便可馬上上陣。也有人注意到，早期新加坡的空軍飛機是跟隨臺灣空軍，採用同類的機種和機型。

吳慶瑞李光耀訪問金門

1970年代中葉，國防部長吳慶瑞訪問臺灣，受邀去戰地金門視察。有幾名受訓的新加坡官兵聞訊，很是興奮，希望乘此機會讓吳慶瑞為他們安排，參觀金門這個百聞不如一見，在國共內戰最後階段時寫下許多可歌可泣詩篇的幾個石岩礁石小島。

吳慶瑞幫這幾名士官完成了心願，他自己自然也去看看。

1981年，總理李光耀及夫人訪問臺灣，逢二月天，金門的氣候還有些寒冷。李光耀夫婦由蔣經國陪同，到金門前線古寧頭憑弔古戰場，從岸邊碉堡眺望對海的廈門。翌年秋天，李光耀訪問中國大陸，回程來到廈門附近的鼓浪嶼⋯⋯李說東道主（大陸）遙指隔海的金門說，「它是臺灣管轄的一個小島⋯⋯」

李光耀回憶錄說：「臺灣蔣經國總統帶我到金門，指著同一片海域對面的鼓浪嶼告訴我⋯⋯幾年前，臺灣人還一直把食物包裹、臺灣流行歌曲的音樂卡帶，包括鼎鼎大名的鄧麗君專輯，以及政治傳單⋯⋯」

對蔣經國來說，自從他擔任國防部政戰主任到做了總統，光是金門一地他就冒著炮火總共去了一百十三次。尤其是1958年823金門炮戰，時任國防部政戰主任的他，就多次偕同戰地記者登上金門，激勵軍民士

吳慶瑞李光耀訪問金門

氣。823炮戰時，不幸有位金門防務副司令在視察島上防務途中中彈。殉職的是抗日戰爭七七盧溝橋事變時向日軍開第一槍的吉星文中將。另兩人是趙家驤中將及章傑中將。另有遇難及失蹤記者共六人，代價慘重。經過四十四天的炮戰，共軍仍無法登陸金門。

1981年2月28日，李光耀總理及夫人訪問金門，在莒光樓用高度望遠鏡眺望中國大陸。

蔣經國和李光耀在金門「擎天廳」留宿一夜。回程也參觀了澎湖。

擎天廳建立在花崗石岩，用爆破方式鑽孔鑿洞，一鑿一鍬，地連坑，坑連洞，構造長約50公尺，寬18公尺，高11公尺，由陸軍第69師師長袁子峻將軍率屬下一千餘步兵，不管日夜風雨，分三班趕工，費時10個月，於1963年7月完成了這戰備工程，同年10月啟用，創造了血肉築成、舉世無雙的戰備城牆。

啟用日，蔣介石總統在壁上親筆命名為「擎天廳」。比喻能擔當天下的重任「鄉五山鎮地，一柱擎天，氣壓乾坤，量含宇宙」。旨在勉勵官兵弟兄「人定勝天」。

作戰時，擎天廳是作戰的中樞，也為傷兵療養所，平時也作為官兵休閒娛樂的場所。北面一埠是在馬山，這裡最接近中國大陸，是觀察對岸共軍動態極為理想的策略地點。

第十三章　金門是新加坡國防的一面鏡子？

名將剪影

早年到新加坡來幫助建立國防的有三名臺灣高層軍事專家，前後來新的當然不止這三人。一人是曾經駐防金門的少將師長汪奉曾，另一人是國家安全局朱國勳少將，再一人也是來自國家安全局、也是官拜少將的黃德美。

是巧合？這三人先後都擔任了國家安全局中將副局長。三人已先後去世。

(一) 汪奉曾中將：金門守將

汪奉曾（1916 — 1992）湖南長沙人，與毛澤東是同鄉。22 歲（1938 年）進入成都中央軍校（黃埔）16 期，步兵科。撤出中國大陸後轄屬陳誠的東南長官公署，一路來追隨陳誠，是陳誠的親信。

金門與中國大陸軍事對峙時期，汪被派駐守金門，是 1954 — 56 年的事。1954 年 9 月 3 日廈門與金門間發生炮戰，我去金門採訪，汪此時在前線整理防禦工事。當時的金門守軍司令是劉玉章將軍。

風雲變幻莫測，誰會料到 10 年之後，汪奉曾被選派來新加坡協助草擬國防建議。有實際作戰及部署防務工事經驗的將領到來，草擬的建議書，內涵或許脫不了有金門防務構想。

據說，汪視察新加坡地緣環境之後草擬的國防建議書，很得總理李光耀及國防部長吳慶瑞的讚賞。

汪奉曾早年的軍旅生涯：1949 年 5 月，蔣介石下野（總統職由李宗仁副總統代）已幾個月。坐鎮臺灣的東南軍政長官公署長官陳誠將總統府警衛隊第二團團長王瑞鐘上校調到臺灣警備總司令部出任高級參謀職，改派追隨（陳誠）自己多年的汪奉曾上校接任。

官邸人馬除了蔣介石本人及總統辦公廳主任俞濟時（俞國華的堂兄），一向無人敢下令替換。陳誠的命令在此不但行不通，還立即引起王瑞鍾帶領的第二團官兵大吵，幾乎演成兵變。結果汪奉曾上校無法上任，原團長王瑞鍾抗命不交，人也躲起來。

在臺的警備司令彭孟緝派出人員四處抓拿失蹤的王團長，無下落，自然是給上司俞濟時「密藏」了起來。沒人敢動到官邸的人。

抗命的王瑞鍾上校是何方神聖，竟敢向一人之下萬人之上的東南軍政長官陳誠抗命說「不」。

到了 1949 年，王瑞鍾抗命後約半年，中國大陸局勢急變，他另找出路，得到俞濟時取自國庫的一些金條跟美鈔，得蔣介石的同意接辦臺北民族報，堂堂皇皇，風風光光以「獨資」方式出現。

這位王瑞鍾是何許人？他就是後來臺灣出現的兩大報閥之一的聯合報集團的老闆王惕吾（另一名報閥是中國時報余紀忠）。

從中國大陸完全撤退前，汪奉曾接受陳誠指示，協助將黃金及美金搬運到臺灣。汪原轄屬國軍第 68 師，後改編 168 師。

1980 年代中，在汪敬熙任國安局長時汪奉曾出任三個副局長之一。

（二）朱國勳國安局中將

朱國勳是 1950 年代末 60 初駐泰國大使館上校武官。

早年的泰國多是由軍人執政。中國大陸變天，泰北邊境國民黨游擊隊活躍，中南半島局勢動盪，反共的泰國軍人政權與臺灣及美國情報方面密切合作是當年的必然。

朱國勳 60 年代中武官處任滿後回國調任據說是國安局「海外」部門的負責人。朱在國安局任滿中將副局長後退休，接替虞為留下的臺灣觀

第十三章　金門是新加坡國防的一面鏡子？

光局局長職位。

有一說，1960年代初，朱國勳武官任內即將屆滿，他的叔輩朱家驊心臟突發在臺北去世，年70。朱國勳返臺奔喪，料理朱家喪事完畢，蔣介石照例在總統府召見喪家家屬，作一番慰問與勉勵話。

接見朱國勳時，蔣介石瀏覽了他在外的工作情況。其實朱在泰國的任期即將屆滿，蔣介石對他說，回去好好做，孰知這一句勉勵話使相關人事單位不知如何是好，是由他任期屆滿後回來還是再給他延一任？這裡沒有人揣測得到總統的意思。後來，據說朱續任一個時期才回來。

朱國勳的叔叔朱家驊博士早年留學德國，參加過五四運動。他一生的貢獻主要在學界方面，曾在中國大陸擔任過教育部長。他對臺灣極大的貢獻，是1948年撤退之時，由他負責由中國大陸搬運故宮文物到臺灣，中間經過萬難，先運到後方，再轉運到目的地。他猜想當時還有60萬件稀世珍寶還留在中國大陸。今天的臺灣中央圖書館、國立編譯館是他籌組創立的。

（三）黃德美中將（印尼華僑）

吳慶瑞對黃德美（字仁惠）說，你的中文名字不好記，我給你取一個英文名「Joseph Huang」好了。

這是新加坡國防部長吳慶瑞1970年代對剛從臺灣派來的一位高層軍事代表黃德美少將（當時）說的話。這也難怪，吳慶瑞是馬六甲土生華人「峇峇」，不懂中文。

Joseph Huang的英文名，從此在新加坡的外交圈、國防部響亮起來。

黃德美是印尼華僑，對人誠懇，中、英、印尼文均好，有「華僑」的性格，在東南亞一帶活動是很適合他的。

新加坡建軍初期，他駐留新加坡有七八年之久，代表臺灣對新加坡建立國防的事密切合作配合。建軍初期，李光耀總理向蔣經國建議委派一位有直接代表性的人來，黃德美便是其人，是重要人物。

黃德美要比前文提到的汪奉曾和朱國勳，有更精采的軍中資歷。

我是在 1950 年代初認識黃德美，那時我在東南亞各地採訪新聞，他是駐曼谷的中華民國大使館武官，他比前文提到的朱國勳要早。

中、日戰爭晚期，年二十歲出頭的他響應「十萬青年十萬軍」號召，離開印尼富裕的家庭和教師工作，跑到重慶從軍，是許多愛國華僑青年一分子。

近幾年網絡上有人提到他於 1940 年代末期在臺灣涉及中共在臺灣省的間諜案事件，繪聲繪影，說因他與共諜案有關，別的公司以後不敢用他。又說他被蔣介石捉了兩次，放了兩次，但沒有將他處決。

黃德美曾經受到國防部參謀次長吳石中將間諜案牽連，受軍法部手銬腳鐐送進看守所。吳石後經軍法審判叛國證據確鑿被槍斃。黃德美原本無辜受到牽連獲得釋放後，覆被重用，後來，黃很得蔣家父子的信任和器重。蔣介石到外島視察，他隨從在側，蔣經國訪問美國有他隨行。他是一位守本分、做事要盡善盡美的軍人。

黃德美 70 年代中調來新加坡。這一年，好久沒有看過如此熱鬧的「雙十」國慶酒會在新加坡出現。他以剛到新加坡的主人之一[52]的身分招待來賓與外國使節。在國慶會上，我與他重逢，久違已經好多年了。

在新加坡這幾年裡，我們常喝茶聊天。他有了年紀，愛聊個人往事，每一次，他都由太太陪同來與我談抗日戰爭及幼時在印尼的生活往事。

黃德美在軍中的傳奇，要從國內內戰即將結束時說起。

---

[52] 正式代表是商務代表團張彼得大使

第十三章　金門是新加坡國防的一面鏡子？

也許他的英文造詣好，撤退到臺灣後，他被編入國防部二廳。當時廳長是鄭介民將軍，鄭是海南人，馬六甲華僑。

間諜故事開始

回溯1946年的一個夏天，一艘從鎮江開往上海的內河輪船，載來許多從南京到上海的搭客，其中有一男一女，他們看來是一對夫妻，看樣子都像知識分子，有著南方人的口音，國語（華語）說得蠻好。他們雖然沒有把身分露出來，但他們說話顯示出這一次到上海去是討生活。兩人打扮得尋常，任誰都不會懷疑他們的身分。

這兩人就是朱諶之（女）和男的蔡孝乾。他們兩人的出發地點是淮安，是陳毅（後來的上海市長）的大本營。

1948年，蔣經國在臺北舉行的一次記者會上揭露破獲一宗大陸的潛臺間諜案，而負責全臺灣間諜網的竟是（上文寫的）兩年前內河輪上的女子。她是中共中央華東局派到臺灣指揮整個共諜活動的最高層人物朱諶之。當時她年35歲，是漂亮俊俏的南方女子。受她指揮的有臺灣共產黨（臺共）臺中地區的謝雪紅和其他地區如臺北、基隆、臺南、高雄、新竹等等各地下機關。

蔣經國在記者會上揭露：1948年，女諜朱諶之以為此時「徐蚌會戰」（共方稱為「淮海戰役」）已告一段落，東南軍政長官陳誠剛到臺灣，島上局面未定，因此打算發難製造全島混亂，但為上海華東局阻止，認為非常危險，須暫緩行事。

朱諶之不得不接受上海的指示外，華東局改變計劃給朱諶之新的工作，計劃（一）滲入國軍最高軍事機關[53]；（二）收集臺灣各地的軍事及

---

[53]　這裡就是指國防部參謀次長吳石中將及國防部作戰參謀有許多人都受嫌間諜而被捕的伏線

政治情報；(三)利用關係策反思想上動搖的軍政人員，準備起義。

吳石間諜案被破，全因自上海與朱諶之(又名朱楓)同行潛入臺灣的共諜蔡孝乾被保密局逮捕所致。經過審問，蔡孝乾向當局投降招供。保密局這下子總共捉了 400 名共諜地工，算是共黨在臺灣潛伏人員的一半。幾乎毀了在臺的間諜網。

破案時朱諶之人在定海(尚在國軍手上)，被保密局解押回臺，與吳石同時被槍斃。吳石被處決時 56 歲，中共後來發表說朱諶之是 45 歲。總共六顆子彈處決了吳石。正法後，蔣介石要求見屍。這是當時轟動全臺灣的間諜案。這一年我初入報界，工作的中興日報連續一個星期刊載蔣經國記者會所揭露的案情，記者會上蔣經國刻劃出這樣一個可怕的紅豔美人的臉孔後說：「這是颱風吹來的時候了。」給記者留下至深的印象。

黃德美的傳奇情節

本文前段提到受吳石間諜案牽連的黃德美現在登場。其情節真可以寫出一篇精彩的間諜小說。

吳石，浙江人。1906 年出生於浙江省。1950 年 6 月 10 日在臺北處決，年 56 歲。時任國防部中將副參謀長，曾任第 16 集團軍中將副總司令。保定軍官學校出身，是中共策反成功的國軍將領。1965 年中共官方宣布他和朱諶之兩人為「一級烈士」。朱諶之骨灰於 90 年代得到前中國時報駐新記者，現歷史作家徐宗懋協助在臺北尋得，已由朱諶之女兒帶回大陸，算是處決 60 年後的回歸。63 年後 (2013 年 12 月) 中國解放軍總政治部聯絡部在北京西山國家森林公園內建成一座「無名英雄紀念廣場」，紀念 1950 年代在臺灣被處決的許多中共諜報人員。當中有本文提到的吳石、朱諶之 (朱楓) 等人。

第十三章　金門是新加坡國防的一面鏡子？

黃德美其時屬國防部陸軍尉官。一天晚上，他是值勤官，發覺參謀次長吳石辦公室內燈火亮著，前去探望，吳石手裡有一張極機密手繪軍用地圖，打算帶回家，給值勤官黃德美阻止。吳石是上司，說要拿回家「研究」。在吳石堅持下，黃德美無奈，要吳石寫收據簽字。吳石照辦。這是值勤官盡其職責，有這張字條，以後軍法審判時救了他一命。在審訊前，黃德美被關進看守所。

黃德美告訴我，「吳石伏法前，良知未泯，他的自白書中，說明我與案情完全無關，是他強行要把地圖帶走的。真的是人之將死，其心也善！」

另外一位臺北朋友曾經告訴我說，1950年當韓戰爆發，臺灣曾建議派遣三師的軍隊赴韓參戰。美國當初一度有興趣。此時，浙江省外大陳島防務司令劉廉一將軍被點名可能會是遠征軍司令。據說，劉廉一表示如果由他帶兵遠征，黃德美會是他理想的參謀。

蔣經國此時才注意到黃德美這個名字，才發覺他是在看守所，雖遭遇冤情，也不伸冤。洗冤出獄後，援韓之師也去不成，黃德美於是重回國防部第二廳，在鄭介民將軍部，以後一直留在軍事情報單位。不久，外放到曼谷大使館任武官，任滿回國。此時蔣介石設立國家安全局，鄭介民任局長，陳大慶副局長，黃德美任某處處長，這是初期的事。

之前，1953年，黃德美駐泰國武官任內，適逢緬甸政府向聯合國控訴國軍李彌部侵犯緬甸邊區事。一次，他隨上司鄭介民祕密進入邊區視察，正好遇上緬甸空軍猛炸那裡一帶森林。黃德美一次告訴我說：「真是有驚無險，炸彈在距離我們約一百公尺處爆炸。」

黃德美不像強悍的軍人，人緣好，做事謹慎認真，說話溫文爾雅，有儒將之風。

在新加坡期間，他與李光耀和吳慶瑞相處得很好。他們時用英語，時用印尼話交談。公務上他遇過本地趾高氣揚的官員，他都能看開，為

的是顧全大局。他代表的正是蔣經國和安全局。

新建軍初期,新臺雙方往來頻頻,一次某西方大國的駐新大使吃黃德美的「乾醋」,對黃德美說,「我到新加坡來總共只見過李總理兩次。一次是呈遞到任國書,另一次是任滿回國前向總理辭行,而你可以隨時進出總統府見總理。」

吃醋的還有印尼。早些時印尼情報方面負責人阿里・莫多波少將亦向黃德美幽默說,「你們什麼都幫新加坡的忙,總統(蘇哈多)很關心你會把我們忘了!」

1976年,李光耀總理第一次到中國大陸訪問,時任國防部情報局長納丹(後來的總統)隨行。據說有中共官員問納丹,新加坡是不是有一位臺灣中將在那裡?納丹忙否認!

金門人南來謀生「三部曲」

1950年代的金門是一個荒涼小島,群島的全面積有148平方公里,是黃土層、山岳和水層岩堆積而成,島上只有一條比較像樣的柏油路。長年風沙關係,到處是黃沙。土地瘦瘠,又缺水源,所餘耕地不多,而地面上也看不見有部隊的營房。即使農民要靠農耕生活,先天的環境已命定不可能。然而所能生產的竟是聞名世界已久,當地出產的陳年高粱酒和一些地瓜。除此不聞有其他著名的農產品。

金門島四周,風浪波濤,即使沒有對岸共軍炮火的威脅,也不是合理的漁港。山窮水竭,自古以來,金門的人民只好背起衫包,向海外的陌生地──南洋謀生。南洋成為他們的草原。這是金門人(當年是「華僑」)百年來,背井離鄉,紛紛遠渡重洋的理由。

一位陳姓金門老教師,當年在金門見過回鄉省親的陳國礎,知道陳

第十三章　金門是新加坡國防的一面鏡子？

國礎是我工作報社的社長，格外親熱，跟我談金門人戰前來南洋的所謂「三部曲」：

（一）男童10歲左右隨鄉親前輩到海外謀生。在「老華僑」親人朋友的關照下，不斷辛勤工作，憑著赤手空拳打天下。到20歲弱冠之年，事業略有基礎，經濟情況略好，便回家蓋一棟房屋，設立祖宗碑位，修建祖先墳墓。

（二）之後，再赴南洋，繼續工作，兩年後，有了儲蓄，便回金門娶老婆，算是成家立業，過幾年再回南洋。

（三）再到南洋後，有些再築新巢，生活比較現代化。有的則回金門看髮妻，有的匯錢回去。島上也就有了成千的活寡婦，寂寞一生。

金門人很富有

陳先生說，散居在南洋（當時叫「南洋」）的金門人約有八萬多人，約島上四萬居民的一倍，新加坡一地就有三萬。菲律賓其次，有六千人左右，再下來是印尼、印度、北婆羅洲（沙巴州）、安南（中南半島）及緬甸。陳先生告訴我，新加坡的紅燈碼頭、新加坡河及鐵巴剎[54]一帶的苦力，這個灘頭皆是金門人所控制。

金門在整個中國算是極小，如果沒有1949年10月金門「古寧頭」戰役和以後兩三次炮戰震驚了世界，它不會受人注意，還僅是荒蕪的小漁村。

不過，金門人在海外，卻是「濟濟多士」。新加坡一地，早年有黃慶昌、鄭古悅、鄭天賜、王丙丁、王濟堂、蔡鏡源、黃木榮、黃卓善、蔡普中等多人。以財富論，有好幾個是登上世界大財富榜的。大華銀行老

---

[54] ClydeTerraceMarket，今美芝路新門廣場 Gatewaytwintowers

闆黃祖耀是當中一位，於 1987 年至 1989 年擔任中華總商會會長的林蔭華也是金門人。

在外的金門人，多是經商，島內的親人一般上生活算是過得去，他們有「僑匯」。炮戰那年匯款依舊不變，所以金門人還不算十分窮困。

1955 年，我自金門採訪回來。報界前輩、戰後一度是南洋商報副刊主編的薛殘白（也是金門人）介紹幾位金門人和我聊聊他們家鄉的事，其中一位是銀行界知名人士王濟堂，還有幾位金門商人。

這些人知我是新加坡記者訪問金門歸來，渴望「客自家鄉來，告知家鄉事」。

附：採訪金門炮戰 60 年回憶

1954 年 9 月 3 日，金門對岸廈門的中共軍掀開砲彈戰序幕，炮打金門，持續月餘，稱為「九三炮戰」，正是 1949 年底「血戰金門」後的第五年。這一年五月，胡志明領導的越盟軍在中共軍的大力支援下攻陷奠邊府，為法國在印支殖民地的命運敲起喪鐘。這個時候也是中共「人民志願軍」參加持續了三年多的剛剛簽下朝鮮戰爭停戰協定不久，因此金門炮戰再開，引起各方注目。中共是不是要將戰火轉移到臺灣海峽？

1954 年金門炮戰重燃，我任職新加坡國民黨黨報中興日報外勤記者，人正好在臺北。在新馬，很多第一第二代的華人來自金門，對金門情況深表關心。戰雲密布下的家鄉，鄉親音訊隔絕不便，不在話下，報社要我利用在臺北之便，申請到金門前線採訪，除為中興日報寫報導外，也兼替馬來亞（當時尚未獨立）吉隆坡中國報、檳城光華日報、怡保建國日報寫通訊，經常是一稿四投補貼旅費。

1954 年 10 月 17 日，我到臺北寶慶路行政院新聞局辦理去金門的手

第十三章　金門是新加坡國防的一面鏡子？

續。朱新民副局長帶我見第一處處長李潔。李氏交來一份「生死狀」給我簽名，第二天一早由新聞局專員朱正明專車送我到松山軍用機場候機出發。

「生死狀」（免責書）簡單直接，跟以後我多次隨軍採訪越戰、柬戰及往朝鮮38度線「聯合安全區」都須事先簽字的情形相似。內容如下：新加坡中興日報記者陳加昌茲鄭重宣告，此次訪問金門純屬自願，甘冒一切危險，如於途中或在目的地居留期間遭受任何身體或財產之損失，概與政府無涉。簽字人陳加昌，見證人黃天爵（僑務委員副委員長），苗效雨。中華民國43年10月17日」。

18日一早，我從臺北松山軍用機場，登上C47軍用運輸機起飛金門。隨同的是新聞局軍方聯繫官海軍中校江濟生和另4位歐美籍記者，機上還有好幾位軍人[55]。

臺北的天空，清晨的陽光正和煦地照射在大地上。飛機從跑道滑過向西北飛行，在喧騰機翼下從機窗馳目四騁，臺灣海峽碧藍海水，不禁要讚賞它的美麗和平靜。一小時45分鐘後，機身穿入很濃的雲層，不久出了雲堆。一個原本是荒涼漁村，經過1949年戰役為全世界所矚目的小島 —— 金門，即隱約在望。

共軍向我飛機發炮

飛機在金門上空先作環島緩行低飛，掠過中共高射炮射程內時，突然「隆」一聲，對方高射炮向我機後頭髮炮。這時提醒我機窗那一邊是中共占領的廈門。飛機盤旋約十分鐘後降落。

一踏出機門，像到了另一個世界。這一天，陽光熾烈。金門入秋之後，進入風季。猛烈的西北風在捲起沙塵的機場呼號，感受的是機場周

---

[55] 飛機降落金門後才知道陸軍總司令黃傑將軍也在機上，他是到前線來視察。

圍「蓬斷枯草，風悲日曛」的情景。

下機後，由金門防衛司令部某科陳明月上校迎接先到市內休息。從機場到市區，有十多裡路程。吉普車行走在黃土的丘陵上，沿途揚起迷霧一般沙塵，一陣陣打在臉上隱隱作痛。沙粒略帶鹹味。我閉著眼，將頭深埋在上衣領裡。約半小時，抵達金門市「軍友之家」招待所。這時看著自己衣服滿蓋灰塵，頭髮裡盡是黃沙，蓬頭枯槁，有如機場的草地。

在「軍友之家」休息時，金門防衛司令部政治部主任尹殿甲少將招待午餐，併為我們簡報。餐後即開始參觀金門工事。

「軍友之家」瀕臨海濱，瞭望鏡向西遠眺，一覽無遺的是一海之隔的另一世界——廈門。可以看見被國民黨空軍轟炸的廈門海岸已是一堆堆殘遺的瓦礫，破壞的炮壘傾斜支撐在海面沙灘。

記者抵金門當天，聽說對岸共軍利用黃昏時間發炮過來，我們於是要求在古寧頭留宿一夜，體驗炮戰。

前方炮戰，入夜陷於一種枯寂的氣氛，但是古寧頭軍人無時無刻不枕戈待旦，陣地炮位瞄著對岸。這一晚卻為從未曾經歷過的強烈海風驚動，海岸砂礫，海水的衝擊聲，加上天空下弦勾月，好像在偷取情報，又有幾顆刁皮的閃星陪伴著，雖身著寒衣，也無法抵禦深秋的寒意。突然間，對岸共軍打來零星砲彈，為靜寂的夜空帶來點綴。就這樣，在古寧頭過了一夜。

望見對岸共軍搶修工事

第二天（19日）到馬山。馬山是金門的最北端，遠處可見那聞名的雙乳峰。1949，馬山有過轟轟烈烈的一頁。馬山距離中國大陸僅2千多公尺。山頭西望對岸，可以看見共軍三五成群在沿海搶修工事。

第十三章　金門是新加坡國防的一面鏡子？

陳明月上校引導我們到每一個陣地，都先看對岸後才看本身的工事。在馬山岩岸，僅看到守軍前哨戰士頭戴鋼盔、披棉衣，在沿岸梭巡，不顧石岩危險，也不怕風砂敲打，監視著對岸的動靜。

在馬山一帶停留約一個小時，一頭被海風吹得蓬亂的頭髮披著沙塵，在某一個碉堡遇見參加前線播音站的政戰青年女兵。一位是湖南籍的楊鳳瓊，另一位是四川籍的李師良。這兩位女兵在碉堡主持戰士康樂，放唱片播歌曲，也隨時向對岸共軍喊話和進行心理戰。為她們拍了照片之後，指揮官告訴我們今天前方似沒有什麼動靜。金門防衛司令劉玉章將軍也正忙於陪同黃傑陸軍總司令巡視前方陣地，傍晚才接見我們。

作者陳加昌 1954 年 9 月到金門採訪炮戰，在馬山前哨眺望廈門。這裡離中國大陸最近，約 2,000 公尺距離。

黃傑總司令除忙於視察工事和宣慰將士之外，也比我們先到肉眼可看到廈門的小金門去。

中外記者到小金門採訪

回臺北前,我們到小金門觀看了一趟。此次到金門的記者共有五人,除我是華人外,另四人是歐美記者。

清早五點左右從「軍友之家」出發,在寒風刺骨伸手還不見五指時分,我們乘一艘小機帆船開往小金門(烈嶼)。烈嶼跟廈門近在咫尺,猶如金門的馬山和對岸角嶼的距離。小金門的公路比金門平坦,兩岸綠蔭夾道。抵小金門不久,喔喔雞啼已報五更。一行人立即前往第一防線虎井頭。虎井頭在小金門西北的高位,登上眺望,廈門還是晨曦迷濛。

小金門在地勢上居於不利地位,自1949年大金門古寧頭血戰以後,共軍炮火多轉向小金門,而且都在射程之內,因此小金門永遠比金門島的戰爭氣氛要濃。站在小金門土地上,我想像不出國民黨當年兵敗如山倒時竟能在此大敗共軍,扭轉了整個國共戰局──國民黨殘局。

經過1949年一役,金門防衛工事已經堅如銅牆鐵壁,山連山,洞連洞,深溝高壘,步步為營。這一次「九三炮戰」也在守軍最新式火力猛烈的大砲下將對方壓制得無法動彈。

在小金門逗留近兩小時,為避開共軍視線和炮位,乘著陽光還沒有照耀海面,我們趕上小船,隨著浪潮起伏回到大金門。

1954年,在金門前線碉堡前,負責向中國大陸廣播的湖南籍女兵楊鳳瓊及四川籍女兵李師良。
(陳加昌攝)

第十三章　金門是新加坡國防的一面鏡子？

　　金門給人感覺是一種蓬勃的朝氣和臺灣所呼吸不到的濃厚戰鬥氣息。市內僅一條堪稱像樣的街道，很容易體驗到戰時景色，各街巷裡不易在軍民之間劃出一條明顯的界線，他們槍不離手，手不離槍，幾乎是全民皆兵。這個時候的體驗可以看出他們有同一意識、同一希望、同一信念、同一目標、同一決心和同一命運。

「蓬斷枯草，風悲日曛」士兵們在金門前線忙築防禦工事。迄今已是 60 年前塵往事。
（陳加昌攝）

1954 年 10 月 24 日，蔣介石在臺北總統府接見本書作者陳加昌。

第十四章
星光計畫：建立空軍「種子部隊」

建立空軍計劃人 —— 陳鍾琇中將

　　最早從臺灣過來，以顧問身分提供新加坡空軍建軍計劃的中華民國空軍將領是空軍官校第九期驅逐科畢業的陳鍾琇將軍。陳鍾琇將軍在新加坡獨立建國後的第二年到來，即1967年。

　　李光耀總理在他的回憶錄（1965 — 2000）第624頁開頭有兩行帶過的文字：「初步討論從1967年開始，臺灣委派一位高層代表來……同年12月，他們提交了一個建立空軍部隊的計畫。」國防部的尹景祥早一年去了臺灣一趟。

　　陳鍾琇來新的日期，前文提到的汪奉曾、朱國勳及晚點來的黃德美三位將軍是否屬於同一個代表團，新、臺各方一直沒有透露。比陳鍾琇晚來幾年的飛官教練，也不知道在他們之前自己所隸屬的空軍總部已經有人先來為他們制定了訓練當地空軍的計畫。

來自臺灣的陳鍾琇中將
協助新加坡建立空軍部隊。

第十四章　星光計畫：建立空軍「種子部隊」

你是否也知道，1970年代新加坡空軍建立後的第一任司令是來自臺灣的劉景泉少將。三年後，劉卸職回臺，空軍司令之缺也是由一位臺灣駐新的空軍教官傅純顯中校兼任。

為新加坡提供空軍建軍計劃的陳鍾琇中將，是河北永清縣人，於1920年出生。19歲投入空軍官校時，是班上最年輕的一名學生。

陳將軍從19歲官校畢業任空軍準尉，直到1982年退役時軍階是中將，共43年的空中軍旅，有非常完整的經歷，獲得的獎章及勳章共有30多個。

抗日期間，陳將軍參加過多次會戰。1945年10月至1949年5月內戰期間，參加各次戰役。1949年4月，第一艘國軍軍艦「重慶號」叛逃，陳嘉尚（1950年代末期任空軍總司令）與他在青島成立臨時專案指揮所獨立作業，當時陳鍾琇是空軍第三聯隊少校參謀長。經過專案組擬就搜尋及攻擊計劃，於兩週內達成任務。

據了解炸沉「重慶號」的空軍說，「重慶號」艦身龐大，沒地方可藏，此時中共尚未建立海、空軍。國民政府的空軍在北方幾個海港的上空不停搜尋。

共軍為了掩蔽「重慶號」，在葫蘆島外長堤上，特別用白色帆布將艦身蓋上，自遠處看來它和長堤的顏色沒有兩樣，若不仔細看是看不出來的。

艦隻停泊在那裡，最終給第13期特班空軍中尉王金篤識破。他駕機自空中搜尋，飛到葫蘆島上空，因為懷念他以前曾多次坐在長堤釣魚的前景，他的駕機便在空中多盤旋幾回，向長堤多看幾眼，赫然發現長堤比以前長了許多，仔細再看，長堤前面接上一艘大船，那艘大船就是「重慶號」。

王金篤中尉隨即向指揮部報告，由第八大隊派出9架B24轟炸機將「重慶號」炸沉於渤海灣葫蘆島港內。

之後，陳隨國軍撤退到臺灣，一度在陳誠的東南軍政長官公署情報通訊指揮部任職。

陳鍾琇經歷精彩，飛行方面曾任多個空軍大隊中隊長、教官、空軍總司令部作戰署署長、參謀長、空軍副總司令、國防部常務次長及國防部總參謀長顧問。

國外經歷：1944年24歲，抗戰期間奉命到印度接收P—40戰鬥機飛返重慶。海外重要的幾個經歷，包括1959年赴菲律賓美國第13航空隊在職訓練，1962年赴非洲利比亞以顧問身分提供該國空軍建軍計劃。1967年赴菲律賓海美軍「小鷹號」航空母艦觀摩其日間及夜間艦上飛行訓練。

陳鍾琇於1967年到新加坡來，同樣以顧問身分提供空軍建軍計劃。1977至78年副總司令任內，主持臺灣空軍防空自動化系統之採購與換裝，共二次赴美國實地測試及驗收。

陳鍾琇是國民政府栽培的一位空軍將領，曾於1954年34歲時送往美國空軍大學陸空作戰學校受訓。畢業後前往沖繩島考察。

陳的空軍同袍說，他是一位智勇兼全、說做就做的軍人。他牢記官校校長蔣介石在昆明送給9期畢業學生8個字的報國訓詞「自尊、自重、自愛、自強」。

臺灣空軍「舉世無雙」年代

新加坡確是「獨具慧眼」找到臺灣，而且也得蔣介石父子（經國）慷慨關心，未過於考慮本身在臺灣海峽的國防安全，馬上答應借調飛行員。

此時的臺灣海峽局勢還是不穩定。國軍飛機日夜在上空巡邏，時常與共方飛機發生遭遇戰。

第十四章　星光計畫：建立空軍「種子部隊」

在那個年代，世界上哪有第二個國家有「實際作戰經驗」的空軍？自第二次大戰結束及韓戰空戰結束後 30 年來，只有臺灣的海空軍還繼續在作戰，空軍強大可說「舉世無雙」！

臺灣空軍的成長，可分三個階段來看。1924 年第一批中國空軍到法國受訓開始。實際作戰由 1937 年中日戰爭算起。

當時，日本空軍飛行員已具有平均 1,000 小時的飛行時間，中國空軍只有 200 多小時。八年抗日戰爭中，中國飛行員死傷過半，當時的飛行技術不如人，靠的是誓死捍衛國家的精神，用的是老舊式飛機，而日本在戰場上投入連美國空軍初期都害怕的「零」式戰鬥機。到了戰爭後期，中國空軍有了美國的援助（陳納德的空軍志願隊），才扭轉了空軍的劣勢。日本已占不上便宜了。

日本戰敗，接著是國共內戰，到 1949 年撤守臺灣，內戰持續，臺灣海峽上空可說是危機四伏。碧血長空經驗 20 多年，日夜對峙的情形，和韓戰情形差不多。

這個時候的臺灣空軍已有 500 多架飛機，1,000 多名現役飛行員，而他們的平均飛行時間已有 2,000 小時，比其他國家的空軍還多。

難怪一位教官說，「懂得借用臺灣的空軍是高度的智慧。」

這些擔任空防任務，巡邏臺灣海峽的熟手，有幾位曾經打下共方米格十七型的飛官，被選中飛來新加坡當教官。時任空軍總司令的賴名湯將軍，擔心如此一來會減弱自己的實力而感不安，但他的看法不為蔣經國接受。

但是李光耀回憶錄（頁 624）透露「渴望在臺灣訓練我們的空軍機師和海軍軍官……」的要求卻為臺灣方面說了「不」。

基於策略安全，當時臺灣海峽的情勢與兩岸仍在軍事對峙狀態中。

臺灣認為，凡在臺灣受訓的外國軍人必須換上國軍的制服，正如臺灣的教官來到新加坡，同樣改穿新加坡的軍服一樣。

換上國軍的軍服不是很重要的事，問題是空軍海軍在臺受訓，均須在島外海面和上空作業。行軍暗號、口令、軍隊番號及通訊閃光訊號、密碼、目標、佯動、佯攻種種都在狹小的海峽容易給對方雷達測中，了解臺灣作戰空圖，對臺灣的海空防務便顯出其漏洞來，容易給對方潛進滲透，對臺海的安全有很大的威脅。

另使臺新雙方關心的是，新加坡空軍一旦在海峽上空或是海軍在海峽一帶訓練演習，以臺灣過去的經驗，與共軍在海或上空遭遇而互相開火是時有的事。空軍飛行時速超快，在狹窄的海峽上空相遇時，不易辨認是新方空軍，或是臺灣空軍。對方空軍此時操作辨認的時間也緊迫不多，生死僅一剎那，擦槍走火或搶先開火都是任何一方必要的。考慮到新國空軍在臺受訓的安全，臺灣「婉拒」在臺訓練新方的飛行員。新方同意。

建立空軍「種子部隊」

1972年初，臺灣空軍應新加坡政府邀請，從臺灣各作戰中隊挑選出首批九位優秀戰鬥飛行員，由劉書文上校帶領，來新加坡協助建立空軍部隊。

同年9月，劉書文率領一批飛行員前往美國接受A4－天鷹機的訓練。

據教官張建碩說，「到1975年短短兩年多時間，就為新加坡訓練出兩個A4－天鷹中隊（141及142中隊），完成訓練的時間比我們想像的要快。」

劉書文上校帶領的空軍教官不辱使命，任務完成後，一部分返回臺灣歸隊，也有願意留在當地空軍服務。張建碩說：「劉書文傳授給學員的不光是飛行技術，最重要的是一個飛行員應有的素質與情操。」

第十四章　星光計畫：建立空軍「種子部隊」

劉書文離新回臺時，將後續任務轉交給兩個中隊，其中 142 中隊長由臺灣教官傅純顯少校擔任。（1976 年）國防部長吳慶瑞問傅純顯，兩中隊都交給我們（新加坡）是否適合？

時任代空軍司令的傅純顯說：「我們能教的都教你們了。現在是你們本國人自己表演的時候。吳慶瑞告訴傅，希望你們回去之後，還能夠再回來，也請替我們推薦部分人選。」

一年後，傅再度回到新加坡空軍部隊。

早年來新負責訓練新加坡空軍的其中一批臺灣教官。左邊四人為新方空軍人員。其他五人為教官（中至右）李學禮、張建碩、夏瀛洲、張宗宇及梁小漢。夏瀛洲回臺後最高軍職是三軍大學第十任校長，官服空軍二級中將退役，在新加坡服務六年後奉命返臺。

教官張建碩感到自豪的就是兩支嚴格訓練出來的空軍中隊，在教官心目中是新加坡空軍的「種子部隊」。他們對空軍爾後的建軍發揮了很大的示範作用。

據說，李光耀有一年在總統府內舉行的空軍節空軍代表的餐會上，對這些借調的臺灣飛行員表示：「在新加坡所有外聘飛行員教官中，只有臺灣的飛行員最具愛國情操，你們是我的最愛……」

建立空軍「種子部隊」

是的，臺灣教官堅實負責，任勞任怨，不存傲氣。他們中有借調的現役飛行員，在新加坡期間，其在本國的晉升機會便被耽誤。所以為了空軍不致斷層，臺灣不再派現役飛行員來，改為遣派辦理退役手續之前的飛行員的彈性作法。

今天，在亞洲國家中，在中國空軍之外，只有日本、韓國及新加坡三個國家裝備了 F15 鷹式機型。

擁有這種軍機，是一種象徵。它代表這個國家的國力、財力及空軍本身的素質。這不是光有錢就可以買到的軍備。臺灣過去 30 年很有錢，要買軍機、戰艦都不可能，原因不是臺灣空海軍的素質有問題，而是夾在「海峽風雲」間的無形影響。

來自臺灣的空軍教官張建碩，協助新加坡建立「空軍種子部隊」。

近 40 年前，臺灣教官來新，會在笑談中把新加坡既有的獵人式飛機 F-16、F86、F84 視為「飛行俱樂部」的飛行玩具。

40 年後，有退休的教官自我解嘲，也許有一天，新加坡的空軍會來當我們的教官！

臺灣的空軍或是軍事單位，可以「告慰」的是自新加坡舉行航空展以來，臺灣的相關要員都曾應邀參加盛舉。當中高層的是在職國防部部長。他們相互溝通，低姿態來，低姿態回去，歡歡喜喜，忘了誰是主人誰是客！

第十四章　星光計畫：建立空軍「種子部隊」

首任空軍司令劉景泉少將

新加坡首任空軍司令劉景泉少將於 1970 年代初自臺灣來新加坡之前，任空軍第四聯隊中隊長。

劉景泉原籍是馬來西亞吡叻州怡保市客家人，是個華僑。早年投入國軍空軍官校，第 23 期畢業。比之後第 33 及 34 期到來當教官的學弟們早得多。

早年據說新加坡要借調臺灣空軍過來當司令，臺灣推薦了兩位非常優秀的將官給新加坡挑選其一。李光耀總理圈上這名怡保出世的臺灣空軍，也許是怡保華人（華僑）的關係，心理上與李光耀比較接近。這只是筆者的推測。

劉景泉的部隊同袍不否認他是一位很優秀的軍人，是空軍中的悍將。海峽空戰紀錄中，他有過擊落過三架對方米格機的輝煌戰績，是空軍英雄。他自己命大，在一次空戰中，駕駛的戰機中彈，他中彈受傷，流血不止，昏迷中跳傘掉落在澎湖島海面被救起。

同袍戰友說，劉景泉的性格是「制敵機先，給它一個猛烈的打擊，但是這種『cowboy』式戰鬥員在新時代空軍的戰術或許不再適合」。

劉景泉來新前先在臺灣辦理退役手續。他與新加坡三年的合約期滿後未再續約，返回臺灣。

新加坡空軍司令位子缺了一段很長的時期，一度由臺灣過來的教官、空軍作戰署署長傅純顯中校兼任代司令。

那名三年前為李光耀「看走眼」的將官陳燊齡（官校 18 期），留在臺灣，於 1980 年晉升為空軍副總司令，再升總司令，1989 年又被任命為參謀總長軍職。

來新十五年的傅教官

　　第一個中隊建立後，新加坡國防部一高官問教官傅純顯少校什麼時候可以建立第二個中隊？傅回答說：「早就可以成立了。」官員說：「那就由你負責。」第二中隊成立後，國防部便任命傅為第二個中隊（第142）中隊長。

　　傅純顯（臺灣）空軍官校第34期畢業。1973年4月來新加坡前是臺灣空軍449聯隊少校中隊長。

　　傅在新加坡給人留下深刻印象的是1974年8月9日在新加坡國慶日進行的空軍空中檢閱，由他擔任A4天鷹機空中分列式領隊表演，完美完成。當時，新方各型軍機加起來不到50架。

　　1975年，傅代表新加坡空軍與美國空軍參加聯合演習。第二年，傅在新加坡的合約屆滿，返回臺灣。

　　1976年年底，傅在臺灣辦理退役手續，然後再回來新加坡空軍部隊，與他同來的還有蔡發義、周述森等人。之前，也有一名在高棉「借用」的臺灣空軍自金邊飛來「插隊」。

　　新加坡當局極重視傅純顯重返新加坡，當然這是他上次回國之前已事先談好的事。傅回新後，由作戰署作戰組長幹起，不久升為作戰署長。往後空軍成立計劃署便由傅負責。由於表現良好，這時原司令劉景泉任滿三年未再續約回臺，司令一職便由傅兼任下來。

　　國防部倚重傅的職務。傅參與重新檢討國防部策略，並對新加坡的假想敵情作評估。至於空軍的新裝備，如E－2G空中預警機，都是在傅擔任空軍計劃署長任內開始採購的。

　　一個「借用」的臺灣空軍軍官，先後擔任新加坡島上多個空軍基地的司令，實在不簡單。傅最後的軍職是國防部督察主任。任滿回臺時，

第十四章　星光計畫：建立空軍「種子部隊」

他不覺已隨新加坡空軍成長 15 年，堪稱是在新時間最長的一名臺灣空軍軍官。

傅回臺前，一度出任樟宜空軍基地司令。據說，是政府決定將樟宜空軍機場轉化為民航機場而借用他的實際知識和技能，由他與相關部門協調。

傅也是一名空軍悍將，1958 年，825 海峽空戰，時為空軍中尉飛行官，他駕駛 F86 型噴射軍刀機，用響尾蛇飛彈打下一架蘇製米格 17 型機。和他同在新加坡任職的飛官，在海峽上空打下米格機的也有好幾位。

教官張建碩回憶往事

我認識近 40 年的臺灣空軍飛官張建碩中校（C.S. Chang），是 1970 年代中葉一批很早應新加坡政府邀請到來協助中國初期建立空軍部隊的 9 人教官之一。

張建碩來新前在臺灣空軍軍中軍階是中校，加入新國空軍部隊時官階退兩級為上尉，他的同袍也是一樣。當時，新加坡空軍部隊編制尚小，只得如此，對教官來說多少是委屈（海軍司令邱永安上校亦如此）。

張建碩 1936 年在中國大陸出生。1975 年 3 月加入新國空軍時年 39 歲，服役 14 年又 8 個月（1988 年）後光榮退役回返臺灣。

張建碩在空軍服務期間，最感驕傲和自豪的是臺灣教官在新 16 年漫長日子，空軍部隊裡未曾損壞過一架飛機，也沒有損傷一兵一卒。9 人飛行教官在新加坡平均每人的飛行時數是在 6,000 小時以上，總時數加起來超過 5 萬多小時。

張建碩念念不忘一名老朋友趙世洵（已故），感激他當年為在新臺灣

空軍教官們的子弟在新就學出力。

大陸變政前趙世洵曾在上海申報任職，是資深媒體人。1952年與香港另四名報人應徵來新益世報工作，是我益世報工作時的採訪主任[56]。鍾文苓曾是新明日報的總編輯。

益世報出版三個月後停刊，香港來的五名報人各奔前程。趙世洵一度任檳城光華日報駐新辦事處主任。仝道章擔任南洋商報總編輯時期，聘趙為報社資料室主任。

張建碩說，趙世洵為人熱忱，為幫助解決臺灣空軍教官子弟在新的教育問題，他抱病跑去拜託大巴窯區行動黨國會議員何思明，請他在國會提出議案，向教育部政務部長蔡崇語（後來出任新方駐臺代表處代表）質詢。蔡崇語問何思明議員，有什麼理由要給臺灣學生優先？何議員據理說，人家的父兄教育我們的孩子（空軍），他們的小孩應當有優先入學權。蔡崇語最終同意給臺灣空軍子弟以外交官員身分，優先選校。

何議員還做了一件促成「母子重逢」的美事，幫助一名臺灣教官張宗宇把隔別多年的母親從中國大陸接到新加坡來，享受一個月天倫之樂。

張建碩今年年近80，一生當空軍無悔。現退休在臺北家中含飴弄孫，享天倫之樂。張建碩對新加坡教育辦得很成功的事備至讚揚。他說，「他有一個女兒早年在華初畢業後到美國升學，只花兩年半時間就能在美國十大名校之一的Austin大學畢業，證明新加坡的教育實力。」

張建碩說，「最後一位離開新加坡的教官是張春錦，現仍在長榮航空服務。張在臺灣服務時的飛行技術非常優良，兒子張豪寧在新加坡出生，現已是為新加坡國民，加入本國空軍，飛行技術承傳乃父，壯志凌雲，被選為F15的飛行員。」

---

[56] 另四人是香港新聞天地創辦人之一的劉問渠、中央社東北特派員張冰子、重慶掃蕩報的鍾文苓及香港作家劉以鬯。

第十四章　星光計畫：建立空軍「種子部隊」

新臺二代空軍姻緣佳話

由於臺灣空軍教官留在新加坡 16 年之久，所以出現了臺灣空軍二代，在此娶親成家。也有臺灣小姐老遠飛來嫁到這裡的空軍家庭，是兩地兩代空軍的姻緣佳話。

張建碩在此直衝雲霄，俯瞰新島 15 年，退休時仍是來時的空軍上尉（在臺的軍階已是中校），一點也不遺憾，他說：「我依然很感激新政府，因為我的兩個子女，有機會在新受到最好的教育，我個人成敗不算什麼。」

有一位較張建碩早一期（42 期）官校畢業的空軍教官夏瀛洲（1938 —），是山東省諸城縣人。張與夏在新加坡同飛 F104G 戰機，在新六年後奉命返臺[57]。夏屬國民黨黃復興黨部，回臺灣後，官至空軍二級中將退役。

夏在國擔任過副參謀總長，三年後轉三軍大學任第十任校長。陳水扁任臺灣總統時期擔任總統府策略顧問，後退休。

2011 年 6 月 8 日，據中國中評社報導，夏以退休臺灣國防大學校長身分往中國大陸與中共將領交流，在一場「中山‧黃埔兩岸情」座談會時發言「今後不要再分什麼國軍、共軍，我們都是中國軍隊」。夏瀛洲這番話在臺灣島內被指為「國共不分」，引起爭議。夏瀛洲事後否認這種說法[58]。

關於張建碩飛行教官

張建碩，空軍官校 43 期畢業，成績優良。畢業後留校任飛行教官一年。能留校任飛行教官是軍中至高無上的榮譽，也是所有在新工作的臺灣飛行員中唯一的一個曾接受過正式飛行教官訓練的人。

---

[57] 有一說是他對新空軍當局有離譜的不公平事件，一氣之下辭職離開新加坡。
[58] 在新時他也未申請為新加坡國籍。

張建碩的飛行經歷：

F86 戰鬥機飛行員

F104 戰鬥機飛行員

空軍參謀大學畢業

美國空軍參謀大學 96 年班畢業，為期八個月共 32 個星期

美國參謀大學教官班畢業（為期一個月）

臺灣空軍參謀大學教官

服役 12 年 8 個月後退役，官拜空軍中校。

1975 年 2 月，應徵來新加坡工作，時年 39 歲。個人在新加坡的飛行時數達 7,000 小時。

張空旅生涯中飛行過多類型飛機。據說，新加坡政府規定，臺灣來的飛行員必須取得新加坡空軍學校之 QF1 方可申請為新加坡公民。來新加坡的多名臺灣飛行員當中，有 9 位取得 FTS/QF1 資格，其中有 7 人是飛 F104G，1 人飛 F100A，另 1 人飛 F5A。

他們當中，其中 5 人申請成為新加坡公民。張建碩強調：臺灣對選訓 F104G 飛行員非常嚴格，有如訓練太空人，每人都得穿上太空裝飛到同溫層以上上空，最高可達 10 萬英呎，也就是說，F104G 是目前可以飛得最高的一種飛機，而且最高速度是 2.2 倍音速（馬赫）。

張建碩說他當年向臺空軍申請退役，加入新國空軍，往後雖然可以申請加入新加坡國籍，但他最終在一名印度裔監誓官前「臨陣退縮」，他的良心告訴自己：他不能放棄中華民國國籍。他的話感動了這名監誓官。

張任滿近 15 年回臺，已不能歸隊，只有轉任中華航空擔任飛行員，過後服任職長榮航空。

他說，他的同袍長官劉書文，在新治軍很嚴，傳授給空軍的不光是

第十四章　星光計畫：建立空軍「種子部隊」

飛行技術，最重要的是一個飛行員應有的素質與情操。

劉退休多年後，舊地重遊，探望當年學子，同袍重逢長官，相見擁抱，感激教官當年的教誨。

海軍司令邱永安

新加坡建軍之初，空軍司令劉景泉少將是出生於馬來亞怡保市的中華民國空軍軍官（見前文）。同樣，海軍司令邱永安上校原出生於馬來亞檳城市，二戰後南來新加坡求學，中學畢業後往中國投考中華民國海軍官校。

在邱永安40年的海軍生涯中，他的經歷是富傳奇的！

邱永安是怎樣登上軍艦的？要了解其中原因須先從二次大戰結束不久、1940年代中、邱永安還是華校初中生時說起。

戰後，中華民國政府自英國政府手中接受的第一批退役艦艇三艘，由英回國途中經過新加坡，停泊在紅燈碼頭海面多天供市民登艦參觀，也含有國民政府宣慰僑胞意義。

船上官兵，身著潔白海軍制服，個個英姿煥發，神采奕奕，向上艦的僑胞講解海軍生活，令參觀的男女老少興奮之至，算是第一次看到自己國家的海軍。當時，有馬來半島的華僑，舟車勞頓，特地趕來看「四強之一」的中華民國海軍健兒，年輕人個個愛國情緒激昂。當時，新馬兩地還是英國殖民地，沒有華人華僑之分，華裔都自認是中國人。

參觀軍艦的人群，華校學生占多數。當中有兩個同學比較特殊，胸懷大志，抱有報國的理想，他們參觀軍艦之後，深受感動，意識到「祖國若要強盛，必先建立強大的海軍」。

這兩名少年，一名是30年後（1975年）成為新加坡建國後首位海

軍司令的邱永安上校。另一人是邱永安初中時期的同學謝鏞。謝鏞的熱忱，最終沒圓其海軍夢。他隨父親及邱永安的兄長邱永康進入南洋商報編輯部工作。不久，謝鏞轉入商界成為成功的商人，晚年努力促進新中友好關係，致力國民外交。在兩岸三地人脈豐沛，是有名之士。

一天，我去東陵俱樂部探望半個多世紀的老朋友謝鏞，想從他那裡多了解一些邱永安學生時代的事。

東陵俱樂部創立於1865年，謝鏞數十年如一日，風雨無阻，每天下午必定出現在那個英國殖民地時期就聞名的高級社交場所。

謝鏞，雖已是88歲「米壽」高齡，身體硬碩，豪情依舊不減，是俱樂部「知名酒仙」。每天下午3時至6時，必在那裡專用臺「以酒會友」，與舊雨新知歡飲半瓶威士忌方罷離去。

謝鏞在這裡歡飲暢談他與邱永安同學時的往事。謝鏞說，邱永安在班上是特殊天才的人，成績特優，學校歷年考試，皆名列前茅，檳城鍾靈中學時代如此，來到新加坡華僑中學，畢業後輾轉到中國青島海軍軍官學校，嗣後結訓，再到美國海軍學校，成績總是第一。

謝鏞半開玩笑說：「我就不同了。我在班上是個不用功、好玩的頑皮學生。邱永安功課好，脾氣也好，聰明過人，理解力強，智力也高。我和永安在班上是同座位，考試時，我遇上難題時，常『偷瞄』他的考卷，邱永安也裝著不知道，讓我看。我們是很好的同學和朋友。」

「戰後，我們同在新加坡，邱進入華僑中學，我進不了，我不清楚薛永黍校長為何不收留我。」

謝鏞與永安是莫逆之交，永安於1975年當上新加坡海軍司令前，曾率領中華民國海軍「敦睦艦隊」到新菲兩國訪問，與謝鏞相隔20年後在新重敘。邱永安當上海軍司令回新定居，老同學見面的機會便多了。

第十四章　星光計畫：建立空軍「種子部隊」

據說，邱永安與富商邱德拔有遠親關係。在新加坡北部一座龐大現代化設備齊全的邱德拔醫院，便是邱德拔的後人為紀念邱德拔而設立的。

臺灣海軍一夜間成長

邱永安於學生時代立志報國。他於 1940 年代末期，弱冠之年便回國投考當時國民政府在青島設立的海軍軍官學校。

抗戰勝利不久，正逢中國極需建國人才，尤其是海軍。當時的陸軍不憂兵源不足，還要復員。空軍有抗戰期間美國陳納德將軍的航空大隊建立的空軍基礎。只有海軍必須積極招募兵員，建立海上長城。

諷刺的是，海軍憂慮的不是缺乏艦隻和配備。回顧抗日勝利那一年到 1948 年的三、四年裡，美國送給國民政府退役或將退役的艦隻就有 270 多艘，接收日本投降的艦隻 30 多艘，英國及加拿大也贈送約 10 艘。國民政府海軍一夜間成長起來，總共有 300 多艘艦艇。

這些船隻大多數是屬近海用沿岸艦艇，也有兩棲用船隻。雖然說臺灣海軍幾乎在一夜間成長起來，但是此時帶給國民政府困擾的是怎麼去訓練新海軍。

裝備、艦隻保養、人員培養及補充對此時的中國海軍是一門大學問。不久加上內戰爆發，國軍經過節節敗退，到內戰末期（1949 年 4 月），有英國戰後贈送中國的最大艘巡洋艦「重慶號」因艦長鄧兆祥身先士卒帶領艦上 574 名官兵投共（見陳鍾琇中將文），接著投到中共的艦隻總數占全國海軍半數之多，國民政府碰上了大難題。就在這時，中共取代了國民政府在青島的海軍官校，訓練自己的「人民海軍」。

國民政府海軍官校第 39 班的邱永安這時隨著國軍撤退到臺灣等待整

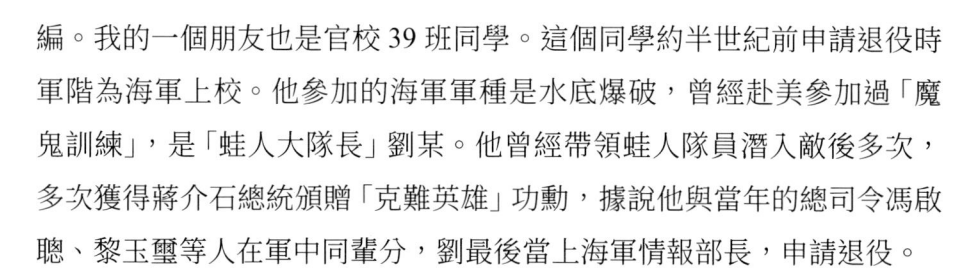

編。我的一個朋友也是官校39班同學。這個同學約半世紀前申請退役時軍階為海軍上校。他參加的海軍軍種是水底爆破，曾經赴美參加過「魔鬼訓練」，是「蛙人大隊長」劉某。他曾經帶領蛙人隊員潛入敵後多次，多次獲得蔣介石總統頒贈「克難英雄」功勳，據說他與當年的總司令馮啟聰、黎玉璽等人在軍中同輩分，劉最後當上海軍情報部長，申請退役。

　　蔣介石的三軍中，空軍比較完整。陸軍慘敗，海軍前途岌岌可危，這是在1949年毛澤東建政之後。

　　但是，國民黨「命不該絕」。在半年後的1950年6月，朝鮮戰爭爆發，美國杜魯門總統宣布美國的第七艦隊將臺灣海峽封鎖（中立化），這拯救了敗戰的臺灣海軍，不致走上崩潰的命運。

　　與此同時，美國軍事援華顧問團（團長蔡斯將軍）來到臺北，協助訓練海軍，臺灣海軍得以「正規化」，挑選優秀軍官到美國受訓，邱永安便是其中一人。

　　訓練回來之後，韓戰停火，臺海戰雲又起，海軍執行巡邏臺海任務，有空軍掩護，天海配合。如掃雷、布雷、監視海峽對方的動靜，包括反潛艇作戰在內。這些，都是邱永安海軍中戰鬥生活之常例。

　　1973年初，美國移交給臺灣一艘「基林級」驅逐艦「建陽」號，便是由首任艦長邱永安率領官兵到西雅圖接收的。

　　第一代「建陽」號於戰後1946年建造完成，編入美國駐太平洋的第七艦隊，曾參與朝鮮戰爭，執行臺灣海峽巡邏任務。1973年初除役後不久送交臺灣，與其他七艘「建」字輩驅逐艦成了臺灣部分的主力戰艦，一度被贊是「臺海守護神」。星移物換了世代後，如今向美國購買的現代化「建陽」號，已配有飛彈導彈。

　　邱永安率領的「建陽」號艦在臺海服役31年之久，於2004年在左營

第十四章　星光計畫：建立空軍「種子部隊」

海軍基地光榮退役，功成身退。「建陽」號前後共有 23 任艦長，艦身實體留在高雄博物館。邱此時已來了新加坡。

介紹邱永安給吳慶瑞

1970 年代初，新加坡國防部長吳慶瑞訪問臺灣，巡視在臺受訓的國民服役人員外，也參觀海軍設施。

1976 年，新加坡副總理兼國防部長吳慶瑞視察新加坡海軍基地，受到「水星」號指揮官陳炳榮上尉艦長歡迎。中為海軍司令部邱永安中校，左為國防部高級政務次長潘荅厘。
（泛亞社）

接待吳慶瑞的一位臺灣官員告訴吳慶瑞說臺灣的海軍中有一位是新加坡華人。抗戰勝利後「是『僑生』回國投軍的」，現在在臺灣海軍中擔任一艘軍艦的艦長（即邱永安）。

吳慶瑞聽後很感興趣，要立即見他。見面時，吳告訴邱，新加坡正建立海軍，很需要有實際經驗的人才幫助，請他「回國」。吳也向臺灣當局「情商」。時任「建陽」號艦長的邱永安也有興趣，於是向臺灣當局申請退役。

臺灣既幫了新加坡的陸、空兵種，再幫海軍自然也沒有問題，這樣一來陸海空三軍種成了一套，「星光計畫」也就有基礎了。

有位臺灣官員當時談到這件事時這麼跟我說：「我們軍中有很多優秀人才可以調動，海軍中很多邱永安這樣的人才，我們能幫就幫，邱永安不僅曾是一艦艦長，還率領過一支艦隊。」

初期，臺灣海軍自臺海出發，南下經南中國海，西到新加坡，並不是沒有遇上「政治波浪」，有些地方也不是一般人感到那樣的一帆風順。

「隨筆南洋」網站年前有一段報導：「……但在軍事交流上，臺灣得到的與新加坡收穫到的是不成正比。尤其在2005年的『敦睦艦隊』，臺灣海軍依計劃前往新加坡靠港，可是船員卻不得入境，只能在船上望岸嘆息……」此時新中已建交。

其實，早在70年代初，臺灣海軍訓練兵艦的畢業班學生到友好國家訪問是很平常的。但是臺灣的「敦睦艦隊」到來或另有附加任務。艦隻回程時，把委託新加坡向以色列及瑞士採購來的高科技武器搬上軍艦運回臺灣去（全係商業性質）。另一方面，用臺軍艦回程之便，將新加坡的軍車、裝甲車、大砲軍用配備運送到在臺灣的新加坡基地使用。

但是，有一年新方允准中華民國「敦睦艦隊」來訪，那是很初期的事。但要海軍人員脫下軍服，穿便服上岸。蔣經國表示，不穿軍服上岸，寧可不去，結果一年沒有來。第二年再來時，海軍自東海岸碼頭上岸，穿著海軍制服的官兵，走過牛車水，遊蕩植物園，也不曾引起騷動。市民的反應和看到泰國實習海軍和印尼學生海軍來訪一樣。

儘管發生了一些小枝節，新臺海軍在星光計畫之下常有例行訓練，但非外間說的聯合演習。

新加坡和中國建交之前，好多新臺的軍事合作都像「趕考」一樣，要

第十四章　星光計畫：建立空軍「種子部隊」

提前做完。新中建交前有一年，據臺灣中央日報的綜合報導：「除了新國陸軍到恆春三軍聯訓基地，結訓時和臺灣海軍陸戰隊進行團級演習。2004年5月也有兩艘飛彈快艇到臺灣以新濱碼頭為基地，參與達一週以上的海上演習。有一次，新加坡海軍五艘戰艦在臺北周邊實施基本戰艦訓練。據指出，臺灣海軍不參與新方海軍的訓練專案。『星光部隊』本身舉行兩棲登陸，實兵對抗等演習時，臺灣是提供必要的後勤支援、登陸艦及訓練場地。雙方不會舉行聯合演習。」

這是新臺海軍合作許多次的一個例子。

永遠的海軍上校

邱永安於1974年48歲自中華民國海軍退役，回到他闊別27年的故鄉。他回來新加坡前的軍階是上校，同年9月來新擔任海軍參謀長，因三軍參謀總長朱維良的軍階是上校銜，邱「遷就」降一級為中校，翌年（1975年）10月晉升為海軍司令。1985年3月快到60歲時榮休。千餘名海軍官兵在布拉尼島海軍基地依依不捨為他歡呼送行。

邱永安於1999年3月去世，享年73歲。他晉升司令一職時恢復原來在臺時已有的上校軍階，換句話說他在新當了上校11年。去世後未獲追升海軍少將，應是他一生海軍生涯的憾事。臺灣的同袍說，如果他留在臺灣，他會是中華民國海軍總司令人選，軍階可能至二級上將。

邱永安去世時，時任副總理的李顯龍致函慰問邱永安上校的遺孀，函中說：

「我清楚的記得邱上校，我們曾在國防部一起服務，他當時是海軍總長，而我則在參謀部，我們經常一起參加會議。」

「我對邱上校的冷靜，應付問題時謹慎的方式印象深刻，他總是靜悄

悄的，以低調的方式把事情處理好。」

「他在海軍草創時期，帶領它成長，對建立今日的海軍做出貢獻。」

「即使退休後，邱上校還是和海軍保持聯繫，並且繼續參加軍艦的下水禮和海軍部隊其他的活動，以表示支持。」

「國家若要強盛，必先建立強大的海軍」，邱永安學生時代「胸懷大志」，一點都不辜負培育他的海軍官校。他後半生在新加坡協助建設海軍所投下的心力甚多，貢獻甚大。

他昔日同窗讚嘆感佩中，為他對酒當歌舉杯！

何謂「星光計畫」

1975年6月，新加坡和臺灣在臺北簽訂一項代號為「星光計畫」協定書。目的在為新加坡訓練部隊，提升雙方軍事合作。

這項協定由原以訓練空軍開始的「星聯計劃」轉換過來。

簽訂「星光計畫」協定之日，蔣介石總統逝世才過兩個月，時任行政院長的蔣經國丁父憂守父靈時，全臺灣還陷在悲慟之期。

赴臺簽字的國防部代表是常任祕書馮世保，由軍方駐臺聯繫官，陸軍上校彼得林陪同。馮世保和我是日本軍占領新加坡時期，同一所日本學校的同班同學。戰後我們一直沒有機會再見面。

「星光計畫」或以後出現的「星光部隊」、「星光演習」這幾個名詞，是新加坡和臺灣向來看得很敏感的事情，一直謹慎低調。

到了1990年8月，新加坡與中國為了兩國的建交談判，進行到最後階段（8月）出現談不攏的「新加坡軍隊在臺灣受訓的關鍵問題」。

差不多在同個時候，李光耀告訴英國BBC電臺訪員說，新加坡部隊

第十四章　星光計畫：建立空軍「種子部隊」

在臺灣受訓將近20年，而且我們繼續如此做。這時正在新加坡訪問的李鵬總理說了「這是既成事實，因此我們不應該太在意」。經李鵬一句話，難題便獲得解決了。

「星光計畫」協定自1975年簽署以來到1990年一直是公開的祕密，現在才正式曝光。軍事合作15年後才不覺得敏感，雙方的軍事首領也交換頒勳，互相表彰對「星光計畫」的支持與貢獻，媒體也很自然將消息公布，沒有人覺得不自然或敏感。

代號「星光計畫」初期在臺北被人「破解」是「星」加坡李「光」耀的意思。不論這項「破解」對或不對，自協定簽字日起，一直保持低調和謹慎態度是維繫新臺雙方關係最重要的軍事合作方案。

現在，40年的「星光計畫」合作會有什麼變化？會不會隨著國際間的關係有變化？

新加坡部隊過去沒有其他地方可以接受訓練，今天的情形已經不同，新加坡的重要兵種轉移到其他鄰近國家受訓並非不可能。中國（非官方）也曾談到新加坡部隊可以在海南島訓練。這是不可能的事，新加坡軍隊的武器配備，多是美製及西方國家所製造，美國不會允許重要策略夥伴的新加坡轉向中國大陸去。新加坡不致如此不智，除非想要改變現狀。

「星光計畫」生效迄今40年，特別是在臺灣方面有人懷念，有人擔心。擔心的是「星光」移走，懷念的是1970年代新臺曾渡過一段「蜜月期」，到了80年代是「高峰期」、「頂峰期」。90年代以後國際間、人際間的許多變化，軍事訓練，從師、旅、營級大規模的聯合演習早已縮小規模。

據1990年時任臺灣國防部長的鄭為元公開說：「自1975年開始以來，臺灣提供基地、設施、演習場所，允許新國部隊在臺訓練，長達15年間，有砲兵、裝甲兵、陸戰隊、工兵、傘兵、政戰、飛彈、防空及海空

軍都在臺灣受過訓,前後共十四萬人。新方的戰車、大砲及軍事裝備等也都獲准留在中國(臺灣)。」

又說:「其次是雙方的軍事科技交流,軍事人才交流,互購武器,以及中國透過新國轉手獲得他國的軍備武器等。」

「星光計畫」開始以來,演習中發生意外事故在所難免。各次演習有「星光」、「火光」各種代號。

一次有臺軍舉行最大規模的「漢光」演習。據說,臺灣及新方雙方共有三個師兵力的演習。新加坡方面,有數位部長到場,包括李顯龍、新方陸海空三軍首長及武裝部隊參謀總長黃維彬中將等人。

這一次演習有一萬至三萬人員參加,天空為飛機遮黑,直升機在上空盤旋,等待地面的一位新加坡貴賓要人到場。據說,這位要人肚子突然發生狀況,延宕了幾分鐘,這時上空濃密的直升機因分秒之誤結果釀成空中相撞。國軍有 20 多人遇難,事後只有一份當地報紙將不幸的消息刊在報紙的角落。

1973 年 5 月 15 日,李光耀夫婦由蔣經國陪同,乘坐「中美」號專機抵達臺中參觀清泉崗空軍基地。

第十四章　星光計畫：建立空軍「種子部隊」

1974 年 12 月 22 日，李光耀乘坐插上新、臺兩國國旗的開篷車參觀左營海軍軍區。
（泛亞社）

第十五章　猶抱琵琶半遮面

初時訪臺「二低三不」

李光耀總理生平第一次到臺灣訪問是 1973 年 5 月，總共四天。行程前後，當地報紙一直沒有將消息公布。回程經過香港，被一群記者追問去臺灣的目的？李光耀總理顯出不耐煩：「我也有自己的隱私權。」

這一年的 11 月，李光耀第二次臺灣行，過後便成了「慣例」，訪臺皆是「私人性質」，李光耀向主人要求形式低調、低姿態，不要隨扈，不要媒體採訪和不公布行程的所謂「二低三不」，主要是客人為避免刺激到海峽彼岸──北京政府。

啟程訪問臺灣前，李光耀習慣以訪問香港或是在香港停留（多數在邵逸夫的私邸）之後放出煙幕說是去日本。事實上，他乘坐的客機是降落在臺北。

幾乎每一年李光耀總理有臺北行時，這種情況便會使日本的外務省精神繃緊，當地日本大使館上層官員焦急如鍋上蟻奔走各相關單位求證，欲知李光耀是不是「真的要去日本」。糟糕的是，新加坡政府相關方面，包括外交部，沒有人願意對總理的行程作反應。官方的態度是「私人性質」沒有義務向外解釋，真真假假的傳言，要急、要猜是你自家的事。

有幾次，傳說李總理要去日本訪問，日本大使館事先又沒有接到知會，雖然這樣的事件已經是「見怪不怪」了，明知李總理不是去日本，也不敢掉以輕心。

我認識一名大使館的新聞參事，原是東京一家中型英文報的總編

第十五章　猶抱琵琶半遮面

輯，年前受政府邀請加入外務省不久被調派來新加坡。有一次，他向我探聽李總理訪問日本的傳說。我告訴他：「據我猜測，一國總理出訪，任何政府起碼要多時籌劃（這是外交慣例，日本方面當然懂），貴國政府既沒有接到政府的照會，那你們就放心去打球，去喝酒，不必擔心李總理會『突然』訪問貴國了。」

大使館明知情形是如此，仍然擔心「萬一」而不敢去打球。

自 1973 年 5 月李光耀第一次訪問臺灣，那「絕對不允許新聞曝光」的管制，經過近 17 次訪問，到 1985 年 11 月即相隔 13 年後，才由兩地政府宣布：李光耀訪問臺灣的新聞管制「解禁」。許多人此時才知道這些年來，李光耀是臺灣的常客。臺灣和新加坡的報紙也為兩地政府突來的「解禁」決定感到意外。

李光耀與蔣經國總統在官邸會面的照片和在島內各地行程，也首次公布。李光耀十三年來訪問臺灣「猶抱琵琶半遮面」的薄紗已經解下。

訪臺新聞突然解禁，莫非是李光耀與鄧小平經過多次會談之後達至的一項外間不會知道的「默契」？或是同一年，中國外交部長吳學謙來新加坡「特聘」新加坡前第一副總理吳慶瑞為中國「沿海經濟開發特區」顧問使命後的一項政治突破？這是作者的推測。

李光耀和蔣經國建立多年的交情及互信已是公開的事，也是北京能接受的事實，若能有李光耀穿梭於兩岸間傳遞消息、觀點，以李光耀來扮演「兩岸間的交馭熱線」是再理想不過的「人選」。

自新加坡建國以來，李光耀為兩岸問題煩惱了近 30 年。他要為兩岸關係做些事只有此時是好時機。兩岸「天時、地利與人和」他都有。他第一步便是得到中共不公開「阻撓」他訪問臺灣。

訪臺新聞「解禁」後，兩地的「新安組」（新聞安全組）也就不再嚴格限制記者寫報導。雖然如此，熟知新加坡報導文化，媒體在處理新臺間

來往的新聞時,還是低調點好。

新臺關係最密切時期(星光計畫軍事方面除外)應是蔣經國去世前的四五年,在俞國華擔任行政院長(1984－89年)期間。

俞國華與蔣經國是同鄉,身世與蔣家有極深的淵源。俞1914年出生,2000年去世,享年86歲。曾到英國劍橋大學留學,可以說是與李光耀相隔一個世代的學長。他後來到美國哈佛大學研究經濟。俞國華和夫人能講流利的英語,李光耀的太太訪問臺灣時,皆由俞國華夫人或朱撫松的夫人徐鍾佩女士接待。

蔣介石與俞國華的父親俞鎮臣年輕時(1906年)同赴日本,先在東京清華學校受業。蔣讀的是武科,俞國華的父親讀文科。另有一位同時赴日本的是陳其漢。陳在東京警監學校讀警察法律,回國後參與革命,不久被暗殺。

俞國華有其傳奇的一生。1936年12月「西安事變」時,身為蔣委員長侍從祕書的他,聽開槍聲,偕委員長等人跳牆暫避。之後,蔣介石一直認他為義姪。

1973年5月,李光耀夫婦第一次訪問臺北時(不公開),任行政院長的蔣經國接機後,陪同李總理往下榻的圓山飯店。左二是時任外長沈昌煥。

第十五章　猶抱琵琶半遮面

一生有三個時代的俞國華，先是中央銀行總裁，其次是強人（蔣介石）政治時代的俞國華，再來就是蔣經國時代的俞國華。

蔣經國去世，李登輝上臺後，依然視俞是威脅他的政敵之一，必須去之。

李光耀首次「正式」訪臺

俞國華是以行政院長身分第一次正式邀請李光耀訪問臺灣，與過去十多次「私人」性質訪臺不同。臺灣官方、媒體咸以「新加坡共和國總理李光耀」稱呼。

李光耀官方訪問臺北的行程公布之前，雙方政府鄭重其事，宛如邦交國，先兩天有總理公署高級部長拉惹勒南[59]到臺灣安排總理訪臺細節。臺灣駐新加坡代表胡炘也事先回臺與外交部協調。

李光耀從1973年起，每年都訪問臺灣一或兩次，到了十二、三年之後，新臺的報紙才首次將訪問臺灣與臺政府首長的互動情形匯報出來，一時滿足多時渴望了解兩國關係發展的人。

下文是國民黨中央日報1986年6月29日（海外航空版）報導新總理李光耀訪問臺灣——蔣經國總統親赴機場迎接的新聞標題與原文內容：

李光耀伉儷抵華訪問　蔣總統親赴機場迎接

（本報臺北訊）新加坡共和國總理李光耀伉儷，昨前來中國進行三天的正式訪問，蔣總統經國曾親至中正國際機場迎接。

李光耀夫婦是於昨天下午一時四十五分，偕同十四位隨行人員，搭乘新加坡航空公司班機，自韓國飛抵臺北，受到蔣總統及行政院長俞國華夫婦、外交部長朱撫松夫婦、中國駐新加坡商務代表胡炘夫婦和其他

---

[59] 開國時的外交部長

政府官員的熱烈歡迎。

外交部長朱撫松，在陪同李光耀夫婦等人乘坐禮車到達下榻的圓山飯店後，向在場的大批記者表示，李光耀總理經常來中華民國訪問，他在中華民國有很多老朋友。

他指出，中新兩國關係一向友好，李光耀這次來訪，就是要加強雙方關係。

昨天隨同李光耀夫婦來訪的，還有新加坡律政部長巴克、教育部長陳慶炎、內政兼貿工部政務部長李文獻、總理首席私人祕書陳光清、新聞祕書傅超賢等十四人。另外，總理公署高級部長拉加拉南，已於前天先行抵華，預作安排。

昨晚七時，總統府祕書長沈昌煥及外交部長朱撫松在外交部禮堂聯合以晚宴款待李光耀總理一行。晚宴前並舉行酒會，李光耀總理在酒會中，曾與中國政府官員親切的交談，氣氛極為輕鬆愉快。

李光耀總理自民國六十二起，曾多次來華訪問，去年十一月初，李光耀前來中國訪問時，新國政府首度主動公開宣布消息。昨天是李光耀總理第二度至中國進行公開而正式的訪問。一般預料，李光耀總理訪華期間，將與中國高階層首長及官員晤面，就有關增進兩國經貿合作事宜交換意見。

李光耀總理一行今天將參觀我文經設施，今晚，行政院俞院長將在圓山飯店設宴款待。

李光耀總理前來中國訪問之前，曾至韓國訪問四天。他將於明天上午結束訪華，繼續轉往菲律賓訪問。

俞國華報聘訪問

李光耀總理官方訪問臺灣隔年，行政院長俞國華偕夫人回聘。

在此前 70 年代裡，時任行政院長孫運璿曾應李光耀總理的邀請來新訪問一個星期，招待在總統府，只是沒有向外公布。

第十五章　猶抱琵琶半遮面

孫運璿也曾率團訪問印尼及南非，回程時過境巴耶利峇機場數小時。李光耀總理也率領年輕部長如吳作棟等人到機場迎接茶敘。

尤其是南非因白人種族歧視黑人（曼德拉還留在獄中）受到聯合國會員制裁與抵制，使其在國際間深受孤立，與臺灣退出聯合國初時的外交處境差不多。

南非白人政權為突破聯合國的經濟制裁，與臺灣達成協議，讓臺灣的「中華航空」開闢南非臺北間航線，南非便運用透過「中華航空」之便，打通與外間連繫。南非也以它最新軍事科技、核能知識與臺灣合作。臺灣此時已不在聯合國內，沒有義務受聯合國憲章約束。

等到南非人種族問題解決，曼德拉獲得自由後，臺灣早時自南非那裡得到的科技要比其他國家「捷足先登」。南非與臺灣漸漸走出國際「孤兒」的陰影。

在公開的歷史上，俞國華是第一位正式受邀到新訪問的臺灣行政院長。同行的一名團員是國貿局長蕭萬長。印尼與馬來西亞對抗期間（1963－65），蕭萬長是臺北駐吉隆坡的代表，1990年代出任行政院長，2008年是馬英九第一任期總統的副總統。

蕭萬長於90年代初出任行政院長，將臺灣經濟帶上亞洲四小龍之首。新加坡總理吳作棟及馬來西亞首相馬哈迪醫生當年出席在美國西雅圖舉行的APEC首長會議後回國途中，飛機專程經過臺北，在機場向蕭萬長請教當今亞洲經濟不景，為何獨臺灣的經濟依舊一支獨秀？如今回顧，各方唏噓！

俞國華訪新受到隆重接待，在某種意義上，可以說俞國華是「代表」蔣經國。李光耀訪問臺灣多次，又到金門，均得蔣經國熱忱親自接待，陪同到全島各地遊覽不說，李每次到臺灣，蔣經國必到機場迎接。

1985年,作者與時任行政院長的俞國華見面,中間為前新聞局長戴瑞明。

俞國華此行,除新臺雙邊關係,也關連到「兩岸三地」問題。

在科技、經濟、貿易方面,多年來臺商以新加坡作為與中國大陸接觸的「仲介」角色,伸展其外貿,闢建一條更廣的道路。

這個時候(1987年)臺灣的外匯儲備金已達600億美元,是亞洲四小龍之首。臺灣答應(汶萊除外)今後三年,在亞細安國家投資1億5,000萬美元,在當時,算是龐大一筆投資。

俞國華前曾以中央銀行總裁身分來過新加坡,他也是早年「亞洲開發銀行」的發起人之一,對處理外匯儲備金非常熟悉。

俞訪問期間,臺灣同意李光耀的建議將新加坡成為臺灣資金在外的一個儲備據點。曾有報導:臺灣當時在新加坡各銀行存放的外匯儲備高達30億美元。一位臺灣的閣僚曾經和我說:「我們就是把國家所有的外匯儲備寄放在新加坡,新加坡政府也不會和我們建交的。」

曲終人散,俞國華五天之行結束。一位隨行記者滿意地說,歡迎俞國華的國宴:(一)總統府內的花園草坪上,有空軍樂隊吹奏樂曲;(二)宴會上李光耀總理與俞國華用華語交談,強調不論外在環境如何演變,

第十五章　猶抱琵琶半遮面

新臺基於共同的語言、文化、信仰和理想，將維持永遠的友誼；(三)植物園培育的一種胡姬花以俞國華夫人董梅真的芳名命名為「梅真花」稱呼，特邀請俞夫人親自主持命名儀式。

感動旅新臺灣商人的是，他們在巴耶利峇國際機場（樟宜機場未落成）為俞國華夫婦送行時，發現李光耀總理夫婦在貴賓室門外目送俞國華夫婦搭乘的飛機升空遠飛後，才離開機場。

以後的行政院長郝柏村、連戰等到來訪問時已是另一類的接待格局，是低調、熱情，但不是隆重、熱鬧。那時，新中已經建立邦交。

李光耀「獻策」？

1986年及1987年，李光耀和俞國華的公開相互訪問，新聞報導也不再「封鎖」。兩地報章都集中報導雙方經貿合作，建立科技交流管道，使雙方關係更上一層樓。尤其是俞國華星洲之行，臺灣報紙的社論將它形容為「圓滿成功」。也有報紙說：「此行證明中國（臺灣）展開實質關係的成功，突破外交困境，打擊中共孤立我們的陰謀。」

經貿、科技合作關係會談，不一定要在這兩次的「官方」互訪中談到。之前，雙方十幾二十次互訪中，已可以把這項課題談得爛熟，並且已經實現。

值得注意的是俞國華到新首日便與李光耀密談了近兩小時，據說晤談內容涵蓋很廣，包括與中國大陸關係發展問題在內。據知情的人說，翌年1988年1月底，李光耀在臺北參加蔣經國奉厝典禮後，與臺高層方面再談臺灣與中國大陸的一般問題及後蔣經國時代的發展。談話內容大致是李光耀年前在新加坡與來訪的俞國華談過的。這時李登輝已接任蔣經國總統之缺，就任總統。

這是一件難證實的事。有這麼一說，俞國華於1987年訪新時，李光耀向他建議臺灣應主動對中國出擊，提出中國公開宣布放棄武力犯臺、放棄「一國兩制」及「四大堅持」，則臺灣自然可以考慮對中國大陸採取新的策略。半年後（1988年），李光耀到臺灣出席蔣經國的葬禮時，也在臺灣重複同樣的話。

蔣經國葬禮的一個半月後，俞國華在立法院「強調中共必須放棄四個堅持，公開宣布放棄武力犯臺，臺灣對中國大陸的政策則有可變與不可變⋯⋯其他都可以依客觀環境的需求，加以修正。」

同年10月底，法新社香港電訊說最新一期的解放月報報導李光耀總理曾「要求」中共不要再威脅臺灣。解放月報說，李光耀9月訪問中國大陸（第四次）會晤鄧小平及中共高層領導人時說：「大家都是中國人，凡事好商量。」

李光耀未見到王永慶

臺灣能夠多方面遷就新加坡，但是，遇到私人企業，又是另一回事。

1980年代中，臺灣的經濟欣欣向榮，有「南進」投資的傾向。為爭取投資及高科技，李總理邀請臺塑集團創辦人王永慶（1917 — 2008）來新投資化工產品，可是，臺塑一直沒有反應。一次，李光耀趁訪問臺灣之便，託人安排與王永慶見面。據周圍的人說，老先生在總理來臺之前「恰巧公事」出國。

這位有「經營之神」之稱的塑化大王，後來覺得不好意思，特地派了一個「象徵性」的考察團到新加坡來，感激新加坡的盛意。接近王永慶的人說：「新加坡樣樣都好，可惜地方太小，不是旗下企業要做的（規模）。」

第十五章　猶抱琵琶半遮面

險把「馮京當馬涼」

70年代末，臺灣行政院長孫運璿及夫人俞蕙蓉女士應李光耀總理夫婦邀請來新加坡作客一個星期。

一位外國記者從他的「新聞線人」（stringer）那裡得到消息說，有一位北方的重要人物 Son Y. Sun（孫運璿）受邀來新。這位「新聞線人」把英文發音的 Son Y. Sun 誤聽是 Kim IL-Sung（金日成）。兩人名字的語音在電話中是不大好分辨的。

這個時候的時空背景，要李光耀總理邀請朝鮮的金日成來新加坡是絕對不可能的事。因這件事，這位記者向外交部求證無門便轉向南韓大使館，才知道線人是擺下烏龍，差一點把「馮京當馬涼」！

孫運璿應邀訪問新加坡一個星期，款待在總統府，外間鮮有人知道。但是，接待卻是政府首長的高規格。

孫運璿夫婦的第二女兒璐茜任職美國在新加坡的金融界。孫家也乘機在此渡過一週天倫之樂。

李光耀總理70年代末及80年代訪問臺灣，親眼看到臺灣培養了許多能幹的本省（臺灣）人，對前行政院長孫運璿、俞國華及財政部長李國鼎、大鐵頭趙耀東等等傑出的外省籍領袖，雕琢了今日臺灣的發展政策，讚揚備至。

尤其是臺灣退出聯合國，中美斷交，石油危機及科技園區、桃園機場，成功執行了十大建設。

臺灣人民讚揚孫運璿和李國鼎兩人是臺灣「風雨中的舵手」。

鄭威廉為駐臺代表

這一年（1979）年初，李光耀夫婦及國會議長楊錦成、財政部長林金山，例行每年一或二次訪問臺灣。蔣經國總統特別興奮，親自陪同李總理一行南下高雄參觀。中午到中鋼，由中鋼董事長趙耀東做東道設午餐招待。

隨行南下的部長有閣揆孫運璿、外交部長沈昌煥多人。據說，午餐時，李光耀總理向孫院長表示：「新臺關係發展至此很重要，中國不久將派代表常駐臺北，人選會是『次長級』。」

不久，政府任命前勞工部常任祕書，曾任退休金局主席的鄭威廉為首任駐臺代表。臺灣駐新代表處比新駐臺代表處早設 10 年。

談駐臺代表鄭威廉之前，先提一提鄭威廉的父親鄭衍通（1904 — 1984）。

鄭衍通原名鄭亦同，字衍通。中國大陸變天前是國民黨內的資深幹部，曾任駐澳洲公使，1950 年中國大陸變色時是國民政府駐伊朗大使兼駐德黑蘭國際法庭代表，任滿後經過新加坡，短時期為國民黨辦的中興日報客串寫社論。另一方面，兒子威廉也從香港調職過來。

南洋大學開課，雲南園內風風雨雨，鄭衍通應徵在南大授課兼學生輔導處主任及圖書館長，此時兒子鄭威廉從警務處調任教育部，一度傳說父子兩人配合處理「風雨南大」學生的問題。晚年，鄭衍通研究「周易」。1972 年出版《周易探原》共 18 萬字，在臺北出版。

早年在報社擔任採訪警局及社會（犯罪）新聞的記者，幾乎都認識鄭威廉。

我初識鄭威廉是 1950 年代初。他出身劍橋大學，原在香港警界工作，後被調到新加坡政治部工作。時馬來亞共產黨徒四處破壞社會治安。

第十五章　猶抱琵琶半遮面

在政治部工作沒多久,他和另一青年警官被派去英國受訓。這兩名警官是許連華和鄭威廉本人。兩人英國受訓回來後的工作,許調到刑事處,專門對付私會黨。鄭短期出任警方發言人,過後陸續有各種職務調動。

新加坡獨立後,政府打算派他出任駐英國最高專員,後因私人原因沒去成。

而當政府委他為首任駐臺北代表時,他馬上接受,告訴李總理說:「臺北我願去。」

鄭威廉赴臺就任新職,對他是如魚得水。臺北的「天時地利人和」對他都很有利。李光耀選對了人。

在臺北官場裡,中國大陸時期的高官們,不少是鄭威廉的叔伯輩,是父親中國大陸時期的部屬或長官,使威廉做起事來順暢許多。蔣經國算是他的叔叔輩分。再年長的伯父輩黨元老們看在他父親過去的情分上,也對他這後輩備加關照。

▎邵逸夫沒去成中國大陸

80年代初,李光耀總理第二次訪問中國大陸,隨團名單有一位特別邀請的老朋友,他就是東南亞電影界大亨「邵氏兄弟機構」主人邵逸夫。

按理說,當一個商人受一國總理邀請一起出訪外國,是很難得的機會,是求之不得的事,是一件榮幸的事,誰都不會輕易放過機會。可是,對邵逸夫來說,既感激,也傷腦筋。

邵逸夫首先想到自己幾十年來開拓的電影市場,在港、臺及東南亞傳統電影市場占有的地位,如果此時去了中國大陸會有什麼後果?臺灣的面子要怎麼擺?長久來與臺灣建立的良好關係,會有怎麼樣的後果?

邵逸夫沒去成中國大陸

邵逸夫其實沒有意願去中國大陸走一趟。這個時候中國內部政情還處於不穩定時期，邵逸夫居住在香港多年自然不會不清楚，他了解他的影片在中國還沒有市場，可以不去考慮。但是，李光耀的盛情，是不能不顧到的。

邵逸夫不去中國大陸，要怎樣向李光耀總理婉言謝辭？若去中國，又如何向臺灣交代？

李光耀邀請邵逸夫同去中國大陸應該是沒有政治動機，純是出於好朋友結伴之行，正如他出國訪問臺灣常有部長如林金山、國會議長楊錦成同行。

只是從當時的政治氛圍來看，邵逸夫一旦去了中國，海峽兩岸必會各自戴上自己的有色眼鏡來解讀。一方面有可能認為邵氏電影機構開始「轉向」，另一方面可能被解讀為臺灣這麼多年來與中國大陸意識形態之爭被挫敗了。這樣，來自內外的衝擊必會很大。邵氏中國大陸行若被看成是電影界的政治指標，問題就大了。

邵逸夫被邀的事情為臺灣獲悉後，相關方面開始工作。邵逸夫的運氣也夠好，當他的名字出現在李光耀中國大陸行的名單後，臺灣比邵本人更為重視，終由臺灣方面與邵逸夫共同解決。據說，臺灣與邵氏為此困擾之事，反映到李光耀那裡，李光耀念及臺灣多年給予新加坡許多方面的幫助，得顧全大局，樂得做個人情。

李光耀當初邀請邵逸夫中國大陸同行，忽略了可能引來的政治敏感性。後來當邵逸夫的名字在隨團名單中消失後，各方都鬆了一口氣，臺灣邵氏雙贏，新加坡也沒有吃虧。

回憶 60 年代中葉，海峽兩岸形勢緊張。有一次，另有一位新加坡電影界鉅子、國泰機構主人陸運濤帶團參加臺灣影界主辦的電影節。冷戰時期電影圈裡的政治意義特別濃厚，一般對香港電影明星的言行特別敏感。

第十五章　猶抱琵琶半遮面

蔣介石老闆統當時還在世，一次，接見陸運濤，邀請他到最接近中國大陸的金門陣地參觀。據說，陸運濤答應了。後來自臺南乘坐的飛機，在飛回臺北時發生空難，陸氏夫婦等多人不幸喪生，金門之行去不成了。

多年後，聞說紅星張艾嘉的外公魏景蒙（蔣氏父子的親信）與友人閒聊：一次邵逸夫帶團（回臺）參加電影節，主辦當局轉達高層意思邀請邵逸夫去金門參觀。據說，邵逸夫不敢乘坐軍用機飛金門。他說，如果是乘坐軍艦，他是會去的。結果他沒有去成，反而旗下男女紅星去了金門勞軍的可不少！

記憶中的二三事

邵逸夫，2014年1月7日以107歲高齡在香港逝世。

1950年我進入報界，工作的報館中興日報社址，在商業區羅敏申路110號，隔壁112號至126號是「邵氏兄弟電影機構」社址。我得以常常見到邵逸夫。他不會認識我。

南洋商報社址在中興日報的對面，星洲日報是在邵氏兄弟機構左邊隔了一條巷。

邵氏電影機構一有好的影片，就會在自己的試片室先介紹給報界朋友先睹為快。遇上劇情特別的影片，旗下的明星主角也會隨片來新登臺宣傳。

邵氏電影（華文）宣傳部負責人是電影圈及文壇著名的潮洲才子蔡石門。華文組中另一位有力助手是王哥空，他也在星洲日報工作。蔡石門的其中一個兒子蔡瀾，是旅遊作家及美食專家，居住在香港。

1954年4月，邵氏三兄弟邵逸夫、邵純仁、邵仁枚參加在日本舉行

的戰後第一屆亞洲電影節。邵氏電影公司駐日本的代表是篠崎護[60]。電影節閉幕後，篠崎護招待兄弟三人及三位參加電影節的日本明星到大阪一遊。晚上，篠崎護夫婦在大阪豪華飯店設宴招待，亦邀我作陪。

我與篠崎護是在 50 年代相識。戰後，他以商人身分載了一船洋灰來新加坡。因殖民地政府規定戰前或戰時曾經在新加坡住過或來過的日本人，戰後不能再回來，我是在採訪他的時候，初識篠崎護。篠崎護不獲准上岸，只好在滿載洋灰的「信洋丸」貨船上望洋興嘆！

儘管篠崎護不獲准上岸，當天的紅燈碼頭來了數十位戰時受篠崎護幫助過或救過命的各籍聞人先後登船探望他（篠崎 70 年代獲准來新經商）。

1954 年 4 月，我去日本，參觀戰後日本第一屆國際商展會，篠崎護來展覽會場我下榻的飯店看有沒有他認識的新加坡人。查問後，從飯店樓下打電話到我房間來：「This is Shinozaki」（我是篠崎護）。這個名字對我很熟悉，他是淪陷時新加坡的「要救人，要害人」—— 由他一句話就可決定的篠崎護。大華銀行前總裁黃祖耀的先父黃慶昌、僑領李振殿及林文慶等聞人都是他從憲兵部裡救了出來。我下樓看他。

第二年（1955），5 月 12 － 13 日發生福利巴士大暴動。暴動平息後的第二天，第二屆亞洲電影節在新加坡開幕，由東南亞最高專員麥唐納主持。電影節閉幕後，日本駐新總領事二宮謙在他的官邸舉行園遊會，招待各國電影界代表。

---

[60] 邵逸夫兄弟和篠崎護的關係，可追溯到戰時（昭南島）篠崎護擔任昭南特別市厚生科長時期。厚生科兼經管電影檢查。占領時期的外來（上海為多）影片均得與日本電影公司合作，由「日本映畫配給所」分配影片。邵氏電影公司放映的影片便是從這裡取得。有滿洲映畫、東寶、東映。占領下放映的影片有《蘇州之夜》、《白蘭之歌》、《支那之夜》、《萬世流芳》、《賣糖歌》。紅女星有李香蘭、陳雲裳、白虹、周璇、姚莉、白光、王丹鳳、袁美雲等人。邵氏兄弟也另在馬來半島與日方置有農作樹膠開墾，經常受到「山老鼠」（馬共）破壞。後經談好，一邊資助馬共，園地也就平安無事。

第十五章　猶抱琵琶半遮面

1955 年 5 月，第二屆亞洲電影節在新加坡舉行，作者訪問當年最佳女星岸惠子。邵氏兄弟老闆邵逸夫端了點心突然出現，坐在作者坐的籐椅邊上，一時令人錯愕。

我在電影節上訪問本屆電影節最佳女主角日本明星岸惠子，聽她娓娓道來得獎影片的劇情，這時，邵逸夫捧來一盤點心，突然出現，坐在我的椅子邊，算是打擾。這是，有攝影記者拍下我那表情愕然的照片，送我留念。

以為你捲鋪蓋回臺灣了

1967 年，新加坡獨立建國快一年半的某一個晚上。

在新加坡的「東南亞外國通訊員俱樂部」特選在萊佛士飯店的「統治廳」(The Regent)，準備一張可坐 13 人的大圓桌，歡迎李光耀總理和夫人餐敘。算是向兩人致意，也正式介紹駐新的外國通訊員與總理見面。當中除新到來的記者，不少是總理熟悉的面孔。

這一晚主賓僅有總理和夫人兩位，其餘 11 位外國通訊員皆是主人，像是「羅漢請觀音」之夜。

無所謂開場白，大家是客客氣氣，握手點頭的都有，是一個輕鬆的「閒聊」(chit-chat) 會。倒是李光耀先說了幾句「開場白」。他大意是說，他沒有本事，政府沒有人家那麼有錢可以招待大家登上游艇談笑風雲。

李光耀分明是話中有話，因為新馬分家不久，馬來西亞首相東姑拉曼曾

經招待一些西方記者登上他的遊艇茶敘。

新馬分家,兩國政府間的傷痕還沒有完全痊癒,仍然存有問題。餐上,一位對本地區歷史背景不能說不了解的外國記者,突然提到此時敏感且熱門話題的「第三中國」。

有豐富西方學識和流暢英語及能言善道的李光耀聽到這位西歐記者的名字和講話口音,還未回答,就先反問他是不是來自X方,又問他兩三代以前的父祖輩是如何如何移民……有如數自己家珍,使到這位記者無言以對。當晚的場面,李光耀的氣勢,服了外國剛調來的主人(通訊記者)。

李光耀談到「大魚吃小魚,魚吃蝦,蝦吃蝦米」的邏輯,分明是比喻「螳螂捕蟬,黃雀在後」的成語、道理。

廳內的氣氛不是緊張,而是大家全神貫注聽總理說話。我太敏感了,或是太幼稚去聯想總理說的那條背後更大的魚……我請教總理對這個時候在中國大陸各地正如火如荼展開的「文化大革命」的看法[61]。

我不提問還好,李總理一見我提出這可能是「煞風景」的問題,還沒回答就(過後也沒有回答,看來是「不屑」回應)對著我說:「I thought you have packed and gone back to Taiwan.」(我以為你捲鋪蓋回臺灣去了。)

當晚,圓桌上有剛到來新加坡、還不清楚李總理個性的西方記者,見總理如此反問記者,不覺愕然!

我回答總理說,我是新加坡國民,在當地出生。

李(改變語氣):你去過臺灣嗎?

我說去過。

李:有正式申請?(With proper paper?)

---

[61] 我提出的「文革」問題引起在座通訊員的興趣,出席這一晚餐敘的同行有臺北中央社資深特派員英倚泉及我是華人外,其他有法新社印度籍記者梅農、倫敦觀察人報蒲德華、新德里印度斯坦報記者普利、印度每日快報狄華裡、英國廣播公司的羅倫斯及另兩名印度記者拉昔和山班丹,以及剛來的西方記者。翌年有兩名印度記者被調到香港採訪「文化大革命」的新聞。

第十五章　猶抱琵琶半遮面

我回答「那是當然」。

這樣一句來，一句去，廳內的氣氛不是很好。[62]

還是由倫敦觀察人報特派員蒲德華打圓場。他說，今晚我們的貴賓僅有李光耀總理和夫人兩人，我們要輕鬆一些……和 restraint。

李光耀也拉高聲音，「哦！沒事，有話儘管問好了。」坐在總理身邊的李夫人，是那麼平靜鎮定，看不出她臉上的表情，是她一貫作風。

餐敘結束後，李光耀及夫人起身離開，我上前向李總理求證早些時東京社裡傳來的一則消息，說他不久要訪問日本，談及貸款的事。李光耀認真回答說，「不錯，你的消息真快！」

這個消息當晚發給客戶南洋商報，第二天未見報。後來，我遇到商報代總編輯劉用和，他告訴我報社不能用那條電訊，因它涉及「洽商貸款」的敏感問題。

第二天一早，市政府大廈新聞局的一位印籍新聞官打電話問我昨晚是不是和李總理吵了？我說沒有吵嘴這回事。

怎麼可能發生？新加坡官僚很不習慣記者向部長官員多提問題。他們看是很不「禮貌」的事。有一位日本記者曾經在西歐國家工作過，後來調到新加坡來。他在外國自由採訪慣了，來到新加坡，他向官員多問幾句話便被視為是不友善。當時的採訪文化就是如此。如今好多了。

話回到這一晚上與李總理的餐敘。新聞官很快知道這件「吵嘴」的事，可能是他從總理的英文新聞祕書亞力佐西（Alex Jo-sey）自出席的記者那裡聽來。因為亞力佐西這一晚並未受邀。而我和總理的對話，隔一夜就傳開到新聞局！

---

[62] 總理應該沒有忘記我工作過的國民黨中興日報於 1955 年立法議會選舉時，報館曾經評論過他，他當時還向法庭申請發出傳票，可是我現在已不在中興工作。而這個時候，李光耀總理自己與臺灣高層已有接觸。

談到亞力佐西，他是社會主義分子，是傳奇人物，新聞界前輩。

1955年，我到萬隆採訪亞非會議，他是「社會主義分子」，是去會場觀察。

我在會場碰見他，我問他手上戴有的超大金戒指，為何是刻上兩個中文字，「周希」，而不是前用的「佐西」？

滿臉鬍鬚的他，笑瞇瞇對我說：「Comrade，我欽佩周恩來，所以我的中文名字改為『周希』（周希見到熟人就以「Comrade」稱呼）。」

第十六章　李光耀與李登輝鬧翻

▎二龍相會

1990年，李光耀卸下總理職務。之前，他得完成從事一生政治的最後三項任務。

先是將職務交給第一副總理吳作棟，其次，與中國建交，完成歷史任務。最後，邀請臺灣（中華民國）總統來新加坡訪問。

前兩項任務是政府既定政策的跟進，是遲早要實現的事。只是新中建交一年前邀請李登輝（官方）來訪，以海峽兩岸當時的政治氣候還是微妙的。

邀請臺灣領導人到來作客，李光耀是需要高度勇氣和膽識的。除非他事先向北京打過招呼，降低中國方面的疑慮，取得「諒解」，精明的李光耀不至忽略這一點，他是不可能「先斬後奏」的。

舉個例，1976年他第一次訪問中國，事先便曾向「好朋友」蔣經國「請教」。這一次邀請李登輝如此敏感的大政治動作，中國能無從事先獲悉和「諒解」嗎？

只要賓客在新期間不作分裂國家言論，維持一個中國原則，相信中國也不至於對新加坡說「不」。中國清楚這是新加坡的主權，也了解李光耀的性格。反正兩國建交之日已在眼前，何必此時給李光耀難做事。

李光耀與蔣經國國事與私交關係深厚，邀請蔣經國來新是沒問題的，只是兩人認識在70年代中葉，蔣經國此時身負國事艱鉅，父親老闆

統蔣介石剛去世。80 年代以後又因國事繁重,海峽風雲詭譎多變,國家安危及個人的安全考慮,復以健康欠佳,更不易出國。

二龍相會,一見一別!
1989 年,時任中華民國總統的李登輝應李光耀總理邀請前來新加坡進行國是訪問。臺灣官方英文《自由中國回顧》出版專刊,封面說李光耀與李登輝是「二龍相會」。

約五年後(右圖),李光耀訪臺灣,會見李登輝,受招待於鴻禧山莊。
兩人此次見面,卻因「中國因素」而鬧翻。

回溯國府自撤退到臺灣,蔣經國僅曾於 1962 年及 1970 年兩次訪問美國,1970 年訪美時在紐約的一間飯店入門處遭兩名「臺獨」青年開槍

第十六章　李光耀與李登輝鬧翻

未遂。蔣經國回臺灣不到兩週於5月11日復風塵僕僕訪問烽火南越。1967年11月時任國防部長，應日本首相佐藤榮作邀請正式訪問日本一個星期，是他一生僅有的四次出國（留學蘇聯不算）。

來自臺灣的總統

臺灣李登輝總統於1988年初接蔣經國的位子，年底接到李光耀邀請他訪問新加坡的信件。一切安排順利，翌年初，1989年3月6日，以黃金輝總統名義邀請訪問新加坡四天，當時黃金輝臥病醫院。總統邀請總統應該是官方訪問。新加坡未以正式元首禮相迎，但李光耀說他像迎接任何一位來訪的國家元首，盡一切禮儀歡迎他。關係在於實質，誠意還是深厚的。參與宴會的來賓說，宴席桌上放著的選單是印有「中華民國」總統字樣。

臺灣行政院新聞局5月分出版的英文月刊自由中國回顧（Free China Review）刊登了李登輝三月間訪新的文與圖。封面是李登輝總統和李光耀總理坐著談話的彩色照片，說明「二龍相會」。內頁有兩篇文章，一篇是臺灣學者L.H. Chang寫的「彈性外交」；另一篇是邀請新加坡政治學者，國立新加坡大學謝志淼副教授寫的，形容新臺「太極式的關係」。兩篇都談新臺的務實外交。兩篇文章共占10多頁，有十來張照片。每一頁上頭繪有「一龍一獅」象徵中華和獅城，寫明「二龍相會」。

李光耀說：「李登輝總統訪問新加坡，將為新臺的密切與友好關係，樹立新的里程碑。新加坡很榮幸地被李登輝總統選為第一個來訪的國家。」

李登輝回答「很榮幸新加坡是他到國外訪問的第一個國家，肯定新臺關係密切和友好意義。」

到現在為止，雖然「二李」在臺灣有過數面之緣，談不上深交。外交

場面兩人互相傾慕，互相恭維是很自然的。

李光耀譽李登輝「親民愛民，活力充沛，對臺灣的鄉土了解很深入。李登輝博覽群書，是一個美國大學的農學經濟博士，每天看三份日文報紙，也看很多英文報，和他討論問題，是另一種經驗。他對民情、歷史、文物也如數家珍」。

李登輝自臺北啟程來新前據說心中有點不悅。他私下告訴親近的隨員和記者，官方邀請他是「中華民國總統」，公開場合不喜歡被稱是「來自臺灣的總統」。

接近李光耀的人說，「來自臺灣的總統」句子，是李光耀總理親自定案的，在新行程也是他親自設計的，其中參觀一向不對外開放的機構。回顧六七十年代中有臺灣藝人到來歌臺獻唱或表演，主持人均先以「來自海外的藝人 XXX」介紹給聽眾，數年之後，敏感度降低，遂改稱「來自寶島的藝人」。來自臺灣的藝人，有如此政治敏感意味嗎？

李登輝很清楚「中華民國」國號自 1971 年退出聯合國之後，就很難在國際上公開。他行前對隨員表示，也不必太介意這點。

有一件事，李登輝到訪約兩個星期前，新加坡第一副總理吳作棟接受日本記者訪問時表示新加坡終將與中國大陸建交，引起臺北方面不高興。眾知，新中建交是遲早的事，吳作棟大可不必在李登輝來新前作此言論。當時有臺灣的立法議員曾為此事建議李登輝一行延後訪新。經有關方面出面澄清，才稍釋李登輝應否訪新之疑慮。

令李登輝尷尬

李登輝及夫人、隨員一行下榻在萊佛士城內的一座 68 層樓高樓的威士汀史丹佛飯店（現改名 Swissôtel The Stamford 史丹佛瑞士飯店）。二樓正

第十六章　李光耀與李登輝鬧翻

門大廳有一面巨大的電子霓虹字幕，英文書寫「歡迎中華民國總統閣下及第一夫人」。這樣的歡迎字樣出現在總統眼前，應是飯店和政府共同的安排。

李登輝應邀到來，給臺灣和新加坡帶來期待，認為不但顯示臺新雙方外交關係的敦睦，也為近年來的彈性外交開啟嶄新的一頁，更上一層。

李登輝訪新加坡時，飯店大廳有一面巨大的電子霓虹字幕，
用英文書寫「歡迎中華民國總統閣下及第一夫人」。

「二李相會」一致肯定臺新的關係。李登輝說「臺新關係天天都在進展中」，李總理強調「新加坡和臺灣間多年來建立的實質關係，歷久彌堅，不會受到任何外來影響。」

同一天（3月8日）李登輝結束訪新行程返臺前夕，李光耀在總統府接受前來採訪李登輝訪新活動的三位臺灣記者透露「中國在中國與印尼一年內復交之後，需要幾個月的時間來處理和中國建交的問題」。

三位臺灣記者是中央社駐新加坡特派員馬寧、隨行的臺北聯合報記者周玉蔻及中國時報張慧英。

臺灣的媒體翌日（3月9日）登載李光耀接見他們時說的「新加坡與中國建交只是時間的事」，總理「還強調新臺實質關係不會因此受到影響，與中國大陸建交的事並非在目前」。出席的一位記者說，李光耀講話時態度嚴肅。

但是，隔天（3月10日）新加坡的唯一中文早報聯合早報在封面第一條版位上，刊登李光耀總理對臺灣記者的談話內容，用紅墨印特大字標題「中印一年內復交，新中繼後數月建交」，明確報導建交的時間，當天在臺北引起各方愕然！

在臺北的記憶裡，一週前（3月2日），第一副總理吳作棟剛接見日本經濟新聞記者觸及與中國建交的事，如今一週後，又有李光耀向臺灣記者談到與中國建交之事，一前一後兩件相同的話題如此「巧合」出現在李登輝來去星洲之際，如不置疑也覺得煞風景！

臺北有人以為，敏感的新中建交事問題「只聞樓梯聲」了這麼久，新方實可以再等多幾天，待李登輝回到臺北才發表，不致使到來自臺灣的人客尷尬。

有人擔心李登輝回到桃園中正機場，看到眾多圍住他的媒體記者搶著問他訪問新加坡的觀感和收穫，也同時問起對新中行將宣布建交的看法，李登輝要先回答哪個問題，在眾人之前會很尷尬的！

二李翻臉與中國因素

1993年4月，海峽兩岸選擇以新加坡作為首個歷史性會談的地點，舉行了著名的「汪辜會談」（臺灣稱「辜汪會談」）形成兩岸三地微妙獨特的三角相互權謀關係。

但是自1995年至2000年，李光耀竟一次也沒有再訪臺灣，不像他從

第十六章　李光耀與李登輝鬧翻

1973年以來的20多年時間裡，幾乎每年都會有一兩次到臺灣，人們一向認為這其中有超越外交交往的特殊感情紐帶，而非他所說「去看看老朋友和度假」。而今，李光耀不再去臺灣，他與李登輝究竟發生什麼事？

2000年5月，代表民進黨的陳水扁，代表國民黨的連戰以及獨立候選人宋楚瑜，在白熱化的激烈競爭中競選總統，最終由陳水扁勝出，臺灣第一次出現非國民黨籍總統，並在5月20日舉行就職儀式。

隨後不到20天，6月上旬李光耀到訪中國，雖然中國訪問的行程早已有所安排，但是時間如此接近，還是不免引起外間的關注。

在北京訪問期間，有隨行的新加坡記者問起他是否熱衷於扮演海峽兩岸調停人角色和身分？李光耀以英語回答說：「我訪問臺灣很多次，最後一次是在1994年。之後，我發覺李登輝有了明確的想法，我也就沒有訪問臺灣。」

李光耀沒有直接回答記者的提問，卻頗直接坦率表明他在李登輝擔任總統五六年期間不再到臺灣訪問的原因。其中，他所說的「李登輝有了明確想法」，究竟指的是什麼？李光耀也沒有進一步說明。

在李光耀回憶錄中指出他「摸不透李（登輝）總統的立場」，指出1995年6月，李登輝爭取到美國國會一致通過決議，對他發出簽證，並在訪問母校康乃爾大學時發表演講。從李登輝的演講，李光耀了解到李登輝有了「明確想法」，就是回憶錄提到的李登輝的立場問題。

另一處為李光耀看出的是李登輝在位上多次強行修改中華民國的憲法。最嚴重是廢除「臺灣省」。在原有憲法內，臺灣省是中國一部分，代表一個中國（整個中國）。廢「省」之後，意義上等於脫離中國。

二李相識可以說已有多年，早在李登輝擔任臺北市市長和臺灣省政府主席時，他們就有過接觸，彼此都有良好的印象和良好的評價。

1988年1月，蔣經國辭世，李登輝繼任總統。最初幾年，李登輝還堅持一個中國政策，不主張臺灣獨立，兩人的關係不能說是密切。1992

年，李光耀注意到李登輝對「一個中國」做出危險性的表述時，把一個中國解釋為中華民國，而非「中華人民共和國」，李光耀很清楚這是中國大陸堅決反對的，是它的原則和底線。

李光耀和李登輝在個性上頗有相似之處，就是他們都以菁英自居，充滿自信。走向極致就是剛愎自用。兩個人，一個信奉「亞洲價值」，一個鼓吹「民主價值」，從根本上也是大相逕庭，這是兩人最終導致彼此心中不舒服原因之一。

李光耀在北京訪問期間曾表明他深深懂得中國大陸以及臺灣的各自原則和立場。他試圖讓新加坡在當中扮演重要角色，但中國大陸堅持認為，兩岸紛爭是中國自己家裡的事情。臺灣也認為它本身直通中國大陸或經香港的管道很多。

先從李登輝執政的第二年談起。這是 1990 年，這一年李光耀卸下總理職務改任內閣資政。與此同時，李登輝透過國民大會選舉，當選為臺灣第八任總統，他先掌控國家黨、政、軍、情報機構，再分化內部，以鞏固自己的政治實力。

1992 年在新加坡舉行的歷史性汪辜會談，達致「九二共識」。

第十六章　李光耀與李登輝鬧翻

▎「汪辜會談」，二李邀功？

2001 年，一位主張「臺獨」的自由時報女記者鄒景雯為李登輝卸任總統後所接受的唯一訪員。鄒景雯根據她與李登輝的採訪紀錄，整理成冊，書名為《李登輝執政告白實錄——決策憶往人和事》。

書裡提到，1990 年他（李登輝）決定在兩岸關係的拓展上，也給予新加坡若干地位，促成新臺兩國的互利雙贏，他派遣「密使」蘇志誠多次進出香港與對岸代表晤面，進行對話。蘇志誠時任李登輝總統府祕書室主任，一度是李登輝的心腹，近年來成為炮火猛烈打李登輝的幕後指導高手。

這裡牽涉到中國主席楊尚昆 1992 年到新加坡訪問，發展到促成 1993 年 4 月在新加坡舉行的「汪辜會談」。

「汪辜會談」在新加坡成功舉行，如果李登輝所說的話屬實，具諷刺的是「汪辜會談」促成海峽兩岸從分得清清楚楚的「楚河漢界」與漢賊不兩立近半個世紀，發展到今天有許多正面互動與交往，卻也衍生了兩位亞洲重要領導人——新加坡李光耀與臺灣的李登輝。這兩位「會談」幕後人，有甚深的誤解。

有關「汪辜會談」，李光耀在回憶錄中如是說：「海峽兩岸以我為通話的渠道，也因此很自然地選擇了新加坡為 1993 年 4 月兩岸首個歷史性會談的地點。」

李登輝在《李登輝執政告白實錄》中說：「對會談地點的選擇有七個之多，如北京、臺北、新加坡、香港、泰國、日本與夏威夷，並非以新加坡為第一選擇。」李登輝在內部（臺灣）會議討論時，說是刻意讓新加坡脫穎而出，是對李光耀表達善意。

李登輝說「汪辜會談」是兩岸分裂 40 年後的首次高層會晤，於新加坡順利召開，在國際鎂光燈照耀下，李光耀頗為風光。從此被外界認為

他是「兩岸調解人」,而李登輝說,他也樂於做個「順水人情」。

待後來李登輝又說,「汪辜會談」是他們早已安排好的,間接否定了李光耀回憶錄中的「海峽兩岸以我為通話的管道,也因此很自然地選擇了新加坡」。二李對會談事各說各的,李登輝的話聽在李光耀的耳裡會作何感想?看來,李登輝心頭是酸酸的!彼此心中的不舒服,添多了一筆![63]

「汪辜會談」場外

「汪辜會談」選在西海岸亞歷山大路一座新建的巍峨大廈內舉行,這裡是「海皇大廈」。一方面是為海峽兩岸兩位首席代表汪道涵和辜振甫的安全考量,另一方面,因為那裡與市中心有一段距離,即使有肇事之徒也不易走近。

臺灣駐新加坡代表處和新加坡政府新聞處,就在會場隔鄰的港務局大廈裡。中國大陸「海協會」沒有因為會場設在臺灣代表處的附近有任何意見。雙方都對新加坡政府的安排表示尊重。

新加坡政府提供場所時每次都不厭煩地一再表示,對「汪辜會談」保持中立態度,所扮演角色僅是提供會場及需要的設備。

新加坡的媒體,無論是紙媒(平面媒體)還是電臺、電視臺,對會談報導也是極盡「公平」,見報文字字數相同,照片尺寸大小一致,電視新聞播報時間分秒相等,避免「厚此薄彼」,引起不必要的誤會。

有前輩記者記起半世紀前一段趣事。當朝鮮戰爭(1953年)在板門市舉行「停火談判」,朝鮮與聯合國軍方代表的談判室內,桌上擺放的喝水

---

[63] 2014年11月19日,臺灣前行政院長郝柏村應邀在《少康戰情室》時事專訪節目中,曾略略觸及1993年4月在新加坡舉行的兩岸「汪辜會談」。郝柏村說,李光耀3月訪臺,他請李光耀幫忙安排。當時郝柏村還是行政院長。李光耀答應。4月「汪辜會談」順利進行時,郝柏村與總統李登輝意見不和辭去行政院長職務。

第十六章　李光耀與李登輝鬧翻

杯、文具鉛筆平均分配，坐的椅子、會談室擺放的國旗等都嚴格要求完全對等。

朝鮮代表的個子比聯合國軍方代表矮小，坐在談判椅上，看起來較低引起爭執。聯合國方面只得準備稍高的椅子給朝方代表，滿足對方。

「汪辜會談」方面，會後汪道涵私下有一些意見。他說，「臺灣處處要相等地位，臺灣有什麼本錢來相等地位對談？以我個人身分來說，在中國算是第三、第四線的人物，而辜氏卻是第二線人物。我與江澤民只是私交甚篤，在制度上距離甚遠。」

「臺灣絕對不可能獨立。臺灣吃硬不吃軟，你一對他軟，他就逼進。你一硬，他就軟。我們很清楚，臺灣要在會談中爭面子，我們給他。在會場外，我們也順著他。他們現在面子上贏了，可是在形勢上我們勝了。」

知道的人也許只有幾位，會談期間汪道涵方面的中文檔案，幾乎全是出自「第一家」的中文簡體字打字機。第一家食品廠有限公司當時的廠址位於麥波申路（MacPherson Road）的貝恩路（Burn Road），現已遷至聖諾哥路（Senoko Road）。

據說，會談期間汪道涵避免與大使館有聯繫，不願給外間以為海協會有大使館操縱，另一面又不信任下榻飯店的打字員，便找來友人魏成輝。事後，魏成輝興奮地告訴我，因為是打重要檔案，因此有人在旁監督，由於是打簡體字，祕書還不熟，速度很慢。

當時新加坡聯合早報報導了（1993年）4月29日下午，汪道涵在會談間隙，專程參觀了「第一家食品廠有限公司」。

第一家食品廠有限公司主席兼總經理魏成輝熱情接待了訪問團一行人。當時「第一家」已經是本地知名品牌企業。在全球多個國家和地區都設有據點，有業務來往，並且大手筆在中國福州投資收購當時福建省的最大啤酒廠。

李光耀接見許信良談「三不」

「汪辜會談」揭幕約兩個星期前，在野的臺灣民進黨主席許信良應全國職工總會邀請來新加坡訪問。以職工總會名義邀請一個國家的反對黨領袖，必有其原因。許訪新期間，得到李光耀資政特別接見一個小時，這並不尋常。

許信良這次到來受到政府高規格的招待。宴會上有時任正、副總理吳作棟、王鼎昌，有外交部長黃根成作陪。在此之前，全國職工總會也邀請過民進黨要員幹部過來，不過沒有公開。

許信良與李資政一小時的會晤，可以想像談得很多。會面後，雙方沒有透露會見的情形。

臺北朝野這時候因「汪辜會談」，在「中國大陸政策」問題上出現兩派對立。

有此一說，李光耀與許信良會面時，建議民進黨派代表團去中國大陸看看。李資政還告訴許信良，如果有困難，他願意幫助解決。

李資政對許信良說，新加坡覺得很幸榮能夠提供地點舉行「汪辜會談」，也強調在中臺問題上，新加坡採取的是「三不」政策，即「不介入」、「不干預」及「不參與」。

李資政為什麼對許信良特別厚待？李資政的一貫作風有如商人，隨時在找商機。當他發現國際上有「潛在」（potential）人才時，他會隨時關注，因為這些人一天可能在自己的國家成為領袖，屆時便成了他國際關係的「人脈」。兩週後，4月27日，「汪辜會談」如期舉行。另一派的民進黨激進帳子十多人，闖進「汪辜會談」辜振甫代表團下榻的某五星級飯店走廊，掛起抗議布條喧吵，指責國民黨將臺灣出賣給中國大陸。這宗鬧劇經治安人員勸阻，鬧事者才悻悻然離場返回臺灣。

第十六章　李光耀與李登輝鬧翻

許信良是何許人？他的簡單人事資料：

回顧 1970 年代，許信良是國民黨內的菁英，為國民黨所栽培。國立政治大學畢業後，獲得中山獎學金送往英國愛丁堡大學留學，在研究院獲得哲學碩士。

英國深造期間，受西歐政治影響甚深。回國後，他的政治性格轉為「開放」，變成積極與國民黨的政策作對。

1979 年，桃園縣長任內慶祝 38 歲生日，在他中壢的生日慶祝會，就有二萬至三萬人參加，驚動了國民黨高層。

許信良是臺灣政界的傳奇人物，是政界中唯一有「本事」二進二出國民黨和民進黨的政治人物。他兩次出任民進黨主席，也是早時民進黨領袖中，唯一敢喊出「一統中國」口號及極力主張臺灣經濟西進的民進黨要人。

鴻禧山莊最後的一席話

1993 年，入秋，9 月 21 日，已經是內閣資政的李光耀翩然來到臺北桃園機場，直奔大溪鴻禧山莊，進入李登輝的私人別墅，先受主人晚宴款待。

李光耀這些年來臺灣已有二十多次，算是「常客」。來臺北一向低調，已經見怪不怪。此次來到臺北，輕鬆心情如往，但了解他的人知道他不會將時間浪費在觀光上。他有事在心頭。

晚宴的菜色，近乎是李光耀平日所喜歡的清淡口味。作陪的有就任行政院長不久的連戰。連戰是接任與李登輝不和的郝柏村的位子。另有總統府祕書長蔣彥士，經建會主委蕭萬長及外交部長錢復等人，都是李光耀的老朋友。

席間賓主不拘束，有說有笑，氣氛良好。突然，李登輝話鋒一轉，他先讚譽新加坡：「新加坡是個小巨人，連美國人都要尊重三分，這就是文明，不像中共，眼裡沒有臺灣，更別談尊重了。」

李登輝是指數月前（4月），一名美國青年學生邁克菲（Michael Fay）在新加坡市內刮車遭法庭判決鞭刑，美國只有接受。李登輝所言，意有所指。讓李登輝耿耿於懷和不滿的是，中國處處阻擾他參加10月在日本廣島舉行亞運會的開幕儀式。

據鴻禧山莊傳出的消息，李登輝曾不客氣就中國大陸「打壓」他的事在宴會上發表他的看法。有一份週刊這麼說：「李登輝毫不掩飾憤慨之情指出，哪有這樣的政府，嘴裡說要兩岸和平，加強交流，卻又用鴨霸權的土匪作風……只能傷害臺灣人民的感情。」

李光耀聽後，據說曾向李登輝分析中南海的底線：「中國大陸不是處處都想打壓臺灣，只是中國和日本關係並不尋常，如果讓臺灣總統參加亞運開幕儀式，今後會引發連鎖效應，江澤民等領導人是不會放手的。」

這一晚，鴻禧山莊內的「二李夜話」談了許多，交換許多意見，想盡力「潤滑」兩岸的關係和化解兩岸的誤會。

李登輝這晚盡量做到一流的東道主角色，只是沒有提到接見過司馬遼太郎訪談的事。李登輝也許覺得訪談事與李光耀沒有關係，沒有必要特別拿來談。「夜話」氣氛和諧，相約第二天在鴻禧高爾夫球場球敘。

二李言語爭執

第二天（9月22日）上午並沒有如約打球，李登輝、李光耀及臺灣外長錢復三人進行第二次會談，前後達四小時，其中一項議題是由中、臺、新兩岸三地籌組航運公司。談論到細節，二李各持己見。

第十六章　李光耀與李登輝鬧翻

據李登輝事後多年告訴鄒景雯採訪實錄中說：「李光耀勸我，如果要取得中共的信任，促成這個公司的組成，只有一個辦法，就是讓中國相信臺灣承認自己是中國的一部分，未來一定邁向統一，那管20年30年或50年。」

這位記者繼續轉述李登輝的話說：「李光耀說，美國人不可靠，將來有一天會拋棄臺灣，不應該相信美國的保護，只要中國內部不動亂，30年後中國將會非常強大，但我（李登輝）沒有同意。」兩週後李光耀訪問北京。

中國副總理李嵐清也在這之前，與籌組航運有關事到來新加坡會見吳作棟總理（吳作棟從政前是海皇輪船公司總裁）。據說李嵐清的隨扈在樟宜機場還出了小洋相。

李光耀發現李登輝不主張「一個中國架構」的意志很堅強。李登輝告訴人說，雙方說話不投機，彼此的觀點差異很大。李登輝承認與李光耀發生言語爭執，但不至於破壞談話氣氛。

至於中臺新兩岸三地籌組航運的建議，也因各有其設計，最終也再無下文，胎死腹中。

臺北行之後的兩個星期，10月6日，李光耀訪問中國大陸，與江澤民在人民大會堂會談，之後，兩人步出會晤室，據熟悉內情的人說，兩個人的臉色不像往常輕鬆愉快。

據說會晤期間江澤民氣不過對李光耀說，李登輝在與日本歷史小說作家司馬遼太郎對談中罵我，你知道嗎？李光耀有些尷尬，因為他的確一無所知，覺得較早在臺北，李登輝瞞住他許多事，沒有說實話，如今覺得被玩弄。

據說，李光耀此時還不知道有司馬遼太郎與李登輝對談的事，到了中國大陸，與江澤民會晤受到「揶揄」，才知道李登輝早些時見過司馬遼

太郎，李登輝兩週前為李光耀設的「鴻禧宴」如今看來倒很像擺了一道「鴻門宴」。

是外交部、駐日本大使館和駐臺北代表處，沒有警覺到司馬遼太郎那篇訪談內容「生為臺灣人的悲哀」對李光耀是如此重要有用？

司馬遼太郎「生為臺灣人的悲哀」，原文發表於1994年5月513日的朝日週刊，臺灣自立晚報一週前事先取得該刊，以長約萬字譯文，一連三天(4月29、30及5月1日)連載於該報。譯者筆名幸芳，是臺灣早年的抗日英雄蔣渭水的女兒。

司馬遼太郎與李登輝對談的主題是「生為臺灣人的悲哀」。主要內容：(一)說要把「外來的國民黨」改變為臺灣人的國民黨；(二)懷疑蔣經國當年是否真的希望他成為接班人並不清楚[64]；(三)李登輝告訴遼太郎說：臺灣已邁向新時代，摩西以及人民都有得拚，總而言之已經出發了；(四)李登輝利用訪談文字告訴江澤民，在討論臺灣政策或國家統一問題之前，先研究一下何謂臺灣，如果還是像以前一樣持有統治臺灣人民的想法，必會引起類似二二八事件。江澤民要多了解臺灣。[65]

李光耀30年來白忙一場

中國大陸行之後，李光耀回到新加坡，李登輝說李光耀10月31日寫信給他，轉述10月6日他與江澤民見面的談話內容。李光耀在他的回憶錄中略有提到。

「10月6日，在人民大會堂會見，江澤民建議我們進行小組討論，

---

[64] 李登輝的友好劉修明，宜蘭縣人，1937年出生，1964年入籍日本，改名伊藤潔。他送我一本日文著作《李登輝傳》(1996年日本文藝春秋出版)中寫「李登輝選中為副總統當晚，總統蔣經國親自夜訪李宅道賀」。

[65] 伊藤潔著書《李登輝傳》中說：李登輝推動的是「B型臺獨」，即中華民國和中華人民共和國兩個政治實體，實則「一邊一國」的「兩國論」。而民進黨是主張「A型臺獨」，乾脆說是「臺灣共和國」。作者伊藤潔時任教於日本津田塾大學。

第十六章　李光耀與李登輝鬧翻

江澤民告訴李光耀，我有翻譯員，我們別浪費時間，你說英語，我聽得懂，而我說的華語你也聽得懂，有什麼不明白的，我的翻譯員可以幫忙。」（李光耀回憶錄，第716頁）

據李登輝說，李光耀10月31日給他寫信告訴他此次會談情形。江澤民話說了30分鐘，李光耀說了15分鐘。李登輝說，李光耀向他表示「對於新加坡提出的方案，我感覺江澤民似乎無法自己做決定。」

現在想起，當時約一個月後（1995年11月22日）李光耀接受德國商報兩名記者訪問時披露了「去年，當我向中國領袖建議兩岸恢復航運和航空的連繫時，中國領袖當面不經過翻譯對我說，這是我們的家事，叫他們（臺灣）直接跟我說。而你並不是家中成員」（《聯合早報》，1995年11月29日）。

這幾年來為什麼兩岸間發生特別多事故，固然有歷史和現實存在待商討的複雜問題。1994年，一篇日本歷史小說家司馬遼太郎訪問李登輝總統後寫的《生為臺灣人的悲哀》實錄，指名道姓說「如有機會與江澤民見面的話，我想告訴他，在討論臺灣政策或國家統一問題前，先研究一下何謂臺灣。」

事經五、六年，到了2000年6月，李光耀才說出這句怨言。李說：「我曾燒到手指，或者說我是在嘗試為李登輝行善的時候，灼傷了我的耳朵，因此我謹慎了，我不認為我在性格上適合扮演這個角色，我說話直接，從獨立的第三者身分提供意見。」

如果我的記憶沒有錯，那是（1995年）李光耀第一次對「兩岸關係」做法的公開表態。其實，這一年的8月下旬，他和王鼎昌受李鵬總理招待於北戴河度暑。之後，高棉總理洪生，國會議長謝森也在那裡受招待，據說是中國政府首次在北戴河會見外賓。

多年來只是外間媒體給李光耀在兩岸問題上製造高姿態，千呼萬呼

儼然說他是「調停人」，若是注意到李光耀各次的談話，他對兩岸問題一直持的是低姿態、從不表明態度，留下空間讓人模糊去猜測他的角色，給他有「進可攻，退可守」伸縮性。

在國際上李光耀被公認是少有，也是唯一與中國大陸及臺灣領導人接觸頻繁，深深懂得兩岸原則和立場及交談時可不用翻譯的「第三地」領導人。現在，他已經了解到二、三十年來做了不少為改善兩岸關係工作奔波終於徒勞無功、吃力不討好的穿梭外交之旅。到頭來，不受（當時）兩岸領導人領情。接近李光耀的人曾對我說，江澤民當面的那句「這是家事，而你並不是家中的成員……」，讓李光耀很在意，也很傷心。

另一方面，李登輝也說：「他覺得 1994 年以後李光耀開始在言論上轉向中共，並且不斷發表言論指責李登輝在兩岸統一問題上不具誠意、是最大禍首。李登輝說，他完全不了解李光耀為何態度大變，我（李登輝）懷疑到底李光耀與江澤民會面時，江澤民說了什麼才導致李光耀變成這樣。」

到了這個時候，李光耀也只有心中知道自己是「零」角色，白忙了許久，只有鞠躬而退出！

李登輝過境樟宜機場

1994 年 5 月 4 日至 16 日，李登輝到中美洲和南非等共四個國家訪問，全程 13 天，回程於 9 日到南非，第二天參加曼德拉總統的就職典禮。南非逗留數天期間，分別與非洲幾個有及無邦交的國家首長會面，李登輝得意的是與巴勒斯坦「解陣」主席阿拉法「預先沒有安排巧遇到」。

5 月 15 日，李登輝自南非共和國飛回臺灣途中，座機於 16 日晨降落在新加坡樟宜機場補添燃料。李登輝下機休息。

第十六章　李光耀與李登輝鬧翻

吳作棟總理帶領楊榮文及黃根成兩位部長到機場接機。吳作棟和李登輝在貴賓室密談約四十分鐘。臺方有外交部長錢復、經建會主委蕭萬長。據說中共對這次的會面，事前已經知道，因為他們要談到「兩岸三地」籌設航運公司事。所以一個月後，江澤民在給吳作棟的信中感謝新方傳達兩岸資訊，認為只要大家共同努力，臺海兩岸合作不會有困難，應抱樂觀的態度。[66]

一件似不尋常的事情：

這一天，不見內閣資政李光耀到機場，是刻意避見李登輝還是另有原因。過去幾年來，路過新加坡機場的臺灣行政院長孫運璿，一次同樣是訪問南非共和國經新，另一次是到印尼考察過境，李光耀均到機場迎接於貴賓室晤談，當時李光耀也帶幾位年輕的部長如吳作棟陪同。李光耀今天沒到機場，外交上並無不妥。

但是幾天後，有臺北傳說，吳作棟在機場會晤李登輝時，轉達了一個消息：「希望（李登輝）不要將『千島湖事件』鬧大而影響海峽兩岸（目前）的關係。」

吳作棟這番話，不易說服人這是吳作棟本身的意思。吳作棟總理此時的「兩岸觀」，還只是「表面」，遠不及李資政的深度。誰都知道國際政治外交，向來是李資政所主導，親力親為，特別是臺灣海峽兩岸的問題。困擾了他近30年之久，沒人能給他出主意。

所謂「千島湖事件」，是同年3月31日，中國浙江省千島湖發生一宗慘案。有三名歹徒登上觀光船縱火及洗劫遊客財物，不幸造成24名臺灣觀光客遇難，震驚了中國大陸和臺灣。

一週後，李登輝在臺北針對慘案發表宣告譴責中國是「土匪」。由此看，李登輝把新加坡的勸告擱在一邊。

---

[66]　當時司馬遼太郎那篇訪談尚未刊出。

李登輝過境樟宜機場

從1994年一年裡李登輝對臺灣與中國大陸、臺灣與國際關係間表現出的姿態可以看出端倪。對中國領導人（對臺灣）的想法清楚得很的李光耀看來，李登輝這些日子來的言行，對他多年來致力促使緩和兩岸緊張局勢並無幫助，負面的反而多些。二李顯然是「道（路）不同」，相行漸遠。

還不到一年前，兩岸還「高高興興」在新加坡舉行「汪辜會談」，怎麼現在就如臺灣天氣，說變就變？

4月下旬，日本歷史小說家司馬遼太郎，在朝日週刊發表他訪問李登輝的談話，李登輝向他吐出「生為臺灣人的悲哀」。一波未平一波又起，幾天之後，他去中南美洲四國訪問，飛機降落在夏威夷引起爭論。在南美哥斯大黎加接受臺胞的歡迎會上，申訴「臺灣主權是臺灣人的」。自中南美洲回程時，經過南非「偶遇」巴解主席阿拉法，兩人親熱熊抱的鏡頭，他的行動招來新華社首次嚴厲抨擊是搞「分裂中國」。

李登輝遊玩中南美和非洲後開始外交活動，宣告已有12個邦交國支持臺灣申請加入聯合國。明知不可為而為。國內資深的外交官私下批評他是「瘋了」（Crazy），美國也搖頭，這是件不可能完成的任務。

到了下半年7月間，臺海情勢緊張。中國大陸一波接一波的軍事演習。飛彈演習先在東海發射訓練，接著又在同海域實行飛彈火炮實彈演習，新華社展開一連串抨擊，是為「文攻武嚇」，看來江澤民真的要動手。

這一年，輪到日本廣島市舉行亞洲運動會，李登輝原打算出席開幕盛會，經北京強硬「封殺」成功，氣壞李登輝。臺灣「中華臺北」隊遂改由副行政院長徐立德代表出席運動會揭幕典禮，過後，李登輝以私人身分成功訪問日本。

1994年接近尾聲，這一年可以說是兩岸領導人江澤民及臺灣李登輝兩人將臺海關係，帶進一個轉捩點。

第十六章　李光耀與李登輝鬧翻

李不見李，視同陌路

　　1998 年八九月間李光耀訪問歐洲，回程經過美國時可望途經臺北桃園機場休息一個小時。新加坡駐臺北代表許國豐事前通知臺灣外交部。臺北駐新加坡代表歐陽瑞雄也向總統李登輝報告，希望他能到機場一晤李光耀，藉此改善兩人的關係。

　　李登輝沒表示什麼，後來由行政院長蕭萬長通知外交部，由他到機場與李光耀晤談。新臺兩方不願這件事引起外間多想，只好「心照不宣」。

　　李光耀 20 多年來，即使是路過臺灣，都會下機停留三兩日，此回首次「過門不入」。

　　2000 年的一個九月天，二李已不主導國家政務。臺灣換了主張「臺獨」的民進黨人陳水扁做總統。李光耀多年沒再去臺北，他想了解陳水扁領導的臺灣，其對海峽兩岸關係的態度，「除聽其言，還要到臺北觀其行」。

　　相隔 5 年，李光耀再到臺灣，李登輝選擇避而不見。他一早就安排好私人行程，這一天和夫人曾文惠離開臺北到宜蘭悠哉閒哉去了，待李資政離開臺灣才返回寓所。

　　據李登輝事後告訴一位女記者，「我曾聽說李光耀指名道姓的批評言論，因此（知道）李光耀決定下榻在自家門口的鴻禧山莊別館時，不論是有意或無意，因受某董事長之邀到宜蘭參觀農場，暫不住在鴻禧家中」。這位記者說，李登輝遠離「是非地」的態度自是不言而喻的。

　　臺北的媒體則說是李前總統刻意如此做。有當地記者多次向李登輝問及李光耀訪臺的事，只聽到老人家回了一句「我不管事了，我耳朵聾了！Bo lua yong la（閩南語『沒多用啦』）」

同一天，記者見到李資政拜會連戰步出寰鼎別館時，問他如何看待李前總統批評他的話？李資政用英文「I will find it.」（意思是會進一步了解）四個字，媒體解說是李光耀此行唯一對媒體公開的談話。

化解二李心結落空

　　1997 年，臺灣新任駐新加坡商務代表（相當於大使）歐陽瑞雄，自美國洛杉磯臺北辦事處調來不久，即設法要化解二李之間的「心結」。

　　我和歐陽瑞雄相識於 70 年代，那時他是臺灣駐新加坡代表處祕書。歐陽很有人緣，態度爽快開明。1950 年出生於臺灣南部，是臺灣省人。畢業於國立臺灣大學外文系，獲得研究院碩士學位後加入外交部，成為職業外交官。

　　第一次來新出任代表處祕書，任期屆滿後回臺。不久出任臺灣省主席李登輝的省新聞處長，接著歐陽當選為參議員。

　　歐陽和我認識多年，可以說是無話不談。一個星期日，他邀我打高爾夫球，告訴我他此次調來新加坡，首先要做的事是設法化解兩地領導人的「心結」，改善年來明顯滑落的臺新關係。

　　歐陽對我說，（1997 年）六七月間，他到任不久，曾前往總統府拜會李資政，口頭轉達李登輝總統邀請資政訪臺，因為李光耀已經多年沒有去臺灣了。

　　李資政回答說：「好，有時間一定去。」兩個月後，時任臺灣財政部長的王志剛來新出席新臺兩國閣僚級常年會議，王志剛在總統府拜會李光耀資政，代表總統李登輝邀請他訪臺，李回答說：「待中共 15 大會後再決定。」

　　所謂 15 大是指中共第 15 次全國代表大會，於 1997 年 9 月 12 日至 18 日在北京召開。江澤民代表第 14 屆中委會作報告時指出要堅持「和平

第十六章　李光耀與李登輝鬧翻

統一、一國兩制」的基本方針發展兩岸關係。他呼籲海峽兩岸可先在一個中國的原則下，結束兩岸敵對狀態進行談判，並希望臺灣認真回應建議。

之後，在一個社交場合，李資政見到歐陽瑞雄，又對他說，再等一段時間他會安排，並說兩岸的事，在2000年以前不會有進展。

所謂2000年以前不會有進展，是李光耀看到李登輝的任期到2000年屆滿後，不能三選。而下一任總統接班人，以當時的政情看來，副總統連戰勝算的可能性極高。經選舉結果，人算不如天算，民進黨候選人陳水扁讓兩岸許多人跌破眼鏡，成了臺灣史上第一位非國民黨的總統。

歐陽任內始終未能化解二李之間的「心結」，歐陽的努力落空。任滿後回臺不久升任外交部次長，不久病故，英年早逝。

我和李光耀，誰比較獨裁？

臺北有媒體人曾說，李登輝有一張愛跟人「答咀鼓」（閩南話「爭論」的意思）的嘴巴。

1990年代他還任臺灣總統，臺北一份新聞週刊這樣說他：「國情報告時亂發脾氣，公開場合怪話百出，也常有一副嬉皮笑臉表情，成為李登輝上任後的一大特徵。他自承浪漫與凶悍兩面性格，他口沒遮攔，奇文共賞，而且愛說、多說、多錯，有時不免令人捏一把冷汗。」

在國內，說錯一兩句，可以給國人當是笑話和幽默。碰上對外，重者招來戰爭，一言可喪邦。1996年中國大陸「文攻武嚇」飛彈演習，李登輝譏為發射「空包彈」，殊不知這句話的結果牽連害死了幾位中國大陸的高級將領。

一次，也是90年代，還是總統的李登輝在陽明山中山樓聽取國代（國民大會代表）的國是建言。有國民黨國大代表、新黨及民進黨國代先

後發言。

先有新黨國代傅崑成問到他「國統綱領」問題，令他忍不住，指著這位國大代表「亂講話」。另有一位代表添了一句「忠言逆耳」，他聽了大聲一嚷。有代表說，這不是做總統應有的風度。

民進黨的國代李文忠在國是建言時希望李總統能夠成為「臺灣的李光耀」。

到了中午李登輝與國代餐敘，民進黨國大代總召集人張富美博士被安排與李登輝同桌，她是同桌十一人中唯一民進黨人。張富美在阿扁當總統時擔任過「僑務委員長」。張李兩人原是相識。張曾在美國康乃爾大學教書，李登輝也在同校取得農業博士學位。兩人並無師生之誼，李比張年紀要大20多歲，是先後同學。

用餐時，張富美隨便問問同桌的李登輝本屆任滿後是否要繼續再選總統？[67]

李登輝兀然問張富美「你認為我和李光耀，誰比較獨裁？」，張富美後來告訴朋友，她當時半開玩笑回答「一樣獨裁」。李又追問「到底哪裡獨裁？」張富美笑著夾菜不再回答。

這句話給同樣政治敏感的李光耀（這時是資政）聽來，不一定會覺得有趣，也不會覺得「彼此彼此」！

利用李光耀聲望競選

一件奇怪的事。1994年底，臺灣第一次直選省長、臺北市及高雄市長。宋楚瑜以600多萬張選票勝出民進黨的陳定南[68]。臺北市長選舉

---

[67] 這時憲法還沒修改，總統還不是人民直選，是由國大代表從參選人中選出。
[68] 第二年直選總統時李登輝得票比年前選省長時的得票少約200萬張。宋楚瑜功高震主，李登輝對他有了戒心。

第十六章　李光耀與李登輝鬧翻

因新黨趙少康與國民黨黃大州分散泛藍選票，給民進黨的陳水扁漁翁得利。高雄市市長則是國民黨的吳敦義當選。

選舉的一個月前，民進黨候選人陳定南在中國時報刊登一系列「十問」的競選廣告，其中一篇是拿李光耀及他的政績來加強號召力，借李光耀的聲望，與國民黨候選人宋楚瑜競選。

民進黨刊登向全省選民呼籲的大幅廣告：「選擇陳定南，等於李光耀當選省長」。廣告文字力贊新加坡的成就與清廉。廣告文字問這次選省長：你會選宋楚瑜？還是李光耀？回答：不用問，絕大多數人一定選李光耀。廣告文字力贊李光耀，借李光耀貶宋楚瑜。宣傳手法迭出奇招猛打知名度。手法荒唐無聊，最後還是宋楚瑜當選為臺灣省主席。

五年後（2000 年），陳水扁當選總統，委任陳定南為法務部長。陳定南過去擔任宜南縣長時，有縣衙人封他為「包青天」，是他一生清廉得來的美譽，連陳水扁越軌行為，他都直接干預。臺灣有人說，前有民進黨陳定南，後有國民黨馬英九。

法務部長任內，陳定南曾來新加坡反貪汙局、肅毒局、法院等各單位考察。在反貪汙局內，據說，他講了半小時話，一位在場的官員說，陳定南用 25 分鐘的時間猛批國民黨，猛責李登輝引進黑金貪汙。

▍李登輝情緒化發言

李登輝卸下臺灣總統翌年為自稱是「他的老朋友」，進行了一項近乎人身攻擊的情緒發言。《李登輝執政告白實錄》作者鄒景雯引述李登輝的話：「想起這位老朋友，李登輝直率的描述，李光耀的經歷，大家恐怕不清楚，在日本占領新加坡時，他替日本人做事，連俘虜的收容所都做

過……」。身為新加坡人,都不曾聽過這回事。

即使「連俘虜的收容所」都做過又有什麼不妥?他並不傷害俘虜,他甚至可能傳達一些外間盟軍的消息到俘虜營去。以他的英文程度若到那裡工作是再理想不過的,可以激勵俘虜們的士氣。

李登輝的資訊顯然有誤,或者他要誤導訪者來加強自己批評李光耀的說服力,不然便是心中有貶人的動機。

其實,李光耀在他(1923－65)回憶錄第76頁詳細交代日本占領時期所做的工作:「我感到很高興,總算找到一個英語能派上用場的地方了。我的職務是處理(日本)同盟國際通訊社發出的電訊,包括路透社、合眾社、美聯社、中央社和塔斯社的電訊。他們是用英文莫爾斯電碼(Morsecode)發出的……」(略)。

李登輝忘了自己二戰時改日本名字為「岩里政男」,還去當日本兵,到日本戰敗,21歲時才回歸中國籍。身為卸任總統,不謹慎小心評說他人,有損自己的品格,難怪國人要封他為「IBM」(國際間大嘴巴)。

文章〈和李光耀分道揚鑣〉開頭第一句話:「李光耀如果生在臺灣,一定不會這樣」。這是鄒景雯和李登輝訪談時李登輝對李光耀的評語。李登輝沒有交代第二句。因此不知道他想說什麼。

李登輝說:「李光耀的思潮很『妙』(妙字特加上引號),個人成分較強,例如他希望他兒子來接他,我從來沒有這樣的觀念,我也最討厭這種想法,為什麼自己做總統,兒子就要做總統,這樣不是太好。」

在亞洲價值觀上,李登輝說:「他(李光耀)叫了很多中國人,儒教專家到新加坡製作教科書,在我看那是害死孩子。」

在另一個場合,李光耀說:「我們兩人(李登輝)有相互了解,但彼

第十六章　李光耀與李登輝鬧翻

此有不同的個性，所以不論寫信，見面或打交道，也都必須互相了解，才有辦法維持穩定的關係。」

二李終於分道而殊途，1994年9月22日之後不再見面。[69]

傅超賢看到的李登輝

我有兩位認識年分總和近100年的好朋友——傅超賢和楊雲英女士。兩人合共擔任李光耀（從總理到資政到退而不休）的新聞祕書達四十二、三年。李光耀在總理及資政時期，每次出訪海外國家，尤其是中國，兩人必定隨行，深得李光耀信任器重。一九八〇、九〇年代，海峽兩岸情勢起伏不穩，尤其是國際媒體，將焦點集中在李光耀身上。我想到和兩人認識的「優勢」，優先比其他同業得到新聞，但那是不容易和不可能的，這兩人平常發言與待人特別謹慎小心。

傅超賢於1993年退休，退休時擔任總理新聞祕書已近22年。不當李光耀的新聞祕書後，有一次他回答我的問題說：「（李光耀）難以一個調解人來協助調解，同時兩岸都有其聯繫渠道，若要商談再方便不過，同時中國或許不需要什麼調停人。」

1994年，楊雲英接過傅超賢新聞祕書的職務，李光耀已是內閣資政。此時臺灣海峽又遇上驚濤駭浪。這一次我問她，李資政穿梭兩岸，是否負有「調解人」使命。楊雲英回答的話與剛卸任新聞祕書傅超賢說的差不多。

---

[69] 《李登輝執政告白實錄—決策憶往人和事》一書共有10章約400頁。第9章談到「和李光耀分道揚鑣」經過。書中其他章節內容包括李登輝如何搞垮國民黨，如何推行「兩國論」的全過程。作者，鄒景雯，臺灣媒體人中的美女，原籍湖南。是第二代人。出身國立中央大學中文系。原為「臺獨」自由日報記者，現為該報副總編輯。有人給她「臺獨教母」綽號。有多部著作，是李登輝卸下總統職務後，鄒景雯為唯一獲李登輝接受專訪的人。李登輝在位第三年時，名記者周玉蔻為李登輝寫了一本《李登輝的一千天》。鄒景雯是少數跨李、扁兩朝總統府線記者。2013年，她單獨訪問同鄉馬英九總統，事後對馬的評語：「我問我的，他講他的。雖不致雞同鴨講，但是我相信他事後的心情應該是悻悻然。」熟人說，鄒景雯「傾向日本」。

楊女士說「如果沒有邀請，李資政是不會主動、自動做調解人的。你不能師出無名，浪費時間。」但是，看到李光耀多年來風塵僕僕，穿梭兩岸忙於會晤高層，兩位新聞祕書說的話，既使是真相，也很難說服敏感和好發掘新聞的記者。事實上，如上文所述，李光耀本人亦從未明示、暗示過自己曾是「調停人」。

1993年，傅超賢擔任李光耀總理（後來資政）的新聞祕書近22年，退休後，無官一身輕，重作馮婦，回到新聞職位，受聘於香港星系報業集團星島日報總編輯職。

這一年，超賢告訴我他人在香港，最大心願是能見證到1997年香港回歸中國歷史的一刻。

超賢給我的信提到香港報業管理層代表團此次（1994年7月）受臺北聯合報邀請訪臺。臺灣當局對他們的訪問頗為重視。信上說：

除了出國的領導人之外，我們幾乎拜訪了所有最高領導人，包括李登輝總統，錢復外長等人。我莫名其妙地被委為副團長，也就有必要在幾次重要的拜會上，斗膽發問。近二十年來，已經沒有發問的習慣，現角色轉換，當然好不習慣，只好硬著頭皮。

這也是我第一次面對面向李總統請教。我主要要了解他最近的一連串主張，是意味著他還是相信一個中國的信念嗎？會見結束後，我的印象是，他或許為了臺灣內部政治權宜，把整個概念搞到甚為混淆。他的說明、解釋、闡述，前後充滿著許多矛盾地方。同時也沒有具說服力的邏輯，把整個概念連串起來，結論是既非一個中國，也不一定就是臺獨。起碼在現階段，比較接近臺獨。

我後來跟幾位臺灣報紙的資深人士談起，他們一般對李總統的評價是，他懂得玩政治，一切的理論，似乎都以政治權宜為出發點。但對整個概念的思索就沒有那麼徹底和全面。

第十七章　風雲寶島阿扁上臺

聽其言、觀其行

陳水扁於 2000 年 5 月 20 日早上在總統就職典禮上發表臺灣「四不一沒有」政策演說，得到國際好評。一時安定了近年來許多人關心的臺灣，如果有一天由民進黨取得政權，會把臺灣帶來怎麼樣的命運？

所謂「四不一沒有」是陳水扁承諾維持臺灣現狀，政府走的是「中間路線」。有人認為是講給對岸聽，向中國領袖釋出善意。

「四不一沒有」是「不宣布獨立、不更改國號、不推動『兩國論』入憲和不推動改變現狀的統獨公投」。「一沒有」是「沒有廢除國統綱領及國統會的問題」。

陳水扁就職不到一個月，李光耀資政應北京政府邀請於 6 月 11 日到中國進行五天訪問。14 日向中國全國政治協商會主辦的「21 世紀論壇」發表「全球化與新經濟」專題演說。

其他官方行程，與過去訪中時一樣，雙方高層會談時不預先設議題。這次的中國大陸行雖然早已安排好，還是免不了要給外間格外猜測。

以這五六年來臺海情勢起伏多變帶來兩岸關係出現嚴重危機，李資政一向關心兩岸間的關係和他建立了的兩地人脈，江澤民和李光耀此次會晤，焦點必然是落在臺灣問題及甫上任領導人陳水扁身上。

陳水扁的演說還提到「未來一個中國」概念的一段話，很得李光耀的讚許，說這個概念裡面含有許多的智慧，還欣賞「四不一沒有」演詞，說

是律師出身的陳水扁精心撰寫的。

演詞儘管再好，再精彩，有人以為，一個在「綠營」江湖世界出身的政客所說的話，不妨先「聽其言」，後「觀其行」。李光耀和江澤民正好抱同樣態度。

這一天，一位自北京來新加坡的中國記者朋友到我社裡與我一起收看臺北一家電視臺現場播送陳水扁就職演說新聞片。這位遠方來的同業說，演講詞中提到「人權」問題及擴大非政府組織（NGO）運作事情，必會引起北京方面關注。

這位朋友說，陳水扁的演詞是在「玩弄」時間。以李登輝過去利用「臺灣問題」來拖延的方法，使島內的「臺獨」思想逐漸成長，而今中國不會給陳水扁太多的時間，不然只有誤事。

李光耀結束中國行之前，在北京對隨行的新加坡記者表示他有意訪問臺灣，但會給他一點時間，讓他能夠「評估」局勢和掌握世界現實時才訪問。

事實上，李光耀與任何關心臺灣總統選舉的人，包括民進黨本身，大都猜想國民黨候選人連戰當選的可能性很高。

如果，連戰當選，李光耀便不必考慮到國民黨的政策。連戰有豐富的國際常識，擔任過外交部長、行政院長、副總統等職務。李光耀年來很清楚國民黨的「脈動」。他隨時可以去臺灣，不必等待阿扁摸清世局後才去。

但也很諷刺，連戰敗選，待陳水扁就職的前夕，攜妻帶子來新加坡「休假抵制」一人一票計算出來的新總統的就職典禮，前來作客。連戰「充分」表現他缺乏政治家的度量。新加坡則盡地主之誼款待。連戰與李資政及總理吳作棟各作一個小時的談話，外長黃根成也另設宴招待，期間連戰還與吳作棟、黃根成等人在聖淘沙打了一場球。之後，胡志強與蘇起也到來。

第十七章 風雲寶島阿扁上臺

李光耀處處旋風

李光耀中國之行回來，副總理兼國防部長陳慶炎（前總統）即飛臺北。先與陳水扁總統晤面，再會見行政院長唐飛和相關官員，正是陳水扁（阿扁）就職滿月三、四天前的事。

陳水扁正式邀請李光耀訪問臺灣的日子是 9 月 24 日。阿扁當時已上任 100 多天，應該掌握了一切。陳水扁擔任臺北市長時曾與李光耀見過兩次面，一次在新加坡，不能算陌生，也不能說有深交情。

李光耀最後一次訪問臺灣是 1994 年 9 月，還是國民黨李登輝總統執政時期。今天相隔六年再度到來，看到的臺灣是換了一個朝代，由要走臺獨路線的綠色民進黨執政。

9 月 24 日，當李光耀乘坐的新航客機降落在桃園國際機場，以他多年來與臺灣建立深厚的關係，複雜的心情必然湧上心頭。

秀麗江山依舊曆曆在目，只是人事已全非。昨夕國民黨尚在朝執政，如今物換星移，政黨輪替，心頭必有一番滋味，往事不堪回首矣！

確實經過多年滄海桑田，許多老朋友正等待遠方來的這位摯友不亦樂乎，輪班敘舊。以李光耀現實與務實的性格，與新貴們接觸起來，不見得會陌生，很快進入狀況。

李光耀風塵僕僕，在臺北的這幾天，處處掀起陣風，先與新總統陳水扁在玉山官邸會談。離臺前，第二度一對一會晤，就兩岸關係發展及區域問題，深入交換意見。據悉內情的人說，會晤時不再那麼拘束，互動方式也輕鬆。

事後，民進黨指出，李光耀與阿扁初步正式談話的印象中清楚看到李光耀關切兩岸問題是事實，但他是站在新加坡與亞太區域安全的立場看問題。

不同的是，過去蔣經國時代，甚至李登輝擔任總統期間，李光耀與這些人士會晤後並沒有向外間透露。此次李光耀盡量多見朝野人士交換意見，盡量聽取異議人士的說法。畢竟是闊別了五六年再來。

阿扁政府方面，見了行政院長唐飛（國民黨籍）、陸委會主席蔡英文、副主委林中斌、總統府祕書長陳師孟及國安會祕書等人。但民進黨人盡量避免單獨一個人與李光耀見面。另外見面的是中央研究院院長李遠哲及清華大學校長沈君山。

因政黨輪替變成在野的國民黨主席連戰也設午宴款待，有老朋友前行政院長蕭萬長、國民黨文工會主席胡志強，先後又與外長錢復及海基會主席辜振甫作陪。

親民黨方面也在李光耀訪臺期間，由主席宋楚瑜設宴招待，作陪的有副主席張昭雄、黨祕書長鍾榮吉。與在野的泛藍政治要人雖然談了不少話，卻也談不出具體的意見，集中的話題是如何加強兩岸已建立的關係及區域的經濟合作。

前總統李登輝，如上文說過他刻意避開臺北不想見李光耀。另一位是民進黨本屆黨主席謝長廷。謝在黨內有「智多星」雅號，不可思議的是他卻擺出執政黨主席架子，「婉拒」與李光耀見面。

他連日在黨內發出怨言，對李光耀四天來臺行程，出現「主隨客便」的強勢作風表示不滿，認為李光耀是私人身分訪臺，他受「主隨客便」禮待實不符合國際禮儀。

謝長廷因此也以「婉拒會面強勢回應李光耀」，表達身為執政黨主席的必要姿態。謝長廷是不是自卑心理作祟？

第十七章　風雲寶島阿扁上臺

聽不進話的領導人

阿扁就職滿月召開的記者會，他向北京呼籲共同攜手一起走出歷史大步。

他滔滔不絕說要和江澤民共同創造類似韓國和朝鮮領袖握手和解的峰會。陳水扁還說，韓國總統金大中和朝鮮領袖金正日（在平壤）握手的照片掛在他的書房，永遠作為學習和效法的對象。他還說「南北韓能，為什麼兩岸就不能。我相信兩岸領導人同樣具有智慧和創意，可以一起來改寫、創造歷史」。他說，「阿扁在此誠摯地邀請中共領導人江澤民先生是不是可以攜手努力，共同創造與南北韓領導人，不計形式，不限地點，也不設前提，坐下來和解。」

看來阿扁像是很有誠意，有擔當、氣魄、大智和大勇的總統。

不少人聽了阿扁記者會的話，記起一個月前就職時說的「四不一沒有」，對他是有所期待的。李資政也不例外，認為他與李登輝有不同處，阿扁比較「務實」。雖然如此，李資政還是小心，不想錯誤判斷阿扁，如他所說「不然會是不幸和災難」。李登輝曾向外間說，李光耀曾寄語陳水扁應實事求是，千萬不要走李登輝的老路。

兩岸問題，似是阿扁向中國大陸主動出招。翌日，北京外交部發言人朱邦造簡單回應：「承認一中，什麼都可談。」

連「九二共識‧一中各表」的共識都不能達致，阿扁以後4年的任期就枉談。只聞雙方隔岸罵戰，白白浪費時間。

8年來，阿扁對兩岸事務，能言善變，說一套做一套，以為可以騙盡天下。8年執政，他左邊安撫泛綠，右打泛藍。玩弄權宜，成功助長了藍、綠間尖銳的對立，分裂臺灣人民。

阿扁為脫離「一個中國」去中國化的緊箍咒，用「中國是中國，臺

灣是臺灣」的立場，一些人說，比起李登輝時期（中國與臺灣）是特殊的「國與國」關係，定位更為凸出。也因此，阿扁要在國際上展現的「烽火外交」，只傷害到自己，孤立了臺灣。雖僅僅幾年時間，頻頻出訪 15 次，卻換來邦交國從 29 個降到 24 個。

儘管兩岸關係起伏不定，新中兩國領導皆注意到李登輝時代及阿扁政府即使與中國的關係再惡劣，只要不宣布獨立，就不致走上軍事極端，美國是有能力「克制」兩岸情勢再惡化下去的。

不過政治分析家將兩岸及韓朝間關係比較，覺得自 2000 年朝鮮領導人金成日訪問北京與中國領導人江澤民會晤後，外間得到的印象是，朝鮮半島問題一天不獲解決，東北亞局勢存在的危機要比臺灣大，到時連中美兩國相信都「克制」不了。

在他總統第二任期時，那個「四不一沒有」已支離破碎，上臺就職時的承諾已成謊言。之後，他頻頻丟擲敏感議題，刺激中國和美國，周圍鄰近國家對阿扁常撞「海峽紅線（底線）」的行為而逐漸與他疏遠，連美國也忍耐不住公開指責他是「麻煩的製造者」。

阿扁第二任期內，李光耀第二次訪問臺北（2002 年）與阿扁談話後，李光耀說：「阿扁已經是聽不進話的領導人」。此次以後，李光耀沒有再去臺灣。馬英九於 2008 年接任總統後，臺海開始進入風平浪靜政治季節。兩地經濟文化觀光等關係急速加強。李光耀已進入耄耋之年，也不必為兩岸事務再操勞煩心。

阿扁賭氣而「迷航」

到了 2006 年，阿扁總統 8 年任期剩下最後兩年。這一年開頭，他應邀 5 月初參加北美洲哥斯大黎加總統阿里亞斯就職典禮，並到巴拉圭進

第十七章　風雲寶島阿扁上臺

行國事訪問。阿扁原定 5 月 3 日啟程。臺灣當局在二、三月間向美國提出阿扁總統過境請求，可是美國沒有立即回應，到了啟程的前一天才通知說阿扁乘坐的專機可以過境夏威夷，回程時過境阿拉斯加州的安克雷奇，而飛機添油後即起飛，不能過夜，不能安排活動節目。

美國對阿扁的態度與對待不友善國家沒有什麼分別，像是刻意要給他難堪。

准許過境美國是一回事。國與國間「借道」過境，經過的城市是否有「重量」或具有政治意義，自然是阿扁很在意和敏感的事。從這裡，他可以看發表灣過去的堅強盟友今日對他個人及臺灣關係的指標。

阿扁顯然今天什麼都沒有了。就在他離臺前夕（5 月 2 日）接到美國回應，他乘坐的飛機只能（往返時）經過夏威夷及阿拉斯加州。但是阿扁堅持如果座機不能經過紐約或在東岸大城市著陸，「我就不過境」。

阿扁得此外交待遇是他在國內聲望最低迷時，在此作的「政治造勢」被視為是要衝「過境外交」轉為內銷，是他要達到的政治目的，是他無可奈何要選擇的。

看來阿扁也很有骨氣，因飛機不能在有指標性的城市過境，他惱羞成怒。專機出發時，突然宣布取消過境美國，也不公布過境的下一站，鬧及所乘坐的華航專機與桃園機場塔臺發生爭執。據臺北聯合報說，飛機要起飛時仍然打算取道美國過境，但在起飛時，「機內」受命不准向中正機場塔臺報告飛機要飛往何處。

塔臺依照飛行安全規定不能放行。爭執之後，民航局出面才讓阿扁的飛機起飛。

海闊天空，飛機究竟向東飛還是往西去，一時無人知道。隨行記者形容是阿扁的第一次「空中迷航」。

隨行記者的報導說,這樣的「跳躍式」飛行、臨時行程,就是想證明沒有美國禮待,「我還是能飛遍全球」。

隨行的記者啟程飛哥斯大黎加和巴拉圭時發回的消息說,臺灣與阿聯的關係還不錯[70],因此順利過境阿布達比。但是離開阿布達比時,阿扁行程曝光,在當地中國大使館的阻止下,飛機不得在黎巴嫩降落,只好再經阿布達比加油後繼續西進荷蘭,再飛往巴拉圭。

峇淡島紅地毯迎阿扁

5月10日回航時,阿扁不知還與何人「賭氣」,他的專機依舊不經過美國而由哥斯大黎加東飛,跨越大西洋到達利比亞首都黎波里降落。這裡是阿扁的「外交之旅」中,唯一得到「過境國」利比亞總統卡達菲紅地毯禮待的國家。其他國家的機場,基於「人道」立場讓飛機降落加油後即離境。

阿扁的飛機自的黎波里起飛後,飛往何處又是「謎」(「迷航」)了一陣。後來知道是向新加坡的方向飛來。降落地不是新加坡,而是新加坡以南、印尼屬地巴淡島。

新加坡不會邀請阿扁訪問,也不允許專機降落新增燃料。許多人也許記得在此不久前,因新加坡候任總理李顯龍在就職前走訪了臺灣一趟,引發中國火惱,一時「凍結」官方往來。事甫平靜,臺灣也不會不識趣,再為新加坡橫添枝節。

離開利比亞後,阿扁乘坐的巨大747型珍寶機東飛降落在巴淡島,給聞訊的旅新臺灣商人匆促搭上渡輪趕到機場迎接總統,有臺商為總統的專機起落於短小的跑道而捏把冷汗。

---

[70] 阿聯與中國自1984年來已建立邦交

第十七章　風雲寶島阿扁上臺

巴淡島當地機場從未有貴賓駕臨，機場沒有紅地毯，最後由新加坡的華航人員專程搭上渡輪把紅地毯送到峇淡島，陳水扁才得以元首之尊站在紅地毯上，接受當地官員接待。

「過境」害死卡達菲

20年來，美國自雷根總統以來就想除去卡達菲這「東非洲的暴君」。之前美國製造伊拉克內戰，成功將胡申總統除掉。如今在利比亞發生的內戰中給美國難得良機再出手。但是在非洲、中東地區，如果沒有得到俄羅斯和中國表態，單獨美國是下不了手的，不是因為美國力量不足。

阿扁的專機成功降落利比亞，外交線上算給中國臉上無光。美國為了要除去卡達菲，據說曾就請教於中國的態度。過去，中國和俄羅斯會表示反對。這一次，據說中國沒有表態。美國於是將它視為是「中國的OK訊號」。於是放膽擴大支援利比亞國內叛軍，直到「斬首」成功為止。

為什麼卡達菲寧願接待阿扁、為他人不敢為的事冒犯中國，以致召來殺身和亡國之禍？這裡有一段歷史故事：

1962年，與臺灣一起在美國接受訓練的利比亞空軍，回國後為建立空軍部隊，向政府建議邀請臺灣派空軍教官到利比亞，後來一位將軍以顧問身分提供利比亞空軍建軍計劃，同時，也派有軍人到臺灣受訓。這位空軍顧問就是陳鍾琇將軍，數年後，他於1967年應邀來新加坡，同樣為空軍建軍作計劃。

這一次卡達菲總統「飲水思源」，給臺灣總統陳水扁送來「順水人情」，給飛機降落添油，就算感恩吧，卻招來殺身滅國之禍。

自從中國與利比亞建交了一個時期，並不曾立即將原有的臺灣大使館關閉，大使仍駐留一個時期。為什麼會有這個「破天荒」之舉，而且中國也忍下一個時期。

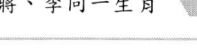

第十八章　李以「成敗」看蔣介石

蔣、李同一生肖

　　李光耀從政的時間超過半個世紀，以他受到國際的重視，世界上有哪一個在世的國家政府領導人是他要見而沒有見到的？有，他沒有見過二次世界大戰中被認為是中華民族救星的蔣介石。

　　李光耀會感到遺憾嗎？

　　很少人會將蔣介石與李光耀的名字聯想一起，但是造化將兩人安排在同一生肖的豬年出生，相隔三輪。蔣介石於 1887 年出生於中國浙江省奉化溪口鎮，而李光耀則於 1923 年在新加坡出世。兩人一南一北，蔣大李 36 歲。

　　蔣李兩人各緊捉國家大權同樣 52 年之久。蔣於 1923 年初握大權，中間經過大起大落依然未完全失去權柄至 1975 年壽終正寢凡 52 年。李光耀於 1959 年當上總理於 2011 年辭去國家資政，握住大權歷時也是 52 年。

　　更玄奧的還有兩人手握大權時各在 36 歲，還有蔣有精明博學能幹的妻子宋美齡。李光耀有才德兼備、形影不離的太太柯玉芝。

　　兩人一輩子沒有見過面，造化卻將兩人「宿命」常連在一起。李光耀從學生時代留學英國到後來走入政壇的初期，只要一提到蔣介石或國民黨，李就不曾有過好話！為什麼？

　　新華社前駐新加坡首席記者蔡錫梅著《李光耀誠對中港臺》書，由中

第十八章　李以「成敗」看蔣介石

國資深媒體人，前國會議員吳俊剛主編。書中第 62 頁轉述一段李光耀於 1993 年 1 月答臺北中國時報記者的問話。

原文這麼說：「據李光耀回憶錄說，他沒有見過孫中山和蔣介石。孫中山到新加坡時，李光耀尚未問世。蔣介石在 1975 年去世時，雖然新加坡和臺灣的關係已發展到非常密切的地步，李光耀曾多次去臺灣，但是由於蔣介石自 1949 年從中國大陸敗退臺灣後，深居簡出，不離臺灣一步，同時拒絕會見來訪的外國元首，所以李光耀始終無緣見到蔣介石。」

李光耀的話，聽起來有一種無緣與蔣介石見面的遺憾！

蔣介石敗退臺灣後不出國門是事實，但不是李光耀說的蔣介石深居簡出，不見外賓。相反，蔣退守臺灣時並不氣餒消極，在島上深感重任艱鉅，整軍經武訓練新兵勵精圖治，建設臺灣，準備一日帶兵打回中國大陸。雖然希望成了泡影，卻意外協助剛獨立的新加坡建軍、建設國防，這是早年難以想像的事。我想李光耀對臺灣早期的情況是有許多不了解或誤解。

自 1950 年韓戰爆發後，蔣介石曾在草山接見過不少友好國家的首長和軍事將領。蔣曾誓言政府若不反攻中國大陸，他不出國門，即使美國誠意邀請，他也婉拒。

之前，蔣受邀訪問過兩個亞洲盟國，一個是菲律賓的季里諾（Elpidio Quirino）總統，在碧瑤會談。另一個是在韓國鎮海市與李承晚總統會面。兩次的外訪還是在蔣介石下野時，身無官職，但一身不輕。是國民黨總裁身分，翌年三月蔣復職，之後，才從此不出國門。

一九五〇、六〇年代，仍有不少與臺灣有邦交的國家元首、政府首長先後到臺灣訪問。蔣介石那時雖然已是七八十歲高齡，身體依然健碩，容光煥發，每當友邦元首來訪，他必是全副戎裝親到臺北松山軍用機場迎接。

蔣、李同一生肖

蔣介石及夫人宋美齡曾於60年代初在士林官邸
接見來訪的菲律賓賈西亞總統的夫人及兩個女兒。（泛亞社）

朝鮮戰爭於1950年爆發。翌年，聯合國統帥麥克阿瑟將軍飛抵臺灣與蔣介石總統會晤，
由蔣夫人宋美齡為兩位五星上將元帥通譯。（泛亞社）

第十八章　李以「成敗」看蔣介石

蔣介石照常接見外賓

隨便舉幾個例子。1950年7月，朝鮮戰爭爆發約一個月後，盟國駐日本占領軍統帥及聯合國韓境聯軍統帥麥克阿瑟（Douglas MacArthur）將軍便由東京飛訪臺灣，美國艾森豪（Dwight D. Eisenhower）總統、美國國務卿杜勒斯（John Foster Dulles），三軍將領、伊朗國王、尼克遜副總統、南越吳廷琰總統、菲律賓賈西亞（Carlos Polistico Garcia）總統、祕魯、巴拉圭總統及沙地阿拉伯王儲都先後到臺灣訪問為蔣介石的上賓。

這時，政府發覺不少國家元首、政府首長絡繹到來，需要有一個像樣的賓館，於是在圓山飯店旁另建一座別館「麒麟廳」。圓山飯店格局龐大方正，氣派宏偉，有中國宮殿富麗堂皇，聽說是蔣夫人所策劃。

麒麟廳落成，正是約旦國王胡笙到來，首先用上。1973年新加坡總理李光耀及夫人第一次訪臺也下榻在這裡。據說李光耀希望能留在套房客廳品嘗聞名的蒙古烤肉，後為主人解釋烤肉煙燻將瀰漫「圓山」因而作罷。

約旦國王胡笙，自小在英國接受皇家空軍飛行訓練，喜好飛行，本身也是空軍首長。1960年代初，胡笙國王到臺北訪問。松山軍用機場有一段小插曲。據我臺北的同事伊夢蘭當時從機場報告回來的消息，她說在她採訪生涯中留下最深刻的印象，莫過於這位年輕的約旦王自己駕駛專機突破雲層，翩然降落在跑道停機坪。當這位國王發現蔣介石元帥已在機坪等候迎接，儀仗隊亦列隊準備給國王檢閱，胡笙見此情形，兩腳三步從機梯跳下走向蔣介石，和他握手，一個是神采奕奕，稀年元帥，一個是英姿煥發的青年王子。檢閱儀仗隊時，賓主元首全副戎裝，一老一少，雄糾糾閱兵如儀。

1969年9月16日（這一天是李光耀46歲生日）下午，蔣介石在陽明山主持軍事會議後回士林官邸途中，陽明山大道發生座車意外車禍。雖

說身受震動，乃因蔣介石已 82 歲高齡，醫藥團隊咸認這次車禍後，蔣介石的身體已日漸下坡。到了 1974 年下半年，已不再聞蔣介石有見外賓的安排，不過軍方的行事及 1974 年美國尼克遜總統更換駐臺北新大使，蔣介石曾抱病勉強接見，以釋外間疑慮。

頌毛澤東譏國民黨完了

歷史和政治是同爐而治。

如果 1973 年上半年李光耀初次訪問臺灣有機會見蔣介石，他想不想見？有沒有要求一見？能見到嗎？兩三年後，李光耀訪問中國大陸，見到了老態龍鍾的毛澤東。李光耀若能撫今追昔，兩位曾是中國近代史的死敵毛澤東和蔣介石，應該會非常感慨。若與蔣親自見面，李光耀今日會有何話要說？

李光耀留英學生時代，一次遊日內瓦留下一段話。李光耀回憶錄（1923－65）第 141 頁：

……接待處的職員看著我，問我是不是華人。我說『是的，不過我是新加坡來的。』對方說『啊，蔣介石。』他不曉得我和中國人之區別。我不以蔣介石為榮，因為他被中國人民解放軍逐出了中國大陸。

李光耀留英學成歸來三四年後，與志同道合青年友人組織人民行動黨，打算參加翌年（1955 年）的立法議會選舉，要走上政治之路。李回憶錄第 219 頁又有一段：

……在鳳凰園的英國最高專員公署對這一次選舉（1955）有自己的情報分析。他們引述我（李）在一個群眾大會上所說的話：『依我看來，除了 40 歲以上的人，所有華人都為毛澤東政府的成就感到自豪，一個政府能在五年內革除貪汙腐敗，使它頂得住美國人在朝鮮的武裝力量，這樣

第十八章　李以「成敗」看蔣介石

的政府是值得大力稱頌的。蔣介石將軍和國民黨（已經）完了——只有一些零星的支持者還在談反攻中國大陸。

李光耀在群眾大會的演說內容，當地擁護蔣介石及國民黨的中興日報，差不多同一時候（1955年3月21日）捉緊李光耀，立即在題為「異哉！李光耀先生」的社論中，除引述李光耀在群眾大會的一些談話內容，質問他「中共政權五年來曾經幹下了無可勝數的滔天大罪，諸如三反五反、鬥爭清算、剝削掠奪、敲骨吸髓，驅使千萬人民為奴工、驅使千萬人民充當（韓戰）炮灰等血淋淋事實充耳不聞……竟然相信中共政權的『豐功偉業』？」

社論結論的語氣，越來越猛：「（略）李光耀律師則對中共讚揚備至。質問李聯合國既明定（中共介入韓戰），其為『韓國侵略者』，竟以其在朝鮮與美國軍力相抗衡，說是應該受到讚美，難道英國不是參加韓戰的一員？李氏身為英國籍民（時尚是殖民地）而讚美曾與英軍作戰的『韓戰侵略者』，究竟是居心何在？」

社論末句說：「熱衷政治者對一切問題自然可以無所不談，但絕不能流於淺薄無知。」

中國政局衝擊青年峇峇

李光耀去英國留學時，中國內戰方興未艾。中國沒有享受到抗日勝利的果實。經八年抗戰的神洲大陸百廢待舉，正要起步，又陷入國共內戰。中國是四強風光神氣的日子僅是曇花一現。

戰後政局和經濟、社會問題，在那還殘留許多封建弊病的廣闊山河，加上戰後新思潮衝擊，共產黨滲透顛覆解放中國，種種複雜因素，不是那麼容易處理。打敗日本後，蔣介石的腳還未站穩，又逢內戰拳頭打了過來。

這時，西方記者、作家出來湊熱鬧，他們眼下的中國一無是處，多是譁眾取寵，以挖掘蔣介石政府貪汙無能醜聞為能事的報導和著作紛紛問世。其中一部著作，愛德加·斯諾（Edgar Parks Snow）著的《西行漫記：紅星照耀中國》(Red Star over China)，在那個年代轟動一時，不少受英文教育的子弟都曾讀過和翻閱過這本書。

我相信，當年很多求知中國情況和有抱負的華人青年，李光耀也不例外，都不願落在人後，搶著趕上新的思想潮流，搶著了解中國。那個時候的新馬地區還不普遍存有擺脫殖民地統治的思潮（馬共例外），華僑的身分還未發生變化。

雖然有人不屑於蔣介石，但是差不多同一時候（戰後不久），一位戰前就在英文海峽時報工作的記者陳東海（英文名 T.H.Tan），他是百分之百峇峇，媽媽是娘惹[71]，有一天情緒激奮跑到前亞洲保險舊址[72]內的中央通訊社求見主任英倚泉，表示要辭去海峽時報原有工作，到中央社來，他向英倚泉說他雖然不懂中文，但以中國人自豪，想為國家做點事。

這個時候的中央社新加坡分社，每個月的開支預算據說比總領事館要多。中央社是國民政府官方通訊社，全國人才濟濟，神氣得很。

英倚泉告訴這位熱心年輕人說：「中央社向相關方面提供的是中文稿件，英文部由南京總社處理，暫不缺人。」陳東海乘興到中央社敗興而回，只好繼續留在海峽時報工作。陳東海不久轉到由胡文虎的幼子胡好創辦的英文虎報工作。

此時，馬華公會成立，由陳修信的父親拿督陳禎祿爵士為總會長，帶領與巫統（主席東姑拉曼）及印度國大黨成立「華巫印聯盟」（國陣前

---

[71] 不懂母語的土生華人
[72] 現在的詩閣公寓

第十八章　李以「成敗」看蔣介石

身)準備迎接馬來亞自治政府選舉。陳禎祿得到巫統的同意,推薦陳東海為「聯盟」的執行祕書長,權力極大,職位一直到 1960 年代爭取到馬來西亞獨立建國為止。

之後,東姑拉曼首相委任他為上議院議員。由新聞記者轉進仕途,陳東海應是新馬第一人。

英倚泉,新加坡出生,日軍攻進新加坡前夕,與抗日(後來屬 136 部隊)領袖林謀盛、報人李金泉同乘小船先逃到印尼,再轉印度。

英倚泉抗戰時曾任中央社駐莫史考特派員,早年留學蘇聯,報界老友因此給他一個俄國名叫英斯基 (Yinsky)。1970 年代自中央社退休,為中華民國駐新商務代表處特聘為張彼得的顧問兼祕書。1970 年代末去世,年近 80。

李光耀「成敗論英雄」

李光耀於 1965 年將新加坡帶上完全的獨立建國。自他 1940 年代末期留學英國經 1950 年代中期組黨從政到 70 年代執政之後幾次訪臺,30 年時間距離,看李光耀對臺灣的態度和他深一層的認知,說句比較非外交的話,頗似「因時而異,因勢而移」,或說是核心務實的利益使然。30 年河東,30 年河西,是他對臺灣態度的一大「翻盤」,詭異,諷刺!

經李光耀 1970 年代初開始訪臺多次之後,接觸層面,不只是蔣經國、安全局長、經濟專家等等。以前他對臺灣的心態已經消失。他發現臺灣是臥虎藏龍之地。後來他說,跟隨蔣介石的部隊,由中國大陸過海的兩三百萬中國大陸人當中,有一層厚實的知識分子、行政人才、學者和企業家,是他們催化臺灣蛻變為經濟強國。

再過 20 年後,李光耀說蔣經國「幫了我一個大忙,他提供新加坡武

裝部隊……（略）我永遠感激他和臺灣的其他領導人」（另見本書第一章〈突破建設國防困境〉）。這段話是李光耀在 1993 年月 30 日在聯合早報的談話。

以我半個世紀從事新聞工作的觀察，我想，早期李光耀在建國路上的「政治哲學」是「勝王敗寇」、「以成敗論英雄」，不像是西方式的民主（？）。他的「政治策略」是：（一）1940 － 50 年代，在本地區消費國民黨和蔣介石，他認為會比較容易在年輕人中得到贊同，是以政治能量來衡量；（二）新加坡獨立之後，因時空背景不同，國際環境因越戰打得太久，美國外交到處干預他國很惹人厭，尤其是第三世界國家對它的不滿。新加坡此時獨立，需要不少國際朋友的精神支持，越多越好。第三世界的友誼自然在新加坡的「策略外交」上占重要部分。此時，一份澳洲的雪梨太陽報有一段說：「……表達憎恨美國—亞洲的第一號敵人，是亞洲領袖今天的基本需求。李先生（在這方面）做得便宜、安全和快速。」

在聯合國支持中國

1971 年 7 月，美國總統尼克森（Richard Nixon）宣布將訪問北京，打破兩國數十年的敵視關係及僵局，臺灣長達 20 年之久的聯合國席位保衛戰，到了年底終於黯然落幕。中華民國在聯合國的地位及安全理事會常任理事席位、聯合國機構創辦國之地位，至此不保。

這是金門和馬祖停火之後，臺灣面對外交處境的逆轉。雖然海峽對岸的文革還在如火如荼上演著，中國大陸亂象四處，原先有邦交的國家依然紛紛與臺灣斷交。

一年前，副行政院長蔣經國訪問美國，回來之後不久，尼克森特使慕菲到臺灣重申對臺灣在聯合國的立場不變。但是，慕菲回國後不久，蔣介石便向全臺灣民眾發表文告，暗示國人要為未來的一連串橫逆挑

第十八章 李以「成敗」看蔣介石

戰,要國人有「莊敬自強,處變不驚」的心理準備。蔣介石此時好像知道了情況會不妙。

10月底,聯合國大會投票的前兩天,尼克森的安全顧問季辛吉(Henry Kissinger)突然第二次訪問北京,令原先仍然打算支持臺灣的一些會員國愕然,以為美國是改變立場而轉向投支持北京入會。

我清楚記得,投票那天晚上,新加坡時間深夜,我在家中收聽「美國之音」廣播,聽見美國常任首席大使布希(Bush Senior,後來的美國老布希總統)發出怨言,大意說,投票前,我還跟許多國家的代表講好,他們會支持美國反對中國入會。可是,我握住這些代表的手還是溫暖的刹那間,他們卻在背後猛刺我一刀(投票給中國),令我心寒。

為了保衛聯合國席位,蔣介石親自督率外交部高級官員力挽狂瀾,用盡各種關係和管道。外交部長,駐美大使對調職位準備應戰,但尼克森在聯合國投票前兩天派季辛吉到北京的事,經此「臨門一腳」,情勢頓時急轉直下。

臺灣也盡力向剛建立密切關係的新加坡爭取支持。據內幕消息說,臺灣要求新加坡即使無法支持臺灣,最好能在投票時棄權。但新加坡未這樣做,新加坡支持中國加入聯合國。不過在驅逐臺灣的表決中新加坡是棄權。話說回來,即使臺灣不會被驅逐出聯合國,此時的兩岸,蔣介石所堅持的「漢賊不兩立」立場,他也是會自動退出,國際上不願見到「一中一臺」。

蔣介石關心新加坡近況

臺灣退出聯合國之後,它在國際外交上開始顯得孤立。

翌年蔣介石召集全國駐外使節會議,這是臺灣有史以來第一次召回駐外使節回臺商議今後外交政策。到會的駐外使節,連同部會首長,如

沈劍虹、沈昌煥、周書楷、錢復、朱撫松，駐新加坡商務代表張彼得也在內。張自己覺得他在各使節的排名中是忝陪末座的。

張彼得赴臺開會回來，一天和我在老巴剎（離舊商務代表處僅一條巷之隔）午飯，告訴我一段他終生難忘的事，他透露蔣介石對新加坡的關心。這一天，在座還有退休的中央社特派員英倚泉和接任英老的紀華煌。

張說，使節會議那天，部長、司長、駐外使節的心情都很緊張。會議室鴉雀無聲，寂靜沉悶，等待蔣總統到來。

使節們憂心忡忡，不知蔣總統會向哪一位大使先提出質問，大家當然以為先被點名的會是駐美國大使或是駐聯合國大使。這一天的會議，蔣介石總統晚了幾分鐘到場。蔣介石坐下後，情緒輕鬆，望一望四座。

第一個他是問駐新加坡商務代表張彼得公使：「新加坡近況怎麼樣？」會議室裡的人頓時為一向正顏厲色的老人家的這句話傻了。張彼得怎麼都沒想到退出聯合國的事會問到新加坡的近況來。張彼得一時愣住，不知從何處回答。經張彼得簡報後，總統微微點頭，連聲「好，好」！這一下跌破了各重量級大使、公使、專員及部長的眼鏡。蔣很平靜鎮定，沒有責罵任何人。這一天的會議，只有外交老手葉公超缺席。

張彼得說，蔣總統先從無關緊要的話題講起，讓大家心情輕鬆，表現老闆統「莊敬自強，處驚不變」的氣魄！

張彼得是位資深外交官，戰後代表中華民國參與起草聯合國的若干條約，來新前是駐泰國公使。

第十八章　李以「成敗」看蔣介石

▎李光耀問倒日本特使

　　臺灣退出聯合國的第二年（1972），剛上臺的日本首相田中角榮「擔心」追趕不上美國尼克森的對華政策，搶先跑去北京，與中國總理周恩來共同宣布結束中日戰爭狀態。同一年 9 月 25 日與中國建交。一週前田中寫一親筆函給蔣介石，告知臺日將斷交。信函由元老前外相椎名悅三郎以特使身分帶到臺灣。

　　當時，連執政的自由民主黨本身，與蔣介石有深厚淵源的黨元老在內，幾乎都不曾想到田中會如此「急追」美國，趕著與中國建交。

　　田中此舉驚動臺灣自不在話下，臺灣現在已經失去了亞洲一個堅固的友邦。東京和北京建立新關係也給亞細安五國帶來疑問。畢竟這時的亞細安國家對中國還存在戒心。

　　這一年秋天，田中派特使，前任外相愛知揆一到亞細安五國彙報與中國建交經過及日本的對華政策。愛知先到泰國，順次馬來西亞、菲律賓，然後印尼，最後一站是新加坡。

　　愛知由日本駐新大使魚本繁吉郎陪同到（當時）市政府大廈總理公署向李光耀總理彙報日本與中國建交需要與經過。彙報結束，魚本大使在總理公署門外見我來採訪，對我說：「坐下來談話時，李光耀一開口就問愛知特使，日本今後怎麼對臺灣？」

　　大使說，愛知特使為李總理突如其來的話，愣了片刻。愛知特使事後告訴魚本大使「我訪問亞細安五個國家中，唯有李總理的談話最為中肯，他是五個國家政府首長中最有豐富知識的一人」。

禁止放映田中訪中紀錄片

田中在北京期間，會見了中共主席毛澤東。毛澤東特選了一套《楚辭集註》送給田中，要他詳讀。

這套全集，說是贈答田中送給毛澤東的七言絕句詩，以及感謝田中在中國國慶前夕送來的一份外交大禮物——建交。

在日本國內，政界、財經界都摸不清毛澤東有很多贈禮可以選擇，包括毛語錄，為何就選了《楚辭》。學界的推測是：毛澤東可能向田中暗示，日本如今富裕，但沒有武力，只是依靠美國保護，長此下去，終將如楚國，受到侵略而亡，田中也將變成投身汨羅江的屈原了。

學者推測毛澤東不再反對日本重整軍備，要田中放眼天下，不要忘記中國古時「聯齊抗秦」的統戰，暗示田中要演出中、日聯合抗俄。幾個月後，日本通郭沫若編著的戲劇《屈原》也在日本各地上演了。

幾個月後（1973年）駐新加坡的日本大使館租下市中心某家戲院，要向外介紹田中首相年前訪中時，與北京簽署建交及會見周恩來與毛澤東的各項活動紀錄影片，但沒那麼順利，剛上映就被禁止。當時也許只有部分外交界人士知道。

紀錄影片原先放映了兩天，片中不能有演奏中華人民共和國國歌及毛澤東的鏡頭。但在臺灣駐新加坡商務代表處向當局交涉抗議後，紀錄片即告停止放映。

巧合的是，約兩個星期後，據聞李光耀總理首次訪問了臺灣。

第十八章　李以「成敗」看蔣介石

蔣介石去世

1975 年 4 月 5 日時間深夜 11 時 50 分，蔣中正（介石）總統在臺北去世，年 88 歲。這一天正是清明節。

新聞界前輩，星洲日報總編輯黃思這幾天在臺北度假，回來後打來電話告訴我：「蔣介石去世的那天晚上，臺北突然一陣暴風狂雨，整個夜空，雷電交加，像天崩地裂，樣子驚人。」

黃思說的情形，在他回來之前，當地的報紙已經有詳細完整報導。黃思還說他回來新加坡時，看見臺北的街道島民各處跪地哭泣路祭，萬分悲慟。黃思說的一切，雖然我已經知道了，但是，我很感激他的好意，雖然彼此有不同的意識形態，但他能把立場置於腦後，與我談臺北這幾天的熱門新聞，實在難得。更難有的機會，他在臺北見證了一個大時代告一段落。

自 1950 年代我踏入新聞界，黃思已經是星洲日報的總編輯。已有同行說黃思是當地華文報紙中城府很深、思想左傾的報人。戰前星洲日報報頭的四個字便是蔣中正所題。經中國大陸變天，蔣題的星洲日報四個字是繼續照用，只是「蔣中正題」字樣不見，這與他沒有關係。

各國領袖紛致電哀悼

回接前文蔣介石去世的消息傳出後，二戰時期曾是中華民國抗日盟友的各國政府首長、統帥很自然發表了一些感想，悼念並肩作戰的歲月。

新加坡總理李光耀這幾天還在紐西蘭訪問。在那裡，他出席全國報人俱樂部舉行的午餐會，有記者請他就蔣介石去世對東南亞政治前途會產生何種影響發表意見。

各國領袖紛致電哀悼

典型 LKY 的性格，口舌極快。據路透社報導：

「他（蔣介石）的影響力，如邱吉爾（英國戰時首相）在他生命最後十年一樣微不足道。我認為世界缺少了他也照樣生存（時鐘還是照擺）。」

李光耀評蔣介石去世的話，第二天的中英文報刊出來不足為奇。馬來文、印度文報也相繼發表。

李光耀忘了蔣介石此時還身負領導國人，實現反攻中國大陸的使命。

蔣介石去世，世界各國領袖紛紛致電哀悼。美國總統福特及夫人致電慰問蔣夫人，讚揚「蔣介石是一位剛毅性格，高度勇氣及具深厚政治信念的人。他的逝世是中國歷史上一個時代的結束。」

英國首相艾登和二次大戰東南亞盟軍最高統帥蒙巴登爵士亦向蔣家致送慰問電，追思二次大戰並肩作戰的盟友。

此時已無外交關係的日本，由官方發表悼詞：「蔣介石將軍的一生正好反映中國近代歷史，他的功業會受到很多人的懷念。」

「蔣介石將軍於本世紀開始前來日本求學。此後在兩國關係的起伏中，他與很多日本人民成為朋友。」因為沒有邦交，三本首相以自民黨總裁身分致慰問電。

韓國朴正熙總統唁電：「蔣對第二次大戰的勝利作了很大的貢獻。他極力支持韓國的獨立抗爭，韓國人民不會忘記他。」

菲律賓外長羅慕洛將軍說：「蔣介石是勇敢和自始至終堅守信念的人，他去世留給世界的歷史，說明他是堅持信念不投降的人。」

尤其是中南半島越、棉、寮三個國家，正與共產黨苦戰之時，對蔣介石此時去世，心裡感受到反共的精神支柱已經倒下。雖然是巧合，在同一個月裡，這三個國家，像骨牌相繼倒下被赤化。

第十八章　李以「成敗」看蔣介石

▎蔣夫人不高興李光耀的一句話

在臺北，蔣夫人為李光耀一句「他（蔣介石）的政治影響力，如邱吉爾在他生命最後十年一樣微不足道。我認為世界缺少了他也照樣生存」的話很不高興。正值喪家治理喪事，國家處理國喪之際，是可以理解蔣家心情的。更何況李光耀夫婦前年首次訪問臺灣，還特地往士林官邸拜會過蔣夫人。

李光耀與蔣經國此時也已建立了密切的私人感情，兩人年前會晤時即已「一見如故」。別的不提，有在新的臺灣人無法想像，朋友的父親去世，朋友怎麼可以說出脫離華人傳統禮俗的話，不留些口德。

蔣夫人不高興的消息反映到新加坡來了。這個時候的新臺聯繫管道不是外交部，對口是臺灣國安局和新加坡國防部。臺灣軍方最高負責方面是參謀總長賴名湯將軍，新加坡是總理李光耀和國防部長吳慶瑞。

旅新加坡的臺灣商人及新加坡各界人士，於 1975 年 4 月 12 日在聖安德烈教堂為已故蔣介石總統舉行追思禮拜，約有四百人參加。（泛亞社）

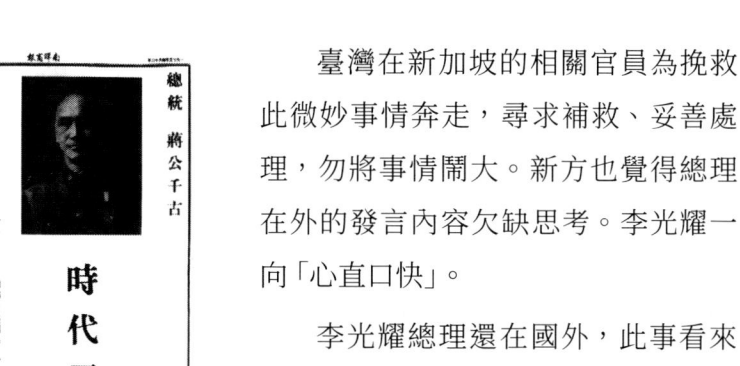

臺灣在新加坡的相關官員為挽救此微妙事情奔走，尋求補救、妥善處理，勿將事情鬧大。新方也覺得總理在外的發言內容欠缺思考。李光耀一向「心直口快」。

李光耀總理還在國外，此事看來是不能拖延。由代總理兼國防部長吳慶瑞吩咐，以毛筆書寫中文「致意」函件，由國防部常任祕書馮世保親自攜帶到臺北。

在新加坡的臺灣演藝界人士，聯合在南洋商報刊登輓詞。

這一年的四五月，蔣介石去世，中南半島越棉寮三國相繼陷共。新臺簽定「星光計畫」協定。

翌年 9 月 9 日，中共主席毛澤東去世。

蔣介石去世於清明節，毛澤東死於重陽日。兩位巨人殞落在具有意義的節令日，難道冥冥中已有安排？

到慈湖瞻仰蔣介石遺容

新加坡方面，蔣介石去世一個星期後，4 月 12 日，聖安德烈教堂舉行蔣介石追思會的當天，當地華人及臺商聯合在南洋商報刊登全版「精神不死」輓詞。報社不接受冠上「中華民國總統蔣中正千古」規格，但接受改為「蔣中正總統千古」落款。臺灣旅新海外藝人及就業人士百多人也另在南洋商報全版刊登輓詞：「總統蔣公千古」，上題「時代巨人」。

翌年 9 月 9 日毛澤東去世，當地親毛澤東的華人雖遠比親蔣介石的人要多。鑒於當地政府政策反共，還是省去麻煩，放棄刊登輓詞。當

第十八章　李以「成敗」看蔣介石

時，距離新中建交還有 15 年。

這一天，李光耀總理代表政府致唁電到北京表示深切慰問。贊毛澤東主席是本世紀的偉人之一，說他改變了中國，改變了亞洲和世界！

蔣介石去世十一、二年後（80 年代中），李光耀才正式宣布訪問臺灣。從此，新臺互往來也不再低調，不再擔心會帶來不必要的麻煩。

李光耀和夫人公開參觀蔣介石生前事蹟、圖片和從桃園慈湖轉運收藏的「大溪檔案宗」，蔣介石的家譜、家書，以及文物資料。他早年東征、北伐、統一、抗日到戰爭時期的四百多冊特交檔案、文稿等內容，極為珍貴（見蔡錫梅著《李光耀誠對中港臺》，第 36 頁）。

這一天李夫人是由行政院長俞國華夫人陪同，俞夫人用流利的英文作解釋。

形勢比人強，據臺北的友人說，1976 年 1 月，李光耀訪問臺灣時去了慈湖一趟瞻仰蔣介石遺容。5 月，李光耀第一次到中國大陸訪問，見了毛澤東。

蔣介石與中正中學

既已提到星洲日報報頭的四個字是蔣中正（蔣介石）本人所題，以蔣介石的名字定校名為中正中學的事，如今知道的人也許不多。許多戰後中正總校、分校的歷任的校長老師們不一定會知道這段滄桑，學生更不用說。這是戰後不久中國國內因政治演變影響及新加坡，因此，原有中正中學的英文名「蔣中正中學」（Chiang Kai-Sheh High School）及校徽也不再用，成為沒人再提起的歷史。

據 1969 年國際時報簡略介紹中正中學的建立與演進，中正中學正式建立於 1939 年，乃由林文慶、李振殿、林中杏以及社會人士連謀等所發

起的。

　　創校的動機是這樣。當 1937 年 7 月 7 日抗戰發生後，中國沿海都市多為日軍占領，許多知識分子紛紛流亡南來，新馬及東南亞各屬的小學畢業生無法前往中國升學，為此廈門大學校友陳厥祥（陳嘉庚兒子）、陳育崧（廈大校友會主席）、林惠祥、張述等人有意設立廈大附屬中學。

　　這些校友原擬請廈大校主陳嘉庚出來領導建校事宜，但陳氏時因全力主持南僑籌賑總會，無意及此。

　　這些廈大校友只好改變計畫，邀請廈大校外人士共同創辦一間普通中學，由曾當廈大校長的林文慶博士領頭，邀請李振殿、林中杏、祝業殷、連謀、王景成、林金殿、林樹森等連同原有的陳厥祥、陳育崧、林惠祥、張述等 12 人。

　　那時的校名擬定為星洲中學，校長一職內定由林惠祥出任。

　　這時由陳育崧及林中杏拜訪潮州幫領袖李偉南，請求支持，但李偉南認為以中華總商會多位資本家共同創辦的「華僑中學」尚且艱難，每年均經費困絀，豈可再辦新的中學。李氏的態度彷彿給他們澆了一盆冷水，他們不因不獲僑領的支持而灰心，另想辦法，於是決定以時任國民政府軍事委員會委員長（一般熟悉的「委員長」）蔣中正的名字作為校名，中文稱「中正中學」，英文稱「Chiang Kai-Sheh High School」，於 1938 年 7 月 14 日由林文慶、李振殿、林中杏三人聯名致電戰時陪都重慶要求採用「中正」為校名。一個月後，8 月 24 日，僑務委員會覆電「准予中正名校」，籌備工作，遂告積極展開。首任董事為親重慶的胡文虎出任。校址在金炎路。

　　中正中學 1939 年建校，風雲滄桑，10 年後中國共產黨建立政權之初，「中正」校名存廢的爭論復起，結果被保留了下來。

第十八章　李以「成敗」看蔣介石

除此，蔣介石在新加坡遺留下的「文物」如星洲日報及中興日報兩報紙的題名，皆是蔣中正的墨筆。

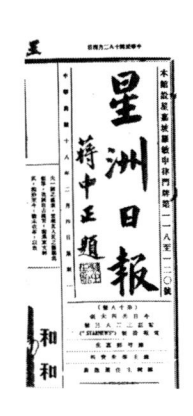

星洲日報及中興日報兩報紙的題名，皆是蔣中正的墨筆。

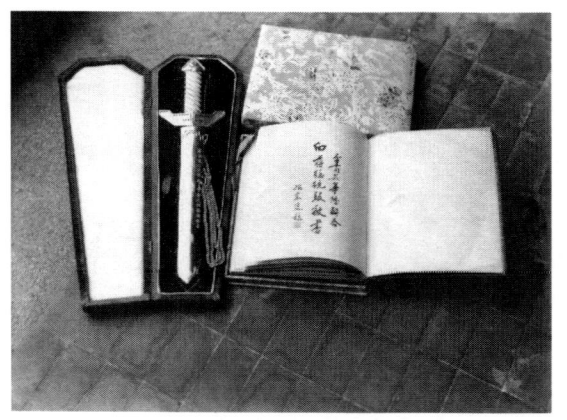

1950年5月蔣介石在臺北復行就職時，
由陳國礎及劉伯群代表新馬區擁蔣的華人團體，
向蔣介石致贈敬書及金劍。

第十九章　蔣經國去世

李光耀潸然淚下

蔣經國於 1910 年 10 月 6 日出生於中國浙江省奉化縣，1988 年 1 月 13 日在臺北逝世，享年 78 歲。

國人與外國朋友皆知道蔣經國晚期為糖尿病所苦，為每況愈下的病情擔憂，不要給他太多國事的麻煩，希望他放鬆心情，好好治療，病情頂多慢慢惡化下去，只是沒有料到他離世得這麼突然。

噩耗傳到新加坡，蔣經國的次男孝武，時任臺灣駐新加坡商務代表。孝武於公於私第一件事趕到總統府向新加坡總理李光耀報喪。

李光耀也從自己的管道知悉蔣經國去世的事。當蔣經國的子嗣在李光耀的面前出現，李光耀有所感觸，潸然淚下，哽咽無語。

蔣經國與臺灣民眾。

第十九章　蔣經國去世

據熟悉的老一輩人說，李光耀這樣的傷痛，除失去家中至親的人，對外人還是首次。

世界各國，有邦交或無邦交的國家元首、政治首長、教宗保祿、印尼蘇哈多總統、黃金輝總統、美國副總統布希及中共黨總書記趙紫陽等人亦紛致唁電蔣經國的遺孀。韓國總統全斗煥，日本前首相福田赳夫等國家要人曾親自率領特使團到臺灣參加蔣經國的奉厝大典。

蔣經國去世，與他父親蔣介石總統去世相隔13年。蔣介石去世時，李光耀正在紐西蘭訪問，有記者問他對蔣介石去世的評語，李光耀回答的幾句話，使到蔣夫人宋美齡不高興。

新加坡總理李光耀及夫人親往臺北向蔣故總統經國先生之靈堂拜祭，由外交部長丁懋時陪同。（泛亞社檔案）

李光耀這一次致給蔣經國的遺孀蔣方良夫人的唁電，備極讚揚蔣經國為國奉獻外，還表達他個人無限的傷痛與追念。

新加坡方面，除致唁電，包括李光耀總理及夫人在內，總共有五位內閣部長及軍方總參謀長朱維良和海軍總司令梁振連等人至忠烈祠參加蔣經國的奉安大典。

李光耀告訴當地記者說：「我親自到來表達對故總統蔣經國先生的敬意，他是我很要好的朋友。」

政府代表是以李光耀為首及第一副總理兼國防部長吳作棟、貿工部長兼國防部第二部長及交通新聞部長楊林豐。

新加坡對蔣經國之喪表達的敬意，在世界任何一個國家示出的禮節中似無前例。

在新加坡，1月15日蔣經國的追思會有第一副總理兼國防部長吳作棟（赴臺前）率領外交部長丹那巴南、國會議長楊錦成、國防部高級政務部長潘峇厘到代表處設有的蔣經國靈前致祭。另有臺灣旅新及當地各界人士約1,500人靈位前致敬，氣氛肅穆。

李：我看到的蔣經國

我的記憶裡，李光耀很少推崇過一個國家的元首或政治領袖，即使有也是一些「官場外交語言」幾句話。他與認識了十五年（1973－1988）的蔣經國也有不少看法相異。

李光耀表示他很榮幸能與蔣經國建立友誼，蔣經國是個仁慈而溫和的人，話雖然不多，但每句話都是經過深思熟慮的。他的信念及政策有相當的一貫及持續性，我深為欣賞；即使我們知道彼此間意見有不同，但我不會強求說服他，他也不會強求說服我，只會詳細解釋給我聽。

「我看到的蔣經國非常冷靜、鎮定，一點也不慌張失措（指美國卡特總統宣布與中國大陸建交），儘管他看起來很嚴肅，在尖銳的情勢下，他能表現出了不起的冷靜與警覺[73]，周詳地考慮所有的可能方案，我非常欣賞他這一點。」

---

[73] 是他父親所謂的「莊敬自強，處變不驚」

第十九章　蔣經國去世

李光耀總理的唁電全文如下；

致蔣經國夫人：

您的兒子孝武在星期三（1月13日）下午告訴我蔣經國總統的死訊時，我深感到我痛失一位朋友。

剛好在去年12月17日，我和我的夫人及女兒還在您府上，和您及蔣總統喝茶，當時他還是那麼爽朗。

您的先生為臺灣人民留下不可磨滅的功績。他把臺灣從一個貧困的農業社會改造成一個繁榮的新興工業國。臺灣在社會及教育方面取得的進展是巨大的，臺灣人民也為這些進步而充滿信心；這些進步讓臺灣人民深深體會，社會的穩定和繁榮和他們是息息相關的。

我和夫人會永遠珍惜蔣總統留給我們的回憶，還有多年來他給我們的孩子的深厚友誼及仁慈，對於您的不幸，我們向您和您的家人深表同情。

《圖片人生》中遺漏的照片

2013年9月16日是「建國之父」李光耀90歲的誕辰。

為向李先生賀壽，新加坡報業控股旗下的海峽時報、聯合早報、李光耀家人及相關單位協助合作，出版了一本《李光耀圖片人生》照片專集，並已在市面售賣多時。

《圖片人生》照片的內容記錄李光耀一生過程，從（一）成長與家庭、（二）風雨獨立路、（三）白手建國、（四）屹立國際舞臺、（五）交棒之後及（六）鶼鰈情深，六大部分約300頁，有黑白及彩色照片多達480張。圖片集編者鳴謝中說「照片展現了現代新加坡國父李光耀的一生」。

畫冊第四部分「屹立國際舞臺」，共有77張照片（頁147－175），有李光耀自1959年至2012年擔任總理、資政風采「屹立國際舞臺」半個

世紀的紀錄，本身具有深厚的歷史意義。

《圖片人生》說明李光耀總共去過世界83個國家，官方訪問共304次，常去的國家是馬來西亞，接下來是日本、英國、中國和美國。

據筆者所知，自1973年李光耀第一次踏上臺灣至2000年，總共訪臺不少於20次，與臺灣蔣經國的關係，從李光耀自己的話中可以看出。李光耀在回憶錄中說（頁625）「……翌年（應該是1974年）我再到臺灣訪問時，蔣院長（當時）親自參與安排我的訪問活動，他安排了海軍陸戰隊單位列隊接受檢閱，一切按照國家元首訪問的禮儀規格進行，只是沒有任何形式的宣傳，他也陪跟我參觀了臺灣建設所取得的多項成果（按十大建設），包括穿越崇山峻嶺的橫貫公路。」

李光耀多次去臺灣的足跡不只這些。蔣經國陪同李光耀去過前線金門參觀，「偷閒」到日月潭、阿里山及陽明山遊，公事的聚會也不少，怎麼蔣李在一起活動的照片一張都未在圖片集中出現，這是一個疑問。

「屹立國際舞臺」，新加坡建立國防，李光耀對媒體說，當沒有國家願意向我們伸出手時，蔣經國過來（軍事）幫助。

李光耀也說，我每回訪臺，他（蔣經國）總會盡地主之誼，抽三四天陪我四處逛，彼此無拘束的交流……

「屹立國際舞臺」77張照片中有14張是中國部分，占了第一位，李與中共歷任領導人合照的鏡頭（僅缺趙紫陽）均刊出。李光耀與習近平最近的合照也都趕上付梓。

筆者想，不知道是不是圖片集的編輯遺漏了臺灣（照片）部分，事先沒有將選擇好待刊用的照片送給李先生瀏覽，是編者憑自己的主觀、歷史觀決定照片的取捨，或者是揣測上頭的意思，而不把臺灣方面的照片列入圖片集中？

第十九章　蔣經國去世

整理圖片集時，相信正是李光耀晚年身體不如前，健康情況有問題，但是他的思維能力不因健康狀況受到影響。

編者明瞭李光耀一生對國家該做的事都做了，選擇照片是小事，不必去麻煩他老人家，編者有自己的歷史觀、價值觀？

世界上許多國家與新加坡有密切雙邊關係，但是，少之又少的國家能夠超越李蔣（新臺）私交之上。

退一步說，即使圖片集中的每一張照片仍須由李老先生親自挑選，那麼選漏了臺灣方面的照片，編者也有責任提醒一下老人家才是。

關心兩岸的人都清楚，自1985年以來，中南海似已不太介意李光耀公開與臺灣往來，今更不致於因圖片集中有與蔣經國合照的鏡頭而不悅，更何況向來也在強調海峽兩岸是同文同歷史，還同是一家親嗎？

蔣經國沒有「屹立於好朋友李光耀的國際舞臺」心中嗎？遺漏了永恆紀念的臺灣（蔣經國）與新加坡（李光耀）的照片，也是圖片集的唯一遺憾吧？

那豎立在新加坡河口、兩個亞洲最大共產國家領袖鄧小平與胡志明的銅像，對新加坡來說，象徵什麼？

失去「靶心」

上文，我指出近300頁，共480張照片的《圖片人生》圖片集中，怎麼會漏刊李光耀二十多年來與臺灣頻頻往來時拍下的一些「工作及閒遊」的歷史照片。圖片集裡一張都沒有？

開國元勳之一，黨、政中第二把交椅的實力派人物吳慶瑞，他的兒媳婦陳淑姍，在她家翁辭世的三個月後（2010年10月）用英文第一次（處女著作）寫了一本書名《吳慶瑞傳略》，全書210頁敘述家翁吳慶瑞生平。

有家翁生前友好、著名歷史學者王賡武教授為書作序。書由八方文化創作室出版。由資深翻譯家李成業譯成中文。

《吳慶瑞傳略》書中，漏了一段初期建國過程：臺灣在協助建設新加坡國防上所扮演的角色。我認為這是很重要的。沒有記下這一段早年建軍的歷史，就像軍中訓練時失去「射彈靶心」一樣。

李光耀在他各次追述的回憶，不曾遺漏那不可能漏去臺灣扮演角色的事實。尤其在國防方面，李資政常常提醒國人「飲水思源」，不可「飲水不思源」。

《吳慶瑞傳略》作者陳淑姍，出身行政部門的外交部，又轉文化部，又改行執業律師，服務於銀行界，任職新加坡管理大學。學歷、經歷豐富，又是家翁身邊親人，閱歷比一般人充實。

朱維良中將代表新加坡武裝部隊前往臺北參加故蔣經國總統奉安大典，由臺灣郝柏村參謀總長陪同。（泛亞社檔案）

第十九章　蔣經國去世

書中第七章專談「建立新加坡的國防」，雖然是談早期建軍過程，是「以色列人在這麼短的時間內達到的成就，給他（吳慶瑞）留下深刻的印象。」

在國防上，也正是初期，臺灣給了很大的協助，促成「星光計畫」延續迄今。但是，作者一字未提這段過程。

臺灣與新加坡早期的國防關係，早已是公開的祕密。中國大陸早已看開，新加坡沒有可顧忌之處。

吳慶瑞博士結束他在中國的經濟開發特區顧問職務後退休回國。
晚年每逢週末必在丹那美拉高球場打球消遣。
圖片左起：吳慶瑞私人醫生余摩西教授、陳加昌、吳慶瑞及周元管醫生。

我列舉幾個建國初期的國防部長吳慶瑞與臺灣軍方交流過的小例子：前面經提到1970年代臺灣派來一位高級軍官，他的中文名字黃德美，不懂中文的國防部長吳慶瑞聽來頗不好記（其實要記「德美」名字並不難）。因為兩人常有見面的機會，吳慶瑞為了好叫德美的名字，給他新起一個英文教名「Joseph」（約瑟）。過後，大家跟著叫他「約瑟」。

初期國民服役人員在臺灣受訓，國防部長吳慶瑞有時去南部軍營視

察，向臺灣當局要求訓練新兵時，軍紀、待遇一律是照臺灣軍中的規則，不予優待。

　　新加坡的「少爺新兵」過不慣臺灣軍中環境，尤其是臥睡竹製的「床鋪」，便反映到新加坡當局。而臺灣又不能向新兵們解釋說是貴國的意思，也只好黃蓮一直吃下去。

第二十章　李光耀初次兩岸行

(一) 臺灣行

李光耀在他 1965 － 2000 年的回憶錄中（頁 624）說：「我接受了臺灣國家安全局局長的建議，同意在 1973 年 5 月到臺灣與當時的行政院院長，也就是臺灣總統蔣介石之子蔣經國會面。」

李光耀的初次臺灣行，是由一個敏感又特殊的單位的安排順利實現。不像是一般觀光而是雙方早已布置妥的「策略行」。

李光耀描述他第一次到臺灣：「蔣院長和他的蘇聯籍夫人到機場迎接我和芝，把我們送往圓山大飯店，親自引領我們到套房休息。」

雖然兩位初次見面，這樣的接待，一點沒有不自在的感覺，兩人就如久違朋友相見。

李光耀一對夫婦在臺四天，心情輕鬆愉快，不比三年之後他們初訪中國大陸時態度上嚴肅、拘謹，感受到的是沉重和壓力。

第二天，5 月 15 日，李光耀這一天的行程，一分鐘都不浪費，與夫人及女兒馬不停蹄，經預先安排好的節目，由蔣經國全程陪同，搭乘波音 707 型「中美號」專機（相等於美國「空軍一號」）自臺北飛往臺中清泉崗空軍基地，巡視及參觀空軍表演及演習，聽取簡報等等。

據隨行的官員說，蔣經國這一天身穿藍色長袖襯衫，李光耀著淺綠短袖夏威夷衫，李光耀夫人不離旗袍。大家心情興奮與期待。

有人說，清泉崗空軍基地可以說是日後訓練新加坡新一代「空軍種子」中隊基本教官的出生基地。

(一) 臺灣行

1976年，李光耀第一次訪問中國之前的四個月，到臺灣訪問。
1月25日，他與蔣經國到梨山區碧綠神木遊覽時，兩人相對而坐，
乍看之下似在悠然下棋，其實是在品味清茶，笑談風雲。（泛亞社）

參觀清泉崗空軍基地之後，一行人到日月潭觀光休息，之後飛回臺北。

5月16日星期三，李光耀及妻子、女兒有很重要的節目，由蔣經國陪同前往士林官邸拜會蔣介石夫人宋美齡。

5月17日，參觀故宮博物院是今日的主要行程。可能是李光耀生平第一次親自感驗和欣賞到中國五千年傳承下來的中華文明。翌日（18日）李光耀結束訪問臺灣前，同樣由蔣經國陪同前往「大同之家」拜會嚴家淦副總統並辭行。

李光耀拜會蔣夫人宋美齡

5月16日，今天是李光耀總理首次訪問臺灣的第二天。上午，李光耀和夫人柯玉芝、女兒瑋玲，由行政院長蔣經國陪同，到士林官邸拜會蔣介石夫人宋美齡。

第二十章　李光耀初次兩岸行

1986年6月29日，李光耀夫婦前往蔣經國的七海官邸拜會蔣經國夫人方良女士。（泛亞社）

李光耀總理及夫人柯玉芝第一次訪臺，於1973年5月16日，在蔣經國陪同下，往士林蔣介石官邸拜會蔣夫人宋美齡，與李光耀握手問好。蔣經國在旁，李光耀的女兒瑋玲在左角，李光耀夫人未攝取鏡頭。（泛亞社）

　　蔣經國86歲高齡的父親，在官邸靜修養病，母親蔣夫人疏離國事，國家重任落在兒子經國肩上，凡大事小事，不再驚動家中老人，兒子皆可作主。唯行動前，皆先向父親請示，忠孝俱到。

　　李光耀拜會蔣夫人，說是專程向摯友的長輩家長致意，較具意義和合理，近乎中國人的傳統倫理。

　　很多人相信，士林官邸風水極佳，有龍脈氣象。官邸外觀四周綠意

盎然，室內樸實雅潔。正館是蔣介石撤退到臺灣後所興建，有外賓會客室，迄一九五〇、六〇年代，蔣介石夫婦在這裡會見過不少外國貴賓，有艾森豪、麥克阿瑟、尼克森、吉田茂、岸信介、泰皇蒲美蓬、伊朗國王、約旦國王、吳廷琰、菲律賓賈西亞總統夫人與女兒等。這次（70年代），由蔣夫人代夫接見李光耀夫婦，實屬難得。

蔣夫人那天一襲米色旗袍，顯出中國古典氣質和融合西方雅風，雍容華貴，必給新加坡的貴賓留下深刻印象。

蔣夫人與新加坡雖然沒有特別淵源，似有二次世界大戰結束後的緣由。當時，蔣（介石）委員長帶領中國八年抗戰勝利，中國一夜間躍上四強。盟軍光復新加坡初時，島上最高建築物國泰大廈18層樓頂上有四支旗桿升上隨風飄展的中、英、美、蘇國旗，華僑看到揚眉吐氣，臉上威風得很。

有一位英國名律師約翰·黎覺[74]，矮胖的個子，貌似戰時英國首相邱吉爾。他敬仰蔣夫人（其實不止他一人如此）戰時對自己國家和盟國作出貢獻，深為感動，為表達對蔣夫人的敬意及謝意，特選出自家花園栽養的一新品種蘭花（胡姬），命名「Mayling」（宋美齡蘭），送到南京蔣夫人那裡。當時給蔣夫人「錦上添花」盛意，送上「宋美齡蘭」的各界人士確實不少。

據知情的人說，李總理夫人此回訪問臺灣，獲悉蔣夫人喜愛蘭花，回來後，常以蘭花相贈，送到官邸。

蔣介石：新加坡要什麼給什麼

蔣夫人見李光耀後，向靜養中的總統丈夫報告經過。傳出來的消息是，蔣介石對夫人說：「吩咐經兒（經國），新加坡要什麼，做得到的給什麼。」

---

[74] 李光耀早期的律師老闆、恩師，見本書第三章

第二十章　李光耀初次兩岸行

　　蔣經國此時雖然權勢在握，但有父親的一句話，和新加坡合作便更好做。

　　軍事上，這時，海峽上空的風雲還不是十分平穩。據說，空軍總司令賴名湯，擔心太多優秀的空軍弟子來新擔任教官，會影響到國防。蔣經國不如此看。

　　有一年，李光耀訪臺，與以往訪臺情形沒有不同，由蔣經國全程陪同參觀臺灣的基礎建設及遊名勝地。李光耀很關心建設中的十大工程，如中山高速公路、南北高速公路、港埠建設、機場、大鋼鐵廠等。

　　十大建設對臺灣經濟影響極大。據說蔣經國對十大工程建設曾這麼告訴國人，「今日不做，以後就後悔」，這些工程完成之後，證明它打下了臺灣工業的發展，為臺灣經濟轉型做了基礎，為社會安定，開創了臺灣經濟奇蹟，都是蔣經國生前奠下的功績。

　　一次，參觀十大建設「桃園蔣介石國際機場」（現為桃園國際機場），有蔣經國及退任軍人輔導會主任委員趙聚玉陪同。李光耀這一天精神煥發，參觀時用華語對蔣經國說：「十大建設工程完竣後，你們再沒有什麼好怕的。」李光耀的「弦外之音」，侍從都聽進耳。

　　李光耀很感謝臺灣給予新加坡援助，一次問蔣經國，「你們幫助我們很多忙，新加坡是小國，力量有限，沒有什麼可以回報，不知我們能為你們做些什麼。」

　　蔣經國說：「幫人不圖報，我們珍惜友情。有一天就做一天朋友。」李光耀為蔣經國的話深受感動。

　　建國之初，雖然臺灣給新加坡多方面的幫助，過程還「吃過黃蓮」，不曾要求回報。為了顧全新臺兩國間的關係增進和順暢，臺灣高層做足面子給新加坡。

（一）臺灣行

當然，李光耀明白天下沒有白吃的午餐，想回報臺灣，曾在海峽兩岸間的對峙情勢中奔走緩和。國際間外交，直接和間接，在臺灣退出聯合國處於外交孤立初期，李光耀在英聯邦自治國家的領袖群中，選擇在有機會的場合為臺灣說過好話。

臺灣後來出現經濟奇蹟，成為亞洲四小龍的「經濟龍首」時，世界許多國家也就紛紛自來打交道了。

回憶錄不提見過蔣夫人？

李光耀說過，對臺灣，新加坡要「飲水思源」。

李光耀對蔣經國做事的熱忱與對他真誠相待，讚口不絕。在李光耀的回憶錄中有完妥的文字交代。

但是，李光耀對蔣經國的父親蔣介石、母親宋美齡就沒有那麼「人情」了。李光耀對蔣介石的看法一路來是負面的，是因他留學英國那段日子，正逢國共內戰熾烈的四五十年代，蔣介石領導的國民政府節節敗退。李光耀得到的中國觀感，此時多是靠英文書本來了解中國，也就難怪了。

到他30年後，在臺北與蔣經國成了莫逆之交，又見過蔣夫人，兩年後蔣介石逝世，李光耀對蔣介石的觀感似乎變不過來？蔣介石去世，李光耀對其家人遺孀婦人宋美齡、兒子經國，未聞他公開說出一句「慰問」的話。

尤其使作者我不解的是，自1985年以後，新臺間兩地政府要員互訪，包括後來改任資政的李光耀臺北行的新聞「封鎖」也已解除。公開行程再也沒有「以免國際注目，引起是非言論」的顧忌存在。但是1973年5月李光耀第一次訪問臺灣，在他2000年9月出版的（1965－2000年）回

第二十章　李光耀初次兩岸行

憶錄中敘述行程，唯獨 5 月 16 日在士林官邸拜會蔣夫人及 18 日前往「大同之家」向嚴家淦副總統辭行並不記在回憶錄中，是避免「再引起國際注目和是非言論」還是「無心遺漏」？

第二年，1974 年 12 月 22 日，李光耀和夫人第二次訪問臺灣時，新臺間的軍事合作已經順利進展。此行的焦點是巡視、參觀南部左營的海軍軍區。

李光耀在此受到十足的軍禮歡迎，同樣是由蔣經國陪同，一起坐上掛有兩國國旗的吉普閱兵禮車，檢閱海軍陸戰隊，檢視蛙人訓練。

參觀完軍事設施之後，第三天，李總理及夫人、女兒往高雄港，也參觀了高雄造船廠等，陪同者有孫運璿、俞國華等人。

李光耀第一及第二次臺灣行，大致上奠定了新臺間合作的基礎，翌年 1975 年「星光計畫」完成。蔣介石也在這一年去世。

在李光耀第一次訪問臺灣的一年前，即 1972 年初，李光耀的母親李太夫人、妹妹李金滿及弟弟都曾先後去過臺灣觀光。之後，互送鮮花水果。新方一如往常把姿態擺得很低，保密到滴水不漏，知道的人不多。

1976 年 5 月 10 日，李光耀總理第一次進入中國。一行人正走過廣州車站。（泛亞社）

(二) 中國大陸行

1976年5月李光耀第一次訪問中國前曾說：「我去中國事先所做的討論和準備工夫，比任何一次國事的訪問都充分。」

李光耀在他的1965－2000年回憶錄第644頁透露：「泰國前首相庫立·巴莫（Kukrit Pramoj）於1975年6月到北京訪問回來後，傳達了周恩來總理的口信，邀請我訪問中國，我沒有做出回應。」

庫立訪問新加坡兩個月後的9月間，李光耀訪問伊朗王國。李光耀的回憶錄說：「在德黑蘭會見伊朗國王時，胡維達伊朗首相傳達了周恩來對我的邀請，並且補充說時間不多了[75]。我的理解是我們兩人要會面的話，我不得不儘早去，那個時候，報章頻頻報導周恩來長期住院的消息。我決定走一趟，定於1976年5月訪華，然而這日子未到來，周恩來（1月8日）便逝世了。」

中國兩次對李光耀的邀請，皆是繞經第三國家，還是以口頭的方式傳達，不免要讓小國的新加坡揣測當時中國的心態。雖然說在那個年代，社會主義國家如越南、高棉及寮國，包括到了80年代的中國，到來亞細安諸國訪問，也曾不直接在訪問國著陸而必先經過緬甸。70年代末葉的范文同及鄧小平來新馬訪問時就是如此。

其實，到了1975年，新加坡早已於三四年前向中國釋出了善意，新加坡在聯合國大會投票支持中華人民共和國恢復會籍，就有重大的象徵意義。

但是，據了解，中國雖然兩次經過第三國家邀請李光耀訪華，也曾兩次直接請新加坡外交部長拉惹勒南傳達口訊。第一次是1975年3月他帶領的代表團訪中時；第二次是年底出席聯合國大會，兩次皆由中國外

---

[75] 「並且補充說時間不多了」這句話是胡維達說的？還是周恩來邀請中補充的話？未能查證。

第二十章　李光耀初次兩岸行

長喬冠華口頭傳達邀請。

這裡，先談1975年9月14至18日李光耀總理訪問德黑蘭。16日那天，伊朗首相胡維達在賓館為李光耀祝賀52歲華誕。胡維達首相為貴賓特製一個皇冠狀的生日蛋糕。隨行的記者說，首相還贈送一串鑲有52顆代表歲數的珍珠鏈禮物。

在此的5年前，李總理訪問蘇聯，遇上47歲華誕，蘇聯總理柯西金也準備了47朵紅玫瑰祝賀。

我們留意到，李光耀從政以來，常在生日時選擇出國避壽，這也許是他的習慣。臺灣、中國大陸是他9月秋高氣爽慶祝生日的好地方，比在常年如夏的東南亞舒適。早期，李光耀去臺灣的次數似乎比較多。

據作者所得的消息，慶祝生日當天，李總理在德黑蘭賓館切生日蛋糕。周恩來邀請李總理訪中的電報正好送到駐伊朗大使手上。很明顯的，大使是到來賀李壽，一切可能預先計劃好的。大使遂將邀請電報出示給李光耀。這裡所寫的事情經過，與李光耀總理回憶錄中所敘述的，顯然有些出入。

李光耀在伊朗訪問期間，突然改變他兩三個月前不回應庫立關於周恩來口頭邀請的傳話，態度急速轉變，打算訪問中國。

這時區域的情勢大變，中國的文化大革命和「四人幫活動」已快落幕。毛澤東、周恩來及中共的元老們已近相繼凋零。

周圍形勢險峻、風雲瞬間萬變，也促使李光耀覺得有必要把握時機，改變不想急於訪問北京的初衷。他應該是覺得到了走進中國大門看看的時候了。

（二）中國大陸行

周恩來批李光耀敵視中國

回憶 1975 年 7 月 24 至 27 日泰國庫立首相來新正式訪問四天當中與李光耀總理的互動。

兩人討論亞細安今後的發展，與中國、中南半島三個新成立的社會主義（越、棉、寮國）新政府的關係問題。

庫立一個月前在北京與周恩來廣泛談論一些問題，新加坡是主要話題之一。

周恩來有一些話請庫立口頭轉達李光耀，周恩來開門見山，毫不保留批評李光耀敵視中國而令他失望，而李光耀透過庫立也反唇相譏。兩人一人一招，相互拆招，生動的回嘴，頂嘴，備至揶揄諷諫。可惜兩位被視為百年罕出一二的華人傑出政治人物，無緣相會，是世紀的大遺憾。

周恩來：「如果李光耀擔心中國政府會接管新加坡，那他應該放心，因為我們不會那樣做，我們有許多人要照顧，為什麼要接管新加坡來徒添負擔呢？李光耀應該照顧好他的人民以便他們不會想要逃到中國來。」

由庫立首相轉達周李兩人的精彩「隔空對話」在庫立不當首相兩年後，才在他創辦的泰文報 Siam Ruth（國家報）的「圈邊人」專欄，將重點披露。

庫立說 1975 年 7 月（應該是 6 月，他 7 月來新），他訪問北京會見周總理，他們討論到新加坡的李光耀說他（周）對李感到失望，因為李氏雖然是華裔，卻一直展現敵視中國的態度。（That he was disappointed over Lee who, despite his Chinese descent, had been always showing a hostile attitude towards China.）

第二十章　李光耀初次兩岸行

庫立引述周恩來的話說：「如果李光耀擔心中國政府會接管新加坡，那他應該放心，因為我們不會那樣做，我們有許多人要照顧，為什麼要接管新加坡來徒添負擔呢？李光耀應該照顧好他的人民以便他們不會想要逃到中國來。」

庫立轉述了周恩來的話。李先生對我說：「如果我（庫立）有機會再見到周恩來，就告訴周先生儘管他（李）有中華血緣，卻是一位雖然身處於許多非華裔國家領袖之間卻依舊能按自己意願做事的華人。」

李光耀說：「如果我和周恩來同聲同氣，而其他人卻不同意我這樣做，他們將會把我踩扁，到時，周先生卻保不了我。」

庫立說，李光耀進一步說新加坡人是不會想去中國的，因為他們早已去夠了。他們說在中國，迎著他們來的都是一窮二白的親戚們，這些人什麼都要，包括底褲。

李光耀上述番話沒有帶到周總理那裡，因為庫立在周去世前沒再到中國。周恩來在1976年1月逝世，庫立本人也不卸首相職了。

現在可以了解1975年3月由拉惹勒南率領的訪中代表團在中國大陸訪問時未能改善兩國關係，才有三、四個月後，周恩來見庫立首相時對李光耀作出非常「非外交語言」的批評，才有李光耀對周恩來的邀請正如回憶錄中說的「我沒有做出回應」。

獨樹一幟的華人

美國第35任總統甘迺迪（John F. Kennedy）於1963年6月第一次踏上他的宗祖國愛爾蘭時，曾為自己是愛爾蘭血統感到自豪。

13年後，在東方世界也出現一位傑出的華裔政治領袖，他是李光耀，他也是第一次踏上自己從未去過的宗祖國的土地，他的心情沉重許多，精神繃緊，神經敏感，他不能像19世紀、20世紀一些華人回家鄉

（二）中國大陸行

一樣帶有「衣錦還鄉，光宗耀祖」的自豪心情。

雖然有比他早幾年訪問中國的美國尼克森總統那種「萬里始於腳下」與中國改善關係之旅，他卻觀前顧後憂心忡忡，擔心周圍鄰國對他懷疑和誤解他有「第三中國」意識。他沒有尼克森訪華時來得浪漫瀟灑。

李光耀這個時候謹慎小心，他的血緣雖然與他的祖宗割切不了，但是他「隔開」了血脈，盡量避免出現所謂「血濃於水」情懷。李光耀的心情及背上的倫理包袱何其之重，是可以理解的！雖然那時有人對他態度上「絕無」華人的觀念是可以肯定的。

李光耀的中國情也可以在 1976 年他第一次訪問中國時的表現看到。

前總統納丹 2013 年 9 月 16 日在李光耀公共政策學院，為慶祝李光耀 90 歲誕辰舉辦的「李光耀的宏大治國理念」學術會上，透露了李光耀第一次訪問中國時，在北京曾當面拒絕華國鋒總理的贈書。那本書是澳洲學者麥士威（Neville Maxwell）所著的有關 1962 年中印戰爭的書。華國鋒說這是關於中印戰爭的正確版本。納丹回憶說他當時坐在靠近李光耀和外長拉惹勒南之處，看到李光耀接過書後看了一下封面和背頁，然後把書交回給華國鋒說：「總理先生，這是你們的版本，印度方面另有一個版本。而無論如何，我來自東南亞，這場戰爭與我們無關。」納丹說：「李光耀把書交回去的那一刻，證實他雖是華人，卻絕對從來不屬於中國。」

政治現實、處事務實的李光耀在這方面的表現，從他初時的言行例子便可看出。李光耀是典型的李光耀？還是無奈的李光耀？

1967 年，李光耀第一次去美國，行前，他說了幾句給美國人聽的話，好讓美國安心，同時也沖淡自己的華人色彩。在華人社會中，也許只有李光耀能講出來。

李光耀說：

「我是華人的身分，和甘迺迪總統為愛爾蘭人的身分是一樣的。」

第二十章　李光耀初次兩岸行

「世人將逐漸地看清楚，不論是姓李的、姓杜的、姓吳的、姓楊的、姓林等等的新加坡人，雖然貌似中國人，卻是獨樹一幟的。」

「他們著眼的是新加坡人和新加坡的利益，而不是中國人及中國的利益。而他們不必為此道歉。」

1963 年 6 月，美國甘迺迪總統訪問愛爾蘭，受邀在議會演說，其中一句：

我的曾祖父離開這裡（愛爾蘭）去波士頓當補鞋匠時，他帶著的只有兩樣東西。一樣是堅強的宗教信念及追求自己的強烈意願。我要非常欣慰地告訴大家，他的所有曾孫們都依然尊崇及秉承這兩大信念，並且加以光大發揚。

李光耀 1976 年初次訪問中國，回程時來到廣州。據香港報紙引述李光耀的話：

……新加坡華人辛苦血汗賺來的錢到中國投資，如果賠了錢，血本無歸，不要理所當然以為那是有血緣的關係，到時，辛苦的錢丟了，可能連朋友都難做。

在中國，李光耀雖然有許多話不方便表達，但中國外交部官員注意到李光耀是到北京來的第一位能講中國話（華語）的政府首長。他是用英文發表演說，但是，他稱呼「華國鋒」的名字，其標準發音，留給我們深刻印象。

訪中前見蔣經國

決定了 5 月 10 日至 24 日訪中行期後，李光耀總理於 1 月 23 日至 26 日四天先到臺灣走了一趟。雖然這幾年李光耀去臺灣成了他的「例行公事」，但是在他在第一次踏入中國國土的四個月之前去臺灣，意義（動

(二) 中國大陸行

機)就得用和以往的不同角度來看了。

李光耀去臺灣離不外是「專程」向故蔣介石長子行政院長蔣經國面告他不久要去中國大陸。

事隔多年，據相關方面指出，李光耀總理曾告訴蔣經國說，他原本沒打算很快去中國，經中國三邀四請，不去實在難為情。這句話是由衷之言，或是講給蔣經國聽後取得諒解？之後，傳出來的消息說，蔣經國告訴李光耀，「應該去看一看。」這句話使李光耀舒適許多。有人對蔣經國的回答贊是「高智慧」表現。接近蔣經國身邊的人說，李光耀既已決定了中國之行，不必去勸阻，願觀其成。

1月25日，蔣經國和李光耀到梨山區碧綠神木一帶遊覽。樹旁有一座矮小桌子，蔣、李兩人相對而坐。乍看兩人似悠然下棋，實是品味清茶、笑談風雲。

李：中國大陸三番四次邀我訪問。

蔣：應該去看看。

背景是碧綠神木，樹齡據說有3,300年，樹高50公尺，直徑3.5公尺，昂然聳立於中橫公路128公里處，為熱門觀光景點。

李光耀這一次去臺灣，不僅僅告訴蔣經國他要去中國大陸如此簡單，有許多兩岸關係微妙問題，中國內部發生的各種狀況，半年前新加坡剛和臺灣當局簽訂的「星光計畫」，雖是新臺間的事，新加坡也得在赴中國大陸前先作好「功課」。

李光耀當然也需要了解鬧了近十年的「文化大革命」帶給中國內部何等巨大衝擊，都會是李光耀要取得的一手資料。像這種課題，他是絕對不會漏掉的。

了解李光耀性格的人都會知道，他必會善用觀察力去了解中國大陸

第二十章　李光耀初次兩岸行

高層人事布置、周死後的政局（毛的生命當時已是風中殘燭），甚至包括一些領導人、未來領導人的日常生活起居嗜好、習慣等等。幾年後，包括鄧小平在內的中國領導人訪新，主人對他們的生活瑣事都已預先摸得一清二楚，用得上了。

在當時，這些都是李光耀缺乏的資訊和體驗，而且正是他訪問中國前必補習和準備的「功課」。臺灣方面必然樂於為這位貴賓安排所需，提供各方面的方便與彙報。

情資方面，臺灣比任何國家，包括美、蘇更了解中國的政治動脈，因此，請教臺灣最是恰當和適合。而且蔣介石去世近一年來，臺灣政局持續穩定，讓來臺灣的嘉賓深深感受到。蔣經國已無憂慮及倦態，滿面春風接待李光耀夫婦。

臺灣是李光耀總理第一個親自前往告知要訪中國大陸的國家。3月間國防部長吳慶瑞去臺灣，相信與李總理訪中無關，可能是軍事上與總參謀長賴名湯的公事。4月，李光耀啟程訪中前一個月，外交部長拉惹勒南訪問莫斯科，照會克里姆林宮。

李光耀和夫人柯玉芝訪臺四天後，1月27日，法新社自臺北發出一則新聞說：「臺北今日證實新加坡總理及夫人來臺作四天私人訪問。但是政府發言人、新聞局長丁懋時否認外邊謠言，說李光耀的臺北行絕對與調解臺北與北京間的關係無關。」

法新社引述政治觀察家看法認為，從李光耀（目前）對與北京建交的事仍然抱著猶豫的態度看來，李光耀「調停」兩岸關係的意願是冷漠的。

法新社說，李光耀夫婦是上週五抵達臺灣。他在香港停留三天後，報導說他續程訪問日本，但是他沒在日本出現（他是降落在臺灣）。

（二）中國大陸行

新中各說各話

　　兩個星期的中國大陸行，隨行記者每天皆有許多圖文報導，這裡不再重述，僅從簡單幾行文字將它歸納幾點如下：

　　5月10日到北京，首三天與中國總理華國鋒見面三次，總共有七個小時的會談。12日新華社報導，中共黨主席毛澤東（82歲）和李光耀、李夫人與他們的千金瑋玲，以及兩位新加坡部長握手，隨即毛主席和李總理及外交部長拉惹勒南在中南海毛主席那間簡樸的住所的書房作了15分鐘「友好談話」（包括通譯時間）。

　　這是李光耀訪問中國的焦點之一，大家都在關注周恩來去世之後、已是窗邊殘燭的毛澤東。現在，李光耀有機會親睹毛澤東的最新健康狀況，不必依賴外間的瞎猜。

　　李光耀見到毛澤東之後說，「我想毛不只說話有困難，腦筋也不靈活了。」四個月後的九月，毛澤東去世。

李光耀第一次訪華，中國總理華國鋒在人民大會堂設宴招待。兩位總理舉杯祝賀訪華成功（下圖）。宴會前，賓主於人民大會堂合影。（泛亞社）

第二十章　李光耀初次兩岸行

　　北京官方行程期間，李光耀說：「雖然新中兩國有著不同的政治和經濟制度，但是兩國之間友好關係的展望是好的。」在中國總理華國鋒所設（5月11日）的國宴席上，李光耀說：「由於不同國家利益或思想意識的關係，在某些方面難免會有不同的意見，但這些都不至於妨礙兩國改善彼此間在文化、貿易和其他方面的聯繫。」

　　5月18日，李光耀在中國大陸一個星期的官方訪問結束，接下來到各地觀光遊覽。香港英文南華早報這一天對李光耀首次官方訪問中國的成果評論說，出乎各方政治觀察員預料的是雙方沒有發表聯合公報，也沒有簽署貿易協定。南華早報指出，兩國總理在國宴上的講話，簡短得很，各說各話，強調的都是歧見而不是共識。

　　在北京（官方的臨別宴會上），李光耀捉緊中國領袖的話，提到華國鋒宣告中國不干涉別國的內政事務，但新加坡如何對付國內共產黨人是新加坡政府自行決定的事情（5月15日星洲日報）。

　　最有意思的是李光耀在北京與華國鋒周旋了多天，對華國鋒初次的印象是：「他的樣子和舉止就像共產國家強硬的特務頭子一樣」，而他也確實曾經擔任過公安部長。

訪中「反教材」

李光耀歸來後沒有公開發表中國行觀感，也未接見駐新的國際媒體。熟悉他性格的人說，「這是很特殊的。」

不過，有一位隨行的高級官員說，李光耀初次到中國，看到中國如此落後，很是「高興」，對官員說要「kiss the soil」（熱吻祖國新加坡的土壤）。李光耀內心表達的是要珍惜國家現在擁有的。私下作這樣的感想是一種「反教材」，要鼓勵新加坡的年輕人到中國看看，比較一下。

這個想法，總理沒有公開說出來，不像早年訪問印尼歸來開口說話，引起印尼不悅。

那年，1960年，李光耀訪問蘇卡諾總統統治下的印尼。回來新加坡時，他在機場一開口就說：「回到新加坡，感覺真是美好，只有訪問過其他國家的新加坡人才會知道他們自己的國家的條件是多麼優越。」

李總理中國之行，南洋商報及星洲日報（兩報已合併為聯合早報）雖各派有資深記者隨團，回來後除報導方式及寫寫「遊記式」文章，未曾觸及對中國兩週行的觀感文字或評論。

反而是隨團的英文小報新國家午報（New Nation）派出的一位初入行的記者寫了數篇在中國兩週的「所見所聞」。

這位記者叫張業成（Cheong Yip Seng），未滿30歲。他幼時來自檳城，是土生華人（峇峇），受英文教育，不諳中文，是隨團記者中最年輕的一個。1987年，他受委為英文海峽時報總編輯，年前退休，受委為非赴任駐智利大使。

1976年5月，我引用過他的一篇中國大陸行印象記。他的題目是《在中國，要你唱，你就唱，要你想，才得想》。

張業成5月23日離開廣州回到新加坡這一天的記載是：「我們的情

第二十章　李光耀初次兩岸行

緒今天非常好，因為我們已在歸途中。我在思考 14 天來所得的印象，14 天是很短的日子，所看的都是他們所安排，他們盡量打消我們的自由行動。有一次在北京，我獨自離開房門想出外走動，被飯店的管房發覺馬上向一位官員示意。這位官員走前來堅持他可以幫助我，我謝謝他並告訴他我自己可以照顧自己外出，他很有禮貌再三堅持要幫助我，我於是跑回房裡去。」

「我們沒有機會訪問一般家庭或和街道上行人說話。」

「對毛主席來說，他無所不在，不是他巨大的照片，便是他的語錄，對一般中國人來說他是一個活生生的神。」

「中國像大課室，毛主席便是他們的教師！他要你唱，你得唱，要你讀，你就讀，要你想，你才得想。」

「人民生活死板再沒有人情味存在，人民也沒有自己的興趣和天分，就因此，一點藝術的味道也沒有，聞名世界的山水古董和其他藝術，今天已不再有人感到興趣，他們即使有文化，也只在促使革命，根本沒有為藝術而藝術。」

張業成的日記末段是：「八億人民就像大車輪中的齒輪一樣，人們不斷要問：一個扭得如此緊密的車輪難道沒有一天會達到突破點而脫齒嗎？」

以上的印象，當不是張業成個人的吧？如今，再回頭，刮目相看！

歸來後忙消除鄰國的疑慮

當李光耀生平第一次踏上中國國土的剎那，從他的血緣、教育、成長背景、政治理念相互關聯的一切繫在他的身上，可以想像到他此時的情緒。

很快兩個星期後，當他結束中國之行回到國門時，又得面對周圍鄰國的想法：一個有中國血緣的華裔新興國家的領導人經此政治之旅，會為本地區帶來怎麼樣的影響？對李光耀本人或者新加坡人今後的意義又是什麼？但當時李總理實際上優先考慮的是內部問題。

一些人對李光耀和新加坡會有這樣的疑問是可以理解的。李光耀的心情必又是另一種沉重，他早已心裡有數，需要謹慎消除鄰國對他的疑慮。

眾所周知，新加坡的外交策略、地緣政治重心，自建國以來，如果有序可順，應該是先馬來西亞，其次印尼，再來是泰國、汶萊、菲律賓國家。自從亞細安成員從創立時的五國增加至今的十國之後，如果用區域（集團）為界，亞細安組織當是首位，列在其他亞洲國家與地區如中國、日本、臺灣、韓國之前（美國不變，繼續維持其全球上要扮演的重要角色）。

從李光耀自中國回來後不久，即由外交部長拉惹勒南召喚駐馬來西亞最高專員黃金輝與印尼大使回國，向兩人彙報李總理北京行的情況，然後回到任所分別向大馬首相胡申翁及印尼蘇哈多總統彙報李總理的中國行，從這些動作，可以看出新加坡對這兩個鄰國的重視。其他國家的駐新使節只是被召喚到外交部聽取彙報。

據外交界消息，其實當時彙報的內容並沒有特殊之處，是重申李總理訪中之後新加坡對中國的立場並不改變。新加坡重申是亞細安中最後一個與中國建交的國家。

吉隆坡外交界當時也傳出消息：「新方以為李光耀中國大陸之行，中國方面給予的歡迎動作過於『隆重』，似是刻意鋪張，使官員覺得意外。也覺得中國似乎在誇大『中蘇間』之不睦。」

是刻意隆重歡迎也好，是中共歡迎貴賓的一套手法也好。中國建政

第二十章　李光耀初次兩岸行

以來,任何到訪的貴賓均有數萬人沿途高舉旗幟「歡迎,歡迎」。西哈努克親王於 1950 年代訪中,毛澤東就發動了數萬學生在機場歡迎。「有朋自遠方來,不亦樂乎?」

李光耀中國之行,順利完成,沒有掀起波瀾,卻有李光耀送了一套訪中的紀錄影帶給蔣經國的傳聞。

充滿大事的一年

李光耀總理第一次訪問中國的這一年,可以說是中國的多事之秋。它與李總理到訪扯不上關係,巧合的是,這一年在中國大陸,是中國共產黨內部多事的年頭,重大事件接踵而來,改變了中國的大部分政治面貌:

(一)這年一開頭,1 月 8 日,中華人民共和國開國總理周恩來在北京病逝,享年 78 歲;

(二)2 月 7 日,副總理華國鋒代理周恩來總理的遺缺。一週後鄧小平副總理受到批判;

(三)接著 4 月 5 日,人民借清明節祭祖先到天安門悼念周恩來,發洩對四人幫不滿,有人喊打倒江青等人的口號。四人幫控制的中央政治局因此將之定為「反革命事件」,並展開鎮壓行動,搬走花圈,追悼周恩來的人民稱為「天安門事件」;

(四)4 月 7 日,華國鋒真除總理職位及任黨第一副主席,鄧小平被解除黨第一副主席職位後被下放。鄧小平被批為走資派,第三度失勢;

(五)5 月 10 日,新加坡李光耀總理第一次率領代表團訪問中國,華國鋒總理充當主人。12 日,毛澤東在中南海接見李光耀。鄧小平此時下放到鄉間;

（六）7月6日，中共另一元老朱德元帥以90歲高齡去世；

（七）7月28日，中國發生石破天驚的唐山大地震，被活埋的據說有數十萬人。當時有日本朝日新聞女記者松井在那裡見證了這幕人間慘劇。半年後，她被調來新加坡的朝日新聞社工作；

（八）9月9日，中共主席毛澤東去世，享年82歲。中南海拒絕東歐國家及蘇聯發來的弔唁電報。這是當年第三名最資深的中共元老去世；[76]

（九）十年文革就此接近尾聲。10月6日，中共中央逮捕文革四人幫王洪文、江青、張春橋及姚文元；

（十）第二天（10月7日），華國鋒掌握黨、政、軍權，就任軍委會主席；

（十一）12月2日，1975年及1976年，拉惹勒南外長及李光耀總理訪中期間的喬冠華外長被解職。

中國副總理鄧小平於1978年第一次來新加坡訪問，在機場受到李光耀總理歡迎。鄧小平此行奠定了新中兩國日後友好關係的基礎。（泛亞社）

---

[76] 據說，毛澤東彌留之際，給華國鋒留下三張字條，包括指令「照過去的方針辦事」，「慢慢來，不要著急」和最重要的「你辦事，我放心」六字條子。華國鋒將字條出示給全國各地主要刊物，機關報紙鋪天蓋地以此字條為華國鋒接班的唯一合法根據，沒有人敢質問。

第二十一章　鄧小平第一次訪新加坡

　　1978年11月，中國副總理鄧小平訪問泰國、馬來西亞及新加坡三個國家時，行程不列入到亞細安國家組織，說是到東南亞（個別）國家。或許是這個時候的中國（包括越、柬、寮國三個社會主義國家）外交上尚未承認亞細安的存在。因此，上述國家的官員來訪，航程皆是「藉故」歇腳或政治性經過當時的緬甸首都仰光，避開外交敏感和尷尬。

　　較鄧小平早幾個星期先訪問泰國、馬來西亞、新加坡的越南總理范文同也同樣是先繞道仰光。範文同與鄧小平先後到來，引起亞細安成員國精神繃緊。

　　中越兩國此時的關係已經從「兄弟邦」變成「仇視」。兩國領袖到來各展開對本地區和平攻勢外，另有其政治議程。

　　範文同先到新加坡，提醒中國是信任不過的。鄧小平到來時，也告訴新加坡不可相信範文同所說的話。

　　鄧小平到來訪問，是回訪李光耀總理兩年前第一次訪問中國。當時，鄧小平正被打入冷宮。

　　此回，中國的政治情勢全然轉變，鄧小平「三落三起」而復出。他

據了解內情的人說，鄧小平訪新期間，在和李光耀總理及內閣會談時，集中於政治課題，對經濟並不熱心。可是在政治課題上，雙方頗顯得不投機。

(二) 中國大陸行

到新加坡來時,中國正快馬加鞭地推行其現代化改革政策。因此,新加坡曾寄望鄧小平到訪會加強兩國的貿易及工業合作,使到新加坡從中得到更多商機,但是,這項寄望顯然不是很理想。

據了解內情的人說,鄧小平訪新期間,在和李光耀總理及內閣會談時,鄧小平集中於政治課題,對經濟並不熱心。可是在政治課題上,雙方頗顯得不投機。

會談上,在觸及最敏感的「華僑」課題時,李光耀總理持續強調新加坡華裔不應該被視為華僑,而是新加坡人。

鄧小平1978年初次訪新時,在機場受到外交團歡迎,李光耀總理在旁。
(泛亞社檔案照片)

鄧小平有一段回話,他拿越南華裔的情況來講。他說,多數已自願或在被逼下接受成為越南公民的越南華裔,依舊受到越南人迫害。

隨後,李光耀在為鄧小平設的國宴的講話中也強調新加坡華裔並非華僑的觀點,因為他知道其他亞細安國家都在密切觀察新加坡對中國的態度。

會談中,鄧小平說越南想籌組一個由越南領導的「印支聯合邦」,是蘇聯在幕後支持。

李總理和其他部長很有耐性地聽鄧小平三個小時的談話,包括講述

第二十一章　鄧小平第一次訪新加坡

中國對東南亞地區所發生的事件及局勢的觀點，卻沒有表明認同。

鄧小平訪問新加坡之前，也訪問泰國及馬來西亞。使這三個國家的領袖都感到失望的，是鄧小平即使在私下的談話中，也從沒有表明在這些國家裡的共產黨暴亂問題是這些國家的內部問題，是應該由這些國家各自認為最適當的方式來解決。

兩年前（1976 年），李光耀第一次訪問中國時，華國鋒總理曾向他作過這項保證，李光耀在回敬華國鋒的國宴中所發表的講話中特別提到這一點。

但是，鄧小平在新馬的態度是，中國向來都公開表明「黨與黨」之間的友好關係將會繼續下去，但是在政府與政府間的關係上，中國將不會干預其他國家的內政問題。這點便是泰、馬、新當局堅決反對的，因為中國的政體是「黨主導政」，不接受中國的所謂「黨政分離論」。

據李光耀的回憶錄中及多次提到鄧小平的事情時說，鄧小平一次問我「你要我怎麼做？」經過這一次的接觸，新加坡領袖認為這是出自鄧小平的肺腑，是真心誠意的，表示要與亞細安保持緊密合作。儘管新加坡感到安慰，但是，新加坡領袖更希望的是鄧小平能作出更直接的承諾，而不是含蓄的談話。

據當時的情況，在接待鄧小平方面，中國關係方面私底下認為新馬的熱忱不足，泰國情況較好。鄧小平曾希望能得到如他訪問日本時所得到的那種重視和熱忱接待。此時，在新加坡近 10 家的日本媒體，比較了新馬當局接待鄧小平訪問的尺度，批評自己政府過於接待鄧小平。

鄧小平在新所談的區域政治問題，新、馬、泰領袖都不想牽涉在越南和中國之間的衝突，越南和柬埔寨及反蘇聯霸權主義。亞細安不希望在此地區產生超級強國間的敵對局面，所以觀察家說，鄧小平此行，在這方面的工作分明已經失敗。

由於鄧小平在會談中多數時間專注在政治，也就剩下沒有多少時間來談經濟課題，而經濟課題卻是新加坡最熱中要討論的。

　　當新加坡領袖終於捉到機會提起經濟問題時，鄧小平以一句話輕描淡寫地帶過：「我們將盡可能嘗試擁有良好的雙邊關係。」

　　雖然會談上，大家很友善、和諧及坦白，可是，顯然由於話不投機，鄧小平取消了預先安排視察裕廊碼頭的活動。

　　鄧小平雖然在會議室外保持一貫的友好及興高采烈的態度，在一些領袖看來或只是一種外交禮貌，他在國內政壇上經歷那麼多的風風雨雨，三起三落，所練成的那種喜怒不形於色的涵養，是他訪問這些國家的領袖們難以望其項背的。

　　鄧小平初次訪新時，新加坡對中國的情況，尚是陌生，尤其是重要人物的起居習慣。新加坡深悉中國問題的學者，也是「鳳毛麟角」。

　　但是，中國要人要來，特別是重量級人物如鄧小平，應該對他的生活習慣，例如嗜好、食物方面等等小細節，也不能有差錯。在這方面唯有臺灣非常清楚。實際上，真正與鄧小平及其他重量級人物有接觸的除了臺灣，也沒有多少人，所以，也只好向臺灣請教有關鄧小平的生活起居和嗜好。

鄧小平臨時稍改講稿

　　鄧小平一行人下榻在總統府別墅，抵新當晚八時，李光耀總理在總統府設傳統中餐國宴，宴開近 20 桌。上完第四道菜後是主賓致辭。

　　李光耀首先致辭，對鄧小平來訪表示熱烈歡迎。為了說明中國和新加坡的關係具有獨特的地方，他以兩人身分對調的假設來闡明這個問題，他說如果他在中國生長，他將會淹沒在人海裡，世界觀將大不相

第二十一章　鄧小平第一次訪新加坡

同。可是他在新加坡長大,他說他是以「一個外人看中國和它的人民」。話鋒一轉,他說假如鄧小平是在新加坡生長,中國和新加坡的歷史將會大不相同。身為新加坡人的鄧小平會對「過去29年來中國有些事情會令你迷惑不解」,尤其在工業化方面刻意選擇較長而不是較短的路程。

鄧小平顯然對李光耀在如此隆重的國宴場合講這番話感到有點「意外」,也可能不認同這種西方式直接的表達方式,因而在國宴中就發生了一段鄧小平「臨時」稍改講稿的小插曲。當新加坡廣播員把李光耀的華文演講辭唸完後,鄧小平受邀致辭,他首先把原先感謝的話「總理閣下剛才的友好講話以及你們給予我們的熱烈歡迎和盛情接待」,臨時改為「總理閣下給了我們熱烈的歡迎和盛情接待」。不提「總理閣下剛才的友好講話」給人留下許多想像的空間。

鄧小平也修改了另一段有關毛澤東欽點的接班人時任主席的華國鋒的文字,原話是說「我們在以華國鋒主席為首的中共中央的領導下,以愚公移山的精神……」,被改成為「中國人民的愚公移山的精神」,這句話顯然預告神州大地即將有鉅變。

實際上,新方在國宴前已知道鄧小平修改這兩段文字,因為循例國宴前一至兩小時雙方會互換首長講稿,以便雙方領袖預先知道對方演講的內容,也方便有關單位處理分發演講稿給報館及媒體記者的準備工作。時任文化部新聞組新聞官的林孝勝,當天傍晚在總統府值班,協調國內外媒體攝影記者拍攝國宴的新聞。他記得中方外交部新聞司工作人員在收到李總理的講稿約半小時後,匆匆忙忙召他到鄧小平下榻的總統府別墅。該官員從樓上下來,說鄧副總理要對其講稿稍作修改。林孝勝回憶說:「我們兩人就地在已印好的鄧小平的中英文演講稿上用原子筆修改,然後我即刻把修改部分以電話通知坐鎮在政府大廈的新聞組同事。」這就是鄧小平臨時稍改講稿鮮為人知的幕後故事。

邓小平副总理在李光耀总理举行
的欢迎宴会上的讲话

一九七八年十一月十二日

尊敬的李光耀总理阁下和夫人,

尊敬的各位部长阁下,

朋友们:

应李光耀总理阁下的邀请,我们十分高兴地前来贵国进行友好访问。总理阁下刚才的友好讲话以及你们给予我们的热烈欢迎和盛情接待,表达了贵国人民对中国人民的深厚情谊。对此,我们表示衷心的感谢,并愿借此机会,向李光耀总理阁下,新加坡共和国政府和贵国各族人民转达中国政府和中国人民的亲切问候和良好祝愿。

新加坡是个富有朝气的年轻国家。新加坡人民是勤劳勇敢的人民。新加坡共和国在李光耀总理的领导下,在发展国民经济方面,取得了显著的成就。在国际事务中,新加坡奉行不结盟政策,坚持同各国人民友好相处,坚持东

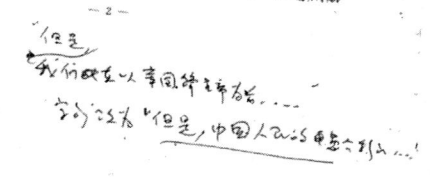

第二十一章　鄧小平第一次訪新加坡

鄧小平在李光耀致辭後臨時稍改講稿，有一段鮮為人知的幕後故事。（泛亞社檔案）

第二十二章　結語：李光耀的兩岸情

國家利益至上

無可否認，自建國以來，李光耀除了日夜年月為國家的前途絞盡腦汁，使他放心不下的是中國的未來，特別是海峽兩岸間的關係。他個人與臺灣及中國大陸建立了官方及私人關係後，更深一層了解兩岸間的關係，意識到地緣政治，一個和平安定繁榮的中國，對新加坡、對本區域的命運是何等關鍵。

建國之初，冷戰及之後近 10 年的文革運動歲月，李光耀曾擔心過要是中國重起戰火或內部再發生大規模的騷亂，對周圍國家不但會帶來不良的影響，甚至帶來災難。

一位親近李光耀的朋友曾經和我說，李光耀常思考如何才能使到海峽兩岸的中國人忘卻過去的恩怨，消除心頭的仇恨、疑慮，化干戈為玉帛。

1949 年，中共建立政權，給他意識到一個站起來的中國，對亞洲，特別是對東南亞將有很大的影響，中國不再是個遙遠、「與我無關」的國家了。

1954 年，他與幾位志同道合、有共同理想的知識分子朋友組織人民行動黨踏入政治時，發覺到要在政壇上立足，必須贏得受華文教育者廣泛的支持，於是他認真進修華文和華語，與他小時唸書時排擠華校不同，那時他不懂事。從政後，有了動機，他抱著「不入虎穴，焉得虎子」的精神，同以受華文教育者為主的「反英同盟」及親共分子結成「統一戰線」。

第二十二章　結語：李光耀的兩岸情

1945年8月，蔣介石（軍事委員長）領導抗日勝利。圖為在重慶慶祝勝利酒會上，蔣介石與毛澤東舉杯祝賀國共和好的歷史一刻。
這歷史一刻能重現嗎？——李光耀常思考如何才能使到海峽兩岸的中國人忘卻過去的恩怨，消除心頭的仇恨、疑慮，化干戈為玉帛。（泛亞社）

李光耀學華文的主要動機雖然是基於政治需求，之後，他先在臺灣，後往中國大陸兩地，華文確實對他起了潛移默化的作用，影響到他對中華文化深一層發生濃厚興趣。

對孔孟之道、孫子兵法，到毛澤東的革命和哲學著作，他從西方譯本中有過涉獵，了解到中華文化為汪洋大海，包羅萬種，廣浩無邊，驚嘆先人的文化遺產是如此豐富。

但是，這些談不上他對中國有「深切的感情」，因為，他所知道的中國大多是從西方著作中得知，幾乎全是理性的知識，說不上是感性的。對中國，他只是一種籠統的概念。比如中國是一個文明的古國，有過光輝的歷史，自己的先人來自那裡，但自己生於斯，長於斯，也將終生於斯的觀念而已。

早年，他對中國文化可以說是陌生的。雖為「峇峇」華裔，但他清楚新加坡保有深遠的華人傳統價值，中國的風俗習慣依然是華人的風俗習慣。新加坡雖然是個多元的社會，還是無法、也不可能廢除傳統價值。

他也有文字的喜好。1970年代，當新加坡考慮採用簡體字或繁體字時，他的同僚一度猶豫。李光耀本人是傾向繁體字的，最後他還是決定了簡體字，因為中國大陸是採用簡體字，他只好跟隨，不以個人的喜愛來決定。他很務實、現實，管不了臺灣和香港依舊是使用繁體字。

這個時候，他的中文同時也有了進步，周圍的人說，他不但能閱讀中文報紙，也能閱覽各種中文著作、各報社論，包括毛澤東的詩文講稿。

他曾經很自信說過自己是世界上唯一不必經過翻譯而能與海峽兩岸領導人直接對話的一國總理。

永遠走在兩岸之前

李光耀對兩岸的「情思」，有過多年漫長又曲折的歷程。無庸置疑北京與臺北對新加坡也一直沒有放棄它「深切的感情」，都致力爭取這個華人最多的小國。

執政之初，獨立之前，李光耀對兩岸的「情感」曾是「冷若寒霜」。對臺灣的國民黨存有輕視、鄙視，認為是一群腐敗無能之輩。50年代還是反對黨議員時，公開貶蔑當時亞洲的三位反共鐵人蔣介石、李承晚及南越的吳廷琰，說過不好聽的話。

對中國大陸，也公開視它為「洪水猛獸」，畏而遠之。

而李光耀有這種心態也在所難免，因為時代背景與空間，他所持的態度，就是極端的務實及要應對現實的政治環境。

第二十二章　結語：李光耀的兩岸情

到了1970年代，臺灣經濟起飛，過後又見中國大陸開放，加上美國總統尼克森北京的「破冰之旅」，改變對中國的態度，影響到李光耀對兩岸的態度起了基本上的變化，但是，他對中國大陸的戒心只是減輕許多，並未完全消除。

70年代，有一年政府已經批准臺灣籃球隊來新參加友誼賽。李光耀後來發覺國內大選在即，當時臺灣的籃球隊已經來到曼谷途中，他擔心影響到國人意識，趕緊派人前往臺北說明，中止籃球隊的來訪。

李光耀的政治敏感不僅是對臺灣的籃球隊。在差不多同一個時期，一場新中乒乓球友誼賽在新加坡舉行，球賽中一大群觀眾嘲弄主隊並高呼讚美毛澤東的口號，李光耀為此事大發脾氣。在李光耀的回憶錄中也提到這件事，嚴厲批評這些人是幼稚左翼分子，是新加坡的「小毛澤東」。後來聽乒乓界的人士說，李光耀原本打算在總統府設茶會歡迎這批「小毛澤東」選手的安排也取消了。

另一方面，准許臺灣以「中華民國商務代表處」名義在新加坡成立、向大馬及印尼重申新加坡會是亞細安國家中最後一個與北京建交的國家的同時，新加坡已考慮在中國尋找適當的大使館地點。

1973年5月，李光耀第一次訪問臺灣。在臺北，兩國政府首長談到一些合作問題。而僅僅兩年前（1971），新加坡在聯合國支持中華人民共和國取代中華民國為會員國。

同年（1973年10月）中華民國駐新加坡商務代表處在香格里拉飯店島嶼廳舉行中華民國六十二年雙十國慶。這一天，除臺灣商人、當地工商界知名人士、教育界人士、當地軍方代表、友邦使節外，加上在新臺灣藝人及專程自臺灣前來助興的影星歌星等賓主共1,500人，是人民行動黨自1959年上臺執政以來一次最熱烈的盛會。

新加坡對中國的外交政策，雖然在聯合國是支持一個中國，但是在

現實上，在當時臺灣對中國大陸還是採取所謂「漢賊不兩立」的態度時，新加坡擔負不起捲入兩岸「楚漢之爭」的代價。美其名是實行「等距離外交」，是高層的政治智慧。

李光耀經過多次往來海峽兩地，有機會和兩岸的許多傑出人士往來，體會到兩地都是「臥虎藏龍」，天外有天。

他的年代，很幸運碰到兩岸的兩個人，而這兩人正是早年一起留學蘇聯的共產黨員同學蔣經國和鄧小平。兩人都在這個時期分別在對岸領導著「分裂中國」的同胞。

先是蔣經國為李光耀在國防上注下安定劑（星光計畫），繼後是鄧小平讓中共正式放棄（世界）革命輸出，丟掉馬共。這些基本上已消除了李光耀自建國來對中國大陸的「敵視」恐懼。亞細安對中國不再有安全受威脅的心理。

然而，無論如何李光耀的「兩岸情」是「因勢而異」，先後不一。換言之是「極端的實用主義」。他的公開言論未必（也許部分是）是內心的真正想法。而在世上，有多少政治家何嘗不也如此？李光耀的最高原則是：一切以適應的調整來配合新加坡的需求和利益。在任何情況下都不能感情用事。

1975年，越南變色，大批華裔越南人「投奔怒海」，成了海上難民，難民船到新加坡海岸，遇上了李光耀鋼鐵的性格，他斬釘截鐵，不允許一個人上岸，不收留任何一人，為的是新加坡的利益第一。

即使今日，中國已經崛起，臺灣的潛能還是存在，李光耀的「路線」是必須使新加坡在經濟上永遠比兩岸走前一步，必須使新加坡人民的生活高於兩岸，同時也要新加坡創立自己的「獨特性格」，如此新加坡才能永遠屹立於世。

第二十二章　結語：李光耀的兩岸情

　　李光耀說，他要為新加坡做的事已經做完。2002 年 9 月，他人在北京，在那裡度過他 79 歲的生日。他耿耿於懷的是新加坡社會發展。

　　他很自信，儘管中國的崛起意味著新加坡將重視華文華語，也改變不了新加坡所走的道路。他又說，新加坡的社會發展方向不會因為中國因素而改變。

　　本章節寫的部分，看不出其邏輯性，是筆者根據 1950 年代以來，對李光耀熟悉海峽兩岸問題、周旋在兩岸間各次事件觀察得到；其實，李光耀對大中華圈的情感是「因時而移」，「因勢而異」的。

　　但是，他在海峽兩岸擁有的是「崇高聲望，受到尊重」。

　　即使他已離開了新加坡，離開了兩岸，離開了這個世界。

後語

（一）《我所知道的李光耀》這本書，是我從事新聞工作半個世紀以來，對李先生的認識和觀察所得。與眾人相同，我看到的和感受到的，是李先生治理下的新加坡所取得的輝煌成就。

（二）要了解李光耀先生，必須在特定的歷史背景中（他的年代）去評估他。新加坡從爭取獨立到成功壓制島內共產黨抬頭，有人說他是「化解革命風暴於無形」的偉大政治家。也有人，包括李先生本人，誇耀過他領導執政的人民行動黨是世界上唯一曾與共產黨合作，而終又擊敗對方的政黨。

（三）關於建國總理李先生的生前事蹟與為國貢獻的政績，這些年來大家談論得很多，尤其是 2015 年 3 月 23 日李先生辭世之後、國喪期間，各大電臺、電視臺、媒體及國家社會各階層人民，廣泛表現了失去李先生的傷痛和哀悼。坊間圖文並茂記載了許多，媒體、人民也表達了不少感想。

（四）《我所知道的李光耀》的內容，也許有不少是大家所熟悉的。但是，由一個從事新聞工作五十多年的記者，將近距離接觸、觀察、採訪、報導李先生政治生涯與新加坡動盪歲月的體驗、印象和親身經歷客觀地寫出來，並以「遲來的報導」的筆調，寫出外間沒有刊登過的「新聞」，相信本書是第一本。

（五）本書雖然不是什麼權威之作，但可說是以較獨特的方式在為讀者「現場報導」一些前所未聞的「新聞」。

（六）我在書中所記錄的感觸及想法，已盡量保持當時的現實情景與

語境。希望讀者在閱讀本書時，像回到當年的時空，這樣就比較容易與走過那歲月的人一樣，更親切、自然地了解、感受到新加坡在國際與地域地緣政治上的變動。

（七）在李先生離世之前，《我所知道的李光耀》就已經定稿，所有內容不因他的辭世而有所增刪或改動，本書的出版計劃和出版日期，也不因他的離開而有所更動。

後記　五兄弟名字是「新加坡國戰」

2015 年 8 月 9 日,新加坡全民歡慶建國 50 週年。

我的家庭共有 11 個兄弟姐妹,姐妹六人,兄弟連我在內五人。除三妹年前 80 高齡病故,其餘兄姐弟妹 10 人均健在,大姐今年 91 歲,幼弟戰昌逾古稀之年。

我們五兄弟的名字排輩是「昌」字。父親近百年前自家鄉梅縣南來落腳於新加坡時,就愛上新加坡這個荒蕪小島。88 年前,我大哥出生,父親為他取名「新」昌,幾年後我出世,父親為我取名「加」昌,接下來的男孩取名為「坡」昌,即「新加坡」了。

1941 年,日軍轟炸新加坡,四弟出生,父親為他取名「國」昌,說新加坡有一天必定成為一個「國」家。直到 1944 年底,日軍敗北,戰爭即將結束,最小弟弟出世,父親為他取名「戰」昌,表明戰事即將結束。我們五兄弟的名字排列,正是「新加坡國戰」。

先父近百年前為我們五兄弟取名「新加坡國戰」,是他愛新加坡的表現。近一個世紀前,誰能料到新加坡會擺脫英國殖民者的統治,獨立建國。如今新加坡國運昌隆,欣欣向榮。

8 月 9 日是國慶日,竟也是先父 (1946 年) 辭世紀念日,父親是在知命之年去世,母親十年前百歲大壽的翌晨,在安寢中安息。

行動黨與新加坡的崛起，國家建設者李光耀的軍事與媒體戰略：

南洋動盪局勢 × 臺海兩岸關係 × 國家改革發展……從獨立建國到躋身國際，李光耀的執政紀實

作　　　者：	陳加昌
發　行　人：	黃振庭
出　版　者：	崧燁文化事業有限公司
發　行　者：	崧燁文化事業有限公司
E - m a i l：	sonbookservice@gmail.com
粉　絲　頁：	https://www.facebook.com/sonbookss/
網　　　址：	https://sonbook.net/
地　　　址：	台北市中正區重慶南路一段61號8樓 8F., No.61, Sec. 1, Chongqing S. Rd., Zhongzheng Dist., Taipei City 100, Taiwan
電　　　話：	(02)2370-3310
傳　　　真：	(02)2388-1990
印　　　刷：	京峯數位服務有限公司
律師顧問：	廣華律師事務所 張珮琦律師

版權聲明

本書版權為新加坡玲子傳媒所有授權崧博出版事業有限公司獨家發行電子書及紙本書。若有其他相關權利及授權需求請與本公司聯繫。

未經書面許可，不得複製、發行。

定　　　價：550元
發行日期：2024年09月第一版
◎本書以POD印製
Design Assets from Freepik.com

國家圖書館出版品預行編目資料

行動黨與新加坡的崛起，國家建設者李光耀的軍事與媒體戰略：南洋動盪局勢 × 臺海兩岸關係 × 國家改革發展……從獨立建國到躋身國際，李光耀的執政紀實 / 陳加昌 著. -- 第一版 . -- 臺北市：崧燁文化事業有限公司, 2024.09
面；　公分
POD版
ISBN 978-626-394-798-6(平裝)
1.CST: 李光耀 2.CST: 傳記
783.878113012697

電子書購買

爽讀APP　　　臉書